El ascenso

El ascenso

Kobe Bryant y la búsqueda de la inmortalidad

Mike Sielski

Traducción de Genís Monrabà

CÓRNER

Título original: *The Rise*

Primera edición: febrero de 2022

Av. Marquès de l'Argentera 17, pral.
08003 Barcelona
actualidad@rocaeditorial.com
www.rocalibros.com

Impreso por EGEDSA

ISBN: 978-84-124147-7-6
Depósito legal: B. 19555-2021

RC14776

Para Kate, Evan y Gabe

Índice

PRÓLOGO

Lo que está por venir

El día después de la muerte de Kobe Bryant, un amigo y compañero de la universidad me mandó un correo electrónico que escondía una inesperada sorpresa. «Espero que esto te parezca interesante», escribió Ben Relles. El mensaje incluía un enlace de un vídeo de treinta y seis segundos. En el lado izquierdo de la pantalla dividida estaba Kobe, sentado detrás de un amplio escritorio de color cereza, mirando con atención un vídeo que se reproducía en un ordenador portátil. Kobe se encontraba en las oficinas de YouTube, donde Ben trabajaba buscando nuevos contenidos para dicha plataforma. En enero de 2018, Kobe había acudido a la sede de la empresa, al sur de California, para presentar un proyecto inspirado en la Serie Wizenard, una colección de libros infantiles que él mismo había creado para tratar temas como el deporte, la fantasía y la magia. Por aquel entonces, YouTube no invertía en programas infantiles y no compró el proyecto, pero, según Ben, fue uno de los mejores discursos que había escuchado. «Kobe estaba realmente apasionado con la idea y conocía todos los pormenores del proyecto.»

En el lado derecho de la pantalla se reproducían las imágenes que habían captado la atención de Kobe. Era el vídeo de un partido de baloncesto entre dos institutos de las afueras de Filadelfia. El *alma mater* de Kobe, es decir, Lower Merion, y la mía, Upper Dublin. Por aquel entonces, Ben y yo todavía éramos estudiantes. Él era el alero suplente del equipo, y yo, un editor del periódico estudiantil que carecía de las habilidades atléticas para jugar al baloncesto en público. Kobe Bryant, por su parte, era estudiante de primer año, y ese partido era el segundo de su carrera en el instituto.

El 7 de diciembre de 1992, *The Philadelphia Inquirer* había publicado en su dosier de baloncesto de instituto un breve artículo sobre cada equipo. Ambos vestían de verde, y se esperaba que pelearan duro por el título. Sin embargo, para Jeremy Treatman, el corresponsal que había escrito sobre los Aces (el apodo de los jugadores de Lower Merion), solo había un jugador capaz de captar la atención de todos los focos: «Recuerden este nombre: Kobe Bryant».

La semana siguiente, los dos equipos se enfrentaron en el partido de consolación de un torneo de cuatro equipos disputado en Lower Merion. En los treinta y seis segundos grabados de ese partido, el jugador de Upper Dublin más cercano a la cámara —un escolta llamado Bobby McIlvaine, que, como Bryant, lucía el dorsal número 24— dio un pase cruzado a un compañero de equipo, Ari Greis. Cuando este recibió el balón en el lado derecho de la pista, se cambió el balón de mano para superar a Kobe y lanzó una bomba desde la línea de fondo. Un amigo de la familia de Ben había grabado el partido, y cuando Ben supo que Kobe acudiría a las oficinas de YouTube, digitalizó la cinta. Una vez terminada la reunión de negocios, Ben había reproducido la grabación en el portátil, y uno de sus compañeros de trabajo se había encargado de capturar las reacciones de Kobe. Ahí estaba todo, era una conjunción cósmica. Podías ver como el Kobe de treinta y nueve años observaba al niño de catorce que había sido en el pasado. «Esto es divertidísimo», dijo Kobe. «Gran defensa, Kobe... Así se defiende... Podemos estar así todo el día... ¡Vaya!... Esto es gracioso... Solo ganamos cuatro partidos ese año.»

¿Dónde estabas cuando ese helicóptero se estrelló contra la ladera de Calabasas en enero de 2020? ¿Preparando un aperitivo en la cocina? ¿Relajándote en el sillón? ¿Limpiando el garaje? Yo estaba en el coche, con mis dos hijos en el asiento de atrás, conduciendo hacia casa para que mi hijo de ocho años pudiera cambiarse y llegar a su partido de baloncesto de las 15.45. Y cuando llegamos a la cancha, había un jugador del equipo contrario, con los bracitos asomando por las bocamangas de una camiseta blanca y una camiseta de tirantes verde, con la palabra «KOBE» escrita con rotulador negro en la manga. En realidad, no me di cuenta, pero mi hijo me lo contó al terminar el partido. Nunca se olvida un día como ese. No olvidas una muerte que sacude el mundo entero.

Ese era el poder y el alcance de Kobe Bryant. Sentimos mucho afecto por nuestros deportistas. Vemos lo que han logrado y lo que pueden llegar a hacer. Ese es su centro magnético, lo que nos atrae hacia ellos. Nos ofrecen un modelo, una vara de medir, y con Kobe esa atracción era todavía más intensa porque su influencia no se limitaba al baloncesto. Fue el director ejecutivo de un cortometraje de animación, *Querido baloncesto*, que ganó un óscar y estaba basado en un poema que escribió cuando se retiró. Al parecer, después de su etapa en los Lakers, era un marido cariñoso con su esposa, Vanessa, y un padre exigente con sus cuatro hijas. Con el tiempo, con los medios de comunicación y los aficionados ansiosos por disculparlo, y con la compra de un gigantesco anillo de diamantes para Vanessa, el escándalo que una vez manchó su reputación —la acusación de violación y su arresto en Colorado en 2003— se convirtió en algo secundario para la mayoría, aunque no para todo el mundo. Dejó atrás sus absurdas guerras con Phil Jackson y Shaquille O'Neal. Parecía que había muchas cosas más por delante, cosas que iban más allá de los cinco anillos de la NBA, las quince participaciones en el All-Star, los 33 643 puntos, el MVP de la temporada 2008 y la seguridad en uno mismo —esa confianza tan absoluta y obvia que prácticamente podía palparse—, tan necesaria para lanzar el último tiro cuando todas las personas del pabellón saben que lo vas a hacer. Pero ahora, la excelencia, la redención y la esperanza se habían desvanecido, y no había nada que hacer. No valía la pena darle más vueltas. Solo podías sentarte, hundirte y negar con la cabeza.

Todo empezó en Filadelfia y sus alrededores. Es posible que nadie se acuerde, porque Kobe ha formado parte de Los Ángeles durante tanto tiempo —ahí se convirtió en un adulto bajo la luz de los focos— que podríamos pensar que ese joven de diecisiete años brotó de una de las colinas de Hollywood completamente formado y con una técnica exquisita de tiro en suspensión. Pero no. Todo empezó en Lower Merion, en Main Line, el elegante barrio en los límites del oeste de Filadelfia. Todo empezó en las canchas de ese vecindario, en los patios de recreo, en los parques, en los congestionados gimnasios de los institutos y en los torneos de la AAU. Es verdad, mucha gente de Filadelfia arguye que técnicamente Kobe no es de la ciudad, que no es uno de ellos. No obstante, ¿acaso ha existido otro jugador que represente mejor lo que significa ser un jugador de baloncesto de Filadelfia? ¿Alguno tenía su agresividad o encarnaba mejor esa mentalidad de «matar o morir»? «Me enseñó a ser duro, me curtió», dijo Bryant a finales de 2015, antes de su último partido en Filadelfia contra los 76ers. «En esta ciudad no hay una sola cancha donde la gente juegue al baloncesto sin meterse con el rival.»

Todo empezó con Gregg Downer, el entrenador del instituto con el que ganó un campeonato. Gregg enseñó tantas cosas a Kobe como las que aprendió de él. Su amor y su lealtad eran tan sinceros que al anunciarse públicamente su muerte se derrumbó en el suelo de la cocina cuando la incredulidad se convirtió en desesperación. Todo empezó con Treatman, que pasó de cubrir las noticias de Kobe a hacerse amigo suyo. De ser un periodista deportivo independiente a ser uno de sus mejores confidentes, y una de las personas más influyentes en el mundo del baloncesto de Filadelfia. Su artículo de 1992 en *The Philadelphia Inquirer* sería la primera mención de Kobe en un medio de comunicación importante. «¿Recuerdan este nombre?» Treatman hizo todo lo que pudo para que nadie lo olvidara. Luego, a petición de Downer, se convertiría en el entrenador asistente del muchacho en Lower Merion para gestionar las interminables solicitudes de entrevistas y mantener a los medios de comunicación lo suficientemente alejados como para que no se convirtieran en una carga y una distracción para ese cometa llamado Kobe. También se preocupó de asegurarle a cualquier persona que mencionaba al hijo de Joe Bryant que sería la próxima gran leyenda, que todo el mundo acabaría recordando cuándo y dónde lo conoció. La relación con Kobe fue tan cercana que acabarían colaborando en una serie de entrevistas para un libro que Treatman nunca tuvo la ocasión de escribir, aunque se aseguró de conservar las cintas y las transcripciones de varias de esas entrevistas que contienen los pensamientos y recuerdos de un Kobe que aún no había cumplido veinte años, y a las que he tenido acceso para escribir este libro. El mismo Treatman que ese fatídico 26 de enero contestó a su teléfono móvil desde la Universidad de Jefferson, donde estaba supervisando un torneo de baloncesto femenino, y apenas pudo balbucir: «No puedo creerlo».

Todo empezó en esa escuela cuyo programa de baloncesto había sucumbido a la irrelevancia y que de la mano de Kobe se convirtió en un auténtico espectáculo. Todo empezó en una comunidad que pregonaba la diversidad y la armonía racial, pero cuyos miembros estaban ansiosos por encontrar una figura que los uniera. Se inició en esas ligas de verano y partidos improvisados que más adelante se convirtieron en mitos y leyendas que permanecieron en la memoria colectiva durante décadas. Historias que no necesitaban maquillaje porque la realidad era suficientemente asombrosa. Historias de un adolescente que todavía no tenía diecisiete años y que era tan bueno o mejor que algunos de los jugadores de la NBA. Historias que empezaron a difundirse a mediados de la década de los noventa, cuando ese Kobe adolescente entraba en el gimnasio de la Universidad de Saint Joseph, donde los Sixers entrenaban, y eclipsaba a muchos de aquellos jugadores veteranos de la NBA, mientras John Lucas, el entrenador, esperaba que el equipo tuviera suficiente sentido común como para ficharlo. Por aquel entonces, yo era alumno de La Salle, y como trabajaba de editor y columnista deportivo en el periódico estudiantil, había leído y oído rumores sobre esos entrenamientos. Como cualquier otro estudiante del campus que deseaba ver como el equipo de baloncesto de la universidad volvía a la senda del éxito, es decir, a las antes tan comunes temporadas de veinte victorias o a la posibilidad de participar en el torneo de la NCAA, también esperaba que Kobe eligiera La Salle y pudiera participar en el mismo programa de baloncesto con el que su padre estaba tan vinculado. «Joe Bryant fue alumno de La Salle y ahora forma parte del cuerpo técnico. ¡Joe y Kobe están muy cerca! ¿Puede ser realidad?» Pero ¿acaso era realista siquiera pensarlo? ¿Qué pensó Kobe cuando comprobó que podía batirse perfectamente con jugadores profesionales? ¿Qué pensó cuando se percató de que podía realizar sus trucos e imponerse a las defensas de la NBA tan proclives a utilizar los codos? Todo empezó en ese momento. Todo tuvo que empezar ahí.

Todo empezó en un momento de nuestra historia en el que creíamos que el camino tradicional para el éxito deportivo estaba perfectamente estipulado, una presunción que Kobe logró evitar y respetar al mismo tiempo. Todo empezó con una adolescencia por un lado completamente típica y, por otro, totalmente distinta a la de cualquier otro adolescente. En una época que ahora se nos antoja muy lejana. Todo empezó en diciembre de 1992, cuando Kobe apenas tenía catorce años.

El breve fragmento de la grabación que Ben Relles conservó durante casi treinta años no cuenta todo lo que ocurrió en ese partido. Lower Merion se impuso a Upper Dublin, 74-57, y la vergonzosa defensa de Kobe, que esa videocámara conservó para el porvenir como si se tratara de un mosquito atrapado en el ámbar, no hacía justicia a la actuación de Kobe. Anotó diecinueve puntos, y en un fragmento de cinco minutos que Ben descubrió más adelante, Kobe es la figura más relevante del partido. Conduce el balón hacia la línea de fondo y encesta. Se levanta en el aire y anota de dos. Se libra de su marcador y anota machacando el aro. Fuera de contexto, ese fragmento de partido parecía una recopilación de las mejores jugadas de Kobe, y cualquiera que lo viera podría preguntarse si su equipo podía perder mientras Kobe estaba en la pista. Pero perdieron. En realidad, solo ganaron tres partidos más ese año y acabaron la temporada con un balance de 4-20.

No obstante, la expresión del rostro de Kobe mientras miraba la grabación fue más reveladora que el recuerdo de esa temporada: sonriendo, riendo y maldiciendo su desastrosa defensa, mascando chicle con los ojos anclados en la pantalla del ordenador, pero con la mente tanteando hacia atrás para encontrar ese momento y esa época de su vida, el prodigio que solía ser. Las imágenes lo sorprendieron. Lo mandaron de vuelta al pasado, y podía reconocer la forma y los contornos del molde de ese hombre en el que se había convertido. Ahí estaban ya las líneas maestras. Muchos de los rasgos que más tarde lo definieron y caracterizaron estaban presentes en ese momento: la chulería, la competitividad, la calidez y la frialdad que mostraba según las circunstancias o sus propios deseos, las inseguridades infantiles, la comodidad con la fama, el compromiso con la excelencia y la comprensión innata de lo que tenía que hacer. Los rasgos que había conservado y aquellos a los que había renunciado. La memoria es un regalo que se suele guardar bajo llave, y la grabación de ese partido fue la llave maestra que dejó que aquellos sonidos, aquellos lugares y aquella gente regresaran y recuperaran ese fragmento de su yo más íntimo. Volvía a estar en contacto consigo mismo.

Este libro es un intento de ver de nuevo a Kobe Bryant de ese modo.

PARTE I

«Estoy seguro de que ahora crees
que tengo una vida perfecta.»

Kobe Bryant

1

Después del incendio

Sobre la pasarela de hormigón de la entrada al gimnasio Kobe Bryant, un improvisado jardín conmemorativo florecía con colores y recuerdos: velas, coronas fúnebres, zapatillas, rosas amarillas y rojas, y camisetas blancas y granates de Lower Merion o púrpuras y doradas de los Lakers. Cuarenta y ocho horas antes, un helicóptero Sikorsky S-76B, con su carrocería blanca con rayas azules, había despegado del aeropuerto John Wayne-Orange County, en el sur de California, y después de sobrevolar en círculos un campo de golf, para sortear una niebla tan espesa y cegadora como una gasa, se había estrellado en un barranco, arrebatando la vida a las nueve personas que estaban a bordo: Kobe; su hija de trece años, Gianna; el piloto; y seis personas que participaban en el programa de baloncesto de la AAU de Kobe, incluidas dos compañeras de equipo de Gianna (todos ellos viajaban con destino a un torneo en el Mamba Sports Academy, a cincuenta kilómetros al noroeste de Los Ángeles). Eso ocurrió el domingo 26 de enero de 2020. Pero ahora era martes. Una tarde cristalina, fría y ventosa en las afueras de Filadelfia, a mitad de la jornada escolar. Los alumnos que se dirigían de un aula a otra se detenían delante del memorial para contemplarlo y susurrar entre sí. Los hombres y mujeres adultos aparcaban sus coches a unas calles de distancia y se acercaban andando silenciosamente al lugar como si visitaran una iglesia. Un aficionado de los Lakers de sesenta y cuatro años, procedente de Nueva Jersey, condujo noventa minutos con su mujer y su sobrino solo para visitar el memorial, solo para despedirse de Kobe. Tres integrantes del equipo de baloncesto masculino del año 2006 que había ganado un campeonato estatal una década después de que Kobe lo consiguiera colocaron una foto enmarcada en la pasarela. En la imagen aparecía Kobe sentado en un banco con ellos. Una jugadora de la WNBA había escrito con el método Palmer de caligrafía una carta de despedida en un cuaderno rayado con tinta de color lavanda: «Me siento egoísta solo de pensar que no podré presenciar todo lo que habrías logrado si todavía estuvieras entre nosotros...».

Durante esos días, Gregg Downer no encendió la televisión ni escuchó los boletines radiofónicos. Tampoco se atrevió a visitar ese lugar. ¿Cuántas veces agachó la cabeza y siguió andando sin detenerse cuando cruzaba ese gimnasio? ¿Cuántas veces tendría que contemplar lo que había perdido, lo que había perdido el mundo? No podría decirlo, pero estaba seguro de que no podía aguantar mucho más tiempo en aquel lugar. Bajo ese suelo también descansaba gran parte de su vida. Ahora tenía cincuenta y siete años, y su cara estaba más arrugada y curtida que cuando trabajaba con Kobe, cuando apenas tenía treinta años y ambos eran tan jóvenes que podían pasar por compañeros de habitación de la universidad. Estaban tan unidos, se conocían tan bien y se respetaban tanto que bien podrían haberlo sido.

Ese domingo por la mañana, Downer estaba al cuidado de su hija Brynn y una de sus amigas. Cada vez que Kobe veía a Brynn con su coleta rubia, la abrazaba y apretaba con fuerza como si fuera suya, como si fuera su quinta hija. Downer no fue padre hasta que cumplió los cincuenta, y entonces Kobe y Vanessa ya habían tenido dos niñas, Natalia y Gianna. Downer había observado que tanto los ojos de su hija como los de Kobe brillaban cada vez que se encontraban. Pero ahora Brynn y su amiga pasaban por delante de Downer y su esposa Colleen, y el teléfono de Downer estaba sonando. Un periodista. Downer sospechaba el motivo de esa llamada: la noche anterior, en Filadelfia, LeBron James había superado a Kobe y había alcanzado el tercer puesto del *ranking* de máximos anotadores de la

NBA. Seguramente, el periodista buscaba una cita para apuntalar la nota. Eso es lo que le dijo a Colleen. No se molestó en coger el teléfono. Pero el móvil no dejó de sonar durante noventa segundos. Sonaba y vibraba de tal modo que parecía poseído por un demonio. Finalmente, se conectó a Internet y leyó un tuit de TMZ que anunciaba la muerte de Kobe Bryant. Al cabo de cinco minutos, después de rogar a Dios que el portal de chismorreos se hubiera equivocado o que un trol desalmado fuera el culpable de esa barbaridad, mandaron a la amiga de Brynn a casa, y la cocina de los Downer se transformó en un valle de lágrimas.

Subió las escaleras y volvió a bajar. Luego salió de casa y recorrió la urbanización a la que él y Colleen se habían mudado hacía quince años. Paseó por los jardines mustios y las piscinas cerradas, por delante de las casas de los amigos y de los vecinos que sabían desde hacía tiempo que el entrenador de Kobe vivía en el barrio. Pero no logró serenar su mente. ¿Era cierto? ¿Quién más iba a bordo del helicóptero? ¿Tendría que contárselo a los demás? Debería contárselo a los otros miembros del cuerpo técnico que habían entrenado a Kobe en Lower Merion; a los antiguos jugadores del equipo que habían sido los mejores amigos de Kobe, pero que, desde que se convirtió en una estrella y se mudó a Los Ángeles, no tenían mucho contacto con él; a Jeanne Mastriano, el profesor de inglés de la escuela durante más de treinta años que no tenía ninguna conexión directa con el baloncesto, pero que seguía siendo una especie de mentor para Kobe, y había estimulado su curiosidad intelectual. ¿Quién se lo diría a ellos? Las lágrimas se le escapaban en pequeños y esporádicos llantos. En la mesa de su casa, el teléfono móvil seguía zumbando, más llamadas y mensajes. Cada uno de ellos era otro hilo que formaba parte de una red de espanto y dolor. Caminó hasta su casa sin saber a quién debía llamar primero o si sería capaz de coger el teléfono.

Una tarde de domingo, sus cuatro hijos, todos menores de once años, estaban aburridos en casa, sin nada que hacer y llenos de energía que necesitaban liberar. Por eso, Phil y

Allison Mellet decidieron sacarle partido al lugar donde vivían. Ambos fueron alumnos de Lower Merion, miembros de la promoción de 1998 —empezaron a salir el último año de instituto—, y Allison, que era profesora de español en el instituto y dirigía el departamento de lengua, podía acceder al recinto incluso los fines de semana. Prepararon rápidamente las bolsas de deporte, recorrieron el corto trayecto hasta el gimnasio Kobe Bryant, y allí estaban: Allison en una cinta de correr al fondo del gimnasio, y Phil jugando con los niños con un balón de baloncesto o de fútbol.

El gimnasio, que tomó el nombre de Kobe en 2010 porque este donó 411 000 dólares al distrito escolar, era mucho más grande que el anterior, en el que Phil Mellet y Kobe habían jugado cuando eran compañeros de equipo en la temporada 1995-96, cuando Kobe era una estrella de último año, y Phil, ahora un abogado de empresa, un escuálido escolta de segundo año que se conformaba con estar en el banquillo. Con las gradas empotradas en la pared, como estaban ahora, el recinto parecía mucho más amplio. El eco de la voz de los niños sonaba como si estuvieran en el fondo de un gran cañón. La única persona que se encontraba en la escuela con ellos era un conserje. En cualquier caso, Mellet advirtió que su teléfono estaba sonando y se iluminaba por los mensajes de texto. Eran mensajes de viejos amigos con noticias terribles.

Mientras los leía, empezó a notar un gran vacío en su interior. A pesar de que no mantenía el contacto con Kobe, Mellet siempre se había considerado afortunado porque había jugado con él y había llegado a conocerlo un poco. En su trabajo, cuando conocía a algún inversor, accionista o abogado siempre encontraba la manera de incluir en la conversación su relación con Kobe. Era una estrategia formidable para romper el hielo, mucho mejor que hablar de los hijos, de golf o de cualquier minucia. «¿Jugaste en el mismo equipo que Kobe? ¡Cuéntamelo todo!» Entonces la tensión disminuía y Mellet, al contar y vivir esas historias de nuevo, experimentaba cierta emoción, como una pequeña descarga eléctrica. Pero ahora esa conexión se había perdido. Se había perdido un pedazo de su vida, uno que tenía mucho significado para él.

Al cabo de veinte minutos, el conserje se acercó para comunicarles que tenían que abandonar el lugar: iban a cerrar ya el gimnasio.

En el pasillo de los congelados de un supermercado de Narberth, Pensilvania, a un kilómetro y medio del instituto, Amy Buckman examinaba los productos que se encontraban detrás del cristal con las bolsas de verduras crujiendo entre sus manos. Antes de que el distrito escolar de Lower Merion la contratara en marzo de 2018 para ser su portavoz, Buckman había trabajado durante un cuarto de siglo como productora y reportera para el Channel 6 Action News, la filial de ABC de Filadelfia. Terry, su marido, que estaba en casa mirando la televisión, le mandó un mensaje de texto. Llevaba treinta y dos años casado con ella, y sabía perfectamente lo que le importaba: «Dicen en las noticias que el helicóptero de Kobe se ha estrellado».

Terry continuó informando de cualquier novedad mientras ella se apresuraba a pasar por la caja. Acto seguido, condujo hasta su casa, guardó la compra y envió el mismo mensaje de texto al superintendente del distrito escolar, Robert Copeland; al director del instituto, Sean Hughes; y al director de las instalaciones del distrito, Jim Lill: «Voy a la oficina. Vamos a ser el foco de atención». Luego llamó a Downer, a Doug Young (uno de los entrenadores asistentes de Downer) y a su predecesor en el cargo como portavoz del distrito. El tono de voz sombrío y entrecortado de Downer indicaba que no estaba preparado para hablar en público. Apenas pudo sacarle una frase de seis palabras que incluyó en la declaración de ciento ochenta y nueve palabras que escribió allí mismo. Escribir ese comunicado no era simplemente una de sus obligaciones, pero, a diferencia de Downer, Young o cualquier otra persona relacionada con Kobe, Amy gozaba de la distancia y perspectiva adecuadas para hacerlo. Nunca lo había conocido. En el pasado, cuando trabajaba para la televisión, había cubierto el juicio de O. J. Simpson, había entrevistado a Oprah Winfrey, había producido un programa matutino de entrevistas y había hablado con docenas de celebridades de Filadelfia. Sin embargo, a pesar de que Kobe era la estrella más brillante de esa constelación de personalidades, sus caminos nunca se habían cruzado. No obstante, en ese momento, esa circunstancia no suponía un obstáculo. Era una ventaja. Alguien tenía que estar lo suficientemente lúcido para hablar en nombre de la comunidad. Alguien tenía que ser el rostro público del *alma mater* de Kobe el día de su muerte.

El improvisado santuario no dejaba de crecer. Se extendía como una enredadera sagrada desde la acera de enfrente hasta las mismas puertas del gimnasio, y los reporteros y los equipos de cámaras aguardaban en el exterior, entrevistando a aquellos que habían acudido al lugar con la esperanza de entrar en la escuela para filmar las imágenes que abrirían los noticiarios de esa noche: la vitrina de trofeos, los artículos de su interior, el nombre de Kobe en las paredes del gimnasio... A las cuatro y media de la tarde, Buckman se presentó frente a las puertas del gimnasio y leyó el comunicado:

> La comunidad del distrito escolar de Lower Merion se entristece profundamente por el repentino fallecimiento de uno de nuestros más ilustres exalumnos, Kobe Bryant. La relación del señor Bryant con el instituto Lower Merion, donde jugó al baloncesto antes de unirse a la NBA, ha mejorado la relevancia de la escuela secundaria y nuestro distrito en todo el mundo...
>
> Gregg Downer fue el entrenador de Kobe Bryant desde 1992 hasta 1996. Bryant llevó al equipo a conquistar el campeonato estatal de 1996. Downer ha dicho que está completamente sorprendido y devastado por esta noticia: «La Nación de los Ases ha perdido su corazón». Toda la comunidad que forma parte del distrito escolar de Lower Merion envía sus más profundas condolencias a la familia Bryant...

A continuación dijo a los medios de comunicación que podían entrar en el edificio y filmar sus imágenes. Solo tendrían esa oportunidad. No podrían entrar de nuevo hasta el lunes, puesto que era día lectivo. Los reporteros entraron y enfocaron sus cámaras hacia la reluciente pista de madera y las banderas del campeonato que colgaban en el interior del gimnasio, hacia los mosaicos caleidoscópicos de Kobe en las paredes, hacia la vitrina de trofeos donde la escuela exponía cinco zapatillas de Kobe, cuatro fotografías suyas enmarcadas, el trofeo del campeonato estatal de 1996 y la brillante pelota de baloncesto dorada que sostuvo sobre su cabeza aquella noche en Hershey.

Los periodistas se retiraron y los afligidos vecinos siguieron llegando. La alfombra de cartas, flores y pelotas de baloncesto se extendía hasta el borde de la entrada, bloqueando las puertas y vulnerando el protocolo contra incendios. Los funcionarios recogieron más de cuatrocientas pelotas de baloncesto. Donaron un buen número a los clubes locales de la localidad y guardaron las demás en cajas y bolsas de basura negras que permanecerían apiladas hasta que pudieran exponerse en la misma escuela. Buckman, Hughes y Lill recogieron cuidadosamente las cartas de despedida, los lirios y las rosas (parecía que estuvieran manipulando vidrio recién soplado), y los colocaron en una zona de césped que acordonaron junto a las puertas del gimnasio, cerca de los arbustos. Estuvieron trabajando hasta bien entrada la madrugada para trasladar todos los objetos y despejar el camino de entrada. Amy Buckman todavía llevaba los leggins de pana y el abrigo de pluma negro con el que había ido al supermercado.

Aproximadamente a la misma hora en la que el helicóptero de su viejo amigo levantaba el vuelo, Doug Young se acomodaba en un asiento de clase turista en un vuelo corto de Alabama a Carolina del Norte. Esa semana, como profesional de la comunicación, había viajado a Mobile para asistir al Senior Bowl. Era una oportunidad única para que los ejecutivos y los entrenadores de la NFL conocieran a los jugadores universitarios y para que varios clientes de Young, como entrenadores o aspirantes a *quarterback*, obtuvieran contratos profesionales. Young, un hombre delgado de metro ochenta, tenía un porte elegante y refinado que contrastaba con la lealtad y el afecto genuinos que sentía por su instituto. Nadie sabía más de Lower Merion que él, especialmente del programa de baloncesto, y, con la excepción de Downer, nadie había trabajado más para mantener la conexión entre Kobe y esa institución. Cuando el equipo de la escuela se desplazó a Los Ángeles para visitar a Kobe, Young se encargó del itinerario y del alojamiento, organizó una mesa redonda en la oficina de Kobe para conversar con él, y se aseguró de que todos los jugadores del equipo recibieran un ejemplar firmado de su libro, *Mentalidad Mamba: los secretos de mi éxito*. Cada vez que Downer quería inspirar a sus jugadores, Young se tomaba la molestia de incluir una conferencia telefónica en la agenda de Kobe. Compartió sus primeros años de jugador con Kobe, pero él se había quedado hasta el final.

Durante las casi dos horas que duró el vuelo, su teléfono móvil y su ordenador portátil estuvieron desconectados. Pero cuando el avión aterrizó, miró a su alrededor y comprobó que algunos pasajeros estaban llorando: todos ellos miraban sus teléfonos móviles totalmente petrificados, conmocionados y desolados. Encendió el teléfono y perdió el mundo de vista. Hasta que se dirigió a la terminal para tomar su vuelo a Filadelfia no se percató de la singularidad de su ubicación. Estaba en el Charlotte Douglas International Airport. Charlotte, el hogar de los Hornets. El equipo que había fichado a Kobe.

Los dos días posteriores al accidente, Downer apenas respondió algunas de las llamadas que recibió el domingo. Permaneció en el mismo estado de aturdimiento en el que había caído aquella tarde, y Hughes le había sugerido que se tomara unos días libres. «Quédate en casa. Tómate el tiempo que sea necesario.» Downer había intercambiado algunos mensajes con John Cox, el primo de Kobe, pero no sabía nada de los padres de Kobe, Joe y Pam. Nadie sabía nada de ellos. No habían hecho ninguna declaración pública. Downer albergaba la esperanza de que pronto sabría de ellos, pero, hasta que eso ocurriera, había otros asuntos más importantes que debía atender. Hughes y Jason Stroup, el director deportivo del instituto, se reunirían con los jugadores del equipo de Downer antes del entrenamiento habitual para hablar con ellos. Lower Merion debía disputar un partido el martes por la noche. Varios de los jugadores habían conocido a Kobe durante la reciente visita del equipo a Los Ángeles, y Downer no quería dejar en manos de Hughes y Stroup la tarea de calmarlos, tranquilizarlos, y explicar con determinación quién era Kobe y qué desearía que hicieran ahora. Por eso puso rumbo al instituto.

Habló con sus jugadores sobre la muerte de Kobe de una forma que, esperaba, conectara con esos adolescentes: «Hay muchas emociones revoloteando por aquí, chicos. Tenemos que reducir esas diez o quince emociones a tres o cuatro. Cuando intento pensar en lo que haría Kobe en una situación como esta, creo que querría volver a botar el balón lo antes posible. El martes tenemos un partido importante. Deberíamos querer botar el balón. Deberíamos querer que nuestras zapatillas pisaran de nuevo el parqué. Deberíamos querer competir como locos, y lo haremos. Aprovechemos nuestra salud. Aprovechemos que tenemos la oportunidad de jugar al baloncesto, e intentemos divertirnos mucho mientras lo hacemos».

No había hablado en público desde que Buckman había realizado el comunicado oficial, pero ahora tenía que hacerlo. La oficina del distrito escolar había recibido una cantidad asombrosa de peticiones para entrevistarse con él. Y Buckman, como respuesta, organizó una rueda de prensa a media tarde con Downer y Young en el edificio de la administración. Era una estrategia sacada directamente del manual de relaciones con los medios de comunicación modernos y, dada la influencia y la fama de Kobe, era comprensible. Buckman ofrecería a las cadenas de televisión locales, a los periódicos electrónicos, a los portales web, y tal vez a uno o dos medios nacionales que pudieran viajar hasta las afueras de Filadelfia (el *New York Times* y el *Washington Post*), la oportunidad de hablar con el entrenador de Kobe en persona. Porque más adelante, y Buckman se mostró tajante con esa condición, el distrito escolar no permitiría ninguna entrevista con Downer o con cualquier persona relacionada con Lower Merion durante un largo periodo de tiempo. Downer aún tenía a su cargo el equipo de baloncesto. Necesitaba tiempo para llorar. Todo el mundo lo necesitaba. Así que esa sería la única oportunidad que tendrían los periodistas para plantear sus preguntas.

Uno por uno, los veinte o veinticinco representantes de los medios de comunicación entraron en una sala de conferencias para cubrir la comparecencia de Downer. La sala tenía una gran mesa en forma de semicírculo con gruesas sillas de madera, y un muro de trípodes cerraba el extremo abierto de la herradura. Una pancarta granate colgaba detrás de la cabecera de la mesa. Sobre un caballete había una foto de Kobe tomada durante uno de sus partidos en el instituto. Llevaba una camiseta blanca y sostenía una pelota en la mano derecha, con la boca abierta y los ojos apuntando hacia el aro, mientras se preparaba para lanzar el balón por encima de su cabeza para anotar dos puntos. Era una muestra impecable de su capacidad atlética y de su talento.

Downer entró en la sala de conferencias desde una puerta situada detrás de la pancarta con un corte de pelo perfecto y arquetípico de su profesión: había sido profesor de educación física en la escuela durante más de veinte años. Minutos antes, había rebuscado en un armario del almacén contiguo al gimnasio y había sacado un artículo singular: la chaqueta de calentamiento blanca de Kobe con el número 33 en las mangas. Había estado en ese armario durante veinticuatro años, desde que Kobe la usó por última vez. Veinticuatro años. Precisamente el veinticuatro fue el primer dorsal que lució Kobe en Lower Merion y el segundo con los Lakers. ¿Era una coincidencia o algo buscado? Tal vez, ambas cosas. Downer, mientras preparaba la conferencia de prensa, se la había enfundado como si fuera una capa protectora. Sentía que tenía que llevarla. De alguna manera, se sentiría más firme y seguro si lo hacía.

«Me daba fuerzas en un momento como este —dijo esa misma tarde—. No estaba seguro de poder salir adelante ayer. No estaba seguro de poder mantener mis emociones controladas. Y encontré... la fuerza para hacerlo. Él me dio la fuerza que necesitaba. Es un auténtico alivio poder llevar una chaqueta como esta. Si existe algún tipo de pequeña conexión entre él y yo, llevando su chaqueta de calentamiento...»

Se sentó a la cabeza de la mesa. Young, que iba detrás, lo hizo en la silla que estaba a su izquierda, con el cuerpo inclinado hacia Downer, por deferencia. «Agradezco vuestra paciencia —dijo Downer a los medios de comunicación—. Estos últimos días he descansado muy poco y he derramado muchas lágrimas.» Era evidente. Tenía el rostro hinchado y los ojos enrojecidos. A su derecha, en una esquina de la sala, se encontraba un grupo de hombres relacionados con el programa de baloncesto: exjugadores, exentrenadores, exalumnos, amigos de Downer, etc. Jeremy Treatman se encontraba entre ellos, con los brazos cruzados y la cabeza gacha como si estuviera colgando por un gancho en la nuca.

La reunión era un homenaje a Kobe, pero en cierta manera también iba dirigido a Downer. La primera temporada de Kobe con los ases había sido la tercera de Downer como entrenador jefe de la escuela. La primera vez que lo vio jugar, cuando Kobe era todavía un estudiante de octavo, Downer había dicho en broma: «Bueno, definitivamente voy a estar aquí cuatro años más». Cuatro años que se habían convertido en treinta. Y durante ese tiempo, Lower Merion había ganado quince campeonatos de liga. Ganó el título estatal de 1996 con Kobe, y después ganó dos más. Downer nunca había vuelto a vivir un año como el de la última temporada de Kobe: la demanda de autógrafos y entradas, las multitudes, la atención de los medios, los partidos convertidos en conciertos de rock. Estaba seguro de que, sin ese primer año de Kobe, ninguno de los éxitos posteriores habría sido posible. «El rumbo de nuestro programa sería muy diferente si no le hubiéramos conocido —dijo—. Nos enseñó a ganar. Nos enseñó a trabajar duro. Nos enseñó a no tomar atajos. Dejó el listón muy alto... No creo que el impulso para todo esto hubiera existido si no hubiéramos tenido la suerte de conocer a este extraordinario jugador y a esta magnífica persona.»

Tenía problemas para encontrar las palabras adecuadas, y esa búsqueda se volvió todavía más difícil cuando uno de los presentes preguntó: «¿Has hablado con alguien de la familia de Bryant?». La pregunta lo desarmó. Joe y Palm habían sido prácticamente miembros de su familia. De hecho, Joe incluso trabajó como entrenador asistente para Downer cuando Kobe jugó ahí. No obstante, la relación de Kobe con sus padres se había deteriorado durante la etapa de los Lakers, tanto por su decisión de casarse con Vanessa (ambos eran muy jóvenes) como por una disputa con Pam sobre la gestión y la venta de algunos de sus objetos personales y recuerdos. «No estás listo para casarte... Sí, lo estoy... Voy a vender algunas de tus cosas... No, no puedes.» Peleas, guerras frías, reconciliaciones, rupturas y tal vez la débil pero esperanzadora posibilidad de que todos esos conflictos pudieran arreglarse... Conflictos que, al fin y al cabo, surgían por cosas materiales: camisetas del instituto, camisetas de la escuela y anillos de los Lakers. Solo eran objetos. ¿Qué importancia tenían verdaderamente? Las heridas habrían sido profundas, pensaba Downer. Por esa razón, Joe y Pam aún no habían hecho ningún comentario público sobre la muerte de su hijo. Downer nunca había conocido a Vanessa, pero había logrado mantener su relación con Kobe. Lo había visto tres veces en los últimos dieciocho meses, había llevado a su equipo a Los Ángeles y se había reunido con él en Filadelfia en una firma de libros. Kobe había publicado una serie de novelas para estudiantes de primaria en marzo de 2019, y estaba regalando sus libros en la firma. No los vendía, los regalaba. Esa fue la última vez que Downer habló con Kobe personalmente. No podía recordar cuándo había sido la última vez que habló con Joe y Pam, y ahora aparecía la maldita pregunta delante de las cámaras...

«Mi relación con Pam y Joe es extraordinaria... Aprendí a entrenar con Joe, y le tengo un gran respeto... Si están ahí, quiero apoyar a Vanessa y a las otras tres chicas. Quiero estar ahí para ellas de cualquier manera que pueda. Y definitivamente..., eh..., quiero ponerme en contacto con Joe y Pam.» Estaba llorando y se quedó sin palabras. «Joe y Pam, hemos perdido a un grande. Quiero a Kobe, y quiero a Joe y a Pam.»

Cogió una botella de Gatorade que estaba en la mesa, justo delante de él. Se la llevó a los labios durante unos cuantos segundos. Se limpió los ojos con la mano derecha y luego con la izquierda. No había ningún ruido en la sala.

Un mes más tarde, a las ocho de la mañana del martes 25 de febrero, el día después de la ceremonia de Kobe y Gianna en el Staples Center de Los Ángeles, Downer subía a bordo de un avión para cruzar el país de vuelta a Filadelfia. Intentaba llegar a tiempo para dirigir un partido de desempate que empezaba a las siete y media de la tarde. Se había perdido los últimos cuatro entrenamientos de su equipo y no había visto ni un segundo de las grabaciones del rival de los ases, el Pennridge High School. Sus asistentes habían estado en contacto con él, y estaba seguro de que sus jugadores estarían listos para el partido. Pero, en realidad, su mente estaba en otra parte, pensando en el día anterior.

Downer, Treatman y Young habían seguido el plan provisional que habían trazado poco después de la muerte de Kobe: cuando los Lakers organizaran el homenaje a Kobe, los tres viajarían a la Costa Oeste para estar presentes. En ese momento, la mente de Downer repasaba todo lo ocurrido. Conseguir entradas para la ceremonia no había sido fácil. Había muy pocas disponibles y la ceremonia estaba centrada en la NBA —y en Los Ángeles— para cumplir con los deseos de Vanessa. Pero Tim Harris, vicepresidente de operaciones comerciales de los Lakers, había intercedido en su nombre. En realidad, había hecho mucho más que eso: había conseguido un par de entradas extra para que Jeanne Mastriano y el hermano menor de Downer, Brad, también pudieran asistir al evento.

El día de la ceremonia, abandonaron temprano el hotel y Brad los llevó hasta el Staples Center. Para Downer, salir diez minutos antes no garantizaba llegar diez minutos antes. Por eso habían previsto los posibles retrasos que podían encontrarse más allá del desorden normal que reinaba en la hora punta de Los Ángeles. Algunas calles estaban bloqueadas, y el tráfico avanzaba con dificultades en las demás. Fuera del estadio, los gigantes y fantasmagóricos murales de Kobe, que se pintaron los días posteriores al accidente en las paredes de los edificios de ladrillo, se alzaban sobre las cabezas de los transeúntes. La mayoría de ellos llevaba camisetas de los Lakers; otros, de Lower Merion. Había camisetas de la escuela en California, en China... La influencia de Kobe era extraordinaria. Young estaba estupefacto por la comunidad que había creado este ser humano. Se vendían camisetas de Kobe. «¿Quién las estará comprando?», pensó Downer. Todavía tenía el estómago revuelto... Todo era tan obsceno... El rostro fantasmal de Kobe estaba por todas partes y podías estamparlo en tu camiseta por quince dólares.

Cruzaron por delante de los guardias de seguridad y el escáner de rayos X del Staples Center. En otro momento, para Downer, entrar en ese estadio habría sido un sueño: Gregg Downer, un chico trabajador de Pensilvania, rodeado de figuras como Michael Jordan, Bill Russell, Kareem Abdul-Jabbar, Elgin Baylor, Jerry West, Shaquille O'Neal, Magic Johnson o Tim Duncan. Siempre había pensado que se encontraría sentado entre estos personajes inmortales cuando Kobe entrara en el Salón de la Fama. Sin embargo, el propósito de esta reunión era una auténtica pesadilla. Todavía le costaba procesar su nueva realidad.

Durante dos décadas, había renunciado a muchas horas de sueño para adaptarse al horario de la Costa Oeste y poder ver en directo los triunfos de Kobe. Vio sus *airballs* contra Utah en la humillante derrota de *playoffs* de su primer año de *rookie*; el partido donde anotó ochenta y un puntos; los cinco anillos de campeón... Antes de morir, en el otoño de 2018, el padre de Downer, Robert, había grabado todos los partidos de los Lakers y los veía a la mañana siguiente para poder empezar todas las conversaciones telefónicas con su hijo de la misma manera: «¿Viste lo que hizo Kobe anoche?». Siempre, excepto cuando Kobe no jugaba. En ese caso, Robert simplemente borraba el partido. Downer guardaba demasiados recuerdos de Kobe. Había lanzado tiros libres con él en la antigua cancha de los Lakers. Había comido con él y se había bañado en la piscina de su casa frente al Pacífico. Había recorrido todo el país solo para verlo jugar. Había trabajado en sus campus de baloncesto. Había intercambiado correos electrónicos sobre tácticas de baloncesto. Y en una ocasión, en los pasillos de Lower Merion,

Downer había compartido con él una noticia muy especial: su paternidad. Kobe respondió con un fuerte abrazo.

Otro recuerdo. Este más reciente. Segundos después de que acabara la ceremonia, Downer compartió el mismo fuerte abrazo con Joe y Pam Bryant, con las hermanas de Kobe, Sharia y Shaya, y con Treatman y Young. Todos juntos. Todos llorando. La ceremonia fue encantadora, pero, para ellos, incompleta. No se mencionaron los años de instituto de Kobe. Ni siquiera a Joe y Pam. Vanessa gestionó la agenda y los temas del programa, y por supuesto buscaba honrar y reconocer a su hija tanto como a su marido. Pero la frialdad entre ella y los padres de Kobe era evidente. Según Treatman, no intercambiaron palabra y tampoco se miraron antes, durante o después de la ceremonia.

Habló Rob Pelinka, el antiguo agente de Kobe y director general de los Lakers. Habló Geno Auriemma, el entrenador de baloncesto femenino de Connecticut, y una de sus mejores jugadoras, Diana Taurasi. Habló la propia Vanessa. Habló Shaq. Habló Magic. Habló hasta Jordan. Ese último discurso, el de Jordan, había emocionado mucho a Downer, le había recordado las conversaciones que mantuvo con Kobe durante su etapa en Lower Merion, cuando Kobe tenía quince, dieciséis o diecisiete años, e imitaba descaradamente los movimientos y gestos de Jordan en la cancha. Lo había conmovido porque Jordan, siempre tan estoico y orgulloso, por fin había dicho que Kobe era su «hermano pequeño» y un jugador inigualable. ¡¿Cómo habría reaccionado Kobe en cualquier momento de su breve vida si hubiera oído eso?! Cuando terminó la ceremonia, Downer y Treatman bajaron corriendo hacia los asientos de Joe y Pam, cerca del escenario, y al ver a Treatman, Pam gritó: «¡Es Jeremy! ¡Es Jeremy!». Y cuando los guardias de seguridad los detuvieron a ambos, Downer dijo algo que nunca había dicho antes. Jugó una carta que nunca había usado. Miró al guardia y dijo: «Soy el entrenador de Kobe. Tengo que ver a sus padres ahora mismo. Por eso estoy aquí». Y el guardia lo dejó pasar, y Joe, que había estado abrazando a Shaq, lo soltó y abrazó a

Downer en su lugar, lo acercó hacia él, sonrió ampliamente y empezó a masajear los hombros como para aliviar la tensión y el esfuerzo y la pena que compartían, repitiendo la misma frase una y otra vez: «Hicimos un niño para el mundo —dijo Joe Bryant—. Hicimos un niño para el mundo».

Pero ahora que los discursos habían terminado, ¿qué era lo siguiente? Downer siempre se había visto a sí mismo a través de cuatro prismas: profesor, entrenador, padre y marido. Pero ¿ahora qué? No estaba seguro. Recuerdos y recuerdos inundaban cada rincón de Lower Merion. Durante diez meses al año, seis días a la semana, entrenaba en el gimnasio que Kobe había financiado, que Kobe había construido, que llevaba el nombre de Kobe. Kobe podía aparecer en su cabeza en cualquier momento y por cualquier motivo. Una mañana, semanas antes, sin ninguna razón que pudiera explicar, Downer se tiró espontáneamente al suelo de la escuela, apoyó el pecho en las baldosas y realizó veinticuatro flexiones.

Empezó a anotar pensamientos, ideas al azar o aforismos: «Kobe necesita que sea fuerte. Mis jugadores actuales lo necesitan. Mis alumnos lo necesitan. Necesito seguir influyendo en los jugadores y alumnos de forma positiva, como he intentado hacer durante treinta años. Kobe necesita que me mantenga firme y fortalezca mi determinación».

Pensó en su hija, Brynn, en el *hashtag* que se había extendido como un reguero de pólvora por las redes sociales en los días siguientes del accidente, después de que se hiciera viral un vídeo de Kobe en un programa de entrevistas nocturno, en el que se refería a sí mismo como *girl dad* (padre de niñas). La motivación le parecía ahora tangible, real. Tal vez esta era la conexión con Kobe que necesitaba. Brynn siempre iba a los partidos de baloncesto de su padre. Traía su propio portapapeles. Se sentaba en todas las sesiones de vídeo y las charlas motivacionales antes de los partidos. Mojaba a su padre con agua en las celebraciones después de los partidos. Nadaba con su padre. Se quedaba a dormir junto a la chimenea con su padre. Jugaba al fútbol y al béisbol con su padre. Anotó su primera canasta en una canasta reglamentaria poco tiempo atrás. Downer siguió escribiendo:

> Ella puede llegar a ser lo que quiera. Y yo deseo más que nada poder guiarla en lo bueno y en lo malo. El amor de Kobe por sus hijas, su legado como padre, me fortalece. El vínculo que compartimos al criar a nuestras hijas es el mayor regalo de nuestra relación. Es lo que más me inspira. Voy a centrarme en tres palabras para mi propia motivación y tranquilidad: valor, resistencia y amor.

Todo entrenador, creía Downer, necesita un plan de juego en todo momento. Por primera vez desde el 26 de enero, casi treinta años después de conocer a Kobe Bryant, creía que tenía uno. El avión atravesó las nubes, llevando a Gregg Downer a casa, de vuelta al lugar donde todo empezó.

«Sé que los jugadores que compitieron antes que yo
y que hoy siguen trabajando
son los que hicieron de la NBA lo que es hoy.
¿Cómo no iba a entender eso después de ver
jugar a mi padre y saber por lo que pasó?»

Kobe Bryant

2

Un lugar seguro

Los detalles y la información, privada y pública, del nacimiento de Kobe Bean Bryant el 23 de agosto de 1978 en el Lankenau Hospital están llenos de ambigüedades y erratas. Si Filadelfia nunca lo aceptó por completo, y si muchos de sus aficionados al deporte siempre se mostraron reticentes con él la mayor parte de su vida, fue porque siempre pudieron citar una sugerente verdad que respaldaba su actitud: Kobe no había nacido exactamente en la ciudad. Durante sus primeros noventa y tres años, el Lankenau Hospital estuvo dentro de los límites de Filadelfia, pero en 1953 lo trasladaron a un terreno de noventa y tres acres de las afueras, en Lower Merion, en el condado de Montgomery. Así que técnicamente Kobe no era de Filadelfia. Pero la identificación errónea de su lugar de nacimiento fue un error más leve que el que cometieron los dos periódicos que anunciaron su nacimiento. Un día más tarde de su alumbramiento, *The Philadelphia Inquirer* y el *Philadelphia Daily News* —el primero, un periódico austero, y el segundo, un vulgar tabloide— anunciaron su llegada al mundo deletreando erróneamente su nombre: «Cobie».

Sea cual sea la explicación, se puede entender la metedura de pata. Era un nombre extraño con una historia inusual. A finales de agosto de 1978, cuando se acercaba el inicio de la pretemporada con los Sixers, Joe Bryant estaba preparado para empezar su cuarta temporada con el equipo. Durante esos años se había aficionado a un restaurante en particular: el Kobe Japanese Steak House en el centro King of Prussia, en

Pensilvania. El restaurante, pegado al hotel Hilton y muy cerca de la atracción principal del barrio —el centro comercial King of Prussia—, abrió a principios de los años setenta, y su propietario, Christ Dhimitri, lo promocionaba como una alternativa exótica a los clásicos y comunes asadores americanos. Se servía comida al estilo teppanyaki —a la plancha, a la parrilla, a la sartén—, es decir, que en el menú no había sushi o sashimi e, irónicamente, tampoco carne de Kobe. En aquella época, era ilegal importar la suculenta carne de Kobe porque habían detectado un brote de fiebre aftosa en Japón.

Durante los años que Joe estuvo con los Sixers, el equipo realizaba los entrenamientos de pretemporada en el Ursinus College y en el Franklin & Marshall College. Ambas instalaciones estaban en las afueras, y para llegar ahí era necesario hacer un largo trayecto hacia el oeste de Filadelfia o Wynnewood que podía incluir una parada en el Kobe Japanese Steak House. El restaurante se convirtió en una especie de punto de reunión para los jugadores de los Sixers cuando iban y venían de los campos de entrenamiento. Los Bryant lo frecuentaban.

«En aquella época —dijo Dhimitri más tarde—, la comida japonesa era realmente única. Por eso venían. Toda la comida era fresca. Era realmente apetitosa.»

Cuando en 1998 Joe explicó a *Sports Illustrated* por qué habían llamado Kobe a su hijo, dijo: «No sé si debería contarlo. Tal vez, ahora quieran los derechos». Pero Joe no tenía motivos para preocuparse. Dhimitri nunca se molestó en intentar cobrar derechos de autor a los Bryant. El simple hecho de contar esa historia, de relacionar su restaurante con el gran Kobe Bryant, era más de lo que podía pedir. No obstante, es posible que alguien se pregunte qué tipo de hombre podía disfrutar tanto de un restaurante como para ponerle su nombre a su único hijo.

En la actualidad, la calle donde Joe Bryant pasó la mayor parte de su infancia, el bloque 5800 de Willows Avenue, cuenta con ciento sesenta metros de acera salpicada de maleza que brota por las grietas en el hormigón, siete casas adosadas en mal estado con puertas de madera contrachapada y mosquiteras oxidadas que se balancean y crujen con la brisa, y varios coches aparcados en el arcén sin orden ni concierto. Si te alejas de esas casas, tuerces la esquina del cruce con Cobbs Creek Parkway y te diriges al norte, encuentras un oasis: un deslumbrante parque verde, con la pista de baloncesto (ahora con una red nueva de nailon blanco en los aros) donde el propio Joe Bryant jugaba de pequeño. Sin embargo, actualmente, la zona conserva muy poco de ese potencial al que aspiraba tiempo atrás, de esa promesa de libertad que sedujo al padre Joe Bryant, como a tantos otros cientos de miles de negros que emigraron desde el sur a Filadelfia durante la Gran Migración. Se asentaron en los barrios del norte y del sur de Filadelfia, aprovechando la industrialización de la ciudad durante las dos primeras décadas del siglo XX, rodeando y a veces mezclándose con los otros asentamientos étnicos que se habían establecido en los alrededores: rusos judíos en el oeste e italianos en el sur. Se instalaron en casas adosadas, entre ferreterías y fabricantes de alfombras, en apartamentos apilados sobre tiendas de ultramarinos o almacenes de ladrillo sin ventanas. En aquel momento, en Filadelfia había más propietarios negros que en cualquier otra ciudad al norte de la línea Mason-Dixon. Se trataba de obreros de la construcción, siderúrgicos y camioneros, y como trabajaban muy duro se permitían el pequeño capricho de descansar en el porche de sus casas para observar cómo sus hijos jugaban en las calles de su pedazo de ciudad y, de paso, cerciorase de que habían salido del infierno para forjar un hogar estable. No eran ricos. Tampoco lo necesitaban. Eran dueños de su dinero, y eso no tenía precio. Por aquel entonces, el abuelo de Kobe tendría unos veinticinco años y era uno de esos hombres: un marido, un padre, un hombre de más de dos metros con un cuerpo parecido a un barril gigantesco y una voz profunda y gutural. Había realizado ese mismo éxodo y se había comprado dos casas: la primera en la 42 con Leidy, y la segunda en la 58 con Willows. También consiguió uno de esos trabajos (dieciséis años en una empresa de alquiler de uniformes) y creó una familia: una esposa, una hija y dos hijos, de los cuales el mayor era su debilidad y llevaba su nombre.

Imagina el panorama: un chico de dieciséis años, de un metro noventa, con un hueco entre los incisivos que le otorgaba una sonrisa amplia y brillante, flaco como un fideo, y corriendo todo el rato. Corriendo sin parar. Porque, básicamente, Joe Bryant hacía eso. Huía corriendo de su casa cada vez que se enfrentaba con su padre porque había roto alguna de las reglas del hogar de los Bryant. Una de estas rezaba: nunca llegues a casa después del ocaso. Es decir, que, en ninguna circunstancia, Joe podía llegar a casa demasiado tarde. De lo contrario, el precio que debería pagar sería muy alto.

El padre de Joe, Big Joe, era un hombre adicto a la disciplina, como cualquier padre de aquella época. Sin embargo, tenía muchos motivos para estar preocupado si su hijo no llegaba a casa pronto. Durante los años sesenta, Filadelfia era un paraíso para las bandas callejeras. Durante esa década, proliferaron hasta el punto de que, en 1969, la Comisión del Crimen de Filadelfia estimó que había tres mil miembros de setenta y cinco bandas que eran responsables de cuarenta y cinco asesinatos y doscientas sesenta y siete agresiones ese año. A los diez u once años, Joe experimentó su cuota de escaramuzas en el patio de la escuela y cerca de la piscina pública de Fairmount Park. En una ocasión, él y varios de sus amigos se enfrentaron a una banda llamada *39th and Poplar*, que recibía ese nombre por la esquina que sus miembros vigilaban como si fuera una fortaleza. Joe era el más joven de su grupo, y cuando empezó la pelea, sintió una punzada en su cadera izquierda, como si le hubieran pinchado con un alfiler. Cuando miró la zona afectada, vio que la sangre resbalaba por su pierna y se acumulaba cerca de su pie. Lo habían acuchillado. Esa herida dejó una cicatriz visible durante muchos años.

El baloncesto era su refugio. El deporte lo había conquistado tiempo atrás. En noveno grado ya medía un metro ochenta, y en el instituto Bartram era una estrella del baloncesto y del atletismo. Podía jugar al baloncesto a cualquier hora, en cualquier lugar. Allí mismo, en la 58 con Willows, tenía un tablero y un aro atornillados a un poste de servicio.

También podía correr hasta Cobbs Creek Park. Y los domingos, después de que su familia asistiera a misa, podía jugar en una cancha a la vuelta de la esquina de la casa de su abuela. En el instituto, jugaba en el equipo que entrenaba Jack Farrell, un hombre de pelo corto y cara alegre, que se mostraba muy duro con su equipo. Y en verano disputaba las ligas que se celebraban en Filadelfia y sus alrededores. Joe empezó en la liga de Narberth —en el municipio de Lower Merion— y luego ascendió al principal torneo de verano de baloncesto: la Sonny Hill League. Era una competición donde los jugadores o los aspirantes conocían y entraban en contacto con los entrenadores de las escuelas secundarias y los reclutadores de las universidades de Filadelfia y de todo el país. A Joe se le consideraba el mejor jugador de esa competición, y fue ahí donde conoció y trabó amistad con Mo Howard, el base del instituto Saint Joseph's y el mejor jugador de la Liga Católica de Filadelfia.

Joe asistía a esos partidos y acudía a casa de Howard, al norte de la ciudad, en busca de su protección, tanto en las canchas como en la calle, tentando al destino hasta un punto que solo un joven atleta de su talla es capaz. Únicamente había un camino para sortear el mundo de las bandas callejeras: ser un buen atleta. Sonny Hill, un antiguo organizador sindical con mucho carisma y dotes de vendedor ambulante, utilizaba sus habilidades de negociación para que las bandas liberasen de sus obligaciones a los chicos que jugaban en su liga. Y ese tipo de noticias corría como la pólvora: si participabas en la Sonny Hill League, como Joe, o si destacabas en tu equipo del instituto, como Joe, la gente consideraba que estabas luchando para lograr algo más grande, algo mejor. La gente te admiraba y te protegía de la violencia. Seguramente, fue una gran lección de vida. Una que Joe solo pudo apreciar completamente después de ser padre. El baloncesto puede salvarte la vida. Puedes superar los obstáculos más desagradables e incómodos de la vida de ciudad y utilizarlos en tu beneficio. Entender de dónde proceden tus oponentes y cómo te conciben, así como conocer las tácticas que utilizarán para derrotarte mental o físicamente, es una gran ventaja. No hacía falta vivir en la ciudad para aprender tales cosas, pero es necesario jugar en ella para aprenderlas.

Lo mejor de Joe como jugador de baloncesto y atleta era que su velocidad no era su único rasgo distintivo. Podía hacer todo lo que sus entrenadores le pedían. Podía ser todo lo que sus equipos necesitaban que fuera. Su ejemplo era Earl Malone, un antiguo alumno de su mismo instituto que entró en el Salón de la Fama de la NBA después de jugar con los Baltimore Bullets y los New York Knicks. Y aunque creció quince centímetros más que él, Joe se esforzó por imitar su estilo y sus habilidades. A pesar de que su delgado cuerpo no dejaba de ganar músculo, Joe jamás perdió su llamativa coordinación entre ojos y manos. Podía botar el balón entre las piernas como un base o pivotar bajo el aro.

Joe tenía un talento que otros niños de su altura no poseían o no tenían la oportunidad de mostrar. Si un entrenador tenía un jugador de dos metros, siempre lo ubicaba en el poste bajo, en el centro del ataque o la defensa. «Mantente cerca de la canasta. Tira de dos, tal vez un gancho. Protege el aro.» Pero Joe podía permitirse salir de la zona. En su última temporada, promedió 27,4 puntos, diecisiete rebotes, seis asistencias y seis tapones por partido. Esa misma temporada, anotó 57 puntos contra Bok, y en su último encuentro, contra Overbrook, anotó cuarenta puntos y capturó veintiún rebotes. En el equipo de atletismo, corrió la milla en 4.45 y los 800 metros en 2.01. En salto de longitud llegó a los 5,70 metros y en triple salto alcanzó los doce metros. Joe era tan atlético y se movía con tanta fluidez —sin aristas, respetando su propio ritmo, moviéndose como si bailara un calmado *swing* enfundado en un traje de *zoot-suit*— que los demás chicos le pusieron un apodo sacado de una vieja melodía de Glenn Miller que decía: «Debe ser gelatina, porque la mermelada no se mueve así». Y es que el juego de Joe no era nada pegajoso, sino fluido. Ya no era únicamente Joe, también era *Jellybean*. Perfecto. «Engullo medio kilo de gominolas al día», dijo en el instituto. Tanto si exageraba como si no, esa frase solo podía reafirmar una cosa que sabía todo el mundo: Joe era un niño.

Jack Farrell le dijo a un periodista que Joe era «el mejor de la ciudad», el mejor jugador de una ciudad fanática por el baloncesto. Y Joe no dejó que ningún arranque de humildad le privara de decírselo a todos sus amigos y compañeros. En el fondo, también pensaba lo mismo: era el mejor. Cuando Bartram ganaba un partido, llamaba a todos sus amigos para regodearse, para recordarles quién era el verdadero príncipe de la ciudad. Pero ¿qué ocurría cuando Bartram perdía un encuentro? En ese caso, de alguna manera, Joe nunca estaba disponible. Es curioso que siempre fuera así.

«Tuve la suerte de crecer en una familia afectuosa y protectora... Algunas personas no tienen la misma suerte.»

KOBE BRYANT

3

Ángeles y demonios

La iglesia era el centro de la vida de la familia Cox. Según la archidiócesis de la ciudad, la iglesia de San Ignacio de Loyola, fundada en 1983 con paredes de ladrillo gris, era «la parroquia negra más antigua de Filadelfia». Uno de sus primeros feligreses fue John A. Cox, el bisabuelo de Kobe Bryant, que vivía cerca de la iglesia, que se unió a los Caballeros de Colón, que durante más de cuarenta años administró la tienda de segunda mano de San Ignacio y cuyo único hijo, John Cox II…, tampoco era cojo.

Las dos líneas de parentesco de Kobe Bryant llevaban el baloncesto en la sangre, y John Cox II fue un destacado antecedente que a los dieciséis años estableció un récord de anotación en una temporada en su liga local; luego dejó el deporte para poder entrar en la edad adulta. Se alistó en el ejército en febrero de 1953, y se casó con Mildred Williams cuando tenía veinte años, y ella apenas diecisiete. La pareja tuvo dos hijos, Pam y John III. John Cox II se incorporó al Cuerpo de Bomberos de Filadelfia, que había empezado a contratar afroamericanos en 1949. Terminó su carrera como teniente, un rango que indicaba lo mucho que había trabajado, lo bien que había desempeñado su trabajo y lo mucho que le había costado llegar hasta ahí. Su personalidad, dura y severa, estaba diseñada para ello.

John III, al que su familia empezó a llamar «Chubby» por ser un niño rollizo, heredó la tenacidad de su padre y su amor por el baloncesto. En Pam, la severidad de John Cox II se mezcló con la dulzura de Mildred, y aunque jugó en el equipo de baloncesto de la escuela —«Decían que tenía un buen tiro», dijo una vez Kobe—, tenía otros intereses más apremiantes que los deportes. En el instituto Overbrook, fue una de las dos alumnas seleccionadas para formar parte de la John Wanamaker Teen Board, que organizaba eventos para jóvenes en los famosos almacenes del centro de Filadelfia. Según un informe de prensa, el jurado compuesto por empleados de Wanamaker eligió a Pam por su «erudición, personalidad, aplomo y atributos físicos». Pam medía casi un metro setenta, tenía los pómulos marcados y el cabello oscuro y brillante. Cada año que pasaba se parecía más a la cantante Diana Ross, y, de hecho, una de las recompensas de su elección fue la oportunidad de participar en varios desfiles de moda en el almacén.

Echando la vista atrás, que su camino se cruzara con el de Joe Bryant era solo una cuestión de tiempo. Sus abuelos vivían en la misma calle que los del chico. Un día, Joe estaba sentado en las escaleras de la casa con unos amigos y Pam pasó por delante. Empezaron los murmullos, los silbidos y los piropos: «¡Ahí va Pam! ¡Qué buena está!». Pero Joe fue el único que dijo: «Algún día, me casaré con ella».

Nadie podría haber sospechado que ese campus, sin un pabellón apropiado para el equipo de baloncesto y con las distintas facultades escondidas entre las casas de Olney, Filadelfia, era el hogar de uno de los mejores programas de baloncesto universitario. La Universidad de la Salle era una institución mayoritariamente accesible para las familias obreras y católicas de la ciudad. Como no tenía residencia de estudiantes, estos debían apañárselas para asistir a los partidos de los Explorers, el equipo que representaba a la universidad. No se trataba de dar un paseo hasta el estadio. Los Explorers jugaban sus partidos en la Palestra o en el Centro Cívico de Filadelfia, al oeste de la ciudad, a quince minutos en coche del campus.

La ciudad rebosaba de talento, por eso La Salle y los otros cuatro programas de baloncesto que configuraban el Big 5 de la División I —Villanova, Temple, St. Joseph's y Penn—

siempre tenían una buena reserva donde encontrar jugadores talentosos. La Salle había ganado el Torneo Nacional de Invitación en 1952 y el campeonato nacional de la NCAA en 1954, con la mayor estrella del deporte en ese momento, Tom Gola, un escolta de dos metros que era el héroe local porque había nacido y crecido en Olney. Después de que un escándalo a mediados de la década de 1960 penalizara el equipo de La Salle durante dos años —su entrenador había pagado a ciertos jugadores y retirado las becas a otros—, la escuela contrató a Gola como entrenador jefe para recuperar su respetabilidad. En su primer año en los Explorers (1968-69), aunque se les prohibió acabar la temporada, lograron un balance de veintitrés victorias y una sola derrota. Fueron el segundo mejor equipo del país, por detrás de los Bruins de la UCLA, con John Wooden de entrenador y el pívot Lew Alcindor (como entonces se conocía a Kareem Abdul-Jabbar). Más de medio siglo después, ese equipo sigue siendo considerado el mejor equipo de la historia del Big 5.

Al parecer, el esplendor de aquella temporada se podría repetir tres años más tarde, porque el mejor jugador de baloncesto de Filadelfia sopesaba sus opciones universitarias. Joe Bryant había pasado gran parte de la primavera de 1972 exhibiéndose en varios *all-stars* y otros torneos de la División I. Llamó especialmente la atención su elección como jugador más valioso del Dapper Dan Roundball Classic de Pittsburgh, que enfrentaba a los mejores jugadores del estado con las estrellas de los institutos del resto del país. Este torneo lo organizaba un empresario y promotor del oeste de Pensilvania: Sonny Vaccaro.

Cuando Joe y sus padres redujeron la lista de posibles destinos a La Salle, Temple, Oregón y Cincinnati, aparecieron las primeras dudas. Estaban saturados de información y no sabían en quién confiar. Entonces, para desatascar la situación, para mantener la sensación de control, Joe eligió la cercanía de sus padres como una de sus prioridades. «No quería echarlos de menos —dijo una vez—. Todo lo que tengo que hacer es poner cuarenta centavos en el peaje y volver a casa o bajar la colina hasta la casa de mi abuela.» Sí, iría a La Salle. Además, La Salle le ofrecía un aliciente que los otros programas de baloncesto no tenían: Gola había dejado el cargo tras dos temporadas, y su sucesor, Paul Westhead, practicaba un estilo de juego ofensivo que encajaba perfectamente con sus habilidades. La propuesta de Westhead fue clara y directa: «Quédate en casa y juega delante de tus amigos y tu familia. Tuviste mucho éxito en Bartram, y puedes seguir tu camino en La Salle. Es una transición natural». Joe pensaba lo mismo.

«Esto fue antes de que empezara el reclutamiento nacional —dijo Westhead—. Los jugadores preferían quedarse cerca de su casa. En aquella época, para un jugador como Joe Bryant elegir Arizona o Berkeley no era realmente una posibilidad.»

Por lo común, este análisis sobre el reclutamiento de Westhead fue generalmente acertado. No obstante, hubo excepciones. Wilt Chamberlain, que había promediado más de treinta y siete puntos por partido en Overbrook y había establecido el récord de anotación de Filadelfia, podría haber ido a cualquier universidad del país. Sin embargo, eligió Kansas. Gene Banks, del West Philadelphia High, se fue a Duke en 1977. Rasheed Wallace cambió Filadelfia por el entorno pastoral de Chapel Hill, para jugar con Dean Smith en la Universidad de Carolina del Norte. Al contrario de lo que afirma Westhead, no todos los jugadores regionales querían quedarse cerca de casa. De vez en cuando, un jugador destacado de Filadelfia o sus arrabales creía que ningún equipo del Big 5 colmaba sus expectativas porque buscaba algo más en otro lugar.

Joe no estaba cualificado académicamente para jugar como estudiante de primer año, así que, durante toda la temporada 1972-73, estuvo sentado en el banquillo. Esa demora no hizo más que aumentar la expectación en torno a su debut. En su primer partido con La Salle, con su madre y su padre presentes, estuvo a la altura: 19 puntos, 15 rebotes, 1 tapón y 3 pases por la espalda en una victoria por cincuenta puntos contra Lehigh. Sin embargo, para él, su actuación en la pista no fue lo más destacado de esa noche.

El encuentro entre La Salle y Lehigh fue el primer partido de una jornada doble en la Palestra; el segundo fue el que enfrentaba a Villanova contra Richmond. Los Wildcats tenían cuatro jugadores de primer año, entre ellos el base John, *Chubby*, Cox. Pam, estudiante de la universidad Clarion State de Pittsburgh, asistió al partido de su hermano con sus padres, John Cox II y Mildred. En las gradas abarrotadas de la Palestra, Joe Bryant vio a los padres de Pam, y Pam vio a los padres de Joe. Joe fue a saludar al matrimonio Cox, y Pam ya estaba en camino para saludar al matrimonio Bryant.

Más adelante, Joe contaría que fue tan simple como una conversación de los teleñecos: «Hola, ¿cómo estás?». Esa misma noche tuvieron su primera cita.

Se casaron antes del verano siguiente, sin que ninguno de los dos tuviera la edad legal para beber alcohol. Pam se trasladó a la Universidad de Villanova para estar más cerca de Joe, mientras él estaba en La Salle, labrándose una carrera en el baloncesto profesional.

Para Joe, y todos aquellos que lo conocían, el cambio, tanto personal como social, fue extraordinario. ¿Era un ligón? ¿Un fiestero? Antes, nadie lo hubiera negado. Joe era encantador. En el instituto, mantenía una relación con Linda Salter, pero no podía evitar ser quien era. Si eras un chico, aunque acabaras de conocerle y estrecharle la mano por primera vez, podía hacerte sentir como si hubierais sido amigos desde siempre. Si eras una chica, aunque acabaras de fijarte en él, podía hacerte sentir como si fueras el centro de su mundo. La mejor definición es de un escritor: «Tenía dos minutos para todos y dos horas para nadie».

Pam fue la excepción. Ella amplió su concepción de lo que era la vida y lo que podía llegar a ser. «Siempre digo lo mismo: Pam era lo mejor que le podía pasar a Joe —dijo Mo Howard—. Todos queríamos tener una familia igual o mejor que el tipo de familia en la que habíamos crecido. Pam logró que estuviera más centrado y fuera más responsable. Era un espíritu libre. Su relación con Pam y su educación lo consolidaron como el padre que llegaría a ser. Definitivamente, sentó la cabeza.»

Su actuación en ese primer partido contra Lehigh pronto se convirtió en la norma general. Tenía todo lo que definiría su carrera como jugador en la universidad: números espectaculares, talento y un ritmo de juego excepcional. Como estudiante de segundo año, promedió 18,7 puntos y 10,8 rebotes por partido, y los Explorers terminaron con un balance de 18-10, ganaron la División Este y se clasificaron para las finales de conferencia. Al otoño siguiente, a pesar de que a Joe todavía le faltaban dos años para ser elegible, las cartas de los agentes que querían representarlo empezaron a llegar a la oficina de Westhead. Si quería entrar en el *draft* de la NBA al acabar su segundo año, tendría que solicitar un certificado oficial de la liga en el que se garantizaba que no quería ser profesional por necesidades económicas.

Al principio, Joe no sabía si quería dejar la universidad. Él y Pam recibirían la ayuda económica de su padre mientras estuvieran estudiando. Pero, en invierno, su padre tuvo un percance y se rompió una vértebra. No podía seguir trabajando. Fue entonces cuando Joe empezó a reconsiderar su futuro. «Quiere mantener cierto estilo de vida —dijo entonces Joe padre—. No le gusta depender de nadie. Supongo que todo depende de lo que le ofrezcan.»

Westhead veía la situación de Joe con la habitual división de lealtades y conflicto de intereses que tendría cualquier entrenador universitario. Por supuesto, la última palabra era de Joe, y tenía que hacer lo mejor para él y su familia. Pero cuando le preguntaron a Westhead si Joe estaba preparado para dar el salto, contestó que no lo sabía. «No conozco el juego profesional», dijo. Sin embargo, podía comparar a Joe con los otros jugadores universitarios. «Solo diré esto: con un poco más de experiencia, podría ser el mejor jugador de baloncesto del país.»

Sin embargo, Joe cada vez estaba más convencido de que su momento había llegado. Estaba ansioso por dar el salto a la NBA, y analizando su temporada, era muy difícil convencerlo de lo contrario. Era el mejor en anotación del Big 5, con más de veintiún puntos por partido, y su afán por enfrentarse a los mejores jugadores del planeta, esas ganas de averiguar si su talento se abriría camino en la NBA, era cada vez más evidente. Westhead había permitido que Joe desplegara el mismo estilo de juego que lo había hecho triunfar en el instituto. Su forma de jugar no le preocupaba en absoluto, es decir, ni lo alentaba ni lo desalentaba. Consideraba que ese estilo formaba parte de su juego: a veces subía el balón por la pista como un base, en ocasiones lanzaba desde seis metros, a veces capturaba rebotes como un pívot, en ocasiones se pasaba la pelota entre las piernas o, simplemente, bailaba, fintaba o aprovechaba una opción de tiro arriesgada porque así lo creía oportuno. A finales de su segunda temporada, por ejemplo, anotó treinta y siete puntos contra Rider, su máxima anotación en un partido universitario. Diecisiete de veinte en tiros: dejó de lado el espectáculo y dominó el juego con mates y penetraciones a canasta. Su actuación fue un ejemplo de cómo debería haber jugado siempre; sin embargo, parecía que lo había hecho por puro capricho. Después del partido, le dijo a un periodista: «Mañana debería capturar más rebotes». «Echa el freno, Joe.» Siempre tenía la cabeza en las nubes. La única excepción a esa libertad de movimiento era una única jugada en la que Westhead confiaba cada vez que los Explorers tenían que anotar: Joe se colocaba a dos o tres metros de la canasta, les pedía a los exteriores de La Salle que le dieran el balón y lanzaba en suspensión. Cualquier otra estrategia aportaba muy poco. No tenía sentido limitar las opciones de ataque de Joe. «No era un gran jugador de equipo —diría Westhead más tarde—. Por aquel entonces, todos los jugadores tenían un cometido. Cada entrenador tenía un esquema, y todo el mundo lo respetaba. Era una especie de ritual que Joe rompía constantemente.»

En la final de la Conferencia de la Costa Este de 1975, que se celebró en el Kirby Center de Easton, Pensilvania, La Salle se enfrentaba a Lafayette con un balance de 21-6. Ambos equipos se disputaban una plaza para el torneo de la NCAA. Y esa noche Joe también rompió algo más que el esquema de juego. En aquella época —y el concepto puede parecer anticuado en la actualidad— los mates estaban prohibidos en el baloncesto universitario. La NCAA los había prohibido en 1967. (En teoría, la asociación quería limitar el poderío de los hombres grandes, en particular, de Alcindor. Pero, probablemente, la verdadera razón estaba más relacionada con la raza de los jugadores que con su altura: la NCAA pretendía limitar la jugada característica del dominio negro en el baloncesto.) Sin importar la verdadera intención de esta norma tan absurda, no dejaba de ser una norma. Y si un jugador hacía un mate durante un partido, los árbitros debían sancionarle con una falta técnica: dos tiros libres para el contrario y posesión del balón.

Todo el mundo conocía la norma, incluso Joe. Ese día, acabaría con veintiocho puntos en la victoria de La Salle por 92-85 que otorgaba el título de conferencia a los Explorers y los clasificaba para el torneo de la NCAA. Pero a falta de siete segundos para finalizar el encuentro y con La Salle con ocho puntos de ventaja, Joe robó el balón en la mitad de la pista, observó la canasta mientras se acercaba a ella y no pudo resistir la tentación. Todo el mundo sabía lo que estaba pensando: «El partido está resuelto. He cumplido esta absurda norma toda la temporada. No he machacado ni una sola vez. Tengo que hacerlo al menos una vez».

En ese momento, el rígido autocontrol de las dos temporadas anteriores estalló en mil pedazos dentro de Joe como el envase de un refresco cuando lo agitas. Sin pensarlo dos veces, machacó el aro violentamente.

La cancha se quedó en silencio. Westhead no podía creerlo. Joe caminó hacia él con una sonrisa dibujada en su rostro. «Entrenador, tenía que hacerlo. No podía aguantar más. He estado esperando todo el año para hacerlo», dijo Joe.

Así era Joe, pensó Westhead. Todo instinto, todo improvisación. Años más tarde, Westhead se quedaría sorprendido al observar la gran diferencia entre Joe y Kobe. A diferencia de su hijo, cualquier cosa que pasara por la cabeza de Joe era lo que acababa sucediendo. ¿Un pase sin mirar? Por qué no. ¿Un tiro en suspensión totalmente desequilibrado? Adelante. En cambio, Kobe era lo opuesto. Kobe pensaba cada movimiento. «Tres pasos a la izquierda y luego giro hacia la derecha.» Para Westhead, Kobe planeaba todo lo que quería hacer. El juego de Joe era fluido, podía dejarse llevar. Joe podía jugar el partido más importante de su carrera universitaria, por ejemplo, el partido de semifinales de la NCAA de 1975 contra Syracuse, en la Palestra, como si estuviera en una pista del Cobbs Creek Park.

Podía hacer que incluso un partido como ese pareciera un partidillo de verano: veinticinco puntos en los primeros treinta y nueve minutos. Por supuesto que podía. Estaba en la Palestra. Era el gimnasio que mejor conocía, donde había vivido sus mejores momentos personales y deportivos: conocer a Pam y todas esas noches espectaculares. Y esa noche no sería distinta. Empate a 71 y un minuto por jugar. Westhead ordenó que los Explorers jugaran una posesión larga antes de pasársela a Joe en su zona más letal: bajo el poste. Joe recibió el balón a dos metros del aro, como estaba previsto. Se encontraba de espaldas a su marcador, sin opción de tiro. Entonces se dio media vuelta y realizó un suave *fadeaway*...

... el balón tocó el borde del aro...,

... rodó por el borde...,

... sonó la bocina...

... y cayó fuera del aro.

El partido fue a la prórroga, que fue nefasta para Joe. A falta de un minuto y cuarenta y dos segundos, Joe cometió una falta. Syracuse anotó una canasta al segundo lanzamiento en rebote atrás para tomar ventaja y, finalmente, los Oranges se llevaron el partido por 87-83. La Salle estaba fuera.

Así fue la carrera de Joe. Una por una, abandonó sus clases o simplemente dejó de asistir a ellas. No dejó la universidad directamente. No, eso habría requerido que mirara a alguien a los ojos —a sus profesores, al secretario de la facultad, a Westhead— y les comunicara sus intenciones, aceptara una confrontación y la consiguiente desaprobación. Pero Joe prefería evitar tal tipo de incomodidades. «Di un paso atrás —dijo—. Todo el mundo reduce el número de asignaturas. Es natural.» En abril, cuando faltaba un mes y medio para el *draft*, la liga aprobó su solicitud para jugar en la NBA. ¿Estaba preparado? Los números decían que sí: 21,8 puntos, 11,8 rebotes y un porcentaje de tiro del 52 %. Para todos, era el mejor jugador universitario de Estados Unidos.

Pam tenía sus dudas. Ella y Joe se acababan de casar, todavía eran universitarios. ¿Y si no lo fichaba ningún equipo? ¿Y si tenían que separarse? ¿Y si terminaba jugando en Filadelfia para los Sixers? Ser la esposa de una estrella del baloncesto universitario en Filadelfia ya era bastante difícil. Pam no estaba de acuerdo con el trato que los medios dispensaban a su marido. «Cuando juega bien, que es la mayor parte del tiempo, apenas lo mencionan, salvo para destacar algún error. Y cuando juega realmente bien, solo dicen que debería jugar mejor.» Sin duda, las críticas serían más afiladas si fuera un profesional. ¿Y si no le iba bien en la NBA? Ni siquiera tenía que ser culpa suya. ¿Y si acababa en el equipo equivocado, con demasiados veteranos y poco talento? ¿Y si jugaba para el entrenador equivocado? Uno que no pudiera sacar el máximo partido a sus habilidades. Uno que no apostara por un jugador de ese tamaño sin una posición fija en la pista. Uno que pensara que Joe era demasiado delgado para jugar en el poste. ¿Y si Joe acababa convirtiéndose en otro héroe local que no llega a la altura de las expectativas? ¿Y si no estaba preparado? ¿Y si no era lo bastante maduro como para triunfar en el baloncesto profesional? ¿Y si fracasaba?

Al marcharse antes de tiempo a la NBA, Joe estaba dando argumentos a sus detractores. Pero a él no le importaba. «Sé dónde estoy —dijo—. Sé adónde voy. No hay problema.» Y cuando llegó la noche del *draft*, no hubo ningún problema. Los Golden State Warriors, que habían ganado su primer título de la NBA apenas cuatro días antes, seleccionaron a Joe en la primera ronda. Lo único que le impedía empezar su carrera con los Warriors era ese extraño reglamento de la liga: cuando un equipo seleccionaba a un jugador, debía ofrecerle un contrato antes del 1 de septiembre para conservar sus derechos. De lo contrario, el jugador se convertía en agente libre. Pero esa regla apenas era una formalidad que los Warriors podían sortear con una simple carta al agente de Joe, Richie Phillips. No parecía un asunto difícil. Después de ese trámite, Joe y Pam podían poner rumbo a la Costa Oeste.

Para Pat Williams, el director general de los Sixers, el 1 de septiembre fue un día normal, anodino. Estaba convencido de que el equipo que había reunido estaba cerrado y listo para empezar. Eso pensaba hasta que, unos días más tarde, recibió una llamada de Richie Phillips:

—No hemos recibido ningún contrato de los Warriors —dijo Phillips a Williams—. ¿Eso significa que Joe es libre de firmar en cualquier equipo?

—Eso es lo que tengo entendido —respondió Williams.

—Bueno —dijo Phillips—, soy el representante de Joe Bryant. Los Warriors todavía no le han ofrecido un contrato. Si es un agente libre, ¿estarías interesado en ficharlo?

Williams aconsejó a Phillips que esperara un par de días. Pero el contrato nunca llegó. Los Warriors se habían olvidado de mandarlo por correo. Debido a ese error administrativo, habían perdido los derechos sobre Joe. Podía firmar con el equipo que quisiera, y él deseaba quedarse en Filadelfia. Williams aceptó y firmó un contrato a largo plazo con Joe. Williams escribió una vez que el acuerdo era por cinco años y costaba 140 000 dólares anuales. Algunos medios de comunicación aseguraron que era un contrato desorbitado: seis años y 1,4 millones de dólares. Los periódicos nunca concretaron los detalles. Con todo, era una suma mágica para Joe, que no se demoró en comprarse un coche deportivo: un Datsun 280Z blanco. «Es increíble —dijo Joe padre—. ¿Cuánta gente puede ver a un hijo jugar en la secundaria, en el instituto, en la universidad y en la NBA en una misma ciudad?»

Sin embargo, Joe no empezó su andadura en la NBA con buen pie. Falló treinta de sus primeros treinta y seis tiros como profesional. Y, finalmente, cuando logró anotar por primera vez diez puntos en un partido (una victoria a principios de diciembre sobre los Kansas), se regocijó tanto de la atención de los titulares que algunos de sus compañeros de equipo empezaron a reírse de él. «Solo bromeaba —respondió Joe—. Ya no puedo bromear como lo hacía antes.»

Ese año, los Sixers llegaron a los *playoffs* por primera vez en cinco años, pero cayeron eliminados en la primera ronda a manos de los Buffalo Braves. Joe se había asentado como reserva, jugando dieciséis minutos por partido con una media de siete u ocho puntos. Cuando estaba motivado, su ataque era demoledor. En caso contrario, inconsistente. Ahora, era abril de ese mismo año. Un mes antes, Joe y Pam habían sido padres por primera vez, cuando nació su hija Sharia. Joe tenía todo el verano por delante para instalarse en la casa que habían comprado por 82 000 dólares, una mansión colonial de cinco dormitorios en el 1224 de Remington Road, Wynnewood. Ahora, Joe estaba casado y era padre. Gozaba de estabilidad y recursos; si quería, sus mejores días como jugador de baloncesto profesional estaban por llegar. Su padre ya lo había dicho: Joe quería cierto estilo de vida. Ahora lo tenía. Pero Joe aún era joven, veintiún años, y todavía era incapaz de reprimir sus impulsos.

A las 11.37 del miércoles 5 de mayo de 1976, dos agentes del departamento de policía de Filadelfia, encargados de patrullar la zona de Fairmount Park West, observaron un Datsun 280Z blanco que pasaba por delante de su furgoneta y aparcaba en un cruce. Una de sus luces traseras estaba apagada. En su interior estaban Joe Bryant y una mujer de veintiún años, Linda Salter, su antigua novia.

Los agentes se acercaron al vehículo y le pidieron el permiso de conducir y los papeles del coche. Joe salió, entregó los papeles, y luego se dio la vuelta para volver a entrar en el coche, supuestamente para buscar su permiso de conducir. No buscó nada. En cambio, agarró el volante, giró la llave y, sin encender los faros, salió a toda velocidad, en dirección al sur.

Uno de los agentes, John Pierce, pidió refuerzos por radio antes de seguir a Joe con la furgoneta y empezar una persecución a gran velocidad a la que se unió el agente Robert Lombardi, en otro coche de policía. La persecución se prolongó durante cinco kilómetros hasta llegar al bloque 900 de la calle South Farragut, donde culminó en una secuencia digna de una película de Steve McQueen. El Datsun golpeó una señal de stop, cruzó la calle y derribó una señal de prohibido aparcar. Luego se llevó por delante otra señal de tráfico, rebotó contra el lateral de un coche aparcado, la parte trasera de otro y la parte delantera de un tercero. Finalmente, saltó un bordillo y se estrelló contra un muro.

Joe salió del vehículo e intentó darse a la fuga. No llegó demasiado lejos. Más tarde, en un tribunal, bajo juramento, Lombardi dijo: «Lo agarré, intentó levantar el puño y lo golpeé. Lo inmovilicé y le puse las esposas». Probablemente, «golpear» e «inmovilizar» eran eufemismos para acciones mucho más violentas. Esa noche, Joe recibió seis puntos de sutura en el Philadelphia General Hospital.

Joe dijo a la policía que no tenía permiso de conducir, solo un permiso de principiante caducado. Cuando registraron su vehículo, la policía encontró dos bolsas de plástico en el asiento delantero. Cada una de ellas contenía un frasquito de cocaína.

Acusaron a Joe por tenencia de drogas, conducción temeraria y resistencia a la autoridad. En el juicio, Richie Phillips, su abogado, citó a veinte testigos en la sala 285 del ayuntamiento para que testificaran a favor de Joe. Pam, Sharia y su padre también comparecieron junto a él. La defensa mostró un frente común con el apoyo de la familia, el equipo, la comunidad. Una fotografía que apareció el día siguiente en el *Philadelphia Daily News*, tomada y distribuida por *United Press International*, capturó a la pareja entrando en la sala del tribunal: Joe llevaba un traje oscuro, la corbata bien anudada y la boca entreabierta; Pam, a su derecha, iba con un vestido claro, un pañuelo alrededor de la frente y una mirada que daba a entender que acababa de oír algo que la había sorprendido.

Las peticiones de clemencia de los testigos convencieron al juez, J. Earl Simmons, que hizo borrón y cuenta nueva —legalmente, al menos— y dictaminó que el registro en el que incautaron la cocaína era ilegal, aduciendo que se había tratado de «una mala reacción a lo que esencialmente no era más que una infracción de tráfico». Además, declaró a Joe inocente de los otros cargos.

Joe volvió al despacho de Phillips, donde ambos concedieron una entrevista a Phil Jasner, periodista deportivo del *Daily News*. Joe le dijo a Jasner que jugaría más duro y se concentraría más en el baloncesto. Había aprendido la lección. La gente seguiría sacando a relucir el incidente durante el resto de su vida, y él tendría que pasar por alto esas críticas y esperar que lo convirtieran en una mejor persona. Era algo muy común: pactar con los medios de comunicación una narrativa de redención para el consumo público; un joven atleta se equivoca, aprende de sus errores, cambia de rumbo y logra triunfar. Pero ¿y la cantidad de días y noches lejos de las pistas y las cámaras? ¿Y esos momentos en los que solo estaban Joe y Pam, cuando esa traición probablemente era un obstáculo que se interponía entre los dos?

Era un aspecto de su relación que solo los más cercanos podían entender, entonces y ahora. Pam siempre ponía a Joe y a su familia en primer lugar: los protegía, los apoyaba, incluso los mimaba. Para ella, «hasta que la muerte nos separe» no era una frase sin sentido. ¿Por qué no rompió la relación? Nadie que la conociera pensó en preguntárselo. Era una mujer fuerte, negra, católica, y su matrimonio permanecería unido. Fin de la explicación. Una esposa siempre debía estar al lado de su marido; una madre siempre tenía que cuidar a sus hijos. Siempre habría momentos difíciles, en cualquier matrimonio, y resulta que los Bryant también pasaron por un momento difícil que todo el mundo conoció…, tal y como le ocurrió a su hijo.

Como era de esperar, el primer contacto de Kobe Bryant con el baloncesto tuvo lugar pocos días después de nacer. Los Bryant asistieron a tantos partidos de los Sixers en casa que el propio Spectrum podría haber sido una extensión de su sala de estar. Era tan habitual ver a los Bryant en los partidos que Pat Williams se acostumbró a saludar cada noche al padre de Joe (que después de su accidente y su lesión de espalda caminaba por la sección H del estadio con un bastón), y a Pam, que empujaba a Kobe en un cochecito. «Realmente —dijo Williams—, creció en el Spectrum.»

El recién nacido estaba más contento de estar allí que su padre. Fuera de la pista, Joe volvía a ser el de antes. Lucía llamativas camisas de seda, zapatos altos, una boina y una sonrisa rápida y amable. Desde su arresto, no había tenido más problemas para gestionar su vida pública. No obstante, su lugar en la jerarquía del equipo, como reserva, es decir, como octavo o noveno hombre, era una auténtica bofetada en su ego. En lugar de confiar en la evolución de Joe, ¿qué habían hecho los Sixers después de ese incidente? Se habían gastado seis millones de dólares para contratar a Julius Erving, procedente de los New York Nets, cosa que a Joe lo había condenado, más si cabe, al banquillo. Una noche de septiembre de 1979, fuera del bar de un motel en Lancaster, Pensilvania, donde los Sixers realizaban un *stage*, Joe estaba charlando con dos reporteros cuando surgió el nombre de otro jugador en la conversación. El jugador era un *rookie* de los Lakers: Earvin, *Magic*, Johnson. La amargura de las palabras de Joe sigue vigente cuatro décadas después de haberlas pronunciado: «Llega a la liga con todos esos trucos y lo llaman magia —dijo—. Yo los llevo haciendo todos estos años, y me dicen que estoy en el patio de recreo».

Un mes después de que Joe se lamentara de su situación en la NBA, catorce meses después de que naciera Kobe, los Sixers traspasaron a Joe a los Clippers de San Diego a cambio de una selección de primera ronda del *draft*. Joe estaba satisfecho con el cambio de aires. Dijo: «Los Sixers salen perdiendo, porque yo puedo jugar en defensa y en ataque, y no hay muchos jugadores que puedan hacer ambas cosas. Yo tengo la habilidad y la capacidad para hacerlo... Esa es la confianza que tengo en mí mismo. Recuerda esto: me he ido, pero no se olvidarán de mí».

Aunque mantenían la casa en Wynnewood, Joe, Pam y los niños se trasladaron al sur de California. Era la primera vez que se separaban de Filadelfia y de su familia. Sin Joe en los Sixers, por primera vez en muchos años, había un par de asientos vacíos en la sección H del Spectrum, solo seis asientos a la izquierda de un niño cuyo padre y sus hermanos tenían abonos de temporada. Solo seis asientos a la izquierda de un chico llamado Gregg Downer.

«Como crecí en Italia, aprendí a jugar al baloncesto de la manera correcta, es decir, con los fundamentos básicos en primer lugar. Siempre estaré agradecido por todo lo que me enseñaron mis entrenadores...

Sabía que iba a ser diferente, que la cultura era distinta. De hecho, recuerdo la primera vez que entramos en nuestra casa y encendimos la televisión. Había unos dibujos animados italianos, y mis hermanas y yo estábamos entusiasmados. "¡Dibujos animados!" Estaban en italiano, pero eran los mismos que se emitían en Estados Unidos. Era exactamente el mismo dibujo animado, pero sólo se oían palabras en italiano. Era muy extraño. Alucinamos.»

KOBE BRYANT

4

Un chico de mundo

Ahí está. Ese precioso niño de tres años plantado en el pasillo de la casa que tiene su familia en San Diego. Está jugando con su pelota de minibasket, con esas manos diminutas. El balón parece tener el tamaño de la luna, es demasiado grande para que pueda agarrarla con una sola mano. Sin duda, todo el mundo creería que esto es un impedimento para que se convierta en un magnífico jugador de baloncesto. Pero, en realidad, será todo lo contrario. A lo largo de su adolescencia, será incapaz de sujetar la pelota con una mano, y a pesar de que, cuando se convierta en el jugador de baloncesto más maravilloso del mundo cada una de sus manos crezca hasta los veintidós centímetros —el tamaño medio de un jugador de la NBA, es decir, que deberá ayudarse de la muñeca cada vez que machaque el aro—, trabajará incansablemente para que sus fundamentos sean absolutamente impecables y para pulir cualquier fallo o imperfección de su juego de pies, su técnica de tiro o cualquiera de sus habilidades técnicas. Sin embargo, todo eso todavía queda muy lejos. Por ahora, se limita a sostener la pelota de minibasket entre sus manos; al otro lado del pasillo, puede ver un pequeño trampolín delante de una canasta de baloncesto en miniatura. Entonces, hace algo que le gusta y siempre le gustará. Corre por el pasillo y salta sobre el trampolín, el trampolín lo eleva por el aire y machaca la pelota en el aro. Su madre le advierte: «No te cuelgues del aro. Romperás la canasta». Pero él agarra de nuevo la pelota y vuelve a machacar. Solo tiene tres años.

Y

Antes de que los Sixers traspasaran a Joe Bryant a los Clippers, sus compañeros de equipo en Filadelfia ya habían acuñado un par de apodos para Kobe. Aquellos equipos de los Sixers de finales de los setenta contaban con un número inusual de jugadores cuyos hijos llegarían a estrellas del baloncesto. Henry Bibby tuvo a Mike, que fue el número 2 del *draft* de 1998 y jugó durante catorce años en la NBA. Mike Dunleavy tuvo a Mike Jr., que fue el número 3 del *draft* en 2002 y jugó durante quince años en la NBA, y a Baker, que jugó en la Universidad de Villanova. Pero Joe tuvo a Kobe. Y Kobe era el único hijo al que los jugadores y sus familias llamaban «el Elegido» o «el Chico de Oro».

Pero ahora, el Chico de Oro tendría que crecer en Golden State, y Joe, al principio, odiaba esa idea. En realidad, se oponía a cualquier cambio de aires hasta que lo traspasaron. Darse cuenta de que el equipo de su ciudad lo consideraba prescindible y de que lo trataba de ese modo le afectó enormemente. Los Sixers, dijo Joe, le habían «herido en el corazón». Cuando se llevó a cabo el traspaso, Joe estaba a punto de cumplir veinticinco años y alcanzar su plenitud física, y los Clippers le ofrecían algunas ventajas: un nuevo comienzo y más minutos en la pista.

Con los Clippers disfrutó del doble de minutos, pero los resultados no fueron distintos. No podía tirar a su antojo ni mostrar su magia con el balón. No podía ser él. Además, los Clippers eran un equipo tan desastroso que Joe ni siquiera pudo disfrutar de esa escasa satisfacción que tuvo en Filadelfia: ayudar a su equipo a ganar más partidos de los que perdía. Los Clippers apenas mejoraron en el segundo año de Joe. Pasaron de un balance de 35-47 a 36-46. En 1981, Joe se operó ambos dedos gordos de los pies. Y por si quedaba alguna duda sobre lo mucho que añoraba Filadelfia, cada verano, cuando él y su familia volvían a Wynnewood para poder jugar la Baker League, borraba la ciudad del mapa como si no existiera. Además, después de cada partido, llamaba por teléfono a su padre, que proporcionaba a los periódicos locales

—*The Bulletin* y *The Tribune*— un flujo constante de noticias sobre sus conversaciones.

Lo mejor de San Diego, quizá lo único, fue la ciudad en sí misma: el clima, la gente y un ambiente soleado, encantador y tranquilo. Joe y Pam llevaron a los niños a Disneyland, al SeaWorld y al zoológico. Además, Joe era tan agradecido y accesible que los fans no tenían ningún problema en saludarlo o estrecharle la mano. Sharia, Shaya y Kobe estaban matriculados en una escuela, y Kobe se aficionó a poner al día a su profesor sobre los partidos de su padre. Como si fuera un locutor de deportes, le narraba lo más destacado de los partidos: «Anoche, el equipo de mi padre ganó, y mi padre hizo un mate». Y las noches de partido, cuando veía los partidos de su padre en la televisión, se echaba una toalla al hombro, como hacían los jugadores adultos: «Mamá, estoy sudando».

En 1981 y 1982, los Clippers cayeron en picado. Tan solo lograron diecisiete victorias y acabaron en último lugar de la División Pacífico. Ese año, Joe puso el colofón a la temporada cuando se opuso a una medida de reducción de costes que el tacaño propietario de la franquicia, Donald Sterling, pretendía aplicar. Para ahorrar gastos, Sterling exigió que los entrenadores y jugadores viajaran en clase turista en lugar de en primera clase. «Los más jóvenes hubieran volado hasta en el compartimento de carga —dijo Joe—, pero, como veterano, tenía que defender los derechos de los jugadores.» Teniendo en cuenta que, en 2015, el comisionado de la NBA, Adam Silver, inhabilitó a Sterling de por vida después de que salieran a la luz unos comentarios racistas, la NBA debería haber considerado el desafío de Joe como una advertencia de lo que le esperaba con Sterling durante los siguientes treinta y tres años. En junio de 1982, cuando los Clippers organizaron un intercambio con los Houston Rockets, Joe se lo tomó como un favor.

Además, estaba considerando otro proyecto: pretendía convertirse en entrenador de baloncesto universitario. Joe no solo participó en la Baker League, sino que también entrenó a un equipo en la división universitaria de la Sonny Hill. Como disfrutó de esa experiencia, pensó que podría trabajar como asistente en algún equipo de los Big 5 o, teniendo en cuenta su personalidad, como reclutador. «Creo que puedo convencer a los mejores jugadores para que se queden en casa —dijo—. Luego trabajaré duro para que alcancen su máximo potencial.»

Ahí está otra vez. Ese niño tan guapo de cuatro años vistiendo un kimono de kárate blanco en un dojo del sureste de Texas. Como indica su corta edad, apenas sabe nada de artes marciales, pero el maestro ve algo en su interior, y decide ponerlo a prueba. En el dojo hay un niño mayor, físicamente más fuerte y con más experiencia. Es cinturón marrón. Entonces el maestro le dice al niño que luche contra ese oponente más grande. El pobre derrama unas lágrimas. «Es mucho más grande que yo», dice. El tono lastimero del niño enfurece al maestro: «Lucha contra él».

Con un protector que le cubre la cabeza y unos guantes de combate rojos en las manos, el niño se arrastra hasta la colchoneta. Los demás críos de la clase los rodean, a él y al otro niño, para ser testigos de la paliza. El niño está superado. Tiene miedo. El mayor le da un puñetazo, una patada, otro puñetazo. Sin embargo, el pequeño deja de llorar y se queda en el cuadrilátero. Aguanta los golpes. Los devuelve. Y resulta que logra un par de buenos golpes. Pierde el combate, pero se ha defendido, y cuando acaba la pelea, llega a una conclusión liberadora: creía que la pelea iba a ser mucho peor, pero el resultado y las consecuencias del combate no fueron tan malos como había previsto. Ese pensamiento es una especie de reconocimiento, un despertar que lo marcará para siempre. Tiene cuatro años.

En Houston, con otro mal equipo sin presente ni futuro, Joe encontró una respuesta más clara a la pregunta que había definido su irregular carrera en la NBA: ¿tenía las circunstancias en contra o él era el único responsable de su propia desesperación y resentimiento? En Kansas City, llegó dos minutos tarde al autobús del equipo para un entrenamiento matinal; cuando el vehículo se fue sin él, no pudo tomar un taxi porque se había quedado sin dinero durante la partida de póker de la noche anterior. Así pues, volvió a su habitación de hotel y se puso a dormir. Pam bromeó con la familia diciendo que, la próxima vez que el equipo viajara, le dejaría un billete de cinco dólares en uno de sus calcetines. Parece que a Joe nunca se le ocurrió que, si era más cuidadoso con sus hábitos o más profesional, podría haberse ganado el beneficio de la duda ante sus entrenadores o equipos, y su carrera habría sido mucho mejor. Pero ni se le pasó por la cabeza.

A pesar de que la última temporada de Joe en San Diego había sido nefasta, su única temporada en Houston todavía fue peor. Bajo las órdenes del entrenador Del Harris, los Rockets lograron un balance de 14-68, el peor balance de la liga. La franquicia se estaba reconstruyendo. No necesitaban a Joe, al menos en la cancha. Cuando acabó su contrato ni Houston ni ningún otro equipo de la NBA se molestó en ofrecerle uno nuevo. Pero Charlie Thomas, el socio gerente de los Rockets, quería a Joe lo suficiente como para ofrecerle otro trabajo. Uno que Joe no dudó en aceptar. Thomas tenía una participación en unas cincuenta franquicias de automóviles, muchas de ellas concesionarios Ford. Joe tenía veintiocho años. Ya no era un jugador de la NBA, estaba casado y tenía tres hijos que mantener. Ahora Joe sería vendedor de coches.

Dejemos a un lado la fatídica noche en Fairmount Park, pues al menos en aquella ocasión Joe todavía era una estrella del baloncesto. Por aquel entonces, los Sixers lo querían y le ofrecieron una segunda oportunidad. Así pues, sin duda, este era su momento más bajo. Nadie lo valoraba, ni en la cancha ni en el vestuario. Toda su reputación se fundía con la realidad para ofrecer una imagen de gigante bobalicón, una fama de la que no se iba a desprender nunca. Y lo peor era que no se trataba de un viejo fracasado que había perdido sus habilidades. No. Solo tenía treinta años. Jellybean todavía estaba en forma. Jellybean todavía podía dar guerra. Pero ¿quién iba a darle su segunda oportunidad?

Sonny Hill le ofreció una. «Prueba suerte en Europa —le dijo Sonny—. Allí te valorarán.» Por supuesto. Ve al extranjero. Tenía sentido. Se podía ganar dinero en las ligas profesionales del extranjero, y un cambio de estilo de vida tan drástico no era inédito en la familia Bryant-Cox. El cuñado de Joe, *Chubby* Cox, ya había dado el salto, al no poder entrar en el equipo de los Chicago Bulls después de que lo ficharan en 1978, y durante un tiempo abandonó la CBA para jugar en un equipo de Caracas, Venezuela. Allí había prosperado. Antes de regresar a Filadelfia, él y su esposa, Victoria, tuvieron a su hijo, John IV, el primo de Kobe. Si Chubby pudo hacerlo, él también. Joe y Pam vendieron todo lo que tenían en Houston. Joe condujo su Mercedes hasta la casa de los padres de Pam, lo aparcó en el garaje y se fue con toda la familia al otro lado del Atlántico. Si así tenía que ser, serían forasteros en tierra extraña.

Ahí está de nuevo. Ese niño tan guapo de cuatro años saltando por el pasillo del autobús mientras este recorre las ciudades y los campos de Italia, acelerando en la autopista y retumbando por las carreteras cubiertas de polvo. El niño ya no es tan pequeño. Su torso es corto y alto porque sus piernas son muy largas, y todo indica que superará el metro ochenta cuando llegue a la adolescencia. Se pasea por el autobús, repleto de jugadores y entrenadores italianos, hasta que encuentra a dos americanos en la última fila. Uno de ellos es su padre. El otro, un amigo de su padre.

El niño adora este tipo de viajes. Suele acompañar a su padre según el lugar donde se vaya a jugar. El viaje puede durar entre dos y seis horas. Según la ruta que toma, el vehículo se llena de los aromas autóctonos de las regiones y ciudades por las que pasa: la acritud de los quesos que se venden en los mercados callejeros de Ologna, el olor salado del pescado en Venecia, la albahaca que aromatiza la brisa que recorre la costa sureste de Italia. Su padre y su amigo, los únicos jugadores del equipo nacidos en Estados Unidos, charlan durante los viajes, a menudo sobre sus familias. El niño suele unirse a las conversaciones.

—Algún día os enseñaré cómo se juega al baloncesto —les dice el niño—. Os voy a enseñar cómo se hace.

—Hijo —dice el padre, retorciéndose de risa—, ¡saca tu culo de aquí!

Un día, el padre le confiesa algo a su compañero de viaje, a su amigo. Su abuela había profetizado que algún día alguien cambiaría el rumbo de la familia, alguien que lograría grandes cosas y permitiría que todos comenzaran una vida nueva.

Y el padre mira a su amigo y le dice: «Ese no voy a ser yo. Estoy llegando al final de mi trayecto». Y los dos norteamericanos miran al niño que deambula por el autobús, antes de que el padre diga: «Quizá sea él». Ninguno de los dos se atreve a reír.

Sus padres se mudaron a Italia cuando Kobe tenía seis años. Fue un cambio decisivo en una etapa decisiva. Si Joe hubiera seguido empeñado en seguir una carrera en la NBA o si otro equipo le hubiera ofrecido la oportunidad de prolongar su carrera, la situación incierta de la familia habría continuado, pero habría seguido en los Estados Unidos. A pesar de la diversidad y variedad de gente del país, la experiencia no habría proporcionado una inmersión similar en una cultura extranjera y exótica como lo hizo aquella aventura en Italia. Tampoco habría fomentado la dinámica con que la familia se movió durante años. Los clubes profesionales de baloncesto italianos, incluido el que contrató a Joe, el Sebastiani Rieti, funcionaban con calendarios más relajados y menos exigentes que los de los equipos de la NBA. Solo había treinta partidos en una temporada regular, y el equipo jugaba una vez a la semana, los domingos. En Rieti, una ciudad de más de cuarenta mil habitantes enclavada en los Apeninos, a una hora al noreste de Roma, el club les procuró una casa de campo con la puerta de madera, un jardín y una canasta de baloncesto colgada en un muro exterior. Además, le regaló a Joe un nuevo BMW e hizo todos los trámites necesarios para la educación de los niños. Los tres niños iban a la escuela seis días a la semana, primero en una escuela americana al norte de Roma —el equipo también les proporcionó un chófer— y luego en una escuela primaria de la ciudad. Inmersos en la lengua italiana durante sus jornadas escolares de cuatro horas (empezaban a las 8.30 y terminaban a las 12.30), y practicando en casa su nuevo idioma entre ellos, Sharia, Shaya y Kobe aprendieron el idioma más rápido que sus padres. Kobe incluso tenía tiempo para acompañar a Joe a entrenar cada tarde y estar de vuelta antes de la hora de acostarse, a las diez de la noche. Los Bryant, que ya estaban muy unidos, vivían ahora como una familia negra en Europa, y desarrollaron unos lazos todavía más fuertes: se convirtieron en una unidad autónoma en una tierra en la que eran tanto una curiosidad como unas celebridades. Cuando paseaban por la ciudad, la gente se ofrecía para invitarlos a café, pagar su cuenta en los restaurantes o dejarles probar a Kobe y sus hermanas la pasta y el chocolate.

«En Italia la gente trata a los otros como a sus iguales —dijo Kobe una vez en el instituto—. No desconfían de los demás y te saludan por la calle. Y la familia..., la familia es algo muy distinto.»

¿Y todas aquellas horas muertas entre viaje y viaje? Ahora, en Italia, Joe iba cada día a correr unos kilómetros con Pam. Ahora jugaba al baloncesto con Kobe y los niños del vecindario, como si su casa estuviera en Hamelín y él tocara la flauta. Ahora repasaba su italiano, y mejoró tanto su vocabulario que empezó a hablarlo con soltura. Ahora abría los paquetes que le mandaba su padre para Kobe: cintas de vídeo de partidos de la NBA. A Kobe le encantaban. Por lo general, las de los Lakers. Esas atrevidas camisetas doradas y moradas, la forma de controlar el partido de Magic Johnson, las curiosas gafas de Kareem Abdul-Jabbar, la combinación entre imaginación y autocontrol: Kobe no podía dejar de verlos. ¿Cómo es que Magic nunca se equivocaba de jugada? La alegría que veía en sus ojos era la misma que veía en los ojos de su padre. ¿Y cómo había aprendido Kareem ese gancho que caía del cielo? Nadie más era capaz de hacerlo. «Miraba esos partidos como si fueran una película —diría Shaya más tarde—, siempre sabía perfectamente qué harían los protagonistas.» Y ahí también estaba Joe, sentado a su lado, viendo las cintas con él, analizando y comentando el partido, explicando a Kobe lo que iba a pasar, lo que este o aquel otro jugador iba a hacer y por qué. Kobe nunca se cansaba. «Mira cómo se coloca Olajuwon en el poste. Si quiere, tiene el espacio y la ventaja suficientes para girar hacia la línea de fondo. Kobe miró los partidos tantas veces y con tanta intensidad que absorbió todos y cada uno de los matices. Era como si Joe le hubiera descubierto un mundo tan emocionante que ya no podía abandonarlo. Entonces empezó a enrollar los calcetines de su padre y a tirarlos al cubo de la basura como si fueran una pelota, pero cuando lo hacía no era un niño de seis años: no, era un Laker jugando ante una atronadora multitud en el Great Western Forum, con Jack Nicholson y Dyan Cannon y todas las demás estrellas sentadas en la primera fila. Imitaba todo lo que veía en los vídeos en una canasta que quedaba cerca de su casa. Cuando su madre lo perdía de vista, saltaba al patio trasero por el balcón del segundo piso, cruzaba una peligrosa carretera y corría campo a través hasta llegar a un parque infantil situado cerca de una iglesia. Allí perfeccionaba sus movimientos de baloncesto, con las montañas nevadas del Terminillo como impresionante telón de fondo. Claudio di Fazi, el hijo de Sebastiani Rieti, lo fichó para que jugara en una liga de baloncesto con chicos dos o tres años mayores que él. Kobe fintó, tiró y anotó tantos puntos que los otros nueve jugadores empezaron a llorar y sus padres pidieron a gritos que sacaran de la cancha a ese pequeño niño *scuro*. Cuando Di Fazi lo mandó al banquillo, fue Kobe quien rompió a llorar y buscó refugio en su madre, Pam, que estaba en las gradas. Pero Joe también estaba ahí. No se encontraba en algún hotel a miles de kilómetros de distancia, en Atlanta, Portland o Salt Lake City. Joe estaba allí. Estaba allí para ver cómo su hijo anotaba, se enfadaba y empezaba a soñar.

«Me convertí en un hombre de familia —dijo Joe en *The New York Times* en 1985—. En Estados Unidos no era más que un trotamundos.»

No obstante, Pam era la verdadera líder de la familia. Ella lo mantenía todo en orden, e insistía en la importancia que tenía la educación para que los niños trataran a los demás con respeto y se interesaran por su nuevo entorno. Y todo ello con disciplina y cariño. Pam quería que se enriquecieran con la experiencia en Europa. «El viaje los ayudó a conocer gente y lugares distintos —dijo Joe en cierta ocasión—. Creo que ahora ven a la gente como seres humanos, no como personas de un color o una religión. De este modo no se quedan atrapados en ningún tipo de estereotipo.» Kobe se interesó por el baloncesto, por supuesto, pero también por el fútbol. Sharia y Shaya por el voleibol. Solían comportarse con respeto hacia los adultos y sus compañeros…, hasta que esos adultos o compañeros los desafiaban de alguna manera. Entonces, mostraban su fuerza, su firmeza, su rebeldía, y los tres niños solo tenían que mirar a su madre para desatar todo su potencial. A veces, cuando Pam salía a correr por las mañanas, algún hombre bajaba la ventanilla de su coche y le gritaba algo obsceno, pero, antes de que pudiera acabar el insulto, Pam giraba la cabeza tranquilamente y, sin romper el ritmo de su carrera, le respondía: «Que te jodan».

Sacaron mucho partido a sus clases de italiano y acabaron hablando tan bien que concedieron numerosas entrevistas para la televisión italiana. Pero Pam, cuando podía, también exponía a los niños a la cultura popular estadounidense. Por ejemplo, cuando Pam vistió a Kobe con una pajarita y lo acompañó a la fiesta de cumpleaños de un amigo, Kobe impresionó a los demás niños y adultos con una exhibición espontánea de *breakdance*. Pam también mantenía el catolicismo en el primer plano de sus vidas. Con el tiempo, como si se tratara de un alumno estadounidense en una escuela parroquial ordinaria, Kobe acabaría vistiendo un bléiser azul oscuro, un pantalón y una camisa blancos, y celebraría la comunión con sus compañeros, del mismo modo que Pam, cuando era una niña, había celebrado la suya. Cuando muchos años después, ya en los Lakers, Kobe se apartaba del resto del equipo en el avión y se acurrucaba en su asiento para ver *Los diez mandamientos* una y otra vez, era por alguna razón.

Joe se encontró con algunas caras conocidas del pasado, y estas cambiaron el futuro de Kobe. Uno de sus antiguos compañeros de equipo, Harvey Catchings, también estaba en Italia con sus hijas, Tauja y Tamika, esta última un año más joven que Kobe. Los niños hicieron buenas migas y mantuvieron el contacto mientras Kobe forjaba su carrera con los Lakers y Tamika lograba cuatro medallas de oro olímpicas con la selección femenina de baloncesto de Estados Unidos, un campeonato de la WNBA y un galardón a la jugadora más valiosa de la WNBA. «Concebíamos la vida como si fuera un cuento de hadas —dijo una vez Kobe sobre él y Tamika—. Es una locura. Crecimos pensando que todo era posible.» Ambos entraron en el Salón de la Fama del Baloncesto Naismith Memorial la misma noche: el 15 de mayo de 2021. «Este iba a ser el final del cuento», dijo Tamika.

Leon Douglas y Joe se habían conocido a los diecisiete años, en el Drapper Dan Classic, en Pittsburg. Luego sus caminos se separaron: Joe fue a La Salle, y Douglas, a Alabama. Douglas era el pívot titular del Fortitudo Bologna, uno de los rivales del Rieti. Sin embargo, lejos de la presión del baloncesto profesional en Estados Unidos, esa amistad renació y fue de gran ayuda para la familia Bryant. En Italia, los partidos tenían una atmósfera comparable a la de un partido de fútbol universitario o un partido de fútbol europeo, con banderas ondeando al aire y un bullicio puro y alegre que vibraba por toda la cancha. Cuando Joe empezaba a anotar, cuando comenzaba a dominar el partido y encaraba a su marcador, Pam, sus hijas y Kobe gritaban desde las gradas: «¡Acaba con él, machácalo!». Nadie le decía que tenía que jugar en equipo, que tenía que encajar en el conjunto. Podía ser ese jugador que siempre había deseado ser, pero que en la NBA nunca se le había permitido. Durante los primeros veinticinco partidos de su segunda temporada con el Rieti, Joe promedió 34,8 puntos, y fue el mejor de la liga en anotación y asistencias (esta última estadística se entiende porque tenía siempre el balón en sus manos). ¿Pasarle el balón a un compañero abierto? Solo si se lo pasaba sin mirar o si la jugada tenía algo de dinamismo o si, antes de pasar el balón, daba un giro de trescientos sesenta grados que desencajaba las rodillas de su defensor. No era extraño que anotara sesenta puntos o más en un partido, jugaba sin táctica ni sentido. Si hubiera estado solo en una pista entrenando tiros y trucos para divertirse hubiera sido lo mismo. Unos años más tarde, la franquicia de la liga italiana de Pistoia fichó tanto a Joe como a Douglas. Compraron a Joe por ciento quince mil dólares estadounidenses. Sus familias vivían a media hora de distancia: los Douglas en un condominio, y los Bryant en una villa en la ladera de la montaña. Se veían muy a menudo, y sus hijos celebraban juntos los cumpleaños e iban al mismo colegio. Sharia, Shaya y Kobe cuidaban a la hija de los Douglas, Lenae. Y Joe y Leon almorzaban juntos cada día. No obstante, aunque a Joe no le importaba compartir la cuenta después de cada comida, lo de compartir dentro de la cancha era harina de otro costal.

«En cierto sentido era feliz porque jugaba con un buen amigo —dijo Douglas—. Pero Joe no acostumbraba a pasar el balón. Eso Kobe lo aprendió de él.»

Se trataba de un aprendizaje por ósmosis. En los partidos de Joe, después de ver el primer tiempo desde un lugar seguro en la grada que le permitía captar las sutilezas de los movimientos de los jugadores, Kobe abandonaba su localidad y cogía una fregona o una escoba para barrer la cancha en el descanso. (En una ocasión, a cambio de trabajar en un *all-star* con una sudadera que anunciaba el negocio del dueño de Pistoia, Kobe hizo un trato con él: «Claro, llevaré tu sudadera mientras friego, pero tienes que comprarme una bicicleta roja». Aquel hombre aceptó y cumplió su palabra.) Luego siempre se encargaba de ofrecer su propio espectáculo de baloncesto. Allí estaba, imitando lo que acababa de ver, pasándose el balón entre las piernas, practicando saltos, lanzando tiros desde muy lejos: era una versión en miniatura de Joe. El público de la cancha no se movía y lo miraba fijamente. Kobe jamás se preocupó por eso. Finalmente, los árbitros lo echaban de la pista para que el verdadero partido se reanudara. Kobe trabó amistad con Luca Rusconi, el hijo del entrenador de Joe. Era el perfecto compañero de entrenamiento. En cierta ocasión, cortaron el fondo de un jarrón de plástico, lo colgaron de la parte superior de un garaje y lo utilizaron como una canasta improvisada. En otra, antes de uno de los partidos de Joe, Kobe desafió a Luca, dos años mayor que él, a un concurso de triples. Kobe encestó los diez tiros que realizó, y su amigo se quedó sin palabras, aturdido. Luca dejó que el balón se le escapara de las manos, le dio la mano a Kobe y se marchó. En esos viajes en autobús, Kobe les había contado a su padre y a Douglas sus planes de futuro, y ellos se habían burlado de su fanfarronería. Pero todo esto —el público, el escenario y él mismo solo en la pista delante de todos— solo era el primer escalón.

«No tenía miedo —dijo Douglas—. Eso es lo que la gente no entiende. Los grandes jugadores pueden demostrar su talento mientras su confianza se mantiene estable. Lo que distingue a un gran jugador es su nivel de confianza. A veces puedes encontrarte en una situación que te afecta demasiado y evitas hacer las cosas que normalmente harías. Kobe nunca tuvo ese problema. Su padre era igual: nunca tiraba mal. Si fallaba diez tiros, podía encestar los siguientes diez. Estoy seguro de que estar cerca de los profesionales reforzó este tipo de conducta.»

Sin embargo, fue un tipo particular de profesional el que le impresionó. De su padre, Kobe pudo apreciar la naturaleza individualista del baloncesto, el espectacular egoísmo de un jugador con un solo propósito. ¿Y la gratitud que mostró por los entrenadores que tuvo durante su estancia en Italia? Eran palabras de cortesía, un bonito gesto de boquilla. A la hora de la verdad, ¿quién le había enseñado más: los entrenadores que querían enjaularlo o el padre que quería liberarlo? No se trataba de que Joe pudiera enseñarle los movimientos acrobáticos que habían sido su sello distintivo, sino que Kobe podía escuchar sus «y si» y los «podría haber» de una carrera en la NBA que Joe creía que hubiera podido ser mucho mejor. Y Kobe se mostraba completamente empático con tales lamentos. Papá había sido respetuoso con sus compañeros de equipo, sus entrenadores, los aficionados. ¿Acaso no había jugado ocho años en la NBA cuando había menos equipos, cuando era más difícil entrar? ¿No se había mantenido en forma todos esos años? Papá no se sometía ante nada. Era él mismo, jugaba como quería jugar, mantenía la integridad de su juego. Ahí estaban los números que había logrado en Italia, los elogios que recibía de la gente, la cálida acogida que el país había dado a toda la familia. No había sido culpa de su padre que nadie de la NBA le diera la oportunidad que se merecía. Pero algún día Kobe arreglaría eso. Algún día, juró, repararía esos errores.

No obstante, de los hombres contra los que jugaba su padre, Kobe podía aprender lo mejor de las tácticas y la disciplina a los que su padre tal vez no había prestado suficiente atención. Podía apreciar las bases del baloncesto, la importancia de sus fundamentos: «Adelanta el pie para que el defensor se incline lo suficiente hacia atrás como para que puedas tirar por encima de él. Agáchate y enróscate como una serpiente alrededor de tu defensor para luego machacar el aro. El ala-pívot debe estar aquí, exactamente a dos metros y medio del base; de lo contrario, el ataque no se sincroniza correctamente y no da resultado».

En 1986 y 1987, mientras Joe estaba en otro equipo, el Standa Reggio Calabria, Kobe empezó a jugar al baloncesto con los demás niños. Su entrenador en la liga, Rocco Romeo, lo describía como un niño que tenía «una sonrisa espléndida estampada en el rostro». Sin embargo, durante los entrenamientos y los partidos, Kobe le gritaba: «¡Rocco! ¡El balón! ¡El balón!». Y Rocco, para acallar sus gritos y evitar la vergüenza de que un niño le gritara, gritaba a los otros jugadores: «Vamos, niños. Pasad el balón». Y como era de esperar, cuando Kobe recibía la pelota, ya no la soltaba. No devolvía los pases ni se preocupaba por defender. Tampoco sonreía. En la pista, se comportaba con el mismo estilo de su padre y la intensidad de su madre, con los mismos movimientos ordenados y elegantes que Romeo acabaría reconociendo a lo largo de la carrera de Kobe en la NBA. «Se movía como una pantera», decía Romeo. Sabía que se trataba de alguien especial y no era necesario hacerlo público, porque todo el mundo lo sabía y sus padres hacían muy poco, si es que hacían algo, para que Kobe no se lo creyera demasiado. Cierto día, Joe llevó a Kobe al entrenamiento, y Santi Puglisi, el entrenador del Reggio Calabria, reunió a los jugadores en el centro de la pista para hablarles de un concepto táctico que quería aplicar. Con una de las camisetas del equipo de su padre, con el dobladillo caído por debajo de las rodillas, Kobe cogió un balón y empezó a botarlo en un extremo de la cancha. Molesto, Puglisi dijo riendo: «Kobe, quédate sentado». Entonces, Kobe le miró y dijo: «¡Que te jodan!».

¿Cómo te las apañas para controlar a un niño que se atreve a hablar así a los adultos? ¿Cómo puedes distinguir si lo estás ayudando a creer y confiar en sí mismo o si en realidad lo estás animando para que se comporte como si la palabra de alguien mayor y con más experiencia no valiera la pena, como si pudiera escupir ante una petición razonable de una figura de autoridad? Pues, si eres Joe y Pam Bryant, lo envías a una escuela privada con un estricto código de disciplina que, además, lo desafíe intelectualmente y lo cuide cuando se trate de jugar al baloncesto. Cuando tenía once o doce años y su italiano era perfecto y su padre jugaba en el Reggio Emilia, en el norte de Italia, Kobe jugaba en Cantine Riunite, un equipo juvenil patrocinado por una bodega con este nombre. Los uniformes del equipo eran blancos con ribetes rojos y azules, parecidos a las camisetas que Bryant y los demás miembros del equipo olímpico de baloncesto de Estados Unidos llevaban en Pekín 2008. Hay una foto de esa época que es especialmente reveladora. Muestra a los dos entrenadores de Riunite y a trece jugadores posando para una típica foto de equipo. La primera fila está sentada, la última, de pie. Varios de los jugadores sonríen. Algunos parecen distraídos. Kobe, de pie en el extremo izquierdo, tiene la barbilla levantada y frunce el ceño, como si el fotógrafo lo hubiera capturado en medio de un gesto de asentir. Es una mirada que dice: «Soy el mejor, y si no te gusta o no lo aceptas, ya sabes lo que Pam Bryant y su hijo te dirían».

En verano, cuando acababa la temporada de baloncesto en Italia, los Bryant regresaban a la zona de Filadelfia y alternaban entre su casa de Remington Road y la de los padres de Pam, en Green Hill Farms. Kobe, a los ocho años, había encontrado en sus primos un par de compañeros de juego: Sharif Butler, que tenía once años y era el hijo mayor de *Chubby* Cox, y John Cox IV, que tenía cinco años. El trío estaba tan unido que parecían hermanos, pero, para Kobe, incluso a esa tierna edad, John era más un *sparring* que un compañero de juegos, una herramienta que una estrella del baloncesto podía utilizar para mejorar su juego. Los chicos negociaban. Si Kobe quería que John jugara al baloncesto con él durante una hora, Kobe tenía que jugar con los muñecos de John durante la siguiente hora. Si Kobe quería jugar más al baloncesto, no había problema. Aunque después tendría que pasar la misma cantidad de tiempo nadando en la piscina de sus abuelos o fingiendo ser Batman o Robin. Entonces, y solo entonces, John consentiría formar parte de una rutina diaria capital para Kobe: ver los partidos de Magic Johnson y los Lakers (a veces algo de Larry Bird), y salir a la entrada de su casa para practicar lo que acababa de ver en la televisión.

A medida que iban creciendo, el baloncesto ocupaba más y más tiempo de los ratos que pasaban juntos. En realidad, pasaban tanto tiempo jugando al baloncesto que Pam se refería a la pelota como su «novia», y se burlaba de ellos cada vez que se percataba de que ninguno tenía un balón entre las manos: «¿Dónde están vuestras novias? ¿Dónde las habéis dejado?». Para Kobe, las rutinas con el primo pequeño eran un respiro de las rutinas con el primo mayor. Cada día, Kobe y Sharif se enfrentaban en un uno contra uno en la entrada de Remington Road, en el parque infantil Tustin, al oeste de Filadelfia. Y esos partidos estaban más desequilibrados que el primer combate de kárate de Kobe. Cuando cumplió los trece, Sharif medía 1,90 y estaba físicamente muy desarrollado. Kobe no podía ganarle. ¿Cuántas veces jugaron el uno contra el otro? Se enfrentaron miles de veces, contaba John, y Kobe perdió miles de veces. Pero eso no era lo peor, porque Sharif lo torturaba con un torrente de comentarios humillantes que a veces rozaban la crueldad. Kobe probaba su propia medicina. «Sharif era un gilipollas —decía John—, pero solo intentaba que Kobe fuera más duro.» No fue el único. En 1991, Joe inscribió a Kobe en la Sonny Hill, ofreciéndole la primera oportunidad de jugar en ese tipo de baloncesto más duro donde Sharif y todos los jugadores de Filadelfia se habían destetado. Para Kobe, sería un desafío físico y mental. Sus circunstancias, su genética y su experiencia en el juego le habían dado una noción de lo que significaba ser jugador de baloncesto, de cómo se suponía que debía comportarse y jugar. Era un blanco fácil. Cubría sus raquíticas piernas con gruesas rodilleras como si se tratara de una armadura porque, por un lado, sufría la enfermedad de Osgood-Schlatter (que empeoró porque jugar al baloncesto le causaba inflamación, dolor y fragilidad en los huesos y los tendones de sus rodillas), y por el otro, porque había visto que otros atletas hacían lo mismo: jugadores de la NBA o sus hermanas cuando jugaban al voleibol. Aunque no tenía problemas en la vista y no había sufrido ninguna lesión en los ojos, llevaba gafas porque Kareem Abdul-Jabbar —seis veces MVP de la NBA, seis veces campeón de la NBA, y uno de sus héroes en los Lakers— también las llevaba. Como James Worthy, otra estrella de los Lakers. ¿Por qué no? No dominaba demasiado la jerga estadounidense, y aunque su fluidez en italiano podría haber intimidado a sus rivales, no era consciente de ello, por lo que no fue una ventaja en el McGonigle Hall de Temple, donde la liga celebraba sus partidos y los chicos de la ciudad lo humillaban.

Casi al final de su carrera con los Lakers, antes de su último partido en Filadelfia contra los Sixers, Bryant dijo en la abarrotada sala de conferencias del Wells Fargo Center que algunos de sus mejores recuerdos pertenecían a la Sonny Hill League; además, señaló que guardaba especial cariño al verano de 1992. Pero era imposible que se sintiera así en ese momento. En veinticinco partidos, jugando en un nivel superior y enfrentándose a jugadores un año o dos mayores que él, no anotó ni un punto: ni una canasta fácil ni un tiro con suerte. Había defraudado a su padre y a su tío, y llegó a pensar brevemente en dejar el baloncesto y centrarse en el fútbol, una transición natural y fácil, dado que estaba viviendo en Europa. Sin embargo, en lugar de ello, cuando se enteró de la historia medio cierta de que Michael Jordan fue apartado del equipo de su instituto, aprovechó este punto en común con el mejor deportista del mundo para inspirarse. Y veía las películas de los partidos con ojo avizor. Más estudio de la historia y la evolución del baloncesto y sus fundamentos. La humillación se había convertido en motivación. «Para mí, fue un punto de inflexión —dijo Kobe—. No anotar ni un solo punto ese verano se convirtió en una gran motivación para mí. Quería asegurarme de que, cuando volviera a la Sonny Hill League, estaría preparado para jugar. Estaría preparado para competir.»

En cambio, a Joe no le quedaba mucho tiempo de competición. Una temporada más en un equipo de Francia, y ahí terminó su carrera. Se retiró, oficialmente. Sentía que podría haber jugado otros dos años, pero ahora le podía la culpa, aunque también había en él algo de esperanza. Su esposa y sus hijos se habían sacrificado por él, y ahora era el momento de que él se sacrificara por ellos. Había llegado el momento de volver a casa. En noviembre de 1991, los padres de Pam los llamaron para comunicarles que a Magic Johnson le habían diagnosticado VIH; cuando a Kobe le llegó la noticia, quedó tan afectado que dejó de comer durante casi toda esa semana y, además, contagió su tristeza a Sharia, que una vez dijo que «nunca hubiera imaginado que alguien pudiera sentirse así por alguien a quien no conocía. Le dolía como si fuera un miembro de la familia». Por mucho que a Joe le doliera el sufrimiento de su hijo, no quería que Kobe perdiera esa conexión con su país natal ni la importancia que tenía el baloncesto ahí. Así que los Bryant volvieron a Wynnewood ese mismo otoño y matricularon a Kobe en la escuela de Bala Cynwyd. Ahora medía un metro ochenta, y aunque cuando fue mayor admitió que echaba de menos la naturaleza despreocupada de esos años y que a veces deseaba viajar en el tiempo para reunirse con los amigos en la plaza y compartir un helado, en esa época entendía que no podía quedarse en Italia si quería convertirse en el jugador de baloncesto que estaba destinado a ser. Para Joe, el regreso de la familia a Lower Merion fue de lo más oportuno. Siempre decía que esos años en el extranjero fueron la fuente de lo que él consideraba la temprana madurez de Kobe. «Italia fue la clave», aseguraba, pero también bromeaba diciendo que quería que su hijo viviera en Estados Unidos antes de que se olvidara de hablar inglés.

Y también está ahí ese encantador niño de once años llamado Ashley Howard. Adora el baloncesto. Le gusta tanto que acompaña a su padre a todas las pistas y a todos los parques de Filadelfia solo para verlo jugar, y a veces para jugar con él. Un domingo por la mañana, Ashley acompaña a su padre a la pista del centro cultural Gershman para jugar el partido por excelencia de padres e hijos. Todos los que asisten a ese partido jugaron en la División I, en la NBA, o en ambas. Sí, ahí está Mo con Ashley. Ahí está Lynn Greer Sr. con Lynn Greer Jr.

Ahí está Mike Morrow, que jugó en la Universidad de Saint Joseph, con Mike Jr. Ahí está *Chubby* Cox con John. Y, sí, ahí también está Joe Bryant con su hijo Kobe, cómo no.

Se trata del típico partido de los domingos, ese donde los hijos suelen permanecer en una pista lateral tirando a una canasta que no llega a los tres metros de altura mientras los padres juegan en la pista grande un cinco contra cinco. Pero este domingo es distinto. Un padre no puede acudir y solo hay nueve jugadores. Uno de los hijos puede jugar. Kobe solo tiene trece años. Y Kobe es el elegido.

«Vaya —piensa Ashley—. A ver cómo lo hace.»

En la primera posesión, Kobe lleva el balón por la pista. Mo Howard lo defiende. Mo Howard, compañero de Joe Bryant desde que eran adolescentes y que fue jugador del año de la Liga Católica de Filadelfia. Mo Howard, que compartió equipo con John Lucas en Maryland a mediados de los años setenta y formó con él una de las mejores duplas del baloncesto universitario. Mo Howard, que jugó treinta y dos partidos en la NBA y que aún no ha cumplido los cuarenta años.

Chubby Cox le grita a su sobrino: «Ve a por él. Ve a por él». Y Kobe no se lo piensa dos veces. Ashley quiere saber cómo es eso de jugar al baloncesto. Kobe regatea al padre de Ashley, lo deja atrás y machaca el aro. Ashley se queda estupefacto. «¿Acaso papá no decía que era el mejor defensa? —piensa Ashley—. Debe estar tomándoselo con calma. Seguramente no quiere abusar de Kobe.»

Cuando Kobe vuelve a tener el balón, Mo lo defiende de nuevo. Kobe se desliza a su alrededor, le pasa por encima, y encesta. En el rostro de Mo surge una mirada de desconcierto: «Mierda, tengo que estar más atento con este jovencito». Desde un lateral, Ashley Howard sigue observando y archiva ese recuerdo. Era la primera vez que veía jugar de verdad a Kobe Bryant. Kobe no estaba intimidado. Kobe no estaba paseando por la cancha, corriendo arriba y abajo sin esperanzas de que alguien le pasara el balón. Kobe estaba enfrentándose a los mayores. Kobe estaba haciendo aquello para lo que se había entrenado. Primos, amigos y rivales quedarían retratados. Su venganza sería terrible.

PARTE II

«No quería recibir un trato de favor en el colegio
porque era bueno al baloncesto; de todos modos, en mi colegio,
que era y es conocido por sus altos estándares académicos,
no me habrían ayudado.»

KOBE BRYANT

5

Ángeles al amanecer

Sobre la cama de matrimonio de Kobe Bryant en su casa familiar del número 1224 de Remington Road, en la pared tras el cabezal y los cojines donde apoyaba la cabeza, su madre había colgado una foto. Bordeada por un marco dorado rectangular, la imagen mostraba a dos ángeles de la guarda, un varón a la izquierda y una mujer a la derecha, ambos de raza negra. El ángel varón, sombreado en ámbar, posaba en la ventana de una iglesia como haciendo guardia, con unas alas de águila saliendo de la espalda como si acabara de descender del vuelo y posarse. Llevaba en la mano izquierda, a modo de bastón, una espada blanca cuya punta se clavaba en el antepecho de la ventana. El ángel mujer vestía de blanco, estaba en la cima de una montaña nevada y levantaba los brazos por encima de la cabeza. De sus manos salía un halo que emitía rayos de luz azul. Entre las dos imágenes aparecían estas palabras:

> Dios nos ha dado a cada uno de nosotros
> un ángel en nuestra vida.

La casa era mediana para los estándares de las zonas antiguas y opulentas de Main Line: tenía mil quinientos metros cuadrados, no estaba en un callejón sin salida, sino en una zona muy transitada, era de piedra gris con revestimientos color canela, con vallas blancas, exuberantes parterres de rosas rojas y un camino de entrada semicircular. En el interior, parecía que todo era negro, blanco o verde, y la decoración era cálida y acogedora. Una preciosa mesa de madera africana era la protagonista en una habitación donde los adolescentes podían leer o jugar a juegos de mesa, y las paredes del primer y segundo piso estaban adornadas con pinturas que giraban en torno a la cultura negra. Unas puertas correderas de cristal en el estudio —el lugar de reunión de la casa, con un sofá y un televisor gigante— conducían a un pequeño patio trasero exterior. En el sótano, alguien había garabateado con rotulador negro permanente y en letras mayúsculas «2ND FLOOR KOBE'S ROOM» en una tubería de calefacción. Cuando Joe y Pam vendieron la casa en 2008, la pareja que se la compró, Richard y Kate Bayer, pensó que era un detalle tan entrañable que, mientras hacían algunas reparaciones y mejoras, pidieron a los trabajadores que cortaran un trozo de aislamiento lo suficientemente grande para que la frase quedara a la vista. En el dormitorio de Joe y Pam, dos sillas negras acolchadas descansaban frente a la cama, orientadas hacia otro gran televisor. Pilas de libros y de revistas italianas llenaban la estantería del estudio de Joe. Kobe no tardó en suscribirse a *Sports Illustrated* al regresar a Estados Unidos, guardó algunos de los viejos números y los almacenó en su estudio, a veces apilándolos sobre el escritorio de Joe. Uno de ellos —el número del 22 de junio de 1992, publicado dos meses antes de que Kobe cumpliera catorce años y una semana después de que los Chicago Bulls derrotaran a los Portland Trail Blazers en la final de la NBA— mostraba en la portada a un solo jugador fumando el puro de la victoria: Michael Jordan.

En el camino de entrada estaba, por supuesto, la canasta de baloncesto: un poste negro, un aro naranja oxidado y un tablero de lona blanca colocado entre las puertas del doble garaje. Como la canasta estaba orientada frente al garaje y el camino de entrada rodeaba toda la casa, quien jugara en casa de los Bryant tenía espacio suficiente para simular cualquier jugada que se hiciera en un partido de cancha completa. Con el tiempo, la parte delantera del aro se dobló y se curvó unos centímetros hacia abajo, una atractiva imperfección que facilitaba el paso del balón a través del aro metálico, un testimonio de todas las mañanas, tardes y noches que Joe y Kobe jugaron uno contra uno allí: mates, codazos que se estrellaban en la parte superior del pecho y se clavaban en el plexo solar: cada golpe y cada empujón le hicieron aprender. Esos partidos formaban parte del paisaje y del ambiente sonoro del barrio, al igual que las horas incesantes que Kobe pasaba practicando solo en la entrada, una escena tan común que aquellos que pasaban conduciendo por Wynnewood tenían muchas posibilidades de mirar por la ventanilla y vislumbrar un instante de su aprendizaje. Con el tiempo, la casa se convertiría en una especie de atracción turística, la propia Campana de la Libertad del municipio de Lower Merion, un objeto de relevancia histórica y de curiosidad para los transeúntes, muchos de los cuales aparcaban sus coches a la vuelta de la esquina o hacían una pausa en sus carreras de cinco kilómetros para llamar a la puerta principal y preguntar a los Bayer: «¿Aquí vivía Kobe?». «Sí», decían los Bayer. «Aquí es. Pasen. Echen un vistazo. Aquí es donde los Bryant se convirtieron en parte de la comunidad. Aquí es donde su hijo, desde el instante en que regresó, y para el resto de su vida, pasó a formar parte de esta comunidad y al mismo tiempo nunca pudo integrarse en ella.»

Es imposible contar la historia de Kobe Bryant sin contar antes la historia de Lower Merion: el municipio y el distrito escolar, su historia y su diversidad, los superficiales estereotipos y la compleja realidad, el instituto del mismo nombre y su programa de baloncesto masculino en particular. Así como el entorno de Kobe le moldeó, él moldeó aún más su entorno. Llegó allí como si fuera un astronauta, consciente de su nuevo hábitat, deseoso de explorarlo, pero sin conocer su historia, sus costumbres y su idioma. Desafió el encasillamiento; solo asimiló algunas de las tendencias, creencias y presunciones que se habían incorporado a la evolución y al pensamiento colectivo de la región, así como a la sociedad estadounidense. Encajó perfectamente en algunas de esas presunciones. Pero también hizo saltar por los aires la mayor parte de ellas.

El hogar de los Bryant —su ubicación y el camino que tomaron hasta establecerse allí— era una relativa anomalía en sí mismo. El hecho de que los Bryant residieran en Wynnewood suponía una ruptura de los patrones sociológicos que habían definido Lower Merion durante mucho tiempo, unos patrones que a su vez habían sido definidos durante mucho tiempo por un elemento: el ferrocarril de Pensilvania. «Más que ninguna otra persona o entidad —según la historia de la región—, fue el Ferrocarril de Pensilvania el que construyó Main Line.» Para expandirse, los ejecutivos del ferrocarril compraron al estado el Ferrocarril de Filadelfia y Columbia en 1857, y después compraron granjas y terrenos para desarrollar esa propiedad privilegiada, que estaba lo suficientemente cerca como para acceder a Filadelfia, pero lo bastante alejada como para sentirse apartado de ella, un santuario rural para los ricos y los afortunados. Una aldea, Bryn Mawr, surgió como barrio residencial, pero el resto de la zona se convirtió en un refugio de verano y un centro turístico para la clase alta. ¿Por qué quedarse en la ciudad durante una agobiante ola de calor en julio, con la suciedad, la contaminación y los sedimentos del aire de la industrializada Filadelfia llenándote los pulmones y ahogándote con una tos persistente cuando podías respirar profundamente el aire limpio y el olor de las azaleas, cuando podías despertar viendo los sicómoros, los alces rojos y los almeces? Hoy en día, Gladwyne, en Lower Merion, es una de las comunidades más ricas de Estados Unidos, la segunda más rica de todo el noreste en 2018. Los caminos de entrada a las propiedades son privados y sinuosos. Hay pocas aceras. A lo largo de los veinticinco kilómetros de la Schuylkill Expressway, solo hay una salida que desemboca en Gladwyne, y una vez que los conductores la dejan atrás mientras se dirigen al oeste de la autopista, lejos de Filadelfia, no hay otra en ocho kilómetros. Gladwyne sigue siendo exclusiva, en todos los sentidos.

A medida que el ferrocarril de Pensilvania construía más estaciones y trenes, más hombres y mujeres privilegiados veían Main Line como un lugar deseable —más bien, «el» lugar deseable— para vivir en la región de Filadelfia. Durante medio siglo, desde finales del XIX hasta la era del jazz, las mansiones brotaron alrededor de la Main Line como si el dinero fuera su agua y su luz, como de hecho era. Los magnates del ferrocarril, sus amigos y otros promotores las construyeron y las compraron. «La vida en la época dorada era casi perfecta si uno tenía mucho dinero —escribió en una ocasión el escritor James

Michener, nacido en el cercano condado de Bucks, en Pensilvania—, el invierno se pasaba en Florida. En verano, algunas familias se trasladaban a Newport, pero la mayoría prefería la vida más tranquila y rural de Bar Harbor. La mayoría de las familias mantenían una vivienda en la ciudad, en la famosa Rittenhouse Square de Filadelfia. Y el resto del tiempo vivían en sus residencias a lo largo de Main Line. Esas enormes mansiones eran fabulosas.» Incluso las cocheras de los trenes se caracterizaban por su arquitectura de estilo victoriano, e Isaac Clothier, cofundador de la cadena de grandes almacenes Strawbridge & Clothier, poseía quizás el edificio más ostentoso de toda Main Line: Ballytore, su casa en Wynnewood. Construida en 1885, se trataba de un castillo almenado con cuatro torres, una puerta de entrada que permitía el paso de un caballo y un carruaje, y, más tarde, de un automóvil, y un porche cubierto que serpenteaba alrededor de la finca como si quisiera protegerla. Parece que decidió que un foso habría sido demasiado extravagante.

A principios del siglo XX, la población del municipio era predominantemente protestante, y el encasillamiento de la región durante esa época como un refugio excluyente para los WASP (blanco, anglosajón y protestante) continúa hasta hoy. Los cambios demográficos que se produjeron en los años siguientes no hicieron sino reforzar tal imagen: la élite y los trabajadores pobres vivían en estrecha yuxtaposición, y la diferencia entre el tener y el no tener rara vez fue tan evidente. El ferrocarril significaba puestos de trabajo. El ferrocarril significaba que los residentes contrataban obreros para construir sus mansiones y sirvientes para atenderlos. Significó que los canteros italianos se instalaron en Narberth, y que los hombres y mujeres negros encontraron trabajo como obreros o empleados domésticos —mayordomos, criadas, chóferes, lavanderas, jardineros— y se instalaron en las casas adosadas y en las casas gemelas de la ciudad de Ardmore. A su vez, muchos protestantes empezaron a trasladarse a suburbios aún más alejados del oeste —Radnor, Conestoga—, abriendo Main Line a familias judías y negras del sudoeste de Filadelfia deseosas de abandonar la ciudad. El alumnado del instituto Lower Merion, inaugurado en 1894, y del otro instituto del distrito, Harriton, que se inauguró en 1958 para dar cabida a este aumento y cambio de población, se hizo más diverso, aunque las escuelas primarias y secundarias de las que se nutrían eran, a su vez, núcleos homogéneos de negros, italianos, irlandeses y judíos. Las restricciones de las escrituras de compraventa de las viviendas y los pactos contra los judíos y los negros eran entonces una realidad desagradable, y aunque algunas zonas de Main Line se estaban abriendo, los vestigios de ese racismo no desaparecieron inmediatamente.

«Mucha gente no se da cuenta de que las escrituras de aquellas casas decían que no se podían vender a negros —dijo Dayna Tolbert, cuya familia se trasladó de Cincinnati a Bala Cynwyd, y que creció cerca de los Bryant y fue amiga de los tres hijos de la familia—. Dicen literalmente en letra impresa: "Esta casa no se vende a un negro". Mi casa se construyó en 1926. La única manera de poder mudarnos era siendo de fuera del estado y, además, sobre el papel, no se podía poner que mis padres eran negros. No se dieron cuenta hasta que aparecimos en la firma.»

Esas reminiscencias del pasado volverían y afectarían a Kobe Bryant de innumerables maneras.

El barrio en el que Arn Tellem nació y pasó los primeros seis años de su vida era de inmigrantes ruso-judíos. Sus padres asistieron a la Universidad de Temple, y su padre le introdujo en el baloncesto de la Big 5 de Filadelfia, que se convirtió en su obsesión deportiva. Toda su familia vivía a su alrededor. «Conocías a todo el mundo en un radio de diez manzanas —explicaba Tellem—. Tenía a mis abuelos, mis bisabuelos, todos mis tíos y primos. Podías ir andando a la sinagoga y pasar por las casas de tu familia.» La suya fue un reflejo de la infancia de Joe y Pam Bryant, con el mismo sentido de inclusión, una experiencia compartida de una existencia exclusivista.

Justo después de la toma de posesión del presidente Kennedy, en 1961, los padres de Tellem compraron una casa en la zona de Penn Valley, pasando de un barrio judío a otro. No era una mudanza a Italia, pero también perturbó el orden familiar.

«Recuerdo estar en el coche con mi padre y mi abuelo —dijo—, conduciendo por la autopista Schuylkill hacia Penn Valley, y mi abuelo no entendía por qué nos mudábamos a las afueras. ¿Qué tenían de bueno las afueras? ¿Qué sentido tenían? Ese fue un gran cambio generacional, la mudanza a las afueras de la ciudad. Cambió el estilo de vida. La unión que todos sentían en los buenos y malos momentos, compartiéndolos juntos, se volvió más lejana. Se empezó a tratar más bien de una familia más pequeña.»

Sin embargo, Tellem conservó su amor por la Big 5 y por el baloncesto de los institutos de Filadelfia. En su último año en Harriton, en la primavera de 1972, compró una entrada para el partido del campeonato de la ciudad en la Palestra, para presenciar cómo Saint Thomas More derrotaba a Bartram y para ver a un jugador con el pelo afro abultado y unos Keds negros de caña baja que le fascinaba: Joe Bryant. «Estaba lleno. Fue muy emocionante. Lo que me llamó la atención fue que Joe podía jugar en cualquier posición, el inusitado nivel de sus habilidades.» Tellem continuó su educación en el Haverford College —a solo cinco kilómetros del 1224 de Remington Road—, se licenció en Derecho en la Universidad de Míchigan y se embarcó en su carrera como agente deportivo. Entonces, no podía saber con qué frecuencia llegaría a pensar en aquel día en la Palestra y en todo lo que vendría después.

Wendell Holland no creció en Gladwyne ni en Wynnewood. Sus antepasados llegaron a Ardmore desde el sur de Delaware, y su madre, empleada doméstica, y su padre, portero en un lujoso edificio de apartamentos, eran lo que él llamaba «los clásicos negros de Main Line». Ardmore tenía sus ventajas. Había otras aglomeraciones de familias negras en Main Line, pero de todas sus comunidades, Ardmore, una zona de cinco manzanas en el lado sudoeste, era la más «segura» para los negros, es decir, allí no tenían que dudar de que sus vecinos tuvieran las mejores intenciones. Si Holland y sus amigos, un sábado por la tarde, iban a pie o en bicicleta a Suburban Square, en el norte de Ardmore, para ver una película o pasearse por la sección de artículos deportivos de Strawbridge & Clothier, la policía podría detenerlos o los propietarios de las tiendas podrían mirarlos mal. Y ellos no tenían que preocuparse por estas situaciones tan peligrosas en su parcela del mundo. Solo había dos familias blancas en el barrio de Holland. «La alegría de Black Ardmore era que estabas literalmente rodeado de gente como tú —dijo—. Era el Nairobi de Main Line.» Lo mejor de todo es que los padres podían enviar a sus hijos a las escuelas públicas de Lower Merion, consideradas ya entonces de las mejores del país.

Pero la situación no era tan perfecta. Cuando Holland ingresó en la escuela primaria Ardmore, en 1958, era un modelo de segregación de facto. Solo el nueve por ciento de los alumnos de todo el distrito eran negros, pero en la escuela primaria de Ardmore lo eran entre el ochenta y cinco y el noventa por ciento. El edificio de la escuela ya tenía entonces cincuenta y ocho años. Los libros de texto estaban sucios y anticuados. Los profesores eran los menos cualificados del distrito, muchos de ellos simplemente estaban esperando la jubilación. Junto a la escuela había un campo de hierba del tamaño de tres patios delanteros de Gladwyne, pero no se permitía a ningún alumno jugar en él durante el recreo. En su lugar, los alumnos saltaban a la comba y jugaban a todos los juegos (rayuela, sóftbol, *kickball,* fútbol americano) en el aparcamiento de la escuela. Holland participaba en todos esos juegos y, los viernes por la noche, iba al gimnasio Downs para ver a Mitch McDaniels, el destacado jugador de baloncesto de los Aces, el primer anotador de mil puntos en la historia de la escuela. McDaniels y el baloncesto de Lower Merion hicieron que Holland tuviera un héroe, y le dieron esperanza.

«Como estudiantes, teníamos un sentimiento abrumador de desapego y rebeldía —dijo Holland—. Era muy parecido a ir a una escuela parroquial, donde la monja te pegaba en la palma de la mano. Era fácil recibir ese tipo de castigo físico. Aunque muchos educadores hablan de la importancia de la educación de los niños desde los tres años hasta el sexto grado, nosotros prácticamente nos perdimos esa experiencia. ¿Cómo lo superé? Recibí un tremendo impulso hacia el éxito. ¿Por qué? Porque formaba parte de una comunidad y una familia que tenía un rico legado deportivo.»

Bajo la presión de la sección de Main Line de la NAACP, el consejo escolar de Lower Merion votó el cierre de la escuela primaria Ardmore el 26 de agosto de 1963, un acontecimiento relativamente menor dentro de un año de mucha agitación: la votación tuvo lugar dos días antes de la Marcha sobre Washington, siete meses después del discurso del gobernador de Alabama, George Wallace, en el que exigía «segregación ahora, segregación para siempre», menos de tres semanas antes del atentado contra la iglesia baptista de la calle 16 en Birmingham y menos de tres meses antes del asesinato del presidente Kennedy. Holland y sus compañeros se trasladaron a la escuela primaria Penn Wynne. Para todos ellos, llevar ropa y zapatos de segunda mano, con agujeros, y comer solo bocadillos de queso para el almuerzo era lo normal. Sin embargo, en el autobús de la mañana y de la tarde, rodeado de compañeros de clase mucho más ricos, Holland se sintió pobre por primera vez en su vida. Todas las chicas llevaban vestidos limpios y de su talla, y todos los chicos lucían zapatillas de deporte nuevas. Al llegar diciembre, algunos de ellos estaban deseando viajar a Florida para las vacaciones. ¿Florida? Florida, para Holland, bien podría haber sido Marte, y Penn Wynne bien podría haber sido un majestuoso campus de la Ivy League. «Llegó la hora de la comida, y salimos allí, y vimos esa hierba en la que podíamos jugar por primera vez. Te aseguro que parecía el Estadio Franklin», dijo.

Holland obtuvo una beca de baloncesto en la Universidad de Fordham y se graduó en la Facultad de Derecho de Rutgers. Llegó a ser juez y presidente de la Comisión de Servicios Públicos de Pensilvania, coordinó misiones comerciales para la ciudad de Filadelfia con China y Sudáfrica, asistió a la toma de posesión de Nelson Mandela en 1994, y aún conserva una papeleta de esas elecciones como recuerdo. Él y su mujer viven en Bryn Mawr, se ha hecho socio del Merion Cricket Club, y aún aprecia que el club esté frente a la casa donde su padre servía comidas y atendía el teléfono. Sin embargo, lo que le hace llorar es aquello que todavía le une y separa de Kobe Bryant. Cuando, en marzo de 1969, Billy Holland —primo de Wendell y capitán del equipo de baloncesto de Lower Merion—

fue expulsado de la escuela tras un altercado con un profesor blanco, Wendell y otros cincuenta y cuatro estudiantes negros organizaron una sentada para protestar por el castigo, argumentando que el trato duro e inapropiado del profesor hacia Billy lo había provocado. La manifestación se prolongó cinco horas hasta que Billy fue readmitido.

Kobe Bryant no vivió estas experiencias, y probablemente no las viviría nunca, y esto no era un tema menor para Wendell Holland. Era el mejor jugador de baloncesto del equipo, un ágil escolta que anotaba más de veinte puntos de media por partido. Llevaba el número 33 antes de que Kobe lo llevara. «No creo que Kobe ni nadie, diez años antes o después, pasara por lo que nosotros pasamos —dijo—. Los atletas son grises. No son negros. No son blancos. Debido a su estatus, disfrutan del lujo de ser la excepción. Kobe realmente personificó eso. Puede ser una bendición y una maldición.»

Sin embargo, en lo que respecta a su vida deportiva en su *alma mater*, la perspectiva a largo plazo de Holland se había formado en un lugar, el patio de recreo de la avenida Ardmore, y con un hombre, Vernon Young, entrenador de atletismo del instituto durante mucho tiempo, supervisor de los programas de parques y zonas de ocio del municipio y, en palabras de Holland, «el mandamás del patio de recreo».

Lower Merion ganó tres títulos estatales de baloncesto masculino consecutivos, de 1941 a 1943; Young, un base júnior del equipo del 43, había metido el tiro libre decisivo en la final de aquel año. A menudo contaba a los niños de la comunidad la historia de aquel partido, inculcándoles el orgullo de ser de Ardmore y de jugar en Lower Merion. «Hubo alguien, no mi padre, ni el padre de mi vecino, sino Vernon, que nos dijo que debíamos ser excelentes —dijo Holland—. En los días calurosos de verano, cuando estábamos en el patio de recreo, metiéndonos los unos con los otros y esas cosas, yo le decía algo así como: "Chúpate esa". Y él respondía: "Vale, pero tú no has ganado un campeonato estatal". Ese era mi objetivo desde que tenía unos ocho años: ganar un campeonato estatal.» Los Aces ganaron cuarenta y uno de sus cuarenta y ocho partidos de liga durante su carrera, pero Wendell

Holland nunca ganó un campeonato estatal. Juró que sería un honor apoyar y celebrar al chico que lo hiciera.

Ese chico no apareció en más de dos décadas. Los Aces ganaron un par de campeonatos de distrito, en 1976 y 1978, pero no pudieron mantener el nivel de excelencia. El declive fue muy pronunciado. De 1979 a 1990, hubo seis temporadas en las que no ganaron más de siete partidos. Los uniformes eran trapos viejos, a menudo mal combinados; un jugador podía llevar un pantalón corto con el número 43 y una camiseta sin mangas con el número 21 en la espalda. El fútbol, el *lacrosse* y la lucha libre se convirtieron en los deportes masculinos más populares y respetados de la escuela, lo que no es de extrañar, dada la historia y la demografía de la zona. «Uno de los atractivos de vivir en Lower Merion es que hay todo tipo de gente, aunque sé que muchos piensan que todo el mundo conduce un Mercedes como en Beverly Hills y que somos los más estirados de los estirados —dijo Evan Monsky, uno de los amigos y compañeros de equipo de Kobe—. Hay gente simpática. Hay gilipollas. Hay intelectuales. Hay cabezas huecas. Hay gente rara. Eso lo veo prácticamente en cualquier lugar al que voy.» Pero en conjunto la riqueza de la zona era innegable. En 2004, los ingresos de los hogares del distrito escolar superaban los 86 000 dólares de media, la vivienda media costaba 334 500 dólares y el distrito gastaba más de 19 000 dólares por alumno cada año. Volvos, BMW y coches deportivos no solo serpenteaban por las calles de la comunidad, también llenaban el aparcamiento del instituto. El lema del distrito escolar «Entrar para aprender, salir para servir» estaba tallado con una tipografía llena de adornos en un gran friso de piedra, justo sobre la entrada del edificio de ladrillos color canela del instituto, y la gran demanda de vivienda y la calidad de la educación se reflejaban en el aumento de las matrículas en el instituto, que llegó a superar los mil cuatrocientos alumnos. El baloncesto vino más tarde. No había imagen, ni percepción, ni estética, nada que definiera a Lower Merion más allá de que era una escuela con una colección variopinta de estudiantes —dos tercios de los cuales eran blancos y entre el ocho y el doce por ciento negros, proporciones que cambiaban ligeramente según el año— y que contaba con muchos triunfadores académicos, chicos inteligentes que habían sacado buenas notas en sus exámenes de selectividad y que se dirigían a universidades prestigiosas y no necesitaban becas o subvenciones Pell para estudiar. No era una mala reputación. *U. S. News & World Report* y las demás instituciones y publicaciones que juzgan estos asuntos siempre clasificaban a esa escuela entre los mejores institutos de Pensilvania, y aparecer en el comunicado de prensa del distrito en el que se anunciaban los diez o doce estudiantes semifinalistas de la Beca Nacional al Mérito se convirtió en una tradición primaveral. Pero esta reputación académica no imponía ningún respeto en los círculos de baloncesto de Filadelfia. En ese mundo, el de Lower Merion era un programa de baloncesto masculino más de las afueras, hasta que los Bryant cruzaron un océano para llegar allí.

«Para conseguir un objetivo, tienes que fijar el objetivo. El mío era jugar en la NBA nada más salir del instituto... Me costó mucho trabajo. Y fui afortunado, porque cuando tenía trece o catorce años sabía que iba a ser así.»

Kobe Bryant

6

Murciélagos y ratones y el viaje de una vida

El primer entrenador de Kobe Bryant en Lower Merion era un hombre de cuarenta y tres años que se había doctorado en Educación para la Salud en la Universidad de Temple, que corría a un ritmo de cinco minutos por milla todos los días durante su hora del almuerzo y que creía que un equipo de baloncesto de secundaria debía pasar el balón al menos tres veces antes de que alguien tirara a canasta.

El doctor George Smith pasó casi un cuarto de siglo sin hablar con nadie de los medios de comunicación, tal vez porque con un nombre tan común era difícil de localizar, o tal vez porque Kobe solo asistió a la escuela secundaria de Bala Cynwyd durante menos de un año, en octavo grado, y ningún periodista consideró que mereciera la pena encontrar a Smith. En 1996, un periodista le hizo una o dos preguntas sobre Kobe. A partir de entonces, nada más. No importaba. Smith se sentía cómodo en su anonimato.

«Una vez que Kobe se fue a los Lakers, no mantuvimos el contacto —dijo Smith—. Pero seguí leyendo artículos sobre él.»

Conocer incluso los detalles más elementales de la vida y de la carrera de Kobe Bryant es entender por qué él y Smith no se hicieron amigos. Durante sus veintisiete años como profesor de salud y educación física en el instituto Bala, Smith fue respetado y admirado, un nativo de Ardmore y exalumno de Lower Merion que entrenaba a los equipos de fútbol, atletismo y baloncesto. Justo antes de que comenzara cada partido de baloncesto, cambiaba el chándal por prendas que desprendieran un mayor aire de formalidad y profesionalidad —camisa abotonada, buenos pantalones, zapatos de vestir— y animaba a los jóvenes a jugar en equipo en todo momento, para que tuvieran una buena base de los fundamentos del deporte. Siempre defendían con una zona 1-3-1, y como la mayoría de sus oponentes también jugaban en zona, Smith insistía, de manera suave, pero firme, en que sus jugadores pasaran el balón hasta que se presentara una abertura en el caparazón de la defensa. «Si tiras después de un solo pase, no los estás obligando a trabajar en defensa», decía Smith, y cualquiera que tirara antes de un tercer pase se le sentaba en el banquillo. La instrucción y la estrategia, la naturaleza del programa en sí, parecían no haber cambiado respecto a lo que habían sido cuarenta o cincuenta años antes. El doctor George Smith no tenía ni idea de dónde se metía en diciembre de 1991, cuando otro profesor del instituto llamó a la puerta de su despacho y le dijo:

—Tengo un nuevo alumno que acaba de llegar de Italia.

—Sí —dijo Kobe Bryant—. Quiero jugar al baloncesto. Mi padre jugaba. Quiero empezar ya.

—Eso va a ser un poco difícil —dijo Smith—. Ya hemos empezado las pruebas, y mañana tenemos entrenamiento. No puedo dejarte jugar hasta que no tengas el examen físico completo.

A la mañana siguiente, Kobe estaba de vuelta en la oficina de Smith, con los papeles en la mano.

—Bien, estoy listo para jugar —dijo.

Smith le dio a Kobe un equipamiento —blanco, con el número 24— y lo incorporó a la lista a tiempo para el entrenamiento de esa tarde, aunque se encargó de advertirle de que quizá no podría jugar el siguiente partido:

—No conoces el ataque. No sabes lo que estamos haciendo.

Kobe asintió.

—No hay problema.

Se sentó junto a sus nuevos compañeros. El equipo jugó bien durante los primeros minutos de entrenamiento, siguiendo la estrategia rígida y atemporal de Smith. El entrenador pensó que era un buen momento para ver qué podía hacer

Kobe. Le dijo que saliera. Inmediatamente, Kobe se integró en el ataque y sutilmente empezó a imponerse, haciendo lanzamientos, esquivando a los escoltas. Los chicos del banquillo miraron a Smith, que se encogió de hombros. ¿Cómo iba a saberlo?

—No me lo esperaba —dijo Smith—. A partir de ese momento y durante el resto de la temporada, fue asombroso ver lo que era capaz de hacer. Lamento no haberme dado cuenta de que se iba a convertir en un jugador así. Podría haberle utilizado más, pero no quería dar el balón a un solo jugador. Probablemente, lo contuve demasiado. Mirando hacia atrás, era simplemente inconcebible lo que sabía hacer.

Cuando Kobe se convirtió en alumno del Bala, no hubo ningún anuncio al respecto. Nadie se enteró de que un futuro miembro del Salón de la Fama había entrado en octavo curso. Un chico negro, delgado como un lápiz y de hablar sibilante, simplemente comenzó a ir a clase, y la rueda de rumores comenzó a moverse, mezclando hechos y especulaciones en un misterioso remolino. «Tío, el chico nuevo de la clase de mates vivió en Italia durante ocho años... He oído que su padre jugó para los Sixers. Tiene dos hermanas mayores que ya están en Lower Merion. Me dijeron que viene en limusina todos los días. ¿Lo has visto jugar? Es jodidamente bueno... Un niño le retó a jugar un uno contra uno el primer día de clase, y Kobe le machacó.» Se decía que Dios o la genética, o una combinación de ambas poderosas fuerzas, habían concedido un precioso regalo al único hijo de Joe Bryant, y ese hijo no se parecía a nada que el doctor Smith o cualquiera en el Bala hubiera visto antes. A Gregg Downer, en su segunda temporada como entrenador jefe de Lower Merion, también le llegaron los rumores y quiso ver el fenómeno con sus propios ojos. A principios de 1992, asistió una tarde a un partido para ver a Kobe Bryant jugar al baloncesto por primera vez.

No salió bien.

Las reglas del doctor George Smith se habían convertido, en opinión de Kobe, en una carga demasiado pesada. Por muy talentoso que fuera Kobe, desarrollar sus habilidades no era la prioridad de Smith. Él quería entrenar a todo el equipo. Y Kobe no podía soportarlo. Tiró a canasta. Smith le mandó al banquillo. Volvió a tirar. Smith le mandó al banquillo de nuevo. Hacía una mueca de enfado cada vez que salía de la cancha, mostrándose tan enfurruñado que su padre, para calmarlo, le susurró algo al oído en italiano.

Downner se acercó a él después del partido. El talento del chico era evidente. «Quizá deberías venir a entrenar con nuestro equipo —le dijo a Kobe—. Tal vez eso me permitiría tener una mejor imagen de ti.»

En los entrenamientos de Downer no era obligatorio dar tres pases antes de tirar, y Kobe no tuvo ningún berrinche cuando, días más tarde, entrenó con el equipo de Downer. Los jugadores también estaban al tanto de los rumores. ¿Cómo no iban a estarlo? Matt Snider, pívot de segundo curso y estrella emergente del equipo de fútbol de Lower Merion, tenía un hermano pequeño, Stevie, que estudiaba en el Bala, y todos los días durante la temporada de baloncesto, Stevie llegaba a casa y le contaba sin aliento: «Hay un chico llamado Kobe, de Italia. Nadie es mejor que él. Está arrasando». Y Matt respondía: «Bueno, ya veremos». Sultan Shabazz, el base de segundo curso, había sido Kobe en el Bala antes de que Kobe fuera Kobe en el Bala: el mejor jugador del colegio, objeto de rumores y expectativas. ¿Cuánto mejor que él podría ser este chico nuevo? «Yo decía: "Traedlo". Que venga», dijo Shabazz.

Y allí fue. Mientras su padre esperaba de pie, impasible, en una esquina del gimnasio, Kobe, de trece años, se abrió paso entre aquellos jugadores más altos, más fuertes y mayores. No podían pararle, y no importaba que dos de ellos le defendieran al mismo tiempo. No podían controlar su manejo, sus largos brazos, que pasaban el balón por detrás de su espalda y alrededor de su delgada cintura para dividir los dos contra uno, y no podían enfrentarse a él cerca del aro. A los cinco minutos del entrenamiento, Downer se dirigió a sus ayudantes. «Este chico es un profesional», les dijo. En ese momento no tenía ni idea de lo subestimada que sería su valoración, pero reconoció inmediatamente lo que le esperaba.

«Me esperaba el viaje de mi vida», dijo Gregg Downer más tarde.

El camino de entrada a la casa de la familia Downer en Media, un barrio obrero de las afueras a doce millas al oeste de Filadelfia, en el condado de Delaware, era la imagen del lujo en el baloncesto a principios de la década de 1970. No había solo una canasta. Había dos: una que medía los algo más de tres metros reglamentarios y otra más baja, de unos dos metros, para que Gregg y sus dos hermanos —él era el mediano entre Drew, dos años mayor, y Brad, siete años menor— pudieran encestar. En invierno, Gregg colocaba tres o cuatro balones contra el radiador de la casa, para asegurarse de que estuvieran calientes una vez que hubiera limpiado la nieve del camino de entrada y estuviera listo para jugar. Un balón caliente rebota mejor y ayuda contra el frío. Se quedaba en la entrada jugando todo el día y, gracias a un foco que había colocado cerca, podía jugar hasta mucho después de la puesta de sol —un tipo pequeño, zurdo, con el pelo rubio y suave que se agitaba como hilos de lana mientras lanzaba un tiro tras otro—, hasta que los vecinos empezaban a quejarse del maldito ruido y los murciélagos que vivían en los árboles se envalentonaban en la oscuridad. Siempre sabía que era el momento de entrar en casa cuando los chupasangres revoloteaban sobre él.

El patio era el lugar al que acudía para alejarse cuando empezaban los gritos. Su madre, Marjorie, enseñó durante años en una escuela primaria y secundaria para niños con problemas de aprendizaje. Su padre, Robert Downer, era vendedor por vocación, y había pasado por varios trabajos. Fue ejecutivo de Scott Paper. Vendía aspiradoras Hoover de puerta en puerta, y conocía todos los trucos para colocar su producto. «Usted use su aspiradora, señora, y yo usaré mi Hoover», decía. Y cuando la crédula ama de casa no miraba, él tiraba al suelo una pizca de suciedad que llevaba en el bolsillo y negaba con la cabeza con pesar. «Mire eso. A la suya se le escapó una mancha.» Él y Marjorie se divorciaron cuando Gregg tenía diez años.

En el Instituto Penncrest —uno de los rivales de Lower Merion en la Central League—, Downer entró en el equipo de baloncesto universitario como júnior, y se hizo un hueco en la alineación titular como sénior, jugando de escolta en un equipo que tuvo un balance de 27-6 y que llevaba una ventaja de cuatro puntos en los últimos seis minutos y medio del partido de campeonato de la Clase AAA de la Asociación Atlética Interescolar de Pensilvania de 1980. Sin embargo, el Norristown High volvió a ganar por seis puntos, y lo único que hizo la derrota fue despertar el deseo de Downer de seguir compitiendo. Se marchó a cursar un año en la Academia Worcester de Massachusetts, uno de los internados de élite del país, después de graduarse. Aún tenía diecisiete años y, ansioso por ponerse a prueba a sí mismo, abandonaba su hogar. Pero cuando su padre entró con su gran Continental azul en aquel enorme campus campestre y Gregg se bajó, la visión del coche alejándose atenuó su entusiasmo: «Estoy solo aquí, y no conozco a nadie». Esa experiencia, esa sensación, más tarde generaría una beneficiosa conexión con uno de sus jugadores de Lower Merion.

Tras terminar sus estudios en Worcester, jugar cuatro años en la tercera división de fútbol en el Lynchburg College de Virginia y graduarse con un título de educación física, Downer había aprendido prácticamente una única cosa: no era un tipo de camisa y corbata. No quería ser banquero, ni contable, ni abogado, ni vendedor. En realidad, no tenía ni idea de lo que quería hacer hasta que, mientras trabajaba en una tienda de artículos deportivos en Media, consiguió su primer trabajo como entrenador: el equipo de primer año de Penncrest. La Shipley School, una escuela diurna privada de Bryn Mawr, le contrató como profesor de gimnasia y entrenador de baloncesto masculino. En un campamento de Villanova y durante un par de ligas de baloncesto de verano en Main Line —la liga de Narberth era la más antigua— conoció a John Dzik, el entrenador jefe masculino de una escuela local de tercera división, el Cabrini College. Dzik lo contrató como ayudante voluntario, sin sueldo, solo como aprendiz. Downer no volvería a vender artículos deportivos. Solo tenía veintisiete años, pero estaba ganando cierto reconocimiento en el baloncesto de Main Line. Un entrenador joven. Fuerte. Apasionado. Que se dejaba la piel. En 1990, cuando Mike Manning dejó su puesto de entrenador de Lower Merion, Downer solicitó la vacante. En su entrevista con Downer, Tom McGovern, el director deportivo de la escuela, le dijo que estaba buscando un entrenador que pudiera reactivar el programa, y Downer le contó el gran potencial que había en Lower Merion, lo bueno que podía ser el programa, dada la zona tan amplia y variada donde escoger a los atletas para el equipo. «Hemos encontrado oro», dijo McGovern.

Era comprensible que Downer no sintiera lo mismo. Bajo la dirección de Manning, los Aces habían ganado solo trece partidos en los dos años anteriores. Todo el mundo pensaba que Lower Merion era una escuela para niños ricos, no para jugadores de baloncesto. Los otros equipos que jugaban en la Central League, la mayoría procedentes de ciudades de clase trabajadora, predominantemente blancas, situadas al sur y al oeste de Filadelfia, intimidaban a los Aces: el nivel de la competición y el talento eran mucho mayores, y podían hacer con ellos lo que quisieran. En un revelador partido, Lower Merion perdió 54-13 ante el Ridley High School, tradicionalmente uno de los mejores equipos de la Central League. Debido a que muchos de los jugadores de la lista habían sido considerados inelegibles por su rendimiento académico y algunos más se retiraron durante el partido, los Aces terminaron con solo cuatro jugadores en la cancha. En los vestuarios del colegio, gruesas gotas de agua condensada caían como en paracaídas desde un aparato de aire acondicionado hasta el suelo, encharcándose en una esquina lejana y oxidando las taquillas. El gimnasio olía a sudor seco —«a baloncesto», dijo Downer, con optimismo— y los tableros y las gradas eran de madera vieja. Downer se dio cuenta rápidamente de que, por lo común, apenas le facilitaban información sobre los alumnos de primer año que podían tener talento para el baloncesto. No existía una vía de acceso para los jóvenes, ni un acuerdo con el entrenador de octavo grado para que entendiera que estaba preparando a sus jugadores para pasar al nivel júnior o universitario, para trabajar con un entrenador que esperaba que ciertas cosas se hicieran de cierta forma. No había sincronización entre el programa de Bala y el de Lower Merion, entre lo que hacía Smith y las expectativas de Downer. El programa carecía de rumbo.

Entonces, ¿qué hizo Downer en su primera reunión con los jugadores? Se ató los cordones de las zapatillas y les dijo: «Espero que hayáis traído las vuestras, porque vamos a jugar». Tenía que ganarse su respeto y su atención, y mostrarles que él podía instruirles en la cancha y que no iba a tolerar que pensaran que era una mierda. Era la forma más rápida de hacerlo. «Es brutalmente honesto, y creo que muchos chicos, especialmente en nuestra comunidad, están acostumbrados a que les endulcen las cosas y les digan lo buenos que son», dijo Doug Young, estudiante de primer año cuando Downer se convirtió en entrenador. «A él no le importaba decirnos las verdades.»

Los Aces mejoraron inmediatamente y ganaron nueve partidos en la primera temporada de Downer y veinte en la segunda, pero Downer no había empezado a plantearse adónde podían llegar hasta que oyó los rumores que venían del instituto y vio a Kobe Bryant jugar al baloncesto por primera vez. No mucho después, se encontró con Lynne Freeland, una profesora que enseñaba en el programa para superdotados del instituto y era tan entusiasta y popular que la conocían como «la señora Lower Merion». Ella ya había oído hablar de Kobe; su hija, Susan, cursaba octavo grado con él en el Bala.

«Prepárate. Te espera un largo viaje», le dijo Downer.

Para ser un alumno que había llegado al instituto casi dos meses después de que empezara el curso, Kobe causó una gran impresión en el Bala. «Siempre estaba ahí para todo el mundo», dijo Susan Freeland, como cuando en una excursión al parque Hershey subieron juntos a una montaña rusa y Kobe, en un puesto de tiros libres, ganó animales de peluche para Susan y varias de sus compañeras de clase. Ante la insistencia de Pam de que no podría entrenar si no mantenía sus calificaciones, cada noche después de cenar subía a su habitación o iba a la biblioteca para terminar sus tareas. También jugaba de primera base en el equipo de béisbol de la escuela, ya que lo encontraba relajante, una diversión a una edad en la que todavía pensaba que podía tener distracciones.

Fue seleccionado como uno de los cuatro atletas más destacados de su clase, y al hojear el anuario del Bala de 1991-92 se ve que Kobe fue una figura relevante en la cultura social y deportiva de la escuela. Ahí está, sentado en una pared de piedra, con un balón de baloncesto en el regazo, el pelo cortado a lo *hi-top fade,* con dos chicos agarrando balones de fútbol y una chica de pelo castaño con un palo de hockey sobre hierba. Ahí está, erguido en la línea de fondo en la foto del equipo de baloncesto, con las manos entrelazadas a la espalda, con toda la naturalidad del mundo. Sin embargo, la foto del equipo de béisbol es diferente. Hay dieciocho personas en ella: el entrenador, un desaliñado profesor de ciencias llamado Robert Smith, y diecisiete jugadores. Los jugadores están arrodillados y de pie en dos filas. Todos ellos, salvo uno, llevan puestos sus uniformes de béisbol del Bala: las camisetas, los pantalones deslizantes, las zapatillas de deporte o los *spikes,* los guantes en las manos. Kobe está de pie en el extremo derecho, con una sonrisa de felicidad. Es el único estudiante negro del equipo, y es el único jugador que no lleva uniforme: lleva un abrigo y un jersey multicolor sobre una camisa de vestir blanca abotonada hasta el cuello. En la foto, él es el que salta a la vista. El que no pertenece allí. Todavía era un niño, más que un jugador de baloncesto, pero era fácil ver qué dirección iba a tomar su vida.

«Le encantaba el béisbol, y era bastante bueno jugando —dijo su amiga Dayna Tolbert—. Cuando la gente empezó a compararlo con Michael Jordan, me dije, vale, pero no se dan cuenta de que tiene otras cosas en común con él. Simplemente se centró en el baloncesto, y vimos su progreso. Le vimos pasar de jugar como un niño a aprender a jugar como un hombre. Fue maravilloso.»

El parque de Wynnewood Valley estaba a solo tres manzanas de su casa en Remington Road, e iba allí con su amigo Matt Matkov a pasar el rato y hacer el tonto (lo poco que Kobe se permitía hacer aparte del baloncesto). Kobe confiaba en Matkov lo suficiente como para contarle el secreto que lo impulsaría durante los siguientes cuatro años: ya en octavo grado, tenía la vista puesta en la NBA. No era un sueño. Era un plan, y lo compartió con pocas personas. En el Bala, por ejemplo, consideraba a Matkov su mejor amigo, pero Kobe esperó un año, hasta que estaban en noveno, para decirle: «Voy a tener la opción de ir a la NBA nada más terminar el instituto». Matkov se quedó boquiabierto ante la idea, simplemente porque le resultaba muy extraña, no porque no creyera en Kobe..., porque lo hacía. Incluso antes de que Kobe le confesara su futuro, Matkov les decía a todos sus compañeros de octavo grado: «Algún día será jugador profesional».

«Decían: "A ver, ahora no es tan bueno". Eso era porque el entrenador no me dejaba tirar», recordó en una ocasión Kobe.

Así que, para dejar en evidencia al doctor Smith y a aquellos escépticos, Kobe propuso un reto a los chicos. Cada año, el instituto celebraba el *Hoop It Up*, un torneo de baloncesto de tres contra tres para los estudiantes. Kobe se presentaría con Matkov y su amigo Dave Lasman y ganarían. «Sí, claro. ¿Quieres apostar? Vas a jugar contra chicos mayores. No vas a ganar.» Y después de que él, Matkov y Lasman ganaran, Kobe predijo que sería titular en el equipo universitario la temporada siguiente.

«Todo el mundo empezó a reírse —recordaba Kobe—, en plan: "Sí, claro". ¡Mis compañeros de clase! Era divertido, tío. Entonces tenían muchas dudas. Mat dijo: "Va a ser un jugador universitario de primera división". "Venga ya. No puede hacer esto. No puede hacer eso." Tenían muchas dudas. Pero Mat insistía: "Va a ser un profesional y probablemente podría dejar el instituto si quisiera".»

Sin embargo, aunque la lealtad de Matkov hacia Kobe parecía inquebrantable, aunque quería pasar todo su tiempo entrenando con él, aunque creía en Kobe y esperaba acompañarle en ese viaje —no es que Matkov se concibiera a sí mismo jugando al baloncesto profesional, pero sí estando allí, junto a Kobe, siendo el Alfred de su Batman—, la diferencia entre el talento de cada uno hacía improductivo que Kobe pasara demasiado tiempo en el parque con él. Jugar allí, en un parque suburbano tan cerca de casa no le iba a hacer mejorar. Era útil para construir una amistad, pero era una pérdida de tiempo para mejorar su juego. Matkov seguiría siendo su amigo íntimo durante todo el instituto, pero no tenía muchos más. Sus hermanas ya estaban en Lower Merion; no tenía a nadie en quien apoyarse en el Bala, nadie que le ayudara a amortiguar el choque cultural. ¿Cerrar con llave una taquilla con sus objetos de valor durante la jornada escolar? Él, Sharia y Shaya nunca habían tenido taquillas en sus colegios en Italia. ¿Por qué era necesario en Estados Unidos? Se quedó atónito cuando alguien le robó sus cosas. No conocía la jerga, las frases al uso que decía un típico adolescente estadounidense, así que no le resultaba fácil conectar con nadie. Si un amigo, un compañero de clase o un colega le decía algo que no acababa de entender, que no podía captar, se limitaba a asentir con la cabeza y a guardar silencio. Estaba cerca de todos, como decía Susan Freeland, pero mantenía distancia con la mayoría de sus compañeros. Y eso estaba bien, en lo que a él le concernía. Le dejaba más tiempo para dedicarse al baloncesto.

En realidad, tanto dentro como fuera de la cancha, era una versión de trece años del Michael Jordan de veintitrés, creyendo que podía hacerlo todo solo, que era la única esperanza y la salvación de su equipo, que dar un pase era intrínsecamente improductivo: cada tiro que lanzaba actuaba como un bálsamo para su propio ego. Jordan no ganó su primer campeonato de la NBA hasta su séptimo año en la liga, en junio de 1991, antes de que Kobe hubiera entrado en octavo. El Jordan que ganaría seis títulos de la NBA, que aprendió a confiar en John Paxson en el último instante de un campeonato y en Steve Kerr en otro, que se rindió a Phil Jackson y a Tex Winter y a la cohesión desinteresada propia del triángulo ofensivo y vio cómo su juego florecía por ello, acababa de emerger, acababa de atravesar su crisálida. Entonces, ¿por qué no permitir que Kobe viera, de cerca, este comportamiento de Jordan? Joe, como antiguo jugador de la NBA, podría hacer que ese encuentro se produjera.

Joe podía llevar a Kobe al Spectrum cuando los Chicago Bulls fueran a Filadelfia a jugar contra los Sixers.

Y lo hizo. El 8 de marzo de 1992, antes del partido, el padre llevó a su hijo a los vestuarios del estadio y Kobe saludó a Michael Jordan. Jordan le devolvió el saludo y le dio una pulsera. No hay ningún indicio de que Kobe estuviera nervioso, tartamudeara o se sintiera intimidado por Jordan. Esa fue simplemente toda su conversación; Jordan no tenía nada más que decir. Tampoco Kobe, que se presentó a Horace Grant, el alero de los Bulls.

—¿Juegas al baloncesto? —le preguntó Grant.

—Sí —respondió Kobe—, pero solo estoy en octavo.

—¿Vas a ser una superestrella algún día?

—Sí —aseguró Kobe—, puede que lo sea.

Veinte días después de que Kobe conociera a su arquetipo en el Spectrum, la cancha fue el escenario de lo que desde entonces se consideró el mejor de los partidos de baloncesto universitario: Duke contra Kentucky en la final de la Conferencia Este del torneo de la NCAA. Los Blue Devils eran los campeones nacionales, con un entrenador superestrella, Mike Krzyzewski, y una lista de jugadores tremenda: el pívot Christian Laettner, el base Bobby Hurley, el alero Grant Hill. Rick Pitino, llamativo, rápido e innovador, dirigía el programa de Kentucky, y lo había revitalizado, introduciendo el lanzamiento triple a un nivel raramente visto en el baloncesto universitario de la época. Duke iba 31-2 y era el cabeza de serie. Kentucky iba 29-5 y era el segundo. El partido terminó, en la prórroga, después de un maravilloso pase de Hill que cruzó todo el campo y que Laettner convirtió en canasta sobre la bocina. Duke, 104, Kentucky, 103.

A la semana siguiente, los Blue Devils vencieron a Indiana y Michigan en la Final Four para convertirse en el primer equipo en ganar dos campeonatos nacionales consecutivos desde los Bruins de UCLA de John Wooden a mediados de la década de 1970. Laettner se graduaba esa primavera, pero a Hurley le quedaba un año de elegibilidad y a Hill dos. No había razón para pensar, todavía, que Duke no seguiría en la cima del baloncesto universitario. Mike Krzyzewski había elevado tanto el nivel del programa, y disfrutaba de tal prestigio dentro del deporte y en todo el país, que podía elegir prácticamente a cualquier candidato de élite que buscara o pudiera soportar las exigencias de una educación de calidad de la Ivy League.

Ese torneo de la NCAA era el cuarto al que llegaba el programa de baloncesto masculino de la Universidad de La Salle en los seis años de Bill, *Speedy*, Morris como entrenador jefe. Claro que Seton Hall había eliminado a los Explorers en la primera ronda por dos puntos, pero las expectativas para un equipo de la Metro Atlantic Athletic Conference no podían ser muy altas, y Morris y La Salle continuaron cumpliéndolas. Seguía obteniendo mejores resultados con menos recursos que casi cualquier entrenador de baloncesto universitario de Estados Unidos.

¿Tenía menos recursos? Antes de que Morris se convirtiera en el entrenador masculino de La Salle, en 1986 —antes había sido el entrenador del equipo femenino durante dos temporadas—, la universidad había hecho lo mínimo para modernizar su programa de baloncesto. En 1989-90, La Salle obtuvo un registro de 30-2 y estuvo a punto de alcanzar los octavos de final del torneo de la NCAA. Como respuesta, Tom Gola, posiblemente el exalumno más apreciado de la universidad, presentó a su consejo de administración planes para construir un estadio de cinco mil plazas en el campus. Costaría cinco millones de dólares. Gola se ofreció a recaudar el dinero. Los administradores dijeron que no. Demasiado caro. Innecesario. En la MAAC, La Salle podía competir por el título de la conferencia y por una candidatura para el torneo de cada temporada contra Manhattan, Siena y St. Peter's financiándose de su propio bolsillo. El presupuesto para fichajes de Morris nunca superó los veinticuatro mil dólares. Cada temporada, ayudaba a financiar el programa concertando tres partidos, normalmente en otras ciudades, que venían acompañados de un buen pago por parte de cada oponente. Su salario inicial como entrenador del equipo masculino era de treinta y siete mil dólares. Ajustado a la inflación, era el equivalente a menos de ochenta y ocho mil dólares de 2020.

Siempre afirmó públicamente que no necesitaba mucho más. Nació en la ciudad, consiguió su primer trabajo de entrenador a tiempo completo en su *alma mater*, el Roman Catholic High School, cuando tenía veinticuatro años, y seguía viviendo en la ciudad, en una casa adosada en Manayunk. Su apodo le llegó a los doce años, cuando un entrenador de baloncesto juvenil le regañó por hacer el pino mientras el equipo corría —«¡Vamos, Speedy!»—, y nadie que lo conociera lo llamaba de otra manera. Antiguo propietario de un bar, cómico a tiempo parcial, tenía una barriga redonda como la de Papá Noel, y cuando un jugador cometía un error o un árbitro tomaba una decisión que le enfadaba durante un partido, podía golpear al jugador en la cabeza con el grueso programa de juego que llevaba enrollado en forma de porra, o podía dejar que su temperamento estallara en un flujo de lava de improperios contra el colegiado. Solo había un entrenador de baloncesto de primera división en el país que no tenía título universitario, y era *Speedy* Morris; también un hecho irrelevante para los que se dedicaban a eso, y mientras La Salle siguiera ganando para todos los demás. Era tan de Filadelfia como se podía ser. Era, como dijo un escritor, «de barrio y de adosado, de *pretzels* blandos sazonados con el humo del autobús, y de *cheesesteaks* chorreando agitación, una rata de gimnasio de toda la vida».

El campamento de baloncesto que Morris dirigía cada verano se ajustaba a esto. Trescientos chicos se agolpaban en el gimnasio de prácticas de La Salle, en la tercera planta de Hayman Hall, la sede deportiva de la universidad, desde las ocho de la mañana hasta las ocho de la tarde durante tres días y tres noches en julio. El gimnasio no tenía aire acondicionado y estaba tan caliente como un horno de convección. Morris traía a varios agentes de policía fuera de servicio, compañeros suyos de Manayunk y Roxborough, para asegurarse de que todo se mantenía en orden. Los consejeros eran otros entrenadores de Filadelfia. Todos los entrenadores y jugadores dormían en las habitaciones con paredes de hormigón de La Salle, siempre que no dejaran que las distracciones propias del lugar —una discusión que duraba toda la noche sobre los mejores escoltas de la historia de Filadelfia, el sonido de los ratones corriendo por la parte superior de los paneles del techo, el tintineo a las dos de la madrugada de un camión de helados cuyo conductor no vendía exactamente cucuruchos de chocolate— los mantuvieran despiertos.

«Era el baloncesto de Filadelfia en su versión más pura —dijo el entrenador principal de Villanova, Jay Wright, quien, como entrenador asistente de veintitrés años en la Universidad de Rochester, trabajó en el campamento de Morris—. Cuando llegabas, Speedy te daba una caja de cerveza para que te la llevaras a tu habitación y, por la noche, te quedabas despierto hablando de baloncesto. Eran todos chicos de Filadelfia: chicos de instituto, chicos de la calle, chicos de la Sonny Hill, chicos de la universidad. Te sentabas, comías cacahuetes y *pretzels*, bebías cerveza y contabas historias de baloncesto.»

Así ocurrió durante años, sin que nada cambiara, pero se avecinaban sobresaltos. La temporada siguiente, La Salle dejaba la MAAC para entrar en la Midwestern Collegiate Conference, una iniciativa del director deportivo Bob Mullen. Aunque La Salle tenía poco en común con los otros programas de la conferencia, que incluían a Wisconsin-Green Bay, Detroit Mercy e Illinois Chicago, Mullen aprobó el cambio con la expectativa/promesa de que tres escuelas situadas al este —Xavier, Dayton y Duquesne— también se unieran, y de que su inclusión en una liga más fuerte conllevara más ingresos para La Salle. Los Explorers subían de categoría, y Morris se vería presionado para reclutar mejores jugadores mientras su programa se preparaba para moverse hacia el oeste.

A medida que la primavera se convertía en verano, la naturaleza de la educación baloncestística de Kobe cambiaba. Se acabaron las restricciones impuestas por el doctor George

Smith. El verano significaba llegar al nivel de desarrollo de la Sonny Hill League y acudir a campamentos en los que podía jugar o ser voluntario como consejero. El de La Salle era solo uno. El verano de 1992 fue el comienzo de un compromiso que llevaría a cabo hasta que entró en la NBA: los objetivos a largo plazo, orientados al equipo, del programa de Lower Merion frente a sus objetivos individuales a largo plazo; su comportamiento educado y respetuoso fuera del baloncesto frente a su actitud despiadada en la cancha. Al trazar el arco de esos meses, uno puede ver con claridad quién era Kobe, en quién se estaba convirtiendo y hacia dónde iba.

El verano comenzó con una llamada telefónica de Gregg Downer a su mentor John Dzik para pedirle un favor. Downer había programado por error dos campamentos de baloncesto para la misma semana, y no había forma de que pudiera supervisar ambos al mismo tiempo. Uno de ellos era un campamento diurno, de nueve a tres de la tarde, para entre treinta y cuarenta y cinco niños en la escuela Agnes Irwin de Bryn Mawr. ¿Estaba Dzik dispuesto a supervisar uno por él? «Estaría encantado de hacerlo», le dijo Dzik. Y lo que es mejor, el hijo de Dzik, Mike, un escolta de segundo año en la Escuela Haverford, podría trabajar como uno de los consejeros de John.

«Estupendo, y te mandaré a este chico, Kobe Bryant», dijo Downer.

John, Mike y Kobe dirigieron los entrenamientos del campamento durante la semana. «Era como trabajar de canguro versión lujo», dijo Mike. La verdadera diversión era el almuerzo. Todos los días, Kobe se enfrentaba a Mike uno contra uno y jugaban al B-U-R-R-O Basket cuatro o cinco partidos. Todos los días, Mike, un experto en tiros en suspensión que había jugado durante años en la Sonny Hill League, le ganaba. Y cada día, Kobe reaccionaba encogiendo los hombros con indiferencia: «No importa. Algún día seré profesional».

«Sabía que iba a ser bueno, pero nunca hubiera imaginado lo que llegaría a ser —dijo más tarde Mike Dzik, que llegó a jugar en Penn—. En aquella época, Filadelfia estaba lleno de talento: Cuttino Mobley, Rasheed Wallace, Alvin Williams. La lista continuaría. Era más joven, por supuesto, pero mirabas a tu alrededor y pensabas: "No sé. Estos tipos son todos jugadores importantes. ¿Llegará a ser tan bueno como ellos, por no decir mejor?".»

Mike Dzik no era el único que pensaba así. A pesar de toda la confianza de Kobe, la Sonny Hill League no tardó en exponer aún más sus limitaciones como jugador, limitaciones lógicas para un chico de solo casi catorce años, y él aprendió rápidamente primero a compensarlas y luego a hacerlas desaparecer. Donnie Carr, un prometedor alumno de octavo curso del barrio de Point Breeze, en el sur de Filadelfia, había oído hablar de Kobe antes de que ambos se conocieran y se enfrentaran por primera vez. La comunidad de baloncesto de Filadelfia, desde sus ligas infantiles de iniciación hasta los Sixers, estaba muy unida y, una vez que los Bryant volvieron a formar parte de ella a tiempo completo, Carr sintió que no oía más que «Kobe Bryant esto, Kobe Bryant lo otro». Ahora estaba en un gimnasio con Kobe, evaluándolo, a ese chico que parecía un robot —alto y delgado, rodilleras y coderas colgando, gafas— y que le estaba cubriendo. Carr, que empujaba su cuerpo más robusto contra él, no estaba impresionado.

«No pensé que fuera tan bueno —dijo Carr más tarde—. Era lento. Era flaco. Y no podía agacharse porque era muy rígido. Todo el mundo en el baloncesto sabe que "el que sabe bajar el culo siempre gana", así que pude ponerme debajo de él y empujarle. No era atlético. Solo era alto. Podía botar, pero si lo defendías de cerca controlabas sus movimientos. Sinceramente, no era nada especial para esa edad.»

Sin embargo, Dzik y Carr eran de los pocos que pensaban así. Cuando miraba a Kobe, con sus gafas y su aspecto inocente, Ashley Howard no veía un blanco fácil. Desde aquellos partidillos de los domingos por la mañana en Center City hasta ahora, todo lo relacionado con Kobe parecía estar más allá del alcance de alguien tan inexperto en este deporte. En un partido de la Sonny Hill contra Kobe, Howard —que jugaba de base, como su padre— robó el balón y corrió para hacer una bandeja, pero sintió algo detrás de él: era Kobe, persiguiéndole. Al acercarse al aro, Howard, más joven y pequeño que Kobe, se detuvo. Kobe no lo hizo. Saltó y pasó por encima de Howard, que se agachó y encestó. Mientras volvían a correr por la pista, Kobe le susurró: «Te he regalado esa». En otro partido, Howard era el jugador más joven de la pista, y se quedó atrás, pasando el balón inmediatamente después de recibirlo, apartándose del camino, disfrutando de la visión de Kobe controlando el juego de todas las maneras posibles. «Es el más alto del equipo, pero maneja el balón como un base —dijo Howard—. Está dando todos los pases bien. Está posteando. Está lanzando triples. Hace mates en transición. Y este es un partido para niños de catorce años. No puedo dejar de pensar: "¡Yo estaba con este tipo los domingos por la mañana en la YMCA!".»

No obstante, lo mejor fue cuando Kobe se presentó en el Gustine Recreation Center de East Falls, uno de los muchos lugares de la ciudad donde se celebraban partidos amistosos cada mañana y tarde de verano. Después de cada partido, se envolvía las rodillas con bolsas de hielo. Los profesionales de Italia lo hacían para mantenerse en forma, para cuidar sus articulaciones, músculos y tendones. Su padre lo había hecho. ¿Por qué no podía hacerlo él? ¿Por qué no iba a hacerlo? Al principio, Howard se quedó perplejo. ¿Qué le pasa a este chico? Solo más tarde se dio cuenta de lo precoz que era aquello y de lo que significaba. En una ocasión comentó: «Se le enseñó y se le preparó desde una edad temprana para ser el jugador en el que finalmente se convirtió. Su padre fue uno de los mejores jugadores de la ciudad de Filadelfia y su tío también. Si nos fijamos en su pedigrí y en sus genes por ambos lados, gran parte de lo que era Kobe era genético. Pero la mentalidad que tenía para observar y aprender y perfeccionar ciertas cosas era fuera de lo común».

Howard no fue el único que se dio cuenta. Allen Rubin, ojeador del servicio de reclutamiento Hoop Scoop, también estaba en Gustine. ¿Quién era ese chico? Rubin conocía a todos los buenos jugadores de instituto de la zona de Filadelfia. Preguntó a alguien. «Oh, ese es el hijo de Joe Bryant. Se llama Kobe. Estudiará primer año en Lower Merion el próximo otoño.» Rubin solía recomendar a los jugadores al prestigioso Campamento ABCD, que se celebra cada julio en el centro o el norte de Nueva Jersey. ¿Octavo grado? Archivó el nombre.

Dale un año, se dijo Rubin. Entonces llamaría al hombre que organizaba y dirigía el ABCD Camp, el hombre que había sido director del baloncesto de base de Nike desde finales de los años setenta, el hombre que había repartido cientos de miles de dólares en contratos de patrocinio a los mejores y más célebres entrenadores del baloncesto universitario, el hombre que firmó el primer contrato de zapatillas de Michael Jordan y lo convirtió en un icono mundial. Sí. Dale un año. Entonces Rubin llamaría a Sonny Vaccaro y le hablaría de Kobe Bryant.

«Al haber crecido en Italia... me costó un tiempo volver a aprender el inglés estadounidense y el modo de vida de un estudiante de Lower Merion. Cuando mis compañeros empezaron a aceptarme, comenzaron a invitarme a fiestas, al cine y a actos sociales. Lo creas o no, la mayoría de las veces pasaba de ir.»

KOBE BRYANT

7

Perdiendo

Durante nueve meses se paseaban por el instituto todos los días de la semana, sus cabezas sobresaliendo por encima de muchos de sus compañeros, a veces llevando *dashikis* (camisas coloridas) como homenaje a su ascendencia negra, a veces camisas, faldas o túnicas italianas, con grandes logotipos y colores llamativos, porque estaban acostumbrados a llevarlos, y a veces intercambiando saludos, preguntas y bromas, como chocar los cinco, cuando se cruzaban en los pasillos. Esos pequeños intercambios solían darse en italiano, un chisporroteo tranquilizador que hacía que los tres hermanos recordaran, sin importar la angustia y el estrés que les generaba su nuevo entorno —la existencia cotidiana de adolescentes estadounidenses de las afueras—, que se tenían los unos a los otros. Sería bonito pensar que Kobe Bryant y sus hermanas, Sharia y Shaya, se adaptaron a su vida en Lower Merion sin dificultades y que, en poco tiempo, la mayoría de sus problemas se resolvieron. Pero algunos contratiempos sí les afectaron un poco, a Kobe en particular.

«Cuando se mudaron, fue un poco duro para ellos —dice Guy Stewart, que iba un año por delante de Kobe y era uno de sus compañeros de equipo de baloncesto—. Venían de Italia, así que no tenían la experiencia de estar rodeados de tantas minorías. Todavía puedo ver en mi cabeza la ropa que llevaban. La gente, simplemente…, no se burlaba de ellos necesariamente en su cara, pero se hablaba de ellos. Probablemente, fue un poco difícil pasar por eso.»

Lo difícil, por supuesto, es relativo. Lower Merion contaba con recursos y normas, dentro de su distrito escolar y su comunidad, que otros institutos de Filadelfia y sus alrededores no tenían, y por muy mal que fuera su día, Kobe podía volver a casa para que Pam le cuidara y Joe le retara a un partido de fútbol en la entrada, y todo volvería a estar bien. Se ha convertido en una especie de leyenda urbana que Kobe tuvo una educación especialmente privilegiada, que la fama de Joe y los ingresos de su carrera en el baloncesto les proporcionaron una vida sin ninguna carencia. Pero, en todo caso, los Bryant gozaban de comodidad económica. Llevaban una existencia bastante típica de clase media-alta, y muchos de los amigos y compañeros de clase de Kobe tenían una situación económica mejor que él. «Yo crecí en una casa más grande», dijo uno de esos amigos. Sin embargo, decir que Kobe no se estaba adaptando a su entorno y que este no presentaba algunos desafíos sería incorrecto.

Por ejemplo, todavía estaba aprendiendo la jerga estadounidense, y las frases hechas de la época le desconcertaban. *Buggin' out? Eat my shorts?* (¿Estoy asustado? ¿Que te den morcilla?) No conocía la cultura pop de principios de los noventa, el espíritu de la época, la novedad y la frescura de Bill Clinton tocando el saxofón en el programa nocturno de Arsenio Hall —¿quién tenía tiempo para ver la televisión cuando había vídeos de Magic y de Michael que estudiar?—, y, a veces, esa inocencia y esa ignorancia son todo lo que lleva a un chico a empezar a ser un marginado en el instituto. Los estudiantes negros del distrito se habían acostumbrado durante mucho tiempo a adaptar su forma de comportarse y de hablar, dependiendo de dónde estuvieran y con quién se relacionaran. Cuando estaban en presencia de algunos de sus profesores o de los padres de algunos de sus amigos blancos, era una cosa. Y cuando se encontraban en un entorno más homogéneo, solo ellos, por ejemplo, en Ardmore, era otra. «Actúas de forma diferente —dijo Stewart—. Definitivamente eras consciente de ello, y lo eras en la escuela primaria y secundaria hasta el punto de que, en el instituto, era algo natural. En ese momento, sabías qué personas eran afines y cuáles no.» Pero Kobe aún no poseía el vocabulario cultural para alternar entre esos dos mundos. Se propuso aprenderlo.

También era un blanco potencial de burlas y bromas pesadas por otra razón, aunque no era el único. Era un alumno de primer año. La escuela tenía una antigua tradición: cada año, el viernes 13, los alumnos de segundo y tercer año hacían una novatada a los de primer año. La tradición se conocía, en un alarde de creatividad, como el «Día del Novato». Los alumnos más veteranos rociaban a los más jóvenes con agua de los Super Soakers o les daban puñetazos en los brazos o les tiraban huevos en la cabeza o les untaban la cara con crema de afeitar o les echaban perfume u orina. A un alumno incluso le echaron agua de cachimba. Kobe, con su metro ochenta de estatura, se las arregló para evitar lo peor, aunque probablemente nunca supo lo cerca que estuvo de sufrir al menos una humillación aquel día. Un conocido suyo de segundo año, Sterling Carroll, se cruzó con él en una escalera y pensó: «Si no fueras tan alto, te pillaría ahora mismo». «Pero era uno de esos tipos que imponían respeto —dijo Carroll—, y aunque todo era diversión y juego, no le daría un golpe en la pierna o en el brazo ni nada.»

Que Kobe no era un estudiante cualquiera de primer año resultaba obvio desde su llegada, y el respeto que inspiraba a un estudiante mayor como Carroll era el mismo que los estudiantes negros de Lower Merion y sus padres llevaban años reclamando, a pesar de todos los progresos que Wendell Holland y sus compañeros habían propiciado. Para el noventa por ciento de los alumnos que no eran negros, la escuela era, en general, un lugar libre de tensiones raciales, donde los estudiantes de todos los colores y orígenes se mezclaban en armonía y recibían una educación pública superior. Para muchos del diez por ciento que sí lo eran, existía la sensación de que la balanza estaba en su contra. A lo largo de los años ochenta y hasta los noventa, los estudiantes negros acudieron a las reuniones del consejo escolar para quejarse del trato que recibían, de que no se les animaba ni apoyaba académicamente como a sus compañeros blancos. En 2007, más de una década después de que Kobe se hubiera graduado, siete familias negras presentaron una demanda civil alegando que el distrito escolar «segregaba intencionada y sistemáticamente a los estudiantes afroamericanos colocándolos en clases inferiores a las que les correspondían». Un tribunal federal de apelación desestimó la demanda en 2014: dictaminó que la segregación no había sido intencionada, pero las cifras resultaban contundentes: solo veintisiete de los quinientos alumnos negros del distrito, o el cinco por ciento, habían sido identificados como superdotados, en comparación con el trece por ciento (790 de 6000) de los alumnos blancos. Una cuarta parte de los estudiantes negros estaban matriculados en educación especial.

Los hermanos Bryant trascendieron tal desajuste hasta cierto punto, y no es de extrañar. «Era como si una familia real hubiera llegado a Lower Merion. Allí eran una gran fuerza de la naturaleza», dijo Doug Young. Sharia, estudiante de último año, medía casi 1,80 y destacaba en el equipo de voleibol femenino. Shaya medía 1,88 y jugaba al voleibol y al baloncesto (ninguna de las dos había estado en un equipo federado mientras la familia vivía en Italia, y la inexperiencia de Shaya frustraba al entrenador de las chicas del colegio, Dennis Dool. «Es floja en los fundamentos. No es muy agresiva ni segura de sí misma en la cancha», dijo). Los Bryant y su extensa familia —incluidos los Cox, entre ellos Big Joe, que ahora estaba en silla de ruedas por la diabetes y necesitaba llevar un tanque de oxígeno que le bombeara aire a los pulmones para respirar— asistían a todos los eventos deportivos en los que participaban uno o más de los niños, sentándose todos juntos y ocupando una sección de las gradas. Los hermanos eran inteligentes, disciplinados, cooperativos e indefectiblemente educados con los profesores, los entrenadores y cualquier figura de autoridad. Las dos chicas formaban parte del consejo estudiantil, y sus amigos se convirtieron en los amigos de Kobe, un grupo de entre diez y quince personas que lo envolvían en un capullo protector y lo vigilaban para asegurarse de que no se metiera en líos y de que los problemas se mantuvieran alejados de él. El Soul Shack, el centro comunitario de Ardmore, era su principal lugar de reunión: partidos de baloncesto, fiestas de fin de año…, un lugar al que ir después de la escuela. «Era casi un tema de protección —dijo Dayna Tolbert—. Kobe nunca iba a ningún sitio sin Shaya. Era muy inteligente y sabía dónde estar, cuándo estar y qué no hacer. Sabíamos que lo único que quería era divertirse y jugar al baloncesto. Para hacer eso, definitivamente debes tener gente a tu alrededor en la que confíes y a la que quieras y que sepas que tiene buenas intenciones, de corazón. Él tenía eso al cien por cien.»

Dentro del instituto, la institución que unía a estos estudiantes era la Student Voice, fundada por Katrina Christmas, una veterana bibliotecaria, que era el equivalente en Lower Merion a un sindicato de estudiantes negros. La organización programaba obras de teatro para los niños de las escuelas locales, organizaba charlas y asambleas con invitados, daba conciertos y defendía a los estudiantes de color ante el profesorado y la administración. Aunque sus miembros no eran solo estudiantes negros —también había estudiantes asiático-americanos e hispanos—, la mayoría lo eran. «Abarcamos a todos los desvalidos de Lower Merion», dijo Christmas, y como estudiante de noveno grado, que todavía estaba encontrando su camino en la escuela secundaria, Kobe era, en ese contexto, un desvalido. Una de las líderes del grupo, Corella Berry, le animó a unirse. «Le conocí cuando iba a primero, y yo no trataba mucho con los de su curso —dijo Christmas—. Eran tan tontos..., y yo no tenía tiempo. Pero él mostró más madurez.» A medida que avanzaba el año escolar, Kobe tenía que escabullirse de algunas reuniones de Student Voice para llegar a tiempo a los entrenamientos de baloncesto. Pero los días que no tenía entrenamiento, no subía al autobús deliberadamente y caminaba despacio hacia la puerta del colegio hasta que veía a Berry a punto de marcharse a casa.

—Corella —decía—, ¿puedes llevarme a casa?

—Kobe —respondía ella—, ¡tu autobús está ahí mismo!

Los alumnos del autobús le gritaban:

—¡Kobe, vamos! ¡Vas a perder el autobús!

«Pero yo era una pringada. Me lo llevaba a casa», dijo Berry. Sus conversaciones nunca eran sobre baloncesto y jamás delataron que Kobe estuviera enamorado de ella. Hablaban de música —de rap, de góspel, del amor de Berry por el canto y de su papel como solista en el coro Student

Voice— y Kobe hacía una pregunta tras otra, como si la estuviera entrevistando, tratando de saber más sobre cómo y por qué la música se había convertido en una parte tan importante de su vida. «Podía ver cómo iba descubriendo qué era lo que molaba, con quién había que salir, simplemente, por curiosidad. Me decía: "Corella, me gusta cuando cantas. Cuando cantas, me dan escalofríos". Yo le tomaba el pelo y le decía: "Ese es el espíritu que hay en ti". Él decía: "¿Qué quieres decir?". "Es el espíritu el que te da los escalofríos".»

El círculo social de Kobe y los Bryant se amplió hasta incluir el Centro Comunitario Judío de Wynnewood, donde Joe trabajaba a tiempo parcial como entrenador en el centro de *fitness* y preparaba a los jugadores para los Juegos Maccabi de Israel. Kobe se unía a él por las tardes y los fines de semana —tenían una llave del lugar— para jugar contra adolescentes y veinteañeros los sábados por la mañana y contra hombres de mediana edad los domingos por la mañana, y padre e hijo se convirtieron en amigos. «Su padre era igual que él —dijo Audrey Price, una de las compañeras de Kobe—, con una sonrisa de oreja a oreja, tan dulce y cálido, hablaba con cualquiera que quisiera hablar con él.» Pero las sesiones de entrenamiento solo sirvieron para que a Joe le picara el gusanillo de ser entrenador, así que aceptó una oferta de la Academia Hebrea Akiba, en Merion Station, en Main Line, para convertirse en su entrenador de baloncesto femenino. Desde el sexto al duodécimo curso, la escuela tenía una matrícula de trescientos veinte alumnos, exigía a los estudiantes que aprendieran hebreo y otra lengua extranjera, y les daba la oportunidad de pasar sus primeros años estudiando en Israel. Ese puesto fue el primer trabajo oficial de Joe como entrenador, el perfecto para facilitarle el acceso a la profesión a la que pensó dedicarse desde que dejó los Sixers. «Mi objetivo es divertirme y competir», dijo.

Sí, Joe seguía teniendo esa personalidad entrañable. Pero ahora era un tipo divertido diferente, cuya prioridad era su familia y no el tiempo que le dedicaba al deporte o su vida nocturna. Él y Gregg Downer habían congeniado enseguida, al conocerse el día en que Kobe, ya en octavo grado, entrenó con el equipo universitario y acabó dominando el entrenamiento. Todo lo que se necesitó fue que Downer llevara a Joe a un paseo por el camino de los recuerdos... «Yo solía sentarme en la sección H del Spectrum, cerca de tu madre y tu padre, y te veía jugar...», y los dos establecieron cierta confianza mutua. Downer había jugado al baloncesto contra Kobe el verano anterior, mientras entrenaba en la liga de verano de Narberth, y Kobe estaba a la caza de cualquier partido que pudiera conseguir, como parte del proceso de conocimiento de un entrenador y del jugador que, sabía, definiría sus próximos cuatro años. Kobe, a sus trece años, había vencido a Downer con la suficiente frecuencia como para confirmar en la mente del entrenador que el chico era más que especial, que Downer tenía que ser atrevido, debía ser poco ortodoxo en su toma de decisiones, para maximizar el potencial de Kobe y el del equipo con él. Ahora Downer tenía una vacante en su plantilla; necesitaba a alguien para entrenar al equipo juvenil. Tuvo una idea que decidió plantearle a Joe.

—¿Quieres ayudarnos?

—Sí, lo haré —aceptó Joe.

Había una estrategia de largo alcance detrás de la propuesta de Downer. Ahí estaba él, un joven entrenador, lejos de ser un profesional experto, consciente de todo lo que le faltaba por saber. Esta era una forma de conocer mejor a Joe. Tener a Joe como entrenador del equipo juvenil le demostraría que él, Gregg Downer, estaba seguro de sí mismo y no tenía ego, y, sobre todo, tener una buena relación con Joe y Pam sería crucial para entrenar a Kobe. En el mejor de los casos, Joe aportaría dos elementos vitales al equipo —su riqueza de conocimientos sobre baloncesto y su capacidad para controlar y tranquilizar a Kobe, que, como cualquier estudiante de primer año que jugara en el nivel universitario, todavía estaba madurando y era voluble— y se mantendría al margen de Downer, dejándole entrenar al equipo como él considerara oportuno. En el día a día, Downer y Joe no tendrían que entrenar juntos, no tendrían que competir. El equipo universitario se entrenaría en un gimnasio de la escuela, el equipo juvenil en otro. A Downer le gustaba separar los equipos; permitía una enseñanza y un entrenamiento más prácticos. Sin embargo, era una propuesta bastante peligrosa para el propio Downer. ¿Y si Joe quería que Kobe fuera entrenado de forma más o menos agresiva que como Downer proponía? ¿Y si no coincidían en nada? A la hora de la verdad, en un entrenamiento o en un partido, ¿a quién escucharía Kobe, a su entrenador o a su padre? Downer había dotado a Joe de suficiente poder, con un papel formal en el cuerpo técnico, para complicar esa cuestión. Basándose en sus interacciones con Joe, Downer creía que era un riesgo que valía la pena correr. En diciembre de 1992, un artículo en *The Merionite* (el periódico estudiantil de Lower Merion) sobre la contratación de Joe terminaba con esta cita suya: «¡Será divertido!».

La siguiente etapa de la estrategia de Downer fue sentarse a hablar con Kobe. Podría haber escrito un discurso y haberlo memorizado:

> Kobe, eres un estudiante de primero. Quieres ser un McDonald's All-American en tu último año. Ese es el máximo honor para un jugador de secundaria, ¿verdad? ¡Sí! Para entrar en ese equipo, tienes que ser uno de los quince mejores sénior de la nación. Tengo un plan a cuatro años para conseguirlo.
>
> Ahora mismo, hay cien estudiantes de primero en el país que tienen tu misma habilidad para jugar al baloncesto. El cincuenta por ciento de ellos, cada año, van a ser eliminados por las drogas, las malas notas, las malas actitudes, la mala ética de trabajo. El año que viene, habrá cincuenta estudiantes de segundo año con tu habilidad que todavía tienen una oportunidad. En el tercer año, habrá veinticinco. En el último año...
>
> Debes tener una ética de trabajo. Tienes que dejarte entrenar. Tienes que sacar buenas notas. Tienes que mantenerte alejado de las drogas. Si sigues esa progresión, reduciremos el número de cien competidores a diez o doce.

Seguir ese plan significaba estrechar el túnel, deshacerse de los obstáculos y hacer sacrificios que Kobe habría tenido que hacer de todos modos. Tal vez para facilitar la transición al instituto o para conservar un elemento de su vida en Italia, Kobe decidió, a principios de su primer año, hacer una prueba para el equipo de fútbol universitario, que en aquel momento era más popular, prestigioso y exitoso en el instituto que el de baloncesto masculino. Solo durante el curso 1991-92, cuando los Aces llegaron a las eliminatorias del distrito en la segunda temporada de Downer como entrenador jefe, el baloncesto empezó a resurgir como un deporte interesante y respetado dentro de la cultura del colegio. El fútbol tenía más encanto, pero la afiliación de Kobe con el equipo duró más o menos una semana, antes de que Downer y Joe se enteraran. Downer se dirigió directamente al director deportivo Tom McGovern y le dijo: «No puedes hacer esto. Tienes que sacarlo del equipo». Al igual que el béisbol lo había sido en la escuela secundaria, el fútbol era un pasatiempo para Kobe, no su futuro. Podía soportar dejarlo. Así se lo confesó a su orientador, Frank Hartwell, durante su primera reunión individual del curso escolar. El encuentro era un protocolo para Hartwell, que enseñaba y asesoraba a los alumnos de Lower Merion desde 1970; se reunía con todos los estudiantes de primer año, previendo que alguno de ellos o todos podían sentirse abrumados o inseguros sobre la transición al instituto o acerca de su futuro en general. Kobe no se sentía abrumado ni inseguro, no cuando Hartwell le preguntó sobre sus intereses y objetivos a largo plazo. Kobe ya había recibido su primera carta de reclutamiento de baloncesto —de la Academia Militar de Estados Unidos en West Point— y le dijo a Hartwell que iba a jugar en la NBA.

Con sus gafas y sus modales de ratón de biblioteca, Hartwell podría haber parecido un intelectual puro hasta la médula. De hecho, había fundado el club de hockey sobre hielo de la escuela a principios de la década de los setenta y él mismo había practicado este deporte cuando era joven en Nueva Inglaterra. Apreciaba la atracción que el atletismo podía ejercer sobre un adolescente. Sin embargo, nunca había visto a Kobe jugar al baloncesto, e incluso si lo hubiera hecho, ¿habría reconocido lo que estaba viendo, lo que se escondía en ese cuerpo huesudo? No se sentía inclinado a aconsejar a Kobe, ni a ningún atleta de secundaria que se dedicara a la búsqueda de una carrera de jugador profesional.

—Este es mi sueño —dijo Kobe.

—Lo entiendo —contestó Hartwell—, pero recuerda: solo algunos lo consiguen.

En la despedida de su última temporada con los Lakers, 2015-16, mientras reflexionaba sobre su carrera en la NBA en una entrevista tras otra, Kobe mencionó a «un consejero» que le había dicho que dejara de lado su sueño. «Pensé: "Si esto es tan difícil de conseguir, ¿cómo diablos voy a lograrlo si no pongo toda mi energía en ello?". Si no me concentro al cien por cien en esto, nunca lo voy a conseguir.» No, no consideró la respuesta de Hartwell, esta recomendación de prudencia, como un sabio consejo. La tomó como un reto, casi como un insulto que jamás olvidaría.

Jeremy Treatman lo quería todo rápido. Lo quería todo ahora. Un millón de pensamientos, ideas, propuestas y planes revoloteaban por su mente y salían disparados de su boca a los oídos de la gente como pequeñas flechas. Siempre había sido así. La suya había sido una de las primeras y únicas familias judías que se trasladaron a Gladwyne, en Main Line, a principios de los años setenta. Pasó de la guardería directamente a segundo curso, saltándose por completo el primero, un obstáculo poco importante desde el punto de vista académico, pero una pesadilla social para un niño pequeño al que le encantaban los deportes. Cuando estás en una clase de matemáticas de cuarto curso a los siete años, cuando estás en noveno y aún tienes trece años, cuando tus compañeros de clase son al menos un año mayores que tú y te sacan una cabeza y están terminando la pubertad justo cuando tú la estás comenzando, cuando eres un niño judío sin muchos otros niños judíos alrededor, es probable que tu vida no sea agradable. A su hermano mayor le pegaban en la escuela. Su padre, después de convertirse en líder de los Cub Scouts, tuvo que oír los murmullos de los otros padres: ¿por qué este tipo dirige a nuestros hijos? Oh, sí, Jeremy Treatman sabía lo que significaba ser un poco diferente de todos los que le rodeaban.

¿Su pensamiento favorito? ¿Lo que más deseaba? Trabajar de periodista deportivo. Iba a los partidos de los Phillies con su padre, se sentaban en las gradas más alejadas de la pista del Veterans Stadium. Memorizó los resultados de la NBA y la NHL en el periódico de la mañana. Fue a la Universidad de Temple, ganó un concurso para ser la voz radiofónica del equipo de baloncesto femenino y empezó a cubrir los deportes de Filadelfia para la emisora estudiantil. Con diecinueve años, ya levantaba un micrófono ante las caras de Julius Erving, Ron Jaworski y Larry Bird. Una vez que terminó en Temple, pasó directamente a *The Philadelphia Inquirer* para cubrir los deportes de los institutos. Mientras, en Main Line, trabajaba como *freelance* para otro periódico local, *The Jewish Exponent*.

Así que se encargó de cubrir al Lower Merion durante la primera temporada de Gregg Downer, y los dos se encontraron en un pub local, y pasaron la noche tomando cervezas y hablando hasta la mañana siguiente, haciéndose amigos. Así que Treatman fue un día a Akiba para escribir un artículo sobre uno de sus jugadores de baloncesto e hizo buenas migas con el entrenador, Tom Riley, que le animó a participar en la Liga de Narberth, al igual que Downer. Así que lo hizo, y adquirió suficiente experiencia como entrenador, de modo que cuando Riley le dijo que el entrenador de los chicos de JV de Akiba había dimitido, se presentó para el puesto y lo consiguió. Así pues, cubría como periodista el baloncesto de los institutos de Main Line, entrenaba en una escuela y pasaba el rato con el entrenador jefe de otra. Esta loca mezcla de periodismo y entrenamiento terminó de cocinarse cuando en el otoño de 1992, en el gimnasio de Akiba, Jeremy Treatman vio como un niño de catorce años no anotaba ni un tiro.

Treatman tenía entonces solo veintiséis años, pero conocía la historia del baloncesto local, y a menudo se quedaba en el gimnasio después de los entrenamientos para poder charlar con Joe Bryant. Entre las adolescentes a las que entrenaba, y a pesar de sus conocimientos básicos, Joe cultivaba el mismo enfoque que había definido su juego, mezclando las fintas y los vistosos juegos de pies con sus fundamentos en el bote y el tiro. No se limitaba a cobrar sus mil quinientos dólares y a dejar que aquellos novatos se las apañaran solos. Les enseñaba a luchar contra los bloqueos, les hacía zigzaguear alrededor de los conos para mejorar su manejo del balón, los guiaba paso a paso por sistemas ofensivos. A Treatman le encantaba hablar de baloncesto con Joe: los consejos de los entrenadores, las anécdotas de su paso por los Sixers, los Clippers, los Rockets y su carrera en Europa, la visión despreocupada de su vida, que había sido tan afortunada, siempre optimista, siempre salpicando la conversación con su expresión favorita cuando estaba de acuerdo con alguien: «¡Tienes razón, tienes razón!».

Entonces, por primera vez desde hacía mucho tiempo, Kobe acompañó a Joe a un entrenamiento. Se aisló en una canasta lateral del gimnasio, lejos de su padre y de los jugadores y sus ejercicios. No había nadie que lo frenara. Solo estaba Kobe, saltando en el aire con el balón entre las manos una y otra vez, lo suficientemente alto como para hacer un mate, pero sin machacar, solo dejando caer el balón a través del aro, como si estuviera tirando pedazos de papel a una papelera.

—¿Qué pasará con él? —preguntó Treatman a Joe—. No estarás esperando que sea otro Joe Bryant, ¿verdad?

—Es mucho mejor de lo que yo era a su edad —dijo Joe—, es sorprendente.

—Entonces —respondió Treatman—, ¿estás diciendo que va a ser mejor que tú? Has jugado en los Sixers, en los Clippers y en los Rockets, y has sido el MVP en Italia. Y mides dos metros diez.

—Va a ser mucho mejor que yo —contestó Joe—, ya lo verás.

Mientras los dos hombres hablaban, el chico continuaba su solitario entrenamiento. Emitió algún que otro gruñido gutural, ruidos nacidos del esfuerzo, pero nada más. Parecía imposible que un chico tan delgado pudiera saltar tan alto. Y sin embargo…

Saltaba. Y caía.

Saltaba. Y caía.

Saltaba. Y caía.

Fue fácil para él. Fue muy fácil. Desde entonces, cada vez

que alguien le preguntaba cuándo se dio cuenta por primera vez de que Kobe sería tan bueno como resultó ser, Treatman señalaba aquel momento, en un gimnasio de una escuela diurna judía en el otoño de 1992: aquel fue el verdadero comienzo. Saltaba. Y caía. No podía dejar de mirarle. ¿Mejor que Joe? ¡Tienes razón, tienes razón! A Jeremy Treatman se le había concedido un raro privilegio: echar un vistazo a lo que pronto vería el resto del mundo, y quería saborear la sensación.

Para entender la influencia de Kobe Bryant en el programa de baloncesto de su instituto, hay que pensar en él como una dosis de medicina de acción lenta. Los beneficios de su presencia no se manifestaron de buenas a primeras. Garry Kelly, uno de los mejores jugadores del equipo de los Aces que ganó en 1991-92, se había graduado y se había ido a la Universidad de Maryland, pero incluso la incorporación de Kobe al equipo no fue suficiente para que el programa renaciera completamente. La siguiente temporada comenzó con un viaje a Connecticut, para un amistoso contra Fairfield Prep. Era la primera vez que Kobe se ponía la camiseta de Lower Merion, pero fue el calentamiento de los jugadores lo que causó más impresión: camisetas en las que se podía leer «cuélgate de la canasta, no de las drogas» y que llevaban serigrafiados los contornos de los tirantes de las camisetas. Downer colocó a Kobe en el quinteto inicial, cosa que provocó los celos y la frustración de varios de los jugadores más veteranos: «¿Por qué este chico juega todo el partido? Es nuestro momento». En el motel en el que se alojó el equipo aquella noche, se armó jaleo y se rompió una ventana, pero Kobe no salió de su habitación, en una decisión que se convertiría en habitual en la mayoría de los viajes nocturnos relacionados con el baloncesto que hizo en el instituto. «No tenía ningún interés en participar en ninguna de esas tonterías —declaró Doug Young—. Desde el principio mostraba ese nivel de seriedad: "¿Quiénes son estos bromistas?". Fuera de la cancha, no importaba realmente; le parecía bien. Pero decidía muy rápidamente a quién respetaba y a quién no como jugador de baloncesto.»

Matt Snider, dos años mayor que Kobe, se había trasladado al municipio desde Iowa, y observó en Kobe algo que él mismo había experimentado. «Era muy tímido —dijo—. Se tomaba tiempo para conocer a la gente. ¿Quién será amigo suyo? ¿En quién va a confiar? Me di cuenta de que era así, lo cual estaba muy bien, en mi opinión. No era muy hablador con algunos de sus compañeros, y en cierto modo intuía que él y yo íbamos a ser los dos mejores del equipo.» Su relación era amistosa, pero competitiva. Como jugadores, eran opuestos: Snider era una roca de 1,90 metros, un todoterreno que iría a Richmond a jugar al fútbol americano de primera división y que jugaría más de dos años en la NFL, como *fullback*, para los Green Bay Packers y los Minnesota Vikings. Kobe medía un metro ochenta y pesaba sesenta y tres kilos. Después de cada partido, ambos escudriñaban el acta para ver quién había anotado más puntos. Durante una temporada en la que el equipo perdía cinco de cada seis partidos, los dos futuros deportistas profesionales tuvieron que esforzarse para encontrar pequeños placeres cuando y donde podían. De lo contrario, no habrían encontrado ninguno. «Estábamos fatal —dijo Young—. Ese año fue un completo y absoluto desastre.» Después de ganar a Upper Dublin en su segundo partido —el partido que Kobe volvió a ver en aquel portátil en las oficinas de YouTube años más tarde—, los Aces perdieron los ocho siguientes. Perdieron con contundencia: en un torneo de Navidad patrocinado por el Rotary Club de Ardmore, Bartram los avergonzó ganando 113-76, aunque Kobe anotó veinticinco puntos contra el *alma mater* de su padre. Al día siguiente, Malvern Prep los ganó 74-47; Kobe anotó veinticuatro de esos cuarenta y siete puntos. Perdieron por dos tras una doble prórroga contra Conestoga, y por dos en el tiempo reglamentario contra Marple Newtown. El resentimiento dentro del equipo se enconó no solo porque Kobe jugaba mucho, sino por cómo lo hacía: su mentalidad de artillero, la exageración de cada movimiento que hacía en la cancha, lo explícito que era, cómo intentaba demostrar a todos quién era el mejor jugador. «Tenía un juego muy espasmódico, casi un poco cursi —dijo Evan Monsky—. Hacía un montón de *shake-and-bake*, de regates innecesarios.» Joe Dixon, el base titular del equipo, consideró la posibilidad de trasladarse a Harriton una vez terminada la temporada, en parte por todas las derrotas y en parte porque no le gustaba que Kobe acaparara tanta atención.

«Había muchos celos», dijo. Aun así, había que estar dentro del vestuario de los Aces después de cada una de esas derrotas, cuando Kobe hacía rechinar los dientes e intentaba serenarse antes de responder a las preguntas de cualquier periodista, para apreciar por qué los más allegados confiaban en que se esforzaría por alcanzar su máximo potencial. Tras un partido en diciembre contra un rival local, Upper Darby, una derrota en casa por diecinueve puntos en la que Kobe anotó diecisiete y en la que fue el único jugador de Lower Merion que logró más de ocho, Treatman le dijo, mientras él estaba de pie frente a su taquilla: «No pareces contento». «Hemos perdido», contestó Kobe, con el ceño fruncido y la voz afilada.

Pocos de los compañeros de equipo de Kobe vivían los partidos de la misma manera. Para los alumnos mayores del equipo, el baloncesto no era necesariamente parte de su experiencia central en la escuela. Algunos pensaban que eran mejores jugadores de lo que realmente eran. Otros fueron suspendidos o puestos en «libertad condicional» académica. A otros les suspendieron del todo. Sultan Shabazz, base y uno de los máximos anotadores del equipo, se lesionó los ligamentos del tobillo y se perdió los siete primeros partidos de la temporada, y su disponibilidad se volvió incierta con el tiempo. Después de cada entrenamiento, Joe o Downer se quedaban con Kobe, cogiendo sus rebotes y haciéndole pases de pecho mientras lanzaba cientos de tiros de dos y desde más allá de la línea de triple. Kobe le preguntaba a Shabazz: «Oye, tío, ¿cómo es que no te quedas?». La mayoría de los jugadores no sabían que, una vez terminado el entrenamiento, Shabazz tomaba el autobús 105 de la SEPTA desde Wynnewood hasta un barrio del oeste de Filadelfia. Allí, pasaba la noche vendiendo crack y cocaína, y fumando su parte de hierba, antes de volver a las clases y a los entrenamientos del día siguiente. El contraste entre sus hábitos y los de Kobe era evidente, incluso en el almuerzo, en el que Kobe evitaba la comida basura, pero acaparaba la leche de sus compañeros, alineando cinco o seis de los pequeños cartones en su bandeja de la cafetería. «¿No vas a beberte eso? Yo sí.» «Ese chico estaba preparando su cuerpo para jugar en la NBA, comiendo bien desde muy joven —recuerda Shabazz—. Miro hacia atrás y la gente me pregunta: "¿Qué opinas?". Yo digo: "Vosotros no visteis lo que yo vi".» Los fines de semana, sabiendo que Kobe tenía ganas de probarse a sí mismo en cualquier lugar de la ciudad y ante cualquiera, Shabazz lo llevaba a un gimnasio en la 57 y Haverford, en el territorio de las drogas de Shabazz, para jugar. Kobe obtenía lo que necesitaba en esas excursiones, la oportunidad de afinar su juego y de impresionar a los demás, pero después de un tiempo empezó a entender por qué Shabazz pasaba tanto tiempo allí y las excursiones cesaron. «Yo lo protegía, no lo traía por aquí, pues sabía que tenía una carrera por delante», dijo Shabazz, que años después reconoció que él mismo podría haber tenido aquella carrera..., pero se había perdido por el camino. Al comienzo de su último año, ganaba entre seis mil y siete mil dólares por noche en su esquina del oeste de Filadelfia; una vez que fue declarado académicamente inelegible para el baloncesto, abandonó Lower Merion y no se molestó en volver. (Shabazz acabó obteniendo el título de bachillerato y se graduó en la Universidad de Cheyney.)

Con la fiabilidad de Shabazz en entredicho, Downer trasladó a Kobe a la posición de base a finales de la temporada, al tiempo que sostenía que los partidos perdidos no estaban afectando al desarrollo del prodigio. «Está dentro de lo previsto», dijo Downer en enero. Y así fue, hasta que en febrero chocó con un jugador rival durante un partido. Kobe, cuya rodilla ya era de por sí frágil debido a su enfermedad de Osgood-Schlatter y a su complexión enjuta, se fracturó la rótula en la colisión. Se tuvo que sentar en los dos últimos partidos del equipo, y terminó con una media de 17,1 puntos por partido en su temporada de *rookie*, liderando al equipo en porcentaje de triples y tiros libres.

Así que no, los Aces no tuvieron a Superman durante esa temporada, pero sí a Superlópez. Nadie puede decir si Joe Bryant era el mejor entrenador de baloncesto de la Central

League en 1992-93, pero algo era seguro: perseguía el título con todas sus fuerzas. Llegaba a los entrenamientos vestido con un traje de cuero rojo, como si Lower Merion no fuera un instituto, sino una discoteca. «No podía parecer más cómodo —dijo Monsky, uno de los bases del equipo—, pavoneándose, probablemente sudando a mares. No era un profesional de la NBA de veintiocho años. Tenía más de treinta, era padre de tres adolescentes y aún intentaba vestirse de cuero rojo. Pero para nosotros era un dios. Era genial tener a un exjugador de los Sixers que sabía tanto sobre los pequeños matices del juego que a él —y probablemente a Kobe— le resultaban más que fáciles, pero que a los jugadores del equipo júnior ni se les ocurrirían.» No hay otra forma de decirlo: ¿qué otro entrenador detendría los entrenamientos porque sus jugadores no están jugando con suficiente estilo? Joe lo haría. Era inusitadoe. Lo paraba todo y decía: «¿No ves ese pase? ¡Es tan obvio!». Tomaba el balón y daba un pase por detrás de tres tipos, y los jugadores se miraban entre sí: «Pues no, tío. Ese pase puede ser obvio para ti, señor base de dos metros, pero no para un grupo de estudiantes de segundo año de 1,75». Cuando el entrenamiento se estancaba, Joe ponía a los chicos a jugar al fútbol.

En el descanso de un partido, los jugadores esperaron a que entrara en el vestuario... y esperaron... y esperaron. Estuvieron sentados durante varios minutos, preguntándose dónde estaba, por qué parecía que les había abandonado, antes de que un par de ellos plantearan la estrategia para la segunda parte. «Probablemente, deberíamos vigilar mejor a este tío.» Cuando salieron del vestuario, allí estaba Joe, charlando con alguien. «Nadie hace eso en el décimo grado», dijo Monsky, pero Joe había pasado por cientos de medios tiempos. A veces, un entrenador solo tiene que callarse y dejar que los jugadores resuelvan las cosas por sí mismos. Eran ideas que ya había compartido con Kobe, y aquellos estudiantes de primer y segundo año serían los más jóvenes cuando Kobe alcanzara su máximo nivel como jugador de instituto; tal vez no era tan mala idea presentar un enfoque más relajado para entrenar que contrastara con la intensidad de Downer, para que descubrieran las respuestas por sí mismos de vez en cuando, para que entendieran que, si iban a convertirse en los jugadores y en el equipo que querían ser, tenían que aprender a seguir el ritmo de Kobe —su ética de trabajo, su inteligencia— lo mejor que pudieran.

En junio y julio, Downer trazó una clara línea de diferenciación entre Kobe y los demás jugadores, una señal de su verdadera jerarquía en el equipo y, cada vez más, entre todos los jugadores de instituto de la zona de Filadelfia. De repente, incluso en el ambiente más tranquilo de la liga de verano de las afueras, Lower Merion estaba ganando a escuelas a las que nunca antes había vencido: Joseph's Prep, Archbishop Carroll, Monsignor Bonner, equipos fuertes de la Liga Católica de Filadelfia. Pero las victorias en sí mismas no fueron tan reveladoras como la jerarquía de Kobe.

Fue así: su equipo perdía por uno, y Downer, que aún era entrenador de la liga de verano, pidió tiempo muerto. Snider era el MVP. Snider era el sénior. Snider debía tener el balón, ¿verdad? No. Downer dibujó en la pizarra una jugada para que la pelota fuera a parar a manos de Kobe.

Monsky no podía creer lo que estaba escuchando. ¿Acaso Downer era idiota? Matt Snider era un fuera de serie, una bestia. Pero con su equipo perdiendo por un punto y con el tiempo a punto de expirar, Matt Snider no iba a recibir el balón.

Fue Kobe quien lo recibió. Kobe falló un tiro en suspensión. Lower Merion perdió. Y Downer reunió a sus jugadores en una esquina de la cancha.

«Hemos hecho todo lo que hemos podido, chicos. Le dimos a nuestro mejor jugador el balón en el último segundo con la oportunidad de ganar. No encestó, pero no importa.»

Evan Monsky lo reconoció más tarde: solo un idiota como él podía pensar que Kobe Bryant no debía lanzar el último tiro. Gregg Downer lo tenía claro.

En 1992-93, La Salle había logrado un registro de 14-13, en la que sería la última temporada ganadora de *Speedy* Morris como entrenador jefe de los Explorers. Cuando terminó la temporada, uno de los asistentes de Morris, Randy Monroe, se despidió. Se marchó a Nashville para trabajar de entrenador asistente en Vanderbilt. Morris siempre había sido muy amigo de Sonny Hill. ¿Quién no lo era en los círculos del baloncesto de Filadelfia? Y Hill recomendó a Morris un nombre para ocupar el puesto de Monroe en el equipo: Joe Bryant. A Morris le gustó la idea. ¿Un exalumno de La Salle? ¿Un antiguo profesional que en la Sonny Hill League había entrenado a varios de los mejores jugadores de instituto de Filadelfia? ¿Un tipo afable? Joe podría ayudar a reclutar jugadores. Solo por eso valía la pena contratarlo. Ah, y había una cosa más: «Por supuesto, tenía a Kobe —dijo Morris años después—. En parte fue por eso».

Ese año había sido complicado para Sonny Vaccaro. Nike le había despedido en 1991, y ni él ni la empresa habían ofrecido, ni ofrecerían en los años siguientes, una explicación de su despido. Pero Vaccaro se había quedado con los derechos del ABCD Camp y del juego Dapper Dan, y seguía tan conectado al baloncesto de base como siempre. Aprovechando la oportunidad de desafiar a Nike en el mercado del calzado deportivo, Adidas le había contratado. Nike continuaba siendo Goliat, con un presupuesto de *marketing* que empequeñecía al de sus competidores; sin embargo, en esta batalla, Adidas consideraba a Vaccaro la mejor arma posible para llegar al mismo nivel.

Así pues, Allen Rubin hizo lo que se había jurado hacer un año antes. Llamó a Vaccaro, diciéndole que había un chico de las afueras de Filadelfia, Kobe Bryant, que era lo suficientemente bueno como para estar en el campamento ABCD de ese verano. «Bueno, en realidad no queremos estudiantes de primer año —le dijo Vaccaro—. Eso les pone demasiada presión. Solo nos concentramos en los mayores.» Rubin no mencionó quién era el padre de Kobe, y Vaccaro, incluso después de oír el apellido Bryant, no hizo la conexión.

Un grupo de jugadores profesionales y universitarios, todos ellos vinculados a Filadelfia, rotaba por los gimnasios de la ciudad a finales de la primavera y el verano de 1993. Así era como se mantenían en forma: partidos en el Community College de Filadelfia, en el Hayman Hall de La Salle, en el Philadelphia Sporting Club del Hotel Bellevue, en el McGonigle Hall de Temple. El personal médico de los Sixers se presentaba para vendar los tobillos de los jugadores, sin importar quiénes eran o en qué equipo jugaban. Tim Legler, que había sido escolta en La Salle y acababa de terminar su tercera temporada en la NBA, la primera con los Dallas Mavericks, estaba una mañana en el entrenamiento, observando distraídamente el partido, cuando se fijó en «un tipo joven, largo y desgarbado» que se enfrentaba a los veteranos de la NBA. Legler no lo reconoció. Supuso que el chico jugaba en una de las escuelas de los Big 5.

—¿Quién es ese chico? —le preguntó al entrenador.

—Oh —dijo el entrenador—, es Kobe Bryant, el hijo de Joe Bryant. Está en primer año en Lower Merion.

Legler, que llegó a jugar diez años en la NBA y a analizar la liga para la ESPN, se quedó helado. «En primer lugar —recuerda—, solo hay que pensar en lo que supondría desde el punto de vista físico entrar en una cancha con quince años con jugadores de la NBA o de alto nivel y no desentonar. Pero, además, lo que realmente destacaba era que su nivel de confianza era inaudito en un joven de quince años. Iba a por ellos. No se limitaba a sobrevivir, como si alguien le hubiera hecho un favor al dejarle jugar porque conocía a Joe Bryant.»

Desde su breve paso por la NBA, Legler había aprendido que el principal atributo que debía poseer un jugador para hacer una larga carrera en la liga no era la habilidad ni la determinación, sino la fuerza física. «Tienes que jugar con una intensidad de contacto que no se da en ningún otro nivel», dijo. Si un jugador no puede mantener el equilibrio en el *dribling*, si no puede tirar en suspensión sin desequilibrarse, si no puede acercarse al aro aguantando el contacto, no puede jugar en la liga. Y Kobe intentaba todas las jugadas cada vez que cogía el balón, sin importar en qué parte de la cancha estuviera ni cuántos hombres taponaran su camino a la canasta. En una o dos ocasiones, recorrió la línea de fondo con un solo bote y un par de grandes zancadas e hizo un mate. Pero había muchos chicos que podían hacer eso y que no tenían ninguna posibilidad de triunfar en la NBA. «Tienes que aprender a jugar a varias velocidades —dijo Legler—. Tienes que aprender a ser paciente. Tienes que aprender a ser más eficiente como jugador. Todas esas cosas estaban por llegar, pero era imposible saberlo a esa edad. Todo lo que sé es que nunca he visto a una persona tan joven estar tan segura de sí misma en algo.»

El contraste entre las capacidades físicas y la mentalidad de Kobe en esa etapa de su vida era tanto un impedimento como un don. Completó el año más difícil de su temprana vida baloncestística jugando para un equipo local de la AAU, el Sam Rines All-Stars. Sam Rines no era solo un hombre. Sam Rines eran dos hombres, y Sam Rines era una marca. Sam Rines padre era un profesor de primaria en Abington, al norte de Filadelfia, que había sido entrenador asistente a tiempo parcial en La Salle desde 1980 hasta principios de los años noventa. Sam Rines júnior había jugado en La Salle bajo la dirección de Morris antes de convertirse en director de parques y actividades recreativas de Abington, y de fundar, junto con su padre, un programa de baloncesto que se conocía simplemente por su nomenclatura compartida: Sam Rines AAU. Joe había trabajado y entrenado con Sam júnior en la Sonny Hill, y Sam padre era tan conocido y bien considerado en Filadelfia como lo era Hill. Así pues, cuando llegó el momento de que Kobe llenara su agenda de baloncesto fuera de Lower Merion, la AAU de Sam Rines era una opción lógica... por un tiempo.

El juego de Kobe estaba claramente inspirado en el de Jordan. «Se notaba que imitaba a otros jugadores, pero parecía natural haciéndolo —dijo Sam Jr.—. Todo su estilo era como el que veías en la televisión. Joe me lo decía. Me comentaba: "Cuando le veas en acción, te gustará su juego. Pero te va a recordar a alguien". Yo decía: "Maldita sea, no me habías dicho que era tan bueno".» Sin embargo, una vez que empezaron los partidos, Sam Jr. no se mostró tan optimista respecto a entrenar a Kobe. En el primer partido de Kobe, anotó seis tiros de campo consecutivos desde la parte alta de la botella y metió un buen mate —todo eso mientras jugaba en un grupo de edad superior, de jugadores de hasta diecisiete años cuando él solo tenía catorce—, pero no tardó en chocar con Sam Jr. por su egoísmo, por su negativa a jugar en equipo. Un jugador abandonó porque Kobe no quería pasar el balón… y Sam Jr. no podía culparle. De adulto, Kobe explicaba su comportamiento diciendo que, una vez cumplidos los trece años, empezó a «jugar pensando a largo plazo, porque mi juego no consistía en ser mejor que tú a los trece años. Se trataba de ser mejor que tú cuando las cosas realmente importaran. Con trece años, te evaluaba y veía cuáles eran tus puntos fuertes y débiles. ¿Cómo afrontas el juego? ¿Te lo tomas a broma? ¿Eres tonto? ¿Se te da bien solo porque eres más grande y fuerte que los demás, o realmente piensas y lo haces bien?». Pero Sam Jr. no podía atender solo a Kobe y su visión de futuro. Tenía que entrenar a otros jugadores, y estos no eran compañeros de equipo de Kobe en Lower Merion. No eran niños para los que el baloncesto solo era una distracción invernal. Estos chicos, todos ellos, perseguían becas importantes. El equipo jugaba unos ocho torneos al año en Delaware, en Maryland, en el norte del estado de Nueva York, y cada jugador tenía que aportar cincuenta dólares por torneo para cubrir el viaje, la comida y el alojamiento. Una inversión de cuatrocientos dólares no era mucho para los Bryant, pero ¿qué pasaba con los otros chicos del equipo y sus familias? Ellos también intentaban darse a conocer. Querían llamar la atención de los reclutadores y los ojeadores. Intentaban demostrar lo que podían hacer…, y si le pasaban el balón a Kobe, sabían perfectamente que no lo iba a devolver. Durante los partidos, Sam padre le hacía una señal a Sam júnior cuando Kobe entraba en modo tirar desde medio campo, levantando y bajando la mano como si dijera: «Déjalo en paz». «Pero era un canalla —dijo Sam Jr.—. Era engreído. El resto de los chicos intentaban conseguir becas, y yo intentaba explicarle: "Kobe, no puedes tirar cada vez que tocas el balón".»

¿Cómo iba a poner a Kobe en su lugar? ¿Cómo iba a hacerle entender eso? Cierto día, Sam Jr. jugó un uno contra uno con él. Sam Jr. no llegaba al metro ochenta y tenía una media de exactamente 0,9 puntos en sus treinta y cuatro partidos en La Salle. Había engordado un poco desde entonces, pero seguía siendo un exjugador de primer nivel, lo que significaba que podía escarmentar a cualquier fanfarrón de catorce años. Así pues, se lanzó a por Kobe, golpeándole con el cuerpo, haciéndole chocar y caer en el bloqueo, empujándolo y tirando por encima de él..., al tiempo que la ira y la frustración de Kobe aumentaban. Una vez..., dos... Ya había tenido suficiente.

«No pudo terminar el partido —dijo Rines—. Era tan competitivo que casi se le saltaban las lágrimas. Le estaba presionando para que fuera lo que yo creía que podía ser, y no le gustó.»

En realidad, lo que Rines quería era que hincara la rodilla. Kobe se lo tomaba todo como algo personal; si se daba cuenta de que un entrenador de mediana edad que había engordado podía darle una paliza en el uno contra uno, tal vez llegara a entender que pasar el balón a un compañero no era fracasar. Era simplemente la jugada más inteligente, la jugada correcta. Si lo hacía, su equipo y él serían mejores. A lo largo de su carrera, en el instituto y más tarde, hubo momentos en los que pareció que aquello no iba con él. Sin embargo, también hubo otras ocasiones en que aquella lección había calado en su juego, momentos en los que uno sentía que sería capaz de lograr todo lo que quisiera en el mundo del baloncesto.

«Nunca me tomé los estudios a la ligera...
Me interesa la escritura, sobre todo la poesía,
y me dedico también a la música,
como quizás hayáis oído.»

Kobe Bryant

8

Fanfarrón

Había una lección de humildad que Kobe Bryant podía recibir en cualquier momento tan solo a unos pasos de la puerta de su casa. Su llegada a Lower Merion y su egoísmo habían provocado tensiones durante su primera temporada en el equipo. En el baloncesto de la AAU se había enfrentado a su entrenador, que le había humillado igual que su primo, Sharif Butler, en el único lugar en el que Kobe creía que no podía pasarle nada malo, en una cancha. Pero a Kobe no le gustaba Sam Rines Jr. y, en su primer verano juntos, tampoco le hizo mucho caso. Kobe quería a su padre. Kobe escuchaba a Joe. A Kobe le gustaba Gregg Downer. Kobe respetaba a Gregg Downer. Cuando se exaltaba durante un partido, cuando su temperamento se descontrolaba, Joe siempre era capaz de calmarlo normalmente hablándole en italiano, ya fuera con un susurro al oído o con un grito desde las gradas. Cuando iban juntos a los partidos de los Sixers, los jugadores, los directivos y los aficionados paraban a Kobe para decirle lo gran jugador que era Joe, y Kobe se sentía orgulloso. «Cada vez que salgo a la cancha, pienso en él —dijo—, en que mi padre pasó por esto, y ahora yo estoy pasando por lo mismo.» En el panteón de personas que podían aconsejarle y enseñarle sobre el baloncesto y sobre la vida, Kobe puso a su padre en primer lugar.

La entrada de su casa en Remington Road era su laboratorio privado. Durante el verano, Kobe había crecido cinco centímetros y ahora medía 1,95. Había ganado músculo, en parte por la testosterona natural de la pubertad, en parte gracias al entrenamiento intermitente con pesas en Lower Merion y en el Centro Comunitario Judío. En su opinión, solo había una manera de probar su mejora física: jugar contra su padre un uno contra uno.

Uno de esos partidos que jugaron aquel verano le llamó la atención. Kobe sacó el balón, fintó y anotó. Kobe se sentía bien. Kobe se la había colado a su propio padre. ¿Por qué no podía hacerlo siempre? Joe cogió el balón. Fue a por todas, decidido a darle una lección a su hijo. Pasó por encima de él y machacó el aro. Kobe estaba sorprendido. No tenía ni idea de que un jugador de la NBA, incluso uno que no había jugado en la liga durante diez años, pudiera ser tan rápido. Era su padre. No hubo lágrimas. No hubo pucheros. Solo comprendió el camino que le quedaba por delante y las lecciones que debía de aprender, no solo en el aula del colegio.

Jeanne Mastriano quería enfocar la enseñanza de la escritura en su curso de décimo grado igual que un atleta enfocaría su preparación para una competición. «Existen todo tipo de ejercicios para entrenar y fortalecer el cuerpo», decía, y su objetivo era que los alumnos practicaran de la misma manera para entrenar sus mentes, para desarrollar la flexibilidad y la confianza en sí mismos, haciéndoles escribir con diferentes estilos y géneros —poesía, dramaturgia, ensayos, narraciones— y luego haciéndoles criticar el trabajo de los demás sin miramientos. No llevaban diarios ni agendas. Llevaban cuadernos de notas de escritores; cuando ella lo ordenaba, empezaban a escribir como los atletas que han oído el pistoletazo de salida. Durante tres o cinco minutos, o los que fueran, dejaban que las ideas salieran de sus cerebros y corazones hasta que algo hermoso surgía en la página. Siempre que discutían el trabajo de otro, debían enseñar los dientes. Desde que se incorporó al Departamento de Inglés de Lower Merion como profesora, en 1987, cultivó un entorno en el que sus alumnos podían hablar con libertad, pero sin sensiblería.

«¿Funciona esta pieza? ¿No funciona? ¿Por qué? Profundicemos en ello. Estás entrando en lo desconocido y necesitas afrontar riesgos. Todo el mundo lo hace. Si no lo haces, la experiencia no será estimulante. Tienes que asustarte a ti mismo.» En una de las paredes del aula, había colocado una fotografía de cuerpo entero del *David* de Miguel Ángel; cuando un padre se opuso a la exhibición de desnudos, Mastriano recortó unos pósits de color rosa y los pegó a la foto formando un traje de baño que cubría la entrepierna de la estatua. Era carismática e ingeniosa, había estudiado literatura inglesa durante un año en la Universidad de Londres, y dirigía su clase con un sencillo conjunto de reglas y normas. Como solía decir: «Que nadie intente darme gato por liebre». Si te presentas sin estar preparado, si no has hecho los deberes, cállate. Siéntate, ahórrate tu cháchara y tu mediocre visión, absorbe lo que puedas durante la clase y promete que te pondrás al día con la lectura y volverás mañana listo para contribuir. No es de extrañar que conectara con Kobe Bryant.

En casa, Kobe vivía bajo unas reglas similares a las que Mastriano establecía en la escuela. Pam tenía una norma: en su casa, lo académico tenía prioridad sobre lo deportivo o incluso sobre una vida social sólida. Sí, Kobe, Sharia y Shaya podían jugar al baloncesto o al voleibol o charlar por teléfono con sus amigos o, en el caso de Kobe, recluirse en su habitación para ver vídeos de Magic y Michael. Pero solo después de haber terminado los deberes y haber realizado las pocas tareas que se les asignaban en casa. Pam, por ejemplo, solía insistir en el estado de la habitación de Kobe después de un fin de semana de baloncesto AAU: su ropa sudada y maloliente estaba desparramada por todas partes. En una ocasión, Mastriano organizó una actividad en la que cada uno de sus alumnos contaría un cuento a una clase de preescolar. En su historia, Kobe convertía esa ropa sucia en apariciones de monstruos que arrastraban a los niños de sus camas. Ella le hizo descubrir una faceta de su personalidad que no sabía que existía y que definiría su carrera posterior a la NBA.

«Era muy buena y ponía mucha pasión en lo que enseñaba. Creía firmemente que contar historias podía cambiar el mundo», declaró en cierta ocasión.

Aunque Kobe veía la mayoría de las asignaturas de la escuela como una obligación, la de Mastriano suponía una vía de escape que resultó esencial. Centró gran parte del curso alrededor del «viaje del héroe». Puso de ejemplo *La guerra de las galaxias* y a Luke Skywalker, un caso que sus alumnos podían estudiar fácilmente, antes de recurrir a la mitología griega y a los escritos de Joseph Campbell y su obra fundamental *El héroe de las mil caras*.

Para Mastriano era evidente que Kobe, incluso con quince años, se reconocía a sí mismo en el viaje del héroe. El contenido de la asignatura era como una droga para él, porque alimentaba esa visión que tenía de sí mismo y de su futuro. Leía *La Ilíada* y se preguntaba: «¿Me identifico con el rabioso Aquiles o con el honrado Héctor?». «La llamada a la aventura —había escrito Campbell— significa que el destino ha convocado al héroe y ha trasladado su centro de gravedad espiritual desde el seno de su sociedad a una zona desconocida.» Para Mastriano, Kobe estaba escuchando esa llamada, lidiando con sus peligros. ¿Qué otra cosa era su estilo de juego sino una zona desconocida para los jugadores que compartían la pista con él? Su clase había leído el libro IX de *La Odisea*, en el que Ulises logra una inspirada y brillante huida de los cíclopes, solo para caer en la arrogancia y burlarse del monstruo, que a su vez arranca la cima de una montaña y la lanza contra el barco de Ulises; casi los mata a él y a sus hombres. ¿Qué otra cosa eran esos susurros y quejas de los compañeros de Kobe —el enfado por su negativa a compartir el balón, creer que su individualismo perjudicaba al equipo— sino un paralelismo con esa parábola? «Esa fanfarronería que alienó a los dioses griegos —dijo Mastriano— también provocó la antipatía y el rechazo de algunos de los compañeros de Kobe.» En su versión más básica, la metáfora del «viaje del héroe» era una racionalización interesada del comportamiento de Kobe, que daba prioridad al yo en la cancha de baloncesto. En el mejor de los casos, era una armadura emocional, intelectual e inspiradora. Este era su destino. Nada podía ni debía detenerle.

En aquel momento, Mastriano no estaba del todo segura de que la perspectiva de Kobe fuera acertada ni de los costes que podía tener. Exigió a cada estudiante que presentara una obra de un solo acto al festival de jóvenes dramaturgos de Filadelfia. La de Kobe se titulaba *For my homey* y trataba, por supuesto, de baloncesto: el protagonista, Trajar, era una estrella del baloncesto de la escuela secundaria con ganas de llegar a la NBA. Su mejor amigo, Dom, es asesinado por un traficante de drogas. Todo lo que escribía para la clase de Mastriano era sobre baloncesto, y a ella le molestaba muchísimo. ¿No se daba cuenta de que había algo más en la vida que botar un balón? Le desesperaba que el deporte lo consumiera, que su auténtico yo fuera devorado por su obsesión. «No captaba el panorama general —dijo—. Tuve más de una conversación con él sobre lo ridículo que era pensar en hacerse profesional. Le decía: "¿Sabes que es una posibilidad muy remota? Intenta pensar en otras cosas". No veía en absoluto hacia dónde se dirigía.»

Aun así, durante un tiempo se convirtió en su consejera. La mayoría de sus alumnos la llamaban «Mastriano». Kobe la llamaba «señora Mastriano», manteniendo la formalidad que Pam le había inculcado, pero siempre marcando la «r», aderezando el nombre de su profesora favorita con un toque italiano cuando se quedaba en el aula después de que sonara el timbre o pasaba a visitarla antes de ir a la sala de estudio. En clase no hablaba mucho con sus compañeros, aunque Mastriano recuerda que era el tipo de estudiante que no habría dudado en decir, sin usar un tono hostil: «¿Por qué estamos aprendiendo esto? No veo qué sentido tiene. No me aporta nada. ¿Podría justificarlo, por favor?». Ella habría agradecido ese tipo de comentarios. Le encantaba que un alumno inquieto le hiciera preguntas pertinentes, que la desafiara. Era mucho mejor que la alternativa: el sabelotodo que solo quería decirle lo que quería oír para sacar un sobresaliente. Ella tenía una idea de por qué Kobe había sido discreto.

«Parecía formar parte del grupo, pero no se terminaba de integrar —contó—. Me dijo que se sentía muy solo la mayor parte del tiempo, y que jugaba al baloncesto noche y día.»

Jermaine Griffin era lo que Kobe Bryant necesitaba, y lo que en cierto modo él no era. Había tenido una infancia dura en el Estados Unidos urbano que Kobe no conocía, en un proyecto de viviendas en Far Rockaway, Queens. Allí las drogas estaban por todas partes. Un amigo suyo había sido asesinado a tiros antes de que se graduaran en octavo. Estudiante serio y aficionado al baloncesto, Griffin estaba terminando su noveno curso en el instituto Ben-Jamin Cardozo cuando un profesor le sugirió que se inscribiera en un programa nacional llamado «A Better Chance», o ABC, que le permitiría, con todos los gastos pagados, trasladarse a vivir en un distrito escolar con un entorno educativo más favorable. Griffin tendría que dejar atrás a su madre, Vanetta, y a su hermano gemelo, Jermell. Aprovechó la oportunidad, pensando que un nuevo comienzo sería lo mejor para él. Después de hacer las pruebas de admisión al programa, descubrió adónde iría: viviría en una casa en Ardmore con otros ocho estudiantes del programa y asistiría al instituto Lower Merion.

Con un metro ochenta de estatura y unos hombros tan anchos como la barra de una cortina, Griffin mantuvo la cabeza baja y la boca cerrada mientras caminaba por los pasillos durante sus primeras semanas en Lower Merion. En Queens, la mayoría de sus amigos y compañeros de clase eran negros, como él, y de clase trabajadora o pobres. Ahora, la mayoría de sus compañeros de clase eran blancos, y muchos eran ricos. En su visita a la escuela conoció a Downer, que le ayudó a superar el choque cultural explicándole lo valioso que podía ser para el equipo de baloncesto. Una vez que Griffin conoció a Kobe, ambos entablaron una rápida amistad basada en una serie de rasgos compartidos y complementarios: su entrega al baloncesto, su amor por la música y por el rap en particular, su temprana visión de la escuela como algo ajeno. «Jermaine fue el salvador —dijo una vez Kobe—, el hecho de que llegara a Lower Merion justo en el momento adecuado fue como: "¿De dónde viene este tío?". Era alguien con quien podía relacionarme en el equipo de baloncesto, alguien con quien me sentía cómodo.» En la cafetería, Kobe, Griffin y Matt Matkov se enzarzaban en batallas de rap que, con el tiempo, continuaron en apartamentos y clubes de Filadelfia e incluyeron a Kevin Sánchez, considerado el mejor rapero del colegio, y a Anthony Bannister, un adolescente que trabajaba en el Centro Comunitario Judío de Wynnewood. Su interés y su participación en el panorama del rap de la ciudad hizo que Kobe, Griffin y Matkov se mantuvieran cerca, incluso cuando sus papeles en el programa de baloncesto de los Aces cambiaron. Kobe era..., bueno, era Kobe. Matkov nunca iba a ser mucho más que un jugador de banquillo. Griffin los dividió. No estaba a la altura de Kobe como jugador —¿quién lo estaba?—, pero su envergadura, su capacidad de salto y su tenacidad para coger rebotes eran cosas que el equipo había echado de menos durante la primera temporada de Kobe. No se trataba solo de que Downer necesitara rodear a Kobe con jugadores de más talento si los Aces querían mejorar. Necesitaban más chicos que jugaran tan dura e incisivamente como Kobe. Después de entrenarle durante un año, Downer comprendió que las expectativas sobre Kobe y el equipo —y la presión sobre él como entrenador— aumentarían durante los tres años siguientes. Lower Merion era miembro del Distrito I de la Asociación Atlética Interescolar de Pensilvania, que incluía más de sesenta escuelas de la ciudad y de las afueras de Filadelfia. Ganar un campeonato de distrito en medio de ese nivel de competencia sería un enorme logro; por otro lado, pensar en alzarse con un campeonato estatal parecía descabellado. Pero Downer sabía que con Kobe no era una locura pensar en eso. Durante mucho tiempo, no hubo ninguna posibilidad de que los Aces pudieran competir contra esos equipos. Sus jugadores jamás podrían ser tan duros. Nunca podrían tener tanta pasión y corazón. Jamás podrían superar..., ¿qué otra forma de decirlo había?..., su miedo. Pero tal vez con Kobe ese miedo desaparecería.

«Siempre nos han tenido como unos niños pijos —dijo Evan Monsky—. Era una etiqueta que llevábamos en cualquier cancha o torneo de la liga de verano. O al menos, desde un punto de vista personal, yo lo vivía así. Estoy seguro de que Kobe también sentía lo mismo. Lo oías todo el tiempo: éramos unos Main Liners blandos. No. Joder, eso es ridículo. Yo doy un codazo en la cara para atrapar un balón, y lo que haga falta. ¡Crecimos viendo a Charles Barkley! Charles Barkley te estampaba contra una ventana y luego bromeaba sobre ello. A nosotros también nos encantaba eso, y aunque estamos en este acomodado barrio de las afueras de West Philly, nos sentimos parte de Philly.»

Sentirse parte de Filadelfia y de su cultura baloncestística era una cosa, pero demostrarlo era otra. La mayoría de los jugadores que regresaron aprovecharon el verano para estrechar lazos, pasando las tardes en el Shack de Ardmore y las noches en el cine: *Parque Jurásico, El fugitivo, En la línea de fuego.* «Pero Kobe se ejercitaba en el JCC o en la entrada de su casa —dijo Guy Stewart—. No paraba de trabajar. Se podía intuir su carácter. Oh, ahora es diferente. Liga de verano de Narberth, liga de verano de Ardmore. Luego lo veías jugar algún amistoso y podías comprobar lo mucho que había trabajado para cambiar su juego. Todo le salía con facilidad, ya fuera el tiro en suspensión, el manejo del balón o el salto. Entre su primer y segundo año hubo un cambio muy grande..., era una locura.»

Lower Merion solo necesitó cuatro encuentros, todos ellos con victoria, para igualar el número de partidos ganados de toda la temporada del primer año de Kobe. El último de esos cuatro, una victoria por 75-58 contra Strath Haven, contó con una actuación de Kobe que de haber ocurrido hoy se habría vuelto viral. No parecía que la fractura de rótula y un calendario de verano cargado de partidos de la AAU le hubieran afectado: anotó treinta y cuatro puntos (un partido de baloncesto de la escuela secundaria de Pensilvania tenía solo treinta y dos minutos de tiempo real de juego), con cinco triples. Por supuesto, no había medios de comunicación social, ni Twitter, ni Instagram, ni vídeos en Facebook para difundir la noticia, pero ni siquiera *The Philadelphia Inquirer* o el *Philadelphia Daily News*, los dos periódicos de mayor circulación de la zona, repararon en la naturaleza y la magnitud de lo que estaba ocurriendo en Wynnewood. El hijo de una antigua estrella del instituto y de la Universidad de Filadelfia y exjugador de los Sixers estaba consiguiendo unas cifras impresionantes y liderando una temporada de renacimiento para un programa de las afueras de la ciudad que poco antes era deficiente. Parece una historia atractiva. Sin embargo, *The Inquirer*, cuando habló de la victoria de Strath Haven, en la sección «Neighbors» del periódico, no se centró en Kobe, sino en su compañero de equipo y rival Joe Dixon, que sumó ocho puntos y siete asistencias. No se mencionaba a Kobe hasta la mitad de aquel artículo de algo más de cuatrocientas palabras; solo en el último párrafo se señalaba que, después de que Strath Haven recortara la ventaja de Lower Merion a seis puntos a menos de cinco minutos y medio para el final del partido, «Bryant, el hijo del antiguo jugador de los Sixers, Joe Bryant, respondió con dos de sus cinco triples para dar un respiro a los Aces». Todavía entrenando en Akiba, colaborando con *The Inquirer*, saliendo con Downer y hablando regularmente con Joe Bryant y asistiendo a los entrenamientos cuando podía, Jeremy Treatman rogó a sus editores que se fijaran en Kobe. Treatman no charlaba con Joe solo porque fueran amigos. Estaba en su primera temporada como comentarista de radio de los partidos del equipo de baloncesto masculino de La Salle, presente cada noche mientras *Speedy* Morris, Joe y los Explorers trabajaban en su segunda temporada en la Midwestern Collegiate Conference, con un balance de 11-16. La mayor distancia geográfica de la universidad con respecto a sus competidores dentro de la conferencia estaba perjudicando la labor de reclutamiento de Morris y Joe. ¿Por qué demonios querría un chico de Filadelfia que podía elegir entre grandes programas universitarios pasar cuatro años jugando contra Wisconsin-Green Bay, Detroit Mercy e Illinois-Chicago? Haría falta un jugador clave para revertir la suerte de La Salle. Necesitaban a Kobe, y ahí estaba Treatman, que tenía una visión propia de lo que pronto sería una de las grandes historias en los deportes de Filadelfia. Pero los editores seguían rechazando sus propuestas, insistiendo en que los programas de la Liga Pública de Filadelfia y la Liga Católica de Filadelfia eran más importantes; su historia era más prestigiosa y se jugaba un mejor baloncesto. Treatman se quedó atónito. ¿Por qué no le creían? Quizá lo hubieran entendido mejor si hubieran estado en el gimnasio de Lower Merion una tarde en la que, de pie junto a Downer, vio cómo Kobe dominaba un entrenamiento más. Entonces Downer se volvió hacia él y le preguntó: «¿Se da cuenta la gente de que Michael Jordan está ahora mismo en este gimnasio?».

No, la gente no se daba cuenta. Los editores no eran los únicos que no lo veían. Dos o tres veces a la semana, Kobe volvía del entrenamiento con su amiga Audrey Price, que también estaba en la clase de inglés de Jeanne Mastriano y que era la base del equipo femenino. De vez en cuando, jugaban partidos de uno contra uno cuando los equipos femenino y masculino estaban en el gimnasio al mismo tiempo. Verlos era un espectáculo: Kobe rozando el metro ochenta, Price con un metro setenta y cinco y un apodo que le puso Kobe y que desmentía su tamaño: Diesel. «Yo era una de las afortunadas; mi madre venía a recogerme —cuenta Price—. A menudo, Kobe se asomaba a la ventana y decía: "Oh, señora Price, ¿podría llevarme?". Y mi madre decía: "¡Por supuesto, Kobe! Súbete". Era solo Kobe. No era una superestrella en potencia. ¡Y fíjate, iba en el asiento de atrás del coche de mi madre! Le cederías el asiento de delante si fuera necesario, pero él se sentaba con sus largas piernas en la parte de atrás de nuestro pequeño Chevy.»

Un sábado en el JCC, Kobe se encontró con Price, que le confió que estaba considerando dejar el baloncesto. Se presentaba a todos los entrenamientos puntual y preparada, se entregaba en cuerpo y alma al equipo, pero una vez que empezaba un partido, se quedaba paralizada, la ansiedad la superaba y el entrenador la mandaba al banquillo. Se sentía estúpida, sentada en el banquillo, una chica de quince años acomplejada por cómo la veía y la juzgaba la gente. «Diesel —le dijo—, no te rindas. No te rindas. Juega, aunque te sientes en el banquillo. Se aprende sentada en el banquillo.» «Jugué ese año, y lo hice porque Kobe me obligó —recuerda—. Él no quería que me rindiera. Me gustaba demasiado el baloncesto como para dejarlo, y él lo sabía. Era ese tipo de persona. Veía el potencial en todo y en todos.» De todos modos, para Audrey Price y para la mayoría de la gente de Lower Merion y sus alrededores, aquel chico seguía siendo simplemente Kobe.

Quizás había que estar en el ojo del huracán para ver claramente cuál era su trayectoria. En Williamsport, al noreste de

Pensilvania, Kobe jugó tres partidos antes de idear un plan de juego —buscar la falta en ataque cuando él botaba, hacerle un dos contra uno en el poste— que le llevó a jugar el peor partido de su carrera en el instituto. Solo anotó siete puntos y los Aces perdieron por primera vez esa temporada, 63-43. Pero luego encadenaron una racha de siete victorias, un periodo en el que Kobe promedió 26,3 puntos por partido; en una victoria contra Haverford tres días antes de Navidad, justo antes de que una tormenta de nieve en la región de Filadelfia obligara a suspender dos semanas de la temporada de béisbol de los institutos, consiguió su primer triple doble: 26 puntos, 17 rebotes y 10 asistencias. Los Aces se tambalearon en la recta final, con un balance de 5-4 en los últimos nueve partidos. Dos derrotas ante Ridley (la primera cuando un jugador de Ridley anotó tres tiros libres en los últimos trece segundos, y la segunda con una canasta sobre la bocina) les impidieron ganar su primer campeonato de liga en más de una década. Sin embargo, el equipo entró en las eliminatorias del distrito con un récord de 15-5, con el *roster* más completo y profundo desde hacía muchos años. Tres titulares —Matt Snider, Joe Dixon y Doug Young— eran sénior, pero Griffin, Monsky y Stewart volverían la temporada siguiente. Eso fue bueno, estuvo bien. Pero no fue la verdadera razón del cambio. Esa fue Kobe.

Fue Kobe quien, durante un entrenamiento esa temporada, saltó con las dos manos en alto y no solo taponó uno de los tiros de Young, sino que prácticamente le quitó la pelota de las manos. Fue Kobe quien, mientras ambos luchaban por la posesión, le dijo a Young: «Doug, quita las manos del balón, porque esto empieza a tener mala pinta». Fue Kobe quien poco a poco fue atrayendo a los estudiantes y profesores y a los residentes de Main Line al instituto los martes y viernes por la noche. «No creo que Kobe haya sido el responsable de un despertar masivo —dijo Young—, eso sería exagerar. Pero era una persona de la que todo el mundo podía sentirse orgulloso. Había miembros de la comunidad que llevaban a sus hijos a los partidos. Era algo que no había ocurrido desde hacía generaciones.»

Fue Kobe quien anotó treinta y cinco puntos en la primera ronda de las eliminatorias contra Pennsbury, una victoria por

76-64. Fue Kobe de quien Brad Sharp, el entrenador de Pennsbury, dijo: «Es el mejor jugador de segundo año que he visto en veintiún años de entrenador. Hizo todo lo que quiso en la cancha». Y fue Kobe quien anotó veinticuatro puntos en el último partido de los Aces de esa temporada, una derrota por 86-77 en la segunda ronda del torneo de distrito ante un equipo con más talento y experiencia, Plymouth Whitemarsh. Anotó catorce de sus puntos en el último cuarto. Encestó tres triples en los últimos ochenta y cinco segundos de partido para mantener a Lower Merion con vida en el marcador. Apretó los dientes y arrugó la cara y rompió el silencio de piedra de un vestuario perdedor diciendo: «Nunca más. Esto no va a suceder de nuevo. Así no es como vamos a perder. El próximo año, vamos a ganar el campeonato estatal».

«Fue su equipo desde que llegó —dijo Young—. El éxito del programa y de nuestros equipos no habría llegado sin que él nos impusiera una ética de trabajo insuperable y un absoluto desprecio por la derrota. Incluso cuando tenía dieciséis años, podía ver que la pasión, ese impulso, era algo que nosotros, como atletas de múltiples deportes, como niños que caminaban por los pasillos de un instituto, nunca habíamos experimentado. No tenía ninguna duda de que el equipo iba a volver el año siguiente y a ser aún mejor y que ese chico, a pesar de ser tan joven, iba a lograr como jugador de baloncesto lo que quisiera. Sentí que algo grande estaba a punto de pasar.»

Young tenía razón, en más sentidos de los que podía imaginar.

«Creo que nunca he intentado imitarle conscientemente.
Solo intento ser Kobe.
Pero mentiría si dijera que Michael Jordan
no me causó una gran impresión.»

Kobe Bryant

9

Se Dio vuole

Sonny Vaccaro describió el momento en que conoció a Kobe Bryant como una especie del asombro que está reservado a quienes han experimentado lo trascendental, como si no pudiera explicar el encuentro en términos racionales, como si solo pudiera tratarse de la voluntad de Dios. «La historia se reescribió en Nueva Jersey por un capricho de las circunstancias, un fenómeno del tiempo», dijo. Por supuesto, era su forma de hablar. Se trataba de Sonny Vaccaro, vendedor de zapatos, fabricante de reyes de las zapatillas, el hombre que unió a Michael Jordan y a Nike, el hombre que encontró a Kobe cuando nadie más lo hizo. No importaba que Kobe hubiera llegado a él a través de la investigación de Vaccaro y el trabajo sucio hecho a través del sistema de fuentes y contactos que había construido años antes, a través de Allen Rubin de Hoop Scoop, levantando el teléfono y diciendo: «Este chico debería estar en tu campamento». No, si Kobe se veía a sí mismo como el héroe de su propio mito, entonces podemos atribuir a Sonny Vaccaro cierto misticismo en el ascenso de Kobe.

Vaccaro tenía su propia historia: un antiguo profesor y jugador profesional de Trafford, Pensilvania, en las afueras de Pittsburgh. Tenía unos ojos expresivos, los modales afectuosos de un abuelo italiano; decía palabrotas y era capaz de conectar con los chicos de los institutos. En su momento, consiguió un trabajo a tiempo parcial como reclutador para el programa de baloncesto masculino de Youngstown State en el Dapper Dan Classic, un trabajo en Nike y una reunión con

Jordan en los Juegos Olímpicos de 1984, en Los Ángeles. Había visto a Jordan jugar un partido, solo uno, pero fue suficiente para que supiera que debía invertir en él medio millón de dólares, todo el presupuesto de fichajes de Nike para los nuevos jugadores del *draft* del 84. Podría haberlo destinado a Charles Barkley, o repartirlo entre Sam Bowie y Sam Perkins. ¿Por qué no lo hizo? ¿Cómo sabía que debía apostar por Jordan, que el lanzamiento de las zapatillas Nike Air Jordan en 1985 revolucionaría la industria y convertiría a Jordan en el atleta más popular del planeta? Era simplemente Sonny siendo Sonny, haciendo lo que Sonny sabía hacer.

«A lo largo de mi vida, cuando he apostado por algún tipo, no puedo explicar por qué lo he hecho. No era un ojeador. No había entrenado ni toda esa mierda. Era solo instinto. Pero lo sabía. Es evidente que lo sabía, porque la búsqueda era la búsqueda. Lo tenemos», dijo.

En aquel entonces, no obstante, estaba empezando a trabajar de nuevo con Adidas, con cuarenta entrenadores de pequeñas universidades como clientes, pero sin jugadores superestrella; el ABCD Camp seguía atrayendo a entrenadores y reclutadores, y sus conexiones y amistades con los entrenadores de la AAU y de los institutos continuaban intactas y fuertes. La NCAA seguía odiando que pareciera tener un pozo sin fondo de talento baloncestístico. Y él también odiaba la asociación, pues creía que estaba explotando a esos jugadores —la mayoría de ellos niños negros pobres— construyendo una máquina multimillonaria a sus espaldas, pues a través del barniz del amateurismo les negaba cualquier recompensa. Si había alguna oportunidad de apartar a un jugador de la escuela secundaria del baloncesto universitario, de ayudar a ese chico a ganar un buen dinero para él y su familia (y, para ser justos, también para Vaccaro), y de enfrentarse a la NCAA, iba a aprovecharla. Todavía no tenía el presupuesto ni los recursos en Adidas para fichar a un jugador así, pero sabía que lo conseguiría. Tenía la misión de encontrar al próximo Michael Jordan y sabía que lo haría.

En 1994, trasladó su campamento al Centro Rothman en el campus de la Universidad Fairleigh Dickinson en Hackensack, Nueva Jersey, a menos de dos horas de Wynnewood. El día anterior a la apertura, a principios de julio, «bajo el cielo azul claro, el mundo va a cambiar», dijo.

El campamento era gratuito, pero solo se podía acceder con una invitación, y Joe Bryant se había arriesgado. Se puso en contacto con Gary Charles, el entrenador del equipo AAU Long Island Panthers y un buen intermediario para llegar a Vaccaro. Era un camino más fácil y menos arriesgado que ir directamente a Sonny. Joe también tenía su lista de contactos, de su época como entrenador en la Sonny Hill League y con su trabajo en La Salle. Además, ¿y si Sonny no le recordaba del Dapper Dan del 72, de hacía tantos años? ¿Y si Sonny no recordaba que *Chubby* Cox también jugaba en el Dapper Dan? Eso le daría vergüenza. Mejor contactar con Charles primero para preguntar lo que quería: ¿podría Kobe, que empezaba su tercer año, entrar en el ABCD? ¿Podría enfrentarse a los mejores del país? ¿Podría Sonny concederle a Joe este favor? En el relato de Sonny Vaccaro sobre su importancia y su irrupción en el origen de la historia de Kobe Bryant, las llamadas telefónicas y los consejos de Allen Rubin sobre aquel chico jamás salieron a relucir, porque ¿dónde estaba el drama en eso? ¿Dónde estaba la magia?

«Entonces entra Joe —dijo Vaccaro—, y me acuerdo de él inmediatamente. Gary dice: "Sonny, Joe Bryant está aquí. Quiere hablarte de su hijo, que ha estado en Italia y al que nadie conoce". Joe se acerca. Nos reunimos. Fue esa cosa llamada deporte, esa cosa llamada oportunidad y casualidad. Así funciona la vida. ¿Y si Joe no hubiera venido? Me encuentro con Pam y me dice: "Mi hermano también jugaba". Todas estas cosas suman.»

Finalmente, lo que para Sonny Vaccaro solo podía ser cosa del destino... sucedió cuando Joe y Pam Bryant entraron en Fairleigh Dickinson con su hijo. «Hasta que llegó el chico», dijo Vaccaro. *El Chico*. «Eso es lo que es Kobe Bryant.»

¿Quién era Kobe Bryant durante la primavera y el verano de 1994? Un niño que no tenía tiempo libre porque no quería tenerlo, un niño que jugaba en por lo menos seis ligas de baloncesto y dos campamentos, y que viajaba por la Costa Este para participar en torneos de la AAU, que llevaba sus libros de texto en esos viajes para poder hacer los deberes y cuyo día típico de julio empezaba con un partido a las 9.00 y terminaba con otro a las 21.30. Apenas había acabado aquel encuentro contra Plymouth Whitemarsh cuando Kobe se embarcó en un programa que habría dejado exhausto y harto del baloncesto a cualquier jugador menos comprometido. Cada liga, cada viaje, cada campamento, cada partido le mejoraba como jugador, tanto en lo individual como en lo colectivo. Al jugar tanto, al jugar con y contra rivales y compañeros de equipo tan distintos, pasó de ser un excelente jugador de segundo año a ser un extraordinario jugador de tercer año. No le preocupaba que el volumen de trabajo, el esfuerzo físico y la exigencia le llevaran a lesionarse nuevamente. Creía que la rotura de la rótula era cosa del pasado, algo de lo que ya no había que preocuparse. Había crecido, había ganado músculo. «Tal y como yo lo veo —dijo aquel verano—, si me lesiono y no puedo seguir jugando, es que Dios no quiere que sea jugador de baloncesto. Si eso sucede, entonces seguiré adelante y haré otra cosa con mi vida.» Pero no estaba lesionado, y no estaba dispuesto a hacer otra cosa con su vida.

Primero fue un viaje a Newark y a la Universidad de Delaware, con los Sam Rines All-Stars, para el torneo de Delaware Shootout AAU, en aquel momento uno de los eventos de reclutamiento de baloncesto universitario más importantes del calendario. Y entre los cientos de entrenadores presentes en el Bob Carpenter Center estaba Mike Krzyzewski, menos de una semana después de la terrible derrota de Duke ante Arkansas por cuatro puntos en el partido del campeonato nacional. Era la tercera vez que los Blue Devils llegaban a la final del campeonato en los cuatro años de Grant Hill en el equipo, pero ahora Hill se graduaba y se iba a la NBA, y Krzyzewski estaría más que feliz si podía fichar a un jugador similar —un alero/escolta con inteligencia, un tiro en suspensión ligero como una pluma y con muelles de compresión en las suelas de sus zapatos—, si al menos pudiera encontrar uno. Al ver a Kobe, pensó que había dado con él.

Lo irónico fue que, aquel primer día en Newark, Kobe estaba conmocionado; tras su temporada en el instituto, no estaba acostumbrado a competir contra tantos jugadores mayores, más altos y fuertes, y tan hábiles como él. Una y otra vez, se adentraba en la zona para hacer un mate o una bandeja, y se llevaba un tapón. Cuando terminó el torneo, había ajustado el *timing* para poder tirar más rápido. Hubo actuaciones más espectaculares de nombres más conocidos. Stephen Marbury, un escolta que entraba en su último año en el Brooklyn Lincoln High School, fue nombrado el jugador más valioso del torneo, al anotar dieciocho puntos en la final, y Tim Thomas, de Paterson (New Jersey) Catholic, un júnior en ascenso como Kobe, estuvo magnífico, mostrando unas habilidades de base que rara vez se encuentran en un jugador de su altura, 1,90 (un Joe Bryant de los años noventa). Pero Krzyzewski quedó tan impresionado con Kobe que localizó a los dos Bryant y le dijo a Joe: «Voy a darle una beca a tu hijo para que sea el próximo Grant Hill». Fue una oferta extraordinaria.

En la Sonny Hill League, los mejores jugadores de Filadelfia —Donnie Carr y Arthur, *Yah*, Davis en el Roman Catholic, Rashid Bey en el Saint John Neumann— se rieron de Kobe cuando entró en la cancha. Del verano anterior, recordaban su debilidad y le miraban con aires de superioridad: «Toda esta gente dice que eres el mejor, que si esto, que si lo otro. A nosotros no nos importa». «No tuvimos que decir ni una palabra —dijo Carr—. Lo pudo ver y sentir en nuestros ojos.» Pero ya no era tan enclenque y había mejorado técnicamente. Ni siquiera el público que rodeaba la cancha, treinta o cuarenta personas, algunas de ellas abucheándolo y todas haciendo ruido de una manera u otra, le afectaban. Los jugadores y los espectadores le acechaban en la banda, le increpaban, pero eso no hacía más que aumentar su concentración y su nivel de juego. «Se podía ver lo que tenía dentro —dijo Carr—. No tenía miedo.» Después de los partidos, Kobe se unía a Carr y a esos chicos de la ciudad, para pasear por Broad Street hasta Roy Rogers o ir al KFC para comer algo. Kobe nunca iba a entender del todo lo que ellos habían vivido, pues aquella no era su vida, pero no ignoraba las diferencias que había entre ellos. Y como quería conseguir su respeto y aceptación, tampoco hacía alarde de ellas. No entraba en un local de comida rápida, ponía un billete de cincuenta dólares en el mostrador y decía: «Pedid lo que queráis».

Hacía lo que el grupo decidiera, juntando su dinero con el de los otros chicos. «Bueno, quiero un número 2. ¿Cuánto tenemos?» Luego podían meterse en una cabina y clasificar sus grupos y álbumes de rap favoritos —*Enter the Wu-Tang (36 Chambers)*, de Wu-Tang Clan, estaba en el primer puesto de la lista de Kobe—, y él podía preguntarles sobre sus barrios, su educación, acerca de los aspectos en los que se parecían y los que no.

«Crecimos en la pobreza, tío —decía Carr—, así que vimos de todo a plena luz del día. Siempre se interesaba por esas historias: "¿Qué pasó allí?". Yo se lo digo a la gente todo el tiempo: puede que creciera en las afueras, pero siempre tuvo una mente y un corazón de barrio.»

Parecía que sacaba gran parte de su hostilidad e inmadurez en su compleja y tormentosa relación con Sam Rines Jr., que siempre intentaba liberar a Kobe de su egoísmo, para que pensara más en el equipo, y solo conseguía cabrearle. En un partido, Rines puso a Kobe de base, y este perdió el balón en siete posesiones consecutivas. Se lo robaron. Lo tiró fuera. Lo pateó. Rines había trabajado para reclutar a más jugadores de primer nivel para el equipo, y Kobe estaba cogiendo de las solapas el plan de Rines de convertir a la AAU en un programa más grande y mejor considerado, lo estaba arrugando en una bola y lanzándolo a un cubo de basura. ¿Quién querría ser compañero de un jugador que acaparaba tantos balones como él? ¿Quién querría jugar allí? «Mientras todos los demás trataban de conseguir becas —dijo Rines—, Kobe estaba trabajando en un *crossover*.» Seguía actuando como si cada cancha fuera el patio de su casa; hacía oídos sordos a las instrucciones de Rines, no se fijaba en sus compañeros, solo se centraba en sus propias habilidades, en su evolución y su mejora, en sí mismo. Sam Jr. podía ladrar a Kobe, pero Sam Sr., sentado al lado de su hijo, le decía que se calmara, y Kobe seguía jugando en el puesto de base. Así llegó otro partido en el que ocurrió lo mismo; Kobe perdió el balón una y otra vez y su equipo se puso 14-2 abajo, apenas pudieron hacer un puñetero tiro a canasta. Sam Jr. finalmente se hartó: le ordenó a Kobe que pasara el balón a otro jugador. Kobe le hizo una seña y subió el balón de todos modos. «Eso es como un "que te jodan" —dijo Sam Jr.—. Así pues, le saqué del partido. Le dije: "Escucha, no puedes faltarme así durante un partido. Estoy tratando de ayudarte y tú estás perjudicando al equipo. Solo tienes que controlarte, dejarnos fluir, y te pasarán el balón en buenas condiciones". No estaba llorando, pero estaba visiblemente molesto. Joe lo detuvo, le habló en italiano. Lo volví a sacar a la cancha. Todo estaba bien. Pero te juro que después me odiaba.» Su evolución era irregular, como no podía ser de otro modo en un jugador como Kobe; su vanidad crecía y disminuía, crecía y disminuía. Su padre lo intentaba calmar, y su madre le recordaba que debía ser educado.

Como de costumbre, *Speedy* Morris celebró su campamento anual de baloncesto nocturno en el Hayman Hall de La Salle, pero esta vez algo fue diferente. A él asistió una auténtica celebridad que por aquel entonces tan solo era un adolescente. El joven había convencido a su madre para que pagara la entrada al campamento, y aún no podía creer que le hubiera conseguido el dinero. Entonces era un don nadie, un chico más de un entorno difícil con grandes sueños. No se le podía decir que no iba a jugar en la NBA algún día; solo era cuestión de saber qué camino tomaría para llegar allí. ¿Duke? Jugar con el entrenador K. sería un sueño. ¿Carolina del Norte? No le gustaba el azul celeste, el color característico de los Tar Heels, pero esa aversión no sería necesariamente un obstáculo. Tal vez se quedaría en Filadelfia y jugaría para John Chaney en Temple, para hacer feliz a su madre. A su edad, se sentía el mejor jugador defensivo de la ciudad, quizá del país, y se puso un apodo: el Bicho. Si entrabas en la cancha con él, te advertía: «No quieras hacer enfadar al Bicho».

Pero Kevin Hart se topó con la cruda realidad cuando empezaron los entrenamientos y los partidos.

Enseguida se dio cuenta de que Kobe Bryant también estaba en el campamento, con Joe, trabajando junto a Morris. Excelente.

Hart había oído hablar de Kobe, de lo bueno que era. Se alojó con él en el campamento, se escabulló con él por los dormitorios de La Salle a altas horas de la noche para gastar bromas a otros chicos, le siguió a todas partes, solo quería estar cerca de él, ya fuera en la línea de fondo o en un baño. Tenía que haber algo que Hart pudiera sacar de él, algo que pudiera mostrarle. Día uno..., día dos... Hart se esforzaba. Defendía como un dóberman, incluso cuando él, que nunca llegaría a medir más de 1,65, tuvo que escoltar a Kobe. Luchó por los rebotes con los gigantes en el poste bajo. Una noche, se armó de valor: «Oye, Kobe, ¿dónde crees que terminaré? Ya sabes, ¿en el primer nivel?».

Kobe se rio y se fue.

Después de convertirse en un famoso cómico y actor, Hart describiría aquel campamento como un despertar: el baloncesto era la vocación de Kobe, pero no la de Hart, y más le valía encontrar una diferente. Ha insistido, incluso durante una aparición en el *Tonight Show* de Jimmy Fallon, en que Kobe jugó con la mano izquierda durante todo el campamento, contra todos. «La que pensé que sería la oportunidad más grande de mi vida resultó ser un maldito campamento de prácticas para Kobe Bryant», dijo Hart. Tanto si esa anécdota era cierta como si no, a Morris no se le escapó que el hijo de su entrenador asistente había demostrado —con una mano, con dos manos y sin manos— ser el mejor.

Para Kobe, las ligas de verano de Narberth y Ardmore no fueron unas vacaciones o una oportunidad para mejorar habilidades, como lo había sido el campamento de La Salle. Sin embargo, en comparación con Hackensack y Delaware, fueron como un baño caliente después de un duro día. Estaba acompañado por sus amigos y compañeros de Lower Merion, y esos partidos les ofrecían la oportunidad de medirse con los jugadores y los equipos que se interpondrían en su camino en las eliminatorias del distrito y del Estado en la primavera de 1995. En la Liga Narberth, Kobe tuvo un promedio de 33,5 puntos en un tramo de tres partidos, incluida una actuación de cuarenta puntos en la que anotó trece de los quince puntos de su equipo en el tercer cuarto. Joe le gritaba lo que debía hacer desde las gradas. Lo extraño es que Kobe no le devolvía los gritos; en la cancha siempre podía oír la voz de Joe. En cierta ocasión, en un partido en el que su equipo llevaba una ventaja de ocho puntos en el último cuarto, Kobe le ladró a Joe: «Voy a jugarme un triple». Joe empezó a gritar a Kobe, que sonrió y siguió botando para hacerle saber que estaba bromeando, que solo le gustaba ver a su viejo ponerse nervioso.

Estas ligas locales de verano, incluso con Downer como entrenador en Narberth, eran prolongaciones de los amistosos que surgían entre los Aces y los que aspiraban a serlo en Remington Park, en el Shack o en las otras canchas de Main Line (algo así era inimaginable en los últimos años antes de la llegada de Kobe). Kobe se había consolidado, al menos localmente, como una auténtica estrella. Hacía tiempo que se sabía quién era y las cotas que podía alcanzar el equipo con él. Un ejemplo: Dave Rosenberg, un año más joven que Kobe, se graduó en la escuela secundaria de Bala Cynwyd, pero pensó ir a otro instituto que no fuera Lower Merion. Su deporte principal era el fútbol; quizás hubiera una opción mejor, con un programa de fútbol mejor, en otro lugar. Pero también le gustaba el baloncesto; cierto día estaba lanzando a canasta él solo en Remington Park cuando aparecieron Kobe y su primo Sharif Butler.

«No podía estar más emocionado —dijo Rosenberg—. Para un muchacho de catorce años, fan de Magic Johnson, las otras superestrellas de mi vida eran cualquiera del equipo universitario del instituto, y sobre todo Kobe.»

Los tres jugaron varios uno contra uno antes de que Kobe señalara un punto cerca de la esquina izquierda de la cancha. «Oye, juega un poco en defensa conmigo. Quiero pulir algunos movimientos», le dijo a Rosenberg. Butler, que seguía ganando a Kobe cada vez que se enfrentaban, aunque la diferencia entre ambos se había reducido un poco, acabó marchándose; Kobe y Rosenberg se quedaron una hora más. «Me quedé allí encantado mientras Kobe practicaba una mezcla de *fadeaways* y movimientos rápidos hacia canasta», dijo Rosenberg. Cuando les dijo a sus padres que había decidido ir a Lower Merion, Rosenberg, que era un estudiante excelente, citó el gran nivel académico del instituto... y algo más. «Les dije que creía que podría entrar en el equipo universitario de baloncesto al cabo de un par de años y jugar con un chico llamado Kobe —recordaba—. Les dije que iba a ser un grande; ellos pusieron los ojos en blanco al oírlo.» Fiel a su predicción, Rosenberg entró en el equipo de primer año, cosa que le permitió jugar en el equipo universitario en su último año y formar parte del grupo de jugadores que podían complementar a Kobe.

Fue la confianza total en que Kobe estaba destinado a ser una estrella lo que caló en sus amigos y entrenadores. Jamás pudieron olvidar su actitud. En un partido, cuando se acababa uno de los cuartos, lanzó el balón como si fuera una pelota de béisbol desde la zona defensiva a la canasta del otro lado de la cancha, a unos veinte metros, tal vez veinticinco. Entró. El público reaccionó con emoción. Kobe no le dio importancia y recuperó su posición defensiva, como si fuera evidente que iba a encestar. «Te garantizo que lo hizo», dijo Downer. «Soy especial. La gente especial hace tiros como este.» Aquel verano lo demostró.

Había ciento cincuenta y siete chicos en el campamento Adidas ABCD de 1994; entre ellos, cuatro de los mejores júnior de la nación: Lester Earl, de Baton Rouge (Luisiana); Shaheen Holloway, del instituto St. Patrick de Elizabeth (Nueva Jersey); Tim Thomas; y Kobe. Todos los habituales en el circuito de la AAU se hicieron amigos. Cada uno tenía sus peculiaridades, no se parecían entre sí: Earl, de dos metros diez, jugaba en el poste bajo; Holloway, un base de dos metros, inteligente y duro, un futuro entrenador; Thomas, capaz de jugar en cualquier posición, ya que el juego le resultaba natural y sencillo, quizá demasiado sencillo; Kobe, el anotador, que veía el aro como una piscina, alguien completamente entregado al juego. Habrían encajado muy bien en el mismo equipo. Ellos mismos lo creían.

La mayor promesa del país, Kevin Garnett, del instituto de Maudlin (Carolina del Sur), también estaba allí, y era un espectáculo: dos metros y diez centímetros, intenso, musculado y con un cuerpo que nadie dudaba que podría soportar los rigores y el desgaste de una temporada de ochenta y dos partidos en la NBA. Dick Vitale, la voz más famosa e influyente del baloncesto universitario en Estados Unidos, se sentó en las gradas de la FDU, listo para ver el espectáculo y preguntarse si esos chicos se lo tomaban en serio. Rick Pitino, de Kentucky, Steve Lappas, de Villanova, Stu Jackson, de Wisconsin, y muchos otros entrenadores estaban mirando.

Marbury, que aceptaría una beca en Georgia Tech y jugaría un año allí antes de entrar en el *draft* de la NBA en 1996, fue nombrado MVP, igual que en Delaware. Tras verse implicado en una pelea racial entre adolescentes negros y blancos, ese mismo verano Garnett se trasladó a la Farragut Career Academy de Chicago, pero ni el incidente ni su actuación en el campamento de la ABCD perjudicaron su posición como el único jugador de la clase de 1995 que estaba contemplando seriamente, y podía hacerlo, eludir la universidad y entrar en el *draft* directamente desde el instituto. Ningún jugador lo había hecho desde Darryl Dawkins y Bill Willoughby en 1975.

Sin embargo, ese campamento ABCD de 1994 podría haber sido más determinante para Kobe y su futuro, más influyente en su ascenso, que para cualquiera de aquellos jugadores más publicitados. En la FDU no mostró miedo alguno ni timidez, formuló preguntas acertadas durante las clases de pensamiento crítico y psicología deportiva que los jugadores tuvieron durante el campamento, y jugó excelentemente de principio a fin, cosa que le permitió jugar en el partido de las estrellas júnior del último día. El propio Sonny Vaccaro estaba entusiasmado con él. Este chico no jugaba en un equipo AAU de renombre nacional. Los Sam Rines All-Stars eran un equipo de moda en Filadelfia y sus alrededores, un buen equipo, pero no eran los Long Island Panthers de Gary Charles ni los Playaz de Jimmy Salmon, equipos de Nueva York y Nueva Jersey que gozaban de reputación y estima en todas partes. Y este chico, procedente de un instituto de los suburbios del que nadie había oído hablar, que había vivido en Italia durante ocho años..., era prácticamente un extranjero. Resultaba sorprendente lo que había hecho hasta ahora... y lo que podría llegar a hacer.

Cuando terminó el partido de las estrellas júnior y la mezcla de familias de los jugadores y residentes de Nueva York, Nueva Jersey y Filadelfia que habían inundado la FDU para ver el partido salieron del Rothman Center, la familia Bryant (todos ellos: Joe y Pam y Sharia y Shaya y Kobe) detuvo a Sonny Vaccaro allí mismo, en la cancha. Joe le dio un abrazo y Pam le sonrió, pero Kobe... lo aprisionó en un enorme abrazo, la cara de Vaccaro contra el hombro izquierdo del chico.

—Muchas gracias, señor Vaccaro, por permitirme venir al campamento. Y le pido disculpas.

Vaccaro le empujó suavemente hacia atrás.

—¿Por qué te disculpas?

—Porque voy a volver el año que viene y voy a ganar el MVP.

—Kobe, si Dios quiere. Te veré el año que viene.

—*Se Dio vuole* —dijo Kobe.

Vaccaro quedó sorprendido. Su corazón se agitó. Los engranajes de su cerebro comenzaron a girar. Lo de «*se Dio vuole*» era una frase que había formado parte del vocabulario de Vaccaro desde su infancia. Siempre que salía de casa para jugar, para hacer las travesuras que hacen los niños pequeños, decía: «Mamá, hasta luego», antes de escabullirse por la puerta. Entonces su madre le respondía: «*Se Dio vuole*». Lo que aquellas palabras implicaban era obvio: «Volverás. Estarás aquí. Estarás vivo. Estarás bien. Y yo estaré aquí, esperándote».

«Mis compañeros de equipo debían verme como alguien que nunca se desanimaba en un entrenamiento, que nunca se conformaba y que nunca se ponía demasiado chulo. De todas formas, mis hermanas no lo habrían permitido.»

Kobe Bryant

10

Ok, a jugar

Los que acompañaron a Kobe Bryant en sus primeros años no lo recuerdan como un Laker, como un pentacampeón de la NBA, como un competidor nato que se otorgó a sí mismo el apodo de la Mamba y se convirtió en una marca. Evan Monsky insistía sobre esto y lo recalcaba en una conversación telefónica. Ese Kobe no era su Kobe. Monsky no podía estar seguro de lo que ese Kobe tenía en común con el suyo. «A ese tipo le besaron desde que tenía dieciocho años hasta que murió de una manera exagerada. No era una vida normal, algo de lo que muchos no se dan cuenta. Me parece horrible.» ¿Y qué le hizo esa vida a Kobe? ¿Cómo le cambió? Los que le conocieron de joven le recordaban de una determinada manera. ¿Seguía siendo esa persona?

Hay una parte de Monsky, y quizá de todos los que conocieron a Kobe en Lower Merion, que no quiere saber las respuestas a esas preguntas. La persona a la que Monsky recordaba era un niño, un chico de dieciséis años al que le encantaba hablar de baloncesto, que no era el más gracioso de la sala, pero que podía soltar un chiste decente de vez en cuando, que se ponía nervioso cada vez que el vehículo en el que viajaba, ya fuera su coche o el de sus padres o un autobús escolar lleno de jugadores de baloncesto, tenía que cruzar un puente. Monsky no considera valiosos esos recuerdos porque sean extraordinarios. Son valiosos porque son recuerdos de un muchacho de dieciséis años y no del atleta más famoso del mundo. Son recuerdos de un niño que compartía el asiento con él en los viajes de ida por la tarde y en los de vuelta por la noche. Recuerdos de ese niño que miraba por la ventanilla y cuyos pulmones se expandían y contraían de terror cuando veía el agua plateada por debajo de él. No había explicación para el miedo de Kobe en esos pocos segundos. Al menos, ninguna que admitiera delante de sus compañeros de equipo. Pero ellos se burlaban de él como si fuera uno más, y él apenas podía controlar su pánico hasta que el autobús les llevaba sanos y salvos al otro lado.

Al comienzo del primer año de Kobe, Gregg Downer tenía claro, incluso cuando se permitía imaginar la posibilidad de ganar un campeonato de distrito y hasta un campeonato estatal, que si los Aces iban a ir a por todas tenía que hacer algunos cambios; su mejor jugador necesitaba refuerzos. Algunos de esos cambios se llevarían a cabo y los refuerzos llegarían de forma natural, simplemente por la mayor madurez de Kobe y de varios jugadores clave que regresarían para el curso escolar y la temporada baloncestística 1994-95. El récord de 16-6 de Lower Merion e incluso su derrota en las eliminatorias de distrito ante Plymouth Whitemarsh, un equipo fuerte que se clasificó para el torneo del campeonato estatal, había reafirmado a Downer y a los alumnos de la clase superior en la idea de que los Aces podían ser, y probablemente deberían ser, uno de los mejores equipos de Filadelfia y de toda Pensilvania. Downer solía hablar con sus jugadores sobre las semifinales del torneo del Distrito Uno, pues esos dos partidos se celebraban anualmente en la Palestra, y jugar allí significaba experimentar algo muy especial. Pero sabía que al equipo le faltaban algunas piezas clave, cosas tangibles e intangibles, que debían tener para acabar triunfadores.

Una de esas piezas apareció en el otoño de 1994, cuando Dan Pangrazio llegó para cursar su primer año después de que su familia se trasladara a Main Line. Pangrazio había sido un famoso atleta infantil en su ciudad natal, Fairfield, Connecticut. Era un portero de fútbol de los mejores de su edad; además, a los nueve años había ganado los títulos de Connecticut y Nueva Inglaterra en el Elks Hoop Shoot, un concurso de tiros libres patrocinado por la Benevolent and Protective Order of Elks; el *New York Times* consideró tal logro digno de un artículo de seiscientas setenta y una palabras en su edición del 9 de abril de 1989. Pangrazio se incorporó como escolta titular de los Aces; dotó al equipo de más intensidad defensiva y su tiro en suspensión suponía una seria amenaza para los rivales. Aunque la presencia de Kobe era una bendición, Downer y los Aces no podían fiarlo todo en él. ¿Y si tenía problemas de faltas? ¿Y si sufría una lesión? A Downer le gustaba bromear con la gente: «Estoy a un esguince de tobillo de Kobe Bryant de ser un completo imbécil».

El impulso al ataque que aportaría Pangrazio sería bienvenido, pero la tarea más urgente de Downer era mejorar la defensa. En los últimos ocho partidos de la temporada 93-94, habían encajado una media de setenta puntos, una cifra que presionaba demasiado a Kobe y a sus compañeros. En la Liga Narberth, Downer había conocido a Mike Egan, oriundo de Ardmore que acababa de terminar su segunda etapa como entrenador asistente en el Wilmington College, un programa de la NAIA en New Castle, Delaware. Vivir en el barrio de Overbrook de Filadelfia, trabajar como agente de seguros en el sur de Nueva Jersey y entrenar en el norte de Delaware resultaba agotador, incluso para un tipo como Egan, de veintinueve años, soltero y con pocas ataduras y obligaciones. Entrenar en Lower Merion reduciría el tiempo que pasaba en coche y le permitiría trabajar con Kobe; Egan le había visto jugar en Narberth y había jugado contra él en el Centro Comunitario Judío. «Me dije: merece la pena volver a entrenar a este chico en el instituto», señaló. Downer le hizo una oferta de lo más tentadora: «Sé mi coordinador defensivo. Ningún equipo de baloncesto que no haya tenido una gran defensa ha ganado un campeonato. Te daré veinte minutos cada noche para que dirijas los entrenamientos, para que dirijas el sistema a tu manera». Egan no pudo decir que no.

El tercer y último elemento de la lista de Downer quizá fuera el más esencial y profundo. Si los Aces querían competir contra los mejores equipos de la región y del estado, incluso ganarles, tenían que acostumbrarse a jugar contra esos equipos antes de que llegara la postemporada. Así pues, Downer se propuso reforzar su calendario de partidos fuera de la conferencia. Tendrían sus dieciséis partidos anuales de la Central League, pero buscó fechas libres en el calendario para enfrentarse a rivales de mayor calibre: Saint Anthony en Jersey City, dirigido por Bob Hurley, el padre de Bobby Hurley y uno de los tres entrenadores de instituto incluidos en el Salón de la Fama; Glen Mills, un centro de detención de jóvenes en el condado de Delaware cuyo equipo de baloncesto de instituto se enfrentaba a institutos públicos y privados de toda Pensilvania; y Coatesville, donde jugaba un júnior muy delgado que se estaba convirtiendo en uno de los mejores escoltas de la zona: Richard, *Rip*, Hamilton. El verano anterior, Downer había pasado varios días en Harrisburg entrenando a un equipo de estrellas del área de Filadelfia en los Juegos de Keystone, que eran algo así como los Juegos Olímpicos de Pensilvania. Los chicos a los que había entrenado procedían de los programas de baloncesto masculino más importantes de la ciudad y de un programa de las afueras de Filadelfia: Chester High School Clippers, la clase del Distrito Uno, los actuales campeones del estado. Esos equipos eran parecidos a los que Downer había añadido al programa de Lower Merion. Esos chicos jugaban con una dureza a la que Downer quería exponer a sus jugadores. Kobe la tenía, pero sus compañeros necesitaban comprobar qué era aquello de jugar duro. Sobre todo Chester encarnaba esa ventaja, esa dureza, esa excelencia; el de 1994 había sido el tercer campeonato estatal en doce años. Downer y Kobe no los perdían de vista, pues ambos veían en ellos el nivel que querían alcanzar, así como la mayor amenaza para alcanzar sus objetivos.

La amistad de Anthony Gilbert con Kobe Bryant nació del sutil coqueteo de Anthony Gilbert con Sharia Bryant. Allí estaba ella, una destacada jugadora del equipo de voleibol femenino de la Universidad de Temple, una rematadora con la habilidad de salto de la familia Bryant, que anotaba un tanto tras otro hasta que terminó su carrera en el quinto lugar de la lista de anotadoras de todos los tiempos de los

Owls. Medía metro setenta y tenía unos rasgos llamativos, pero era accesible y tenía los pies en el suelo. Y allí estaba él, un estudiante de primer año a tiempo parcial en Temple que trabajaba en el departamento de atletismo de la universidad para pagarse los estudios, que no sabía nada de voleibol cuando empezó a encargarse de las estadísticas para el equipo. No alcanzaba el metro setenta, lo que significaba que literalmente admiraba a Sharia desde abajo. Aquella chica le impresionaba y quería impresionarla.

—Oye —le dijo un día—, yo soy de Filadelfia. Juego al baloncesto.

—Tío —le contestó ella—, no podrías ni ganar a mi hermano pequeño.

Gilbert nunca había oído hablar de Kobe. Pronto lo haría. Igual que hacían cuando Kobe tenía partido, todos los miembros de las familias Bryant y Cox asistían a los partidos de voleibol de Sharia (la afluencia de público a los encuentros era escasa, por lo que la presencia de la familia destacaba aún más que en los partidos de Kobe). Él a veces no los acompañaba; el baloncesto le exigía demasiado tiempo. Pero después del *tête-à-tête* de Gilbert y Sharia, Kobe se presentó en el siguiente partido de su hermana en el McGonigle Hall, cogió un balón de voleibol, lo botó como si fuera una pelota de baloncesto y se presentó a Gilbert a su manera inimitable.

—Podemos resolver esto ahora mismo —dijo.

«¿Qué? —pensó Gilbert—. ¿El hermano pequeño? ¿Quién diablos eres?»

Después de aquel incómodo inicio del otoño de 1994, Gilbert se convirtió en colaborador de la revista *SLAM* y en amigo de Kobe y de toda la familia Bryant, a la que admiraba por su unidad y la lealtad que sentían los unos por los otros; de este modo, pudo participar incluso en la dinámica familiar y observar de cerca cómo era realmente Kobe Bryant. Estaba el Kobe del baloncesto: despiadado, astuto y a prueba de balas. Y estaba el Kobe alejado del baloncesto: cortés, ingenuo y protegido.

«Mucha gente no se da cuenta de que era un pedazo de friqui —dijo Dayna Tolbert, amiga de Kobe—. Nunca lo vimos como una gran estrella. Era Kobe. No actuábamos de forma diferente con él, y él no actuaba de forma diferente con nosotros. En los vídeos caseros en los que se le puede ver haciendo el tonto con su familia, se muestra el auténtico. La Mamba Negra que todo el mundo ve en la cancha aparecía solo cuando competía. Eran dos cosas diferentes.»

Esta dicotomía se manifestó con mayor crudeza en la vida sentimental de Kobe; en realidad, era bastante inexistente. Hubo una chica, Jocelyn Ebron, a la que conoció en una barbacoa familiar, que le pareció tranquila y de modales suaves, y que se convirtió en lo más parecido a una novia que tuvo Kobe durante la mayor parte de sus años de instituto. En aquella barbacoa, él no parecía un seductor, no parecía estar al acecho de la chica más guapa para tomarla del brazo, y aquello gustó a Ebron, estudiante de un instituto católico solo para chicas. Pasaban la mayor parte del tiempo juntos en casa de los Bryant, donde Ebron, que al conocer a Kobe esperaba que no fuera el típico chico norteamericano, observó lo atípico que era. Sus «citas», porque lo eran, consistían en gran medida en que Ebron hacía exactamente lo mismo que los amigos y compañeros de equipo de Kobe en Lower Merion —Guy Stewart, Matt Matkov, Jermaine Griffin, Evan Monsky, otros— cuando salían con él. Se sentaba en el sofá junto a Kobe mientras veía vídeos de Magic y Michael y de sí mismo, de sus partidos y entrenamientos en Italia. Sus movimientos, románticos o no, se limitaban sobre todo a la cancha. Pam, según observó Ebron, lavaba toda la ropa de Kobe y le preparaba el desayuno todas las mañanas, siempre el mismo: beicon, huevos y crema de trigo. «Todo se centraba en él y lo que le rodeaba», dijo Ebron en una entrevista de 2003 con *Newsweek*. «Sus dos hermanas parecían aceptarlo. Era el hijo único y el rey de la casa.» Sharia y Shaya eran protectoras con Kobe, y examinaban y rechazaban a cualquier adolescente que deseara conocer a su hermano más íntimamente. Muchas lo deseaban. Uno podía entender el porqué, especialmente cuando Kobe, como era su costumbre siempre que estaba inseguro de sí mismo o no sabía qué decir, sacaba la lengua de la boca para lamerse los labios, añadiendo un toque vulnerable y entrañable a sus bonitos ojos marrones y a su encantadora sonrisa. Pero incluso a Ebron, una hermosa chica interesada en Kobe, los Bryant la consideraban una extraña, aunque a veces le permitieran entrar en su círculo. En una ocasión, Sharia le dijo a Gilbert que no consideraba a Ebron la novia oficial de Kobe, cosa que indica que Kobe tampoco lo hacía.

Como vivía en el campus de Temple, Sharia también se encargó de aconsejarle sobre cómo desenvolverse en el mundo que quedaba fuera del frondoso Wynnewood y de la cancha de baloncesto más cercana. «Ella tiene instinto maternal —dice Gilbert—, y aprendió mucho sobre la ciudad y cómo funcionaba, cómo hablábamos y nos vestíamos. Se lo transmitió y se lo tradujo a Kobe, que todavía estaba un poco verde en muchos asuntos, como el de ser un joven negro en la ciudad. Dices ciertas cosas y él se queda callado. Pero en la cancha de baloncesto sí que habla. Eso es distinto.»

A medida que su amistad se hacía más fuerte, Gilbert y Kobe se llamaban con frecuencia. «Oye —le preguntaba Gilbert—, ¿quieres ir a pasar el rato en la calle Sur? Vamos a conocer a algunas chicas.» Él ya conocía la respuesta: para nada. Gilbert era del oeste de Filadelfia, así que estaba familiarizado con los verdaderos escondites de Kobe, los lugares donde se divertía más: Remington Park, Ardmore Park, Tustin Playground. ¿Conducir hasta South Philly? ¿Por qué hacer eso cuando Kobe tenía las llaves del Centro Comunitario Judío? Para Kobe, conocer la ciudad no significaba ir a los salones de tatuajes, a las tiendas de discos o pasear por las principales calles. Significaba que Gilbert se uniera a él en el JCC o en los parques infantiles. Significaba que Gilbert cogiera el rebote de cada uno de sus tiros y le hiciera pases de pecho. Y significaba hacer que, mientras Kobe practicaba tiros y conducía el balón y perfeccionaba su juego de pies, Gilbert imitara los improperios que Kobe solía recibir a la cara o a sus espaldas.

«Eres bueno, pero no juegas en la Liga Pública.»

Dribla…, dribla…

«Vives en las afueras…»

Reverso…

«Vas a una escuela de blancos.»

Cambio de dirección.
«Allí no hay competencia.»
Dribla rápido..., más rápido...
«No eres de los nuestros.»
Machaca el aro.

Este era el entrenamiento emocional de Kobe, para defenderse de quien le decía que no era lo suficientemente duro, que no era lo suficientemente negro, que no era digno del respeto de jugadores que compartían su color de piel pero que consideraban que no era uno de los suyos. «Su familia era querida allá donde iba —dijo Gilbert—. No se daban aires de superioridad. Eran queridos y respetados porque abrazaban a todo el mundo. Kobe nunca tuvo esa "experiencia negra" que tuvimos mis amigos y yo, pero la falta de respeto que recibió de la ciudad tenía más que ver con su código postal que con su talento para el baloncesto. Los chicos de su edad que jugaban en la Liga Pública o en las ligas de verano decían: "Escucha, Kobe, eres bueno. La gente escribe sobre ti. Pero tú no juegas en la Liga Pública. Vas a un instituto blanco. Vives en las afueras. No me importa lo que digan, no eres uno de los nuestros". El baloncesto era su forma de reivindicarse: "¿Sabéis qué? Tenéis razón. No soy ninguna de esas cosas. Pero una vez que el balón esté en el aire, voy a demostraros quién es negro y quién no". Sabía que no era como los demás, pero lo usaba a su favor. Si alguien hablaba mal de él, Kobe se callaba y decía: "Bien, ¿has terminado? Porque ahora vamos a jugar". Y eso desanimaba a cualquiera. La mayoría de los chicos estarían listos para pelear, pero Kobe era como "¿Eso es todo? Vale. Vamos a jugar".»

Es más, era su forma de honrar y defender la reputación de la persona que le había introducido en el baloncesto y fomentado su obsesión por este deporte: su padre. Joe había pasado de un equipo a otro porque esos clubes no confiaban en él. Joe nunca se había consolidado en la NBA. Joe tuvo que irse a Europa y exiliarse para alcanzar su máximo potencial. Kobe estaba decidido a dotarse de las habilidades, la actitud y la ética adecuadas para evitar ese destino. «No van a tener ninguna duda sobre quién soy, qué deben hacer conmigo y cuál es mi sitio. Voy a trabajar tan duro que nunca olvidarán el nombre de

Bryant.» «Quería ser como su padre y redimirlo —dijo Gilbert—. Fue un homenaje a Joe.» Y no había tiempo que perder para seguir este camino hacia la redención de un padre y la grandeza de su hijo. En cierta ocasión, Kobe le dijo a Gilbert que tenía algunos objetivos que quería alcanzar, cosas que quería hacer en la vida, y quería hacerlas todas mientras fuera joven. Quería llegar a la NBA joven. Quería casarse joven. Quería tener hijos joven. No quería esperar a ser un hombre, según sus términos. «Ese era su mantra —dijo Gilbert—, y así es como se enfrentaba a todo. Estaba en una página diferente a la de todos los demás.» Quería hacerlo todo pronto, pero primero tenía que hacer algo por su instituto y su floreciente programa de baloncesto: ganar un campeonato.

Cuando empezó la temporada júnior de Kobe, el cuerpo técnico señaló su posición e importancia para los Aces nombrándole capitán del equipo. No todos sus compañeros se lo tomaron bien. Monsky había supuesto que, como veteranos, él y Guy Stewart —el primero, un tipo franco, el segundo, un jugador ejemplar— compartirían las tareas de la capitanía, y le dolió que los entrenadores les hubieran dejado de lado en favor de Kobe. Fue el primero de unos cuantos episodios de tensión y altanería en el inicio de la temporada. Kobe se había adelantado en una entrevista con Stacy Moscotti, periodista de *The Merionite,* cuando presumió de que los Aces tenían muchas posibilidades de ganar el campeonato estatal: «Miro a los demás equipos, y no son ni de lejos tan buenos como nosotros». En sus primeros entrenamientos, Egan garabateó sus impresiones sobre cada jugador con rotulador negro en unas hojas sueltas; sus evaluaciones de Kobe revelaron que el nuevo entrenador asistente no tenía piedad: «Ofensivo, propenso a cometer faltas, movimiento lateral, trabaja en el rebote, en la selección de tiros…, juego deslucido, debe rebotear más, dominar más los lanzamientos desde los cuatro metros, y ya llegarán los triples. Eres tan bueno como intenso. No seas descuidado». Luego, en una especie de respuesta del karma a los comentarios de Kobe en *The Merionite,* los Aces empezaron su temporada de mayores expectativas con una derrota por 62-60 ante Sun Valley, un partido en el que desperdiciaron una buena ventaja en el último cuarto; Kobe, con treinta y un puntos, y Dan Pangrazio, con dieciséis, anotaron el setenta y ocho por ciento de puntos de su equipo. Aquello sugería que el equipo aún tenía un mal equilibrio entre el juego de fuera y el de dentro. La pregunta que había obsesionado a Downer durante mucho tiempo (¿cuándo hay demasiado de Kobe y cuándo demasiado poco?) seguía en el aire, sin respuesta.

Antes del segundo partido del equipo, el primero de la Central League de la temporada, contra Upper Darby, Downer y Egan se dirigieron a Kobe y le instaron a que hablara más con sus compañeros, a que se involucrara más con ellos. Kobe les dijo que mostraría su liderazgo a través de su juego.

Lo que les demostró durante los dos meses que siguieron fue impresionante. Promedió más de treinta puntos por partido en los tres siguientes de los Aces, cada uno de los cuales fue una victoria con un margen de al menos catorce puntos. Llegó a su siguiente encuentro, contra Marple Newtown, cinco días antes de Navidad, sabiendo que había alcanzado los novecientos noventa y cuatro puntos en su carrera, a solo seis de los mil; después de encestar sus dos primeros tiros se tensó, falló los tres siguientes y perdió un balón: le pudo la presión por alcanzar aquella cifra redonda. Finalmente, anotó una canasta desde cerca de la línea de tiro libre cuando quedaban tres minutos y medio del primer cuarto. Lower Merion ganó 63-58. Kobe consiguió treinta y ocho puntos, el máximo de su carrera, aunque dos noches más tarde anotó cuarenta en una victoria por trece puntos en Penncrest; una victoria que destacó también por un motivo algo más oscuro: con ese partido se produjo lo que puede llamarse de forma fiable la primera crítica pública documentada y sostenida contra Kobe Bryant en su vida. Y llamar «crítica» a lo que ocurrió es ser amable.

En 1986, la NCAA había promulgado la Propuesta 48, una norma según la cual un estudiante de secundaria que deseara practicar deportes en la universidad debía cumplir ciertas normas en sus calificaciones y aptitudes académicas. El requisito mínimo del SAT (la prueba de acceso a la universidad) era de setecientos puntos, mientras que una puntuación perfecta era de mil seiscientos. Rápidamente, el apelativo de «un chico de la Propuesta 48» se convirtió en una forma racista y estereotipada de insultar a un jugador de baloncesto, casi siempre negro, etiquetándolo como demasiado estúpido como para ser admitido en la universidad. No había pasado mucho tiempo desde que el árbitro había lanzado el balón en el salto inicial cuando un grupo de aficionados blancos de Penncrest empezó a corear: «¡PROP 48! ¡PROP 48!».

Como es habitual, todo el clan Bryant estaba allí. Sin embargo, no fueron ni el sensible Joe ni la fogosa Pam los que mostraron enfado o consternación ni los que saltaron en defensa de Kobe. Fue Shaya, la estudiante de último año de instituto, la reticente hermana mediana, la que estiró su metro ochenta de estatura hasta ponerse en pie y gritar: «Muy bien, pero mi hermano es un estudiante de honor. ¿Qué decís de eso?».

Los gritos cesaron.

Sin embargo, eso solo era el principio. Kobe era cada vez más famoso, y el interés a su alrededor se disparó. Los partidos de Kobe se habían convertido en una prioridad para la familia, hasta el punto de que Shaya —la pívot titular del equipo de baloncesto femenino, que promediaba más de trece puntos por partido— se saltó un par de partidos para ir a ver a Kobe. «Y, por supuesto, perdíamos —dijo Tolbert, una de las compañeras de equipo de Shaya—, porque ella era a quien todo el mundo temía, y yo solo medía 1,55.» El círculo que le rodeaba era extremadamente fiel. Los relatos sobre el talento de Kobe se extendían por toda Filadelfia y las afueras; partían de los cotilleos en los vestuarios, de las reuniones de los entrenadores y de los intercambios de opiniones entre los ojeadores de las universidades; gran parte de las habladurías tenían una base real. Jeremy Treatman, que seguía trabajando para *The Inquirer*, hablando regularmente con Joe y poniéndose al día con Kobe una vez a la semana, así como visitando los entrenamientos y los partidos de Lower Merion, no pudo convencer a sus editores de que Kobe merecía un perfil en el periódico o incluso algo mejor, pero pronto tuvo un medio alternativo a su disposición.

Empezó a trabajar como productor y reportero en *The Inquirer High School Sports Show*, un programa de televisión semanal patrocinado por el periódico que solía hablar de los méritos de los atletas locales. En cuanto llegaran las eliminatorias del distrito y empezara a aumentar el interés, podría contar la historia de Kobe. Hasta entonces, para conocer a Kobe había que estar cerca de él, asistir a los partidos o leer los diarios y semanarios locales de Main Line y del condado de Delaware. Sin embargo, los rumores se fueron extendiendo.

En el partido por el campeonato del Torneo del Rotary de Ardmore, justo antes de año nuevo, Lower Merion iba por detrás de Malvern Prep por seis puntos; cuatro abajo después del tercer cuarto. En los primeros minutos del partido, cuando Kobe tuvo un comienzo frío como el hielo (falló doce de sus primeros quince tiros), un grupo de estudiantes y aficionados de Malvern trató de ponerle nervioso con otro cántico, menos denigrante que el de Penncrest: «¡Sobrevalorado! ¡Sobrevalorado!». El silencio habría sido lo más prudente. Los Aces dominaron a Malvern en el último cuarto: ganaron 71-64; Stewart anotó diecinueve puntos, y Pangrazio, diez, pero un jugador marcó la diferencia: Kobe anotó veinte puntos en el último cuarto y terminó con treinta y seis. No se limitó a acumular números ofensivos llamativos o a realizar jugadas y movimientos impresionantes para su propia diversión. Estaba haciendo que su equipo fuera mejor de lo que lo había sido desde hacía una generación o más. A falta de hacer que Kobe entrenase con los ojos cerrados y con pesas en las piernas, Downer se esforzó por crear escenarios y obstáculos que pusieran a su estrella a prueba. Como Monsky y Stewart se complementaban tan bien en la línea exterior, Kobe jugaba con frecuencia en el poste bajo, de espaldas a jugadores de menos altura, lo que llevó a Downer a pedir a Brendan Pettit, un corpulento jugador de segundo año de casi dos metros que jugaba principalmente en el equipo JV, que no solo entrenara con el equipo universitario, sino que también lo hiciera con Kobe. Pettit se consideraba a sí mismo un jugador duro que no se achantaba ante nadie; no le suponía un problema dar un codazo o dos si eso significaba coger un rebote o intimidar a un oponente. Hizo lo mismo con Kobe y, en varias ocasiones, los empujones entre ambos estuvieron a punto de acabar en una pelea a puñetazos. Pero aparte de Pettit y su tamaño y tenacidad, ninguno de los otros compañeros de Kobe podía ofrecerle mucha resistencia; en lugar de que el entrenador tuviera que inspirar al jugador más dotado de su equipo, Downer sintió que tenía que demostrarle su propia competitividad y ética de trabajo a Kobe. Así pues, le animó a participar en concursos de triples y tiros después de cada entrenamiento; luego les rogó a Egan y Pangrazio que se unieran a ellos: dos contra dos, entrenadores contra jugadores. ¿Puedes hacer un tiro de media cancha? ¿Puedes encestar desde la línea de fondo? No se trataba de sesiones para hacer el tonto y perder el tiempo. Kobe mejoraba con ellas, y Downer creía que tenía que demostrarle que podía entrenarle con la misma disciplina y autoridad con la que entrenaba al resto del equipo. Y vencer a Kobe en un juego de B-U-R-R-O, humillándole de vez en cuando como solía hacer Joe en la entrada de la casa de los Bryant, era una de las mejores maneras de recordarle quién era el jefe. «Necesitaba desafiarlo —dijo Downer—. No podía mimarlo. Si quieres todas estas cosas, si quieres la NBA y la grandeza de la que hemos hablado, tienes que dejar que te entrene duro. Voy a ser duro contigo. Aquí hay unas normas y tienes que seguirlas. Todas las sesiones de tiro después de entrenar ayudaron.» Los concursos se prolongaron tanto que, justo cuando el entrenamiento estaba terminando, Downer, Egan y los demás asistentes empezaban a discutir sobre quién se quedaría y jugaría con Kobe durante un par de horas…

«Oye, tío, tengo trabajo que hacer…» «Sí, pero yo he quedado con mi novia a las siete.» Por su parte, Pam empezó a llamar a Downer y al nuevo director del colegio, Jack Maher, para quejarse de que hacían llegar a su hijo tarde al colegio, cuando en realidad era al revés.

«Por eso será diferente a su padre —le dijo Joe Bryant, el abuelo de Kobe, a un periodista—. Recuerdo que Joe era un gran jugador en el instituto y en la universidad, pero ahora Kobe está haciendo cosas que Joe empezó a hacer en su primer año en la universidad.»

La racha de victorias de los Aces se había prolongado a ocho partidos antes del primero de sus dos encuentros de la temporada contra Ridley, cuyo entrenador, John DiGregorio, había extramotivado a Kobe. «Si se mantiene a Kobe en quince puntos —había declarado DiGregorio a un periódico local—, ganaremos por treinta.» Kobe consideró la teoría como un desprecio a sus compañeros de equipo, y después de que Monsky recibiera cuatro faltas tempranas, incluida una técnica, que le relegaron al banquillo desde el segundo cuarto hasta el último, Kobe le sustituyó como base y saboreó su papel como creador de juego. «Dan me dijo que estaba inspirado —dijo Kobe después del partido—, así que empecé a buscarlo.» Kobe subía el balón, se lo pasaba a Pangrazio, que, solo en una esquina, anotaba de tres o asistía a Griffin. Rob Knox, el corresponsal que cubría el partido para *The Philadelphia Inquirer*, había visto jugar a Kobe antes, pero nunca lo había visto jugar de aquel modo. «No tenía que anotar —recordó Knox—. Estoy seguro de que podría haber anotado si hubiera querido, pero aquel fue un partido en el que confió de verdad en sus compañeros.» Esta vez, en un partido entre Lower Merion y Ridley, no hubo un final embarazoso con solo cuatro jugadores en la cancha. No hubo ningún drama, ni canastas sobre la bocina, ni nada que aplastara el ánimo de los Aces. Esta vez, Pangrazio anotó veintitrés puntos, Griffin, diez, y Kobe, solo quince; pero, milagro de los milagros, repartió diecisiete asistencias, siempre encontrando a tiradores abiertos..., solo para hacer que DiGregorio se tragase sus propias palabras. Resultado final: 59-37.

Después, esa misma semana, en una victoria demoledora por 90-61 contra Strath Haven, volvió a su estilo de juego habitual, con unas estadísticas épicas: catorce canastas de campo de dieciocho intentos, diez tiros libres encestados en once intentos, cuarenta puntos, ocho rebotes, cuatro tapones... Y todo sin jugar ni un segundo en el último cuarto porque Lower Merion entró en el marcador con una ventaja de treinta y cuatro puntos. Downer se apiadó del rival sin saber cuántos puntos llevaba ya Kobe. «Algún día —dijo después del partido—, conseguirá cincuenta.» Sin embargo, lo que más le gustó a Kobe de su propia actuación fueron los dos triples que anotó. No había hecho uno en seis partidos; redescubrir su gran tiro fue un gran alivio. «Lo necesitaba», declaró.

Sin embargo, esas victorias en la Central League, por muy satisfactorias que fueran, no eran del todo fiables. Los partidos fuera de liga que Downer había programado sí lo serían. El cuerpo técnico había pensado en ellos desde la pretemporada, tanto que influyeron en la estrategia defensiva de Egan y pusieron a prueba la paciencia y la obstinación de Kobe. El sistema de Egan exigía que los escoltas y los aleros presionaran el balón y atrajeran al driblador hacia un dos contra uno o un *trap*; asimismo, exigía que Kobe, jugando en el poste, se enfrentara a su oponente en todo momento. Al principio, Kobe no entendía la idea de Egan, que argumentaba que debía jugar por delante de su oponente. «Taponaré todos los tiros», dijo, y en un entrenamiento de pretemporada al que asistió Joe, este planteó la misma objeción. Egan se lo explicó: en primer lugar, el objetivo principal de la defensa era acelerar el ataque del equipo contrario, acosarlo para que tomara malas decisiones, forzar las pérdidas de balón y los tiros precipitados. Para ello, Kobe tenía que ser capaz de esprintar hacia el lateral o la línea de fondo para crear un dos contra uno, y no podía hacerlo si jugaba detrás de su hombre en el poste. En segundo lugar, el hecho de que Kobe tratara de taponar todos los tiros estaría bien contra los pívots y ala-pívots de la Central League, pero un equipo superior, con jugadores de poste más altos, más atléticos y mejores, iría directamente a por él, con el riesgo de que Kobe se cargara de faltas. La discusión de Egan con los Bryant duró diez minutos. «Eso suena muy bien —dijo Joe—, me gusta.» Fue la última vez que cuestionó a Downer o a Egan. Y Kobe no volvió a jugar por detrás de su hombre en el poste.

Los Aces tenían la primera oportunidad de poner a prueba ese entrenamiento: fuera de casa, contra *Rip* Hamilton y un equipo de 12-3. Nada en aquella cancha era reconfortante. El gimnasio parecía el Superdome de Luisiana. Había un marcador en el que parpadeaban los números de los jugadores que estaban en la cancha y que llevaba la cuenta de sus puntos y faltas, algo alucinante para los Aces. Los equipos no tenían antecedentes recientes entre sí. Tenían que haber jugado la temporada anterior, pero el partido se había cancelado por culpa de una tormenta de nieve, lo que significaba que Hamilton seguía siendo una figura tan mítica y misteriosa para la mayoría de los entrenadores y compañeros de equipo de Kobe como Kobe lo era para los de Hamilton. Downer les explicó a los Aces que la estrella de Coatesville, astuto y con un juego veloz, que penetraba y ponía en marcha a sus compañeros en un momento dado y al siguiente destrozaba la defensa con sus tiros y saltos de media distancia, sería el mejor jugador al que se enfrentarían en toda la temporada. Asimismo, cuando alguien le dijo a Hamilton por primera vez que había un escolta en Lower Merion de su edad, de su tamaño, con mejor rango de tiro y un juego más estiloso, que podía hacer todo lo que Hamilton podía hacer y algunas cosas que no, le pareció incomprensible. Hamilton rara vez había jugado un partido de baloncesto fuera de Coatesville. No había sido tutelado y mimado como Kobe —se había presentado a su primera prueba de baloncesto en el instituto con zapatos de plataforma sin tacos— y le había costado procesar la posibilidad de que, comparado con cualquiera, él fuera el jugador menos importante. «¿Lower Merion? Allí no hay niños como los del barrio donde crecí —pensó Hamilton—. Es como una escuela privada. Todavía no es tan bueno como yo. Todavía no me supera.»

«Oyes hablar mucho de un chico que se supone que es bueno —dijo Rick Hicks, entrenador asistente de Coatesville—, y piensas que tienes a uno de los mejores jugadores de la zona. En el aspecto técnico, te preguntas si hay alguien mejor que él. Habrá que verlo. Y el estilo de Kobe resultó ser extraordinario, y no estoy hablando de un estilo arrogante. Era: "Te digo que voy a robar el balón, y lo robo. Te digo que voy a hacer esto, y lo hago".»

La actuación de Kobe esa tarde encarnó ese espíritu. Los Red Raiders usaron una defensa mixta «caja y uno»; durante un tiempo muerto, Downer dijo al resto del equipo: «Vais a tener que tirar vosotros para que ganemos». Stewart, Pangrazio y Jermaine Griffin lo hicieron; el trío combinó cuarenta y tres puntos, cada uno de ellos alcanzó las dos cifras; Lower Merion ganaba por dos a menos de diez segundos del final del partido. Pero Hamilton, desde el ala derecha, hizo un reverso, dejó atrás a Kobe y anotó a falta de cinco segundos: prórroga. En el tiempo extra fue eliminado por faltas cuando quedaban setenta y cinco segundos para el final: terminó con veintiún puntos; no obstante, Coatesville todavía tenía una ventaja de cuatro puntos. En la NBA, e incluso en el baloncesto universitario, remontar una desventaja de cuatro puntos en el último minuto es poco factible. Pero es que en el baloncesto de instituto, una desventaja como esa significaba que los Aces estaban prácticamente acabados.

Veinticinco años después, Jim, *Scoogie,* Smith podía verlo todo claramente en su mente; todavía le producía una punzada de dolor y admiración. Al igual que Hicks, Smith era asistente del entrenador de Coatesville aquel día (al año siguiente asumió el cargo de entrenador jefe) y se puso en pie cuando un jugador de Lower Merion recogió un rebote en defensa y conectó con Kobe para salir al contraataque. Kobe se lanzó a la derecha, hacia la línea de banda; tras cuatro quiebros, cruzó la mitad de la cancha. «Lo más asombroso —dijo Smith— fue que una vez que cruzó el medio del campo, no hizo lo que la mayoría de los jugadores hacen. No lanzó un tiro con una mano. Hizo otro par de fintas y lanzó un tiro en suspensión.»

Kobe estaba justo delante de Smith y Hicks y del banquillo de Coatesville, a seis metros de la canasta, cuando se levantó para lanzar. Hicks pensó: «Es imposible que ese tiro entre».

Y el tiro entró.

Ahora estaban a un punto. Los Aces cometieron una falta para detener el reloj. Un jugador de los Red Raiders falló el primer tiro de un uno más uno. Kobe recogió el rebote y, de nuevo, condujo el balón hacia arriba por la banda derecha. Esta vez, recortó hacia su izquierda, esquivando a un defensor cerca de la línea de tiros libres, y se deslizó en la zona, lanzándose hacia arriba en un gran salto. El balón cayó como una pluma a través de la red de la canasta cuando quedaban dos segundos. Lower Merion 78, Coatesville 77. Más tarde, en casa, Hamilton reprodujo el partido en su cabeza, comparándose con Kobe y sintiéndose inferior: «Tío, no eres lo que pensabas que eras».

«Ese pudo ser el mejor partido de baloncesto que hemos jugado en todos los años de Kobe», dijo Egan.

Los Aces se ducharon, se cambiaron y llevaron sus bolsas de lona a la cancha para saludar a sus familiares. Monsky había jugado todo el partido sin anotar, y Shaya Bryant miró el marcador gigante de Coatesville, que aún brillaba con las estadísticas finales de los jugadores. Allí, junto al número 31, el de la camiseta de Monsky, había un 0. Junto al número 33 de Kobe había un 32. Shaya aprovechó la oportunidad para burlarse del compañero de equipo de su hermano menor.

—¿Cero puntos, Ev? —dijo—. Tiene que ser broma.

—Shaya —respondió Monsky—. Allí no aparecen las asistencias.

A pesar de aquella réplica, Monsky sintió un pinchazo en su orgullo. Primero Kobe había sido nombrado capitán por delante de él. ¿Ahora Shaya lo humillaba? ¿Cuántas veces tenía que recordarle que no estaba a la altura de Kobe? Sin embargo, el escozor no duró mucho tiempo. Antes de otro partido ese mismo mes, mientras los capitanes de los equipos hablaban con los árbitros en la mitad de la cancha, Kobe se escabulló, volvió corriendo al grupo y agarró a Monsky y Stewart. «Vamos —les dijo—. Vamos al círculo.» Desde entonces y hasta el final de la temporada, Monsky y Stewart se unieron a él antes de cada partido.

«Eso siempre se me quedó grabado —dijo Monsky más tarde—. Ser capitán de un equipo de instituto, ¿a quién le importa? Te das la mano con los otros capitanes. No es nada. Pero para un chico de diecisiete años, es importante, y el hecho de que se desviviera por nosotros fue algo que aprecié mucho. Nunca pude mencionárselo.»

Un comienzo brillante —victorias en los primeros cinco partidos— hacía presagiar que los Explorers de La Salle podrían volver a un lugar destacado en el baloncesto de Filadelfia y quizá del país. En cambio, el equipo se tambaleó hasta alcanzar un récord de cincuenta por ciento de victorias, 13-13, antes del torneo de la Conferencia Colegial del Medio

Oeste de 1995. La mediocre temporada fue un microcosmos de las circunstancias y la toma de malas decisiones que plagaban el programa, de los estudiantes y exalumnos apáticos al ver al equipo enfrentarse a rivales, de Illinois y Wisconsin, oponentes que no tenían ninguna rivalidad ni conexión emocional con La Salle y los aficionados al baloncesto de la Costa Este. El Civic Center tenía capacidad para diez mil personas; los Explorers eran afortunados si atraían a dos mil para un partido. Cierta noche, un periodista deportivo de Filadelfia observó el cavernoso estadio desde la fila de la prensa y bromeó: «¿Sabes?, si pusieras a todo el mundo en este lado en la cancha, no le pitarían a nadie tres segundos en zona».

La decisión de *Speedy* Morris de contratar a Joe Bryant como ayudante de entrenador tampoco le reportó ningún beneficio material. A los jugadores les caía bien —¿a quién no le gustaba Joe personalmente?—, pero sus obligaciones como entrenador y su trabajo solían parecerle menos importantes que el próximo partido de Kobe. En un entrenamiento, mientras los Explorers estaban perfeccionando una jugada en ataque, Joe se metió en medio del ejercicio y lanzó un duro golpe a Paul Burke, el base titular del equipo, que hizo que el chico cayera al suelo.

«Joe —dijo Morris—, ¿qué demonios estás haciendo?»

La idea de que el baloncesto no despertaba más que un interés pasajero en los alumnos de Lower Merion o en la comunidad circundante se desvanecía con cada victoria, con cada momento espectacular de Kobe. La cultura de la escuela se estaba reajustando; se estaba eliminando el estigma de la arrogancia y la chulería asociadas al deporte, y él estaba en el centro del cambio. Dan Gross, compañero de clase de Kobe, que llegó a ser columnista de cotilleos del *Philadelphia Daily News*, era aficionado a la música *punk* y no había seguido a ninguno de los equipos deportivos de la escuela; los fines de semana prefería reunirse con sus amigos para asistir a conciertos en salas de bomberos, en los sótanos de las iglesias o en el Trocadero, un teatro histórico del barrio chino de Filadelfia. «Pero había algo atractivo en todo aquello —recuerda—. Era contagioso saber que había alguien tan bueno en tu escuela. Ver a Kobe jugar a ese nivel, arrollando a todos los demás en el instituto, fue lo que nos hizo prestar atención por primera vez.»

Una de las primeras reglas que Maher impuso como director fue acabar con el Día del Novato y las inocentadas inherentes. En este sentido ayudó que, en el programa de baloncesto masculino, que se estaba convirtiendo en el deporte más popular del campus, el entrenador principal nunca las había permitido y que el mejor jugador, que todo el mundo percibía igualmente respetuoso con los profesores y los estudiantes, nunca hubiera participado en ellas. «Los deportes se habían degradado un poco en Lower Merion, por la razón que fuera —dijo Maher—, y creo que eso hizo que volvieran a funcionar. Estaba bien probar los deportes. No tenías que ir a una escuela privada y jugar. Podías quedarte en Lower Merion y jugar.» Cuando se acercaba la competición anual Hoop It Up de tres contra tres, que los equipos de Kobe habían ganado tres años seguidos, Maher se topó con él una mañana fuera de la oficina del director y le preguntó si iba a competir ese año. «No lo sé», le dijo Kobe. Maher le sugirió que, en lugar de volver a arrasar en el torneo y dejar que los demás estudiantes se sintieran algo frustrados, Kobe debería arbitrar, y él estuvo de acuerdo. «Entendió quién era», declaró Maher.

Cuando se trataba de baloncesto, había pocas dudas al respecto. Sterling Carroll, el capitán del equipo de atletismo, que pensó en gastarle una broma a Kobe durante su primer año, pero que se lo pensó dos veces, intentó reclutarle para que compitiera en atletismo. «Al menos podrías probar el salto de altura», le dijo Carroll. Pero Kobe no picó. «Era una de las personas más centradas que he visto nunca —dijo Carroll—, y su dedicación exclusiva era el baloncesto.» Una tarde, Jimmy Black, un entrenador asistente de Notre Dame, acudió a un entrenamiento para ver a Kobe. Después, se le acercó para presentarse; Kobe se mostró cordial, pero poco entusiasta. Cuando le llevó a casa esa noche, Egan le preguntó si sabía quién era Black. «Sí, asistente de Notre Dame», dijo Kobe, desplomado en el asiento del copiloto. «Hay algo más que eso», señaló Egan. Black había sido el base titular del equipo campeón nacional de Carolina del Norte en 1982..., con Michael Jordan. De repente, Kobe se incorporó, con una oleada de emoción. «¿Jugó con Mike?», dijo. «¡Oh, Dios mío! ¿Dónde está ahora? ¿Podemos ir a hablar con él?» La perspectiva de jugar al baloncesto y obtener un título en la universidad católica más prestigiosa del país no le convencía; lo que contaba era la familiaridad y proximidad de Black con Jordan. «No estaba realmente interesado en Notre Dame ni en Jimmy Black.»

En todo lo que no era el deporte —su identidad, su inteligencia, su vida social—, Kobe seguía aprendiendo y probando. Solo en determinadas circunstancias y situaciones, con ciertas personas, bajaba la guardia y se abría; sus amigos y familiares creían que se debía a su sensación de ser diferente a los demás adolescentes, a su reconocimiento de que necesitaba tiempo para adaptarse a la cultura estadounidense. «Cuando vino de Italia —dijo su compañera de clase y amiga Susan Freeland—, vio que podíamos ser groseros, hablar rápido, hablar por encima de los demás. Somos de Filadelfia. Eso no es normal allí, en Italia. Él todavía estaba aprendiendo inglés. Era más tranquilo. Se acercó a nosotros y parecía reflexivo.» Sería fácil pensar que su futuro en el baloncesto era lo único en lo que pensaba, que su obsesión por el deporte ocupaba su existencia. Es mejor y más acertado considerar la grandeza en el deporte como el destino al que se dirigía, y entender que, para ayudarle en el camino, utilizaba todos los recursos y habilidades que había a su disposición. Tener una tutoría extraescolar para una clase de geometría no era una tarea, sino un reto. Egan le preguntó cómo le iba. «Bien, muy bien —le respondió Kobe—. Esta mierda es divertida.» Sacar 1080 en la selectividad no era para él un logro que, combinado con sus proezas deportivas, le permitiera entrar en Duke o Notre Dame, o en otra universidad de la Ivy League. En cambio, era un reflejo de quién era y de lo que podría hacer. Podía ir a cualquier universidad que eligiera, y allí evolucionar. Pero no era necesario que fuera.

«Es como el dicho, demasiado de una sola cosa puede ser malo, ¿no? —dijo su primo John Cox—. Pues no para él, porque sabías que esa era su pasión. Encontró su pasión muy pronto, pero no perdió la perspectiva global. Leía. Era un gran lector. Leía de todo. Se centraba más en leer a aquellos que dominaban su oficio, para ver lo que hacían y cómo salían adelante, y captar pequeños detalles. Seguía haciéndolo por el baloncesto, pero eso no era todo. Estaba leyendo para ayudarse a sí mismo a ser más culto y educado. Como no salía ni iba a fiestas, seguía relajándose y pasando tiempo con su familia. Eso lo mantenía realmente conectado a la tierra para que no pensáramos que tenía una sobredosis de balón. No parecía una sobredosis. Trabajaba mucho, pero no perdía el equilibrio.»

Acudía a las reuniones de Student Voice cuando podía, y se pasaba por la biblioteca para preguntar a Katrina Christmas, la moderadora de la organización, qué temas se tratarían en el siguiente orden del día. Cuando asistía, no tomaba las riendas y dirigía la reunión, pero se sentaba en un pupitre y desplegaba sus largas piernas en el pasillo, levantaba la mano para contribuir a la discusión y hacer sugerencias, bromeaba y se reía, y Christmas apreciaba que, incluso con su devoción por el baloncesto, hiciera el esfuerzo de estar allí. Deirdre Bobb, un año más joven que Kobe y miembro de Student Voice, se dio cuenta de que Kobe siempre parecía tener al menos una chica siguiéndole en la reunión o de clase en clase. Le gustaba la atención, pero parecía ser modesto al respecto; a Bobb le gustaba eso de él. Christmas se dio cuenta de algo más: a varios alumnos negros, algunos nacidos en West Philly y otros criados en Ardmore, no les gustaba Kobe. Dudaban y cuestionaban que fuera consciente de su raza. Era una acusación de la que no podía escapar ni en la cancha de baloncesto ni en los pasillos del instituto.

«Envidia, le tenían envidia —dijo Christmas—. Decían: "No sabe jugar al balón porque nunca ha estado jugando en la calle". No era lo mismo para ellos. Eres diferente cuando juegas en la calle. Te empujan. Te derriban. Te ensucias. Decían que él era más cursi. Yo entendía lo que decían, pero ellos no conocían su corazón.»

«Eso va unido a ser negro y tener que entrar en un círculo diferente. Siempre sientes que tienes que probarte a ti mismo. Estoy seguro de que hay días en los que eso le entristece. Esas cosas te afectan después de un tiempo. Realmente lo hacen.

Realmente te afecta que la gente te juzgue por lo que ve en el exterior y no en el interior. Tienes que hacer lo que sea para demostrarles algo: "Oye, tío, soy humano, como tú".»

Kobe resultó ser un chico que desafiaba las categorías, que disfrutaba siendo un individuo, que se contentaba con conectar con cualquiera a través de cualquier interés o rasgo que pudieran tener en común, siempre que pudiera canalizarlo hacia su pasión, hacia lo que más amaba en el mundo. En febrero de 1995, el coro de Student Voice ofreció un concierto coincidiendo con el Mes de la Historia Negra, en el que se interpretó música de Aretha Franklin, Lena Horne y Cab Calloway. Después de oír cantar a Deirdre Bobb, Kobe le hizo una propuesta: ¿interpretaría el himno nacional antes de un partido de baloncesto? Al principio, ella se mostró reacia, pero después de que lo hiciera la primera vez, Kobe insistió en que cantara el himno antes de cada partido de Lower Merion; no saldría a la pista si primero no oía su voz. «Se convirtió en algo tan importante —dijo Bobb— que me aseguré de estar en todos los partidos, incluso en los de fuera. Les decía a los organizadores: "Escuchen: conozco a una chica en el público y su voz es increíble. Quiero que cante y abra el partido antes de que salga el equipo". Me sentí muy honrada.» Bobb siempre mantenía los ojos cerrados durante el himno; solo los abría en las últimas estrofas. Entonces miraba al equipo y a Kobe, con la cabeza inclinada y los ojos cerrados. Siempre, una vez que terminaba, «él abría los ojos y me dedicaba la mayor sonrisa con los dos pulgares hacia arriba: "Muy bien, Deirdre. Estoy listo para jugar"».

La victoria de Coatesville fue la duodécima consecutiva de los Aces, y la racha se prolongaría durante otros nueve partidos. Llegaron a veintiuna victorias, un nivel con el que sus entrenadores, jugadores y seguidores no estaban familiarizados. Chester continuaba siendo una amenaza para todo el distrito; los Clippers habían perdido cinco partidos, claro, pero eran sólidos, ni Kobe ni Downer perdían de vista lo buenos que eran realmente. Sin embargo, la racha de victorias no hizo sino aumentar la confianza del equipo. Griffin anotó veinticinco y veinticuatro puntos en dos partidos consecutivos, uno de ellos una victoria de once puntos sobre Glen Mills, y el otro una victoria de doce puntos sobre Haverford en la que Kobe, enfermo de gripe, se pasó gran parte del partido escupiendo flemas en una bolsa de papel y temblando en el banquillo. Pam le cubría con su chal rojo. Aun así, anotó treinta y seis puntos. Pangrazio encestó ocho tiros libres consecutivos en el último cuarto para vencer a Marple Newtown. En la victoria por 76-70 contra Ridley, que supuso el primer campeonato de liga para Lower Merion desde hacía más de una década, Kobe estableció su último récord de puntos en su carrera, con cuarenta y dos. «Sentíamos que ese era nuestro año», dijo. Dave Rosenberg, cuyos padres no eran originarios de la zona, sabía poco del baloncesto escolar de Filadelfia y de sus rivalidades. Se quedó perplejo al ver que Downer, Egan y los demás entrenadores de los Aces reaccionaban a la victoria de Ridley como si hubieran ganado la Super Bowl, y no fue el único jugador que reaccionó igual.

«Ridley estaba en la liga —recordó Rosenberg—, y Kobe dijo: "No es a Ridley a quien realmente queremos ganar".»

El último partido de la temporada regular de Lower Merion, contra Saint Anthony en Jersey City, no fue el típico entrenamiento para la postemporada. Los Friars, que siempre estaban entre los diez mejores equipos de secundaria del país, tenían un balance de 19-2. Si Downer esperaba que enfrentarse a ellos en su terreno, en sus condiciones, fuera un buen termómetro del talento y la dureza de su equipo, el partido acabó poniendo a prueba la determinación de los Aces más de lo que podría haber imaginado. Stewart no jugó (tenía gripe); en el segundo cuarto, Monsky se lanzó al contraataque y cuando saltó para encestar chocó con un jugador de Saint Anthony. Al caer, se astilló un hueso de la muñeca izquierda y se perdió el resto del partido.

Hurley nunca había visto jugar a Kobe en directo; a pesar de contar con un grupo de amigos, informadores y contactos en el mundo del baloncesto, no tenía muchos datos sobre él. «No teníamos mucha información —dijo Hurley—, aparte de que era un gran jugador en el uno contra uno.» Los equipos de Hurley solo jugaban en defensa hombre a hombre; para motivar a sus jugadores y tratar de hacer que la tarea de contener a Kobe pareciera más manejable, les exhortaba en el corrillo: «A lo largo de los años han entrado en este gimnasio muchos jugadores mejores que ese tipo». Egan escuchó lo que dijo Hurley y lo interpretó como un insulto a Kobe, pero los Friars demostraron que su entrenador tenía razón. Mantuvieron a Kobe en veintidós puntos y nunca se quedaron atrás en su victoria por 83-67. Para Lower Merion, el coste de esa victoria, más allá del marcador, fue considerable.

Monsky tendría que jugar con su brazo izquierdo envuelto en un vendaje que mantenía forrado de espuma de poliestireno para proteger su muñeca lesionada, y los *playoffs* del distrito comenzaban solo dos noches después. Los Aces tenían un registro de 21-3 y eran el segundo clasificado en el torneo de treinta y dos equipos, solo por detrás de Chester. Pero no iban a llegar en condiciones óptimas. Kobe tendría más presión que nunca.

«Decidí pasar la mayor parte de mi tiempo libre —las noches, los fines de semana— yendo a gimnasios y jugando al baloncesto. Yo solo.»

KOBE BRYANT

11

El hoyo

Para los Sixers de Filadelfia de 1994-95 no había viajes cortos. Cuando John Lucas, su entrenador y director general, regresó a finales de febrero de uno de ellos —tres partidos en cinco días, todos en la Costa Oeste—, recibió con una mezcla de cansancio y desconcierto una sorprendente afirmación de su esposa, Debbie. Aquellos Sixers eran terribles, terribles de una manera que solo parece divertida en retrospectiva. Acabaron 24-58 y sextos de los siete equipos de la División Atlántica de la NBA; en muchos aspectos, llevaban años de retraso. Había hasta diecinueve jugadores de la plantilla que podían jugar cualquier noche. Shawn Bradley, un pívot al que el equipo había seleccionado con el número 2 del *draft* de 1993, tenía tantos problemas para fortalecer la parte superior del cuerpo y ganar peso que el personal del equipo le llevaba tartas de queso a los entrenamientos. Se empachaba y luego vomitaba.

Por su temperamento, su filosofía y su historia personal, Lucas podría haber sido el entrenador perfecto para ese equipo. Alcohólico en rehabilitación y adicto a las drogas, cuyos demonios persiguieron y casi destruyeron su carrera como jugador de la NBA durante catorce años, era extremadamente optimista y creía profundamente que todo ser humano era capaz de redimirse, sin importar la gravedad de sus errores o el daño que hubieran provocado. Le gustaba decir que uno aprende a ser humilde cuando se desmaya en el suelo del baño y sus hijos tienen que pasar por encima de él por la mañana. Estaba dispuesto a ver cualidades positivas en la gente, incluidos los jugadores de baloncesto, que otros podrían no ver, aunque esto no le hiciera ser un entrenador especialmente bueno. Los Sixers habían perdido los tres partidos del viaje, el último por treinta puntos en Denver contra los Nuggets. Las derrotas estaban pasando factura a Lucas, pero la situación tenía su lado positivo. Trasladarse a la zona de Filadelfia le permitió reforzar su amistad con su compañero de cancha en la Universidad de Maryland, Mo Howard, y él y su familia se habían instalado en un bonito barrio, en un excelente distrito escolar, justo al oeste de la ciudad.

Debbie y él se conocían desde que se enamoraron de adolescentes en Durham, Carolina del Norte, y ella siempre le había dicho que era el mejor jugador de baloncesto que había visto nunca en el instituto. Pero cuando Lucas cruzó la puerta de su casa, descubrió que alguien le había quitado ese honor.

«Por fin he visto a un jugador de baloncesto de instituto mejor que tú», dijo Debbie.

Él no tenía ni idea de a quién se refería, a pesar de una sutil pista que le pasó desapercibida: su hija Tarvia estaba en el tercer año de Lower Merion.

A pesar de su poca experiencia en los partidos de postemporada y la muñeca rota de Monsky, los Aces superaron las dos primeras rondas del torneo de distrito, y luego consiguieron vencer a Norristown por 75-70 en los cuartos de final con treinta y cinco puntos de Kobe (uno en el primer cuarto, seis en el segundo, once en el tercero y dieciocho en el cuarto; además, sumó doce rebotes y ocho tapones). La victoria les aseguró un puesto en las eliminatorias estatales… y un enfrentamiento cinco días después contra un enemigo conocido: Coatesville. Sin embargo, a pesar de todos los objetivos de Downer, todos sus discursos al equipo sobre el esfuerzo de jugar en la sagrada Palestra en las semifinales, la mayoría de los jugadores no sabían lo que era el torneo del distrito. Solo sabían que «si ganamos, tenemos entrenamiento mañana. Que alguien traiga rosquillas… Oh, ¿el pabellón está lleno? Genial. ¿Dónde es el próximo? ¿En la Palestra? Impresionante». Todo era nuevo y estimulante. Contar con Kobe en sus filas estaba ampliando la concepción de lo que era el baloncesto de Lower Merion, de cómo podía y debía jugar el equipo, de lo que eran capaces de conseguir. Downer lo sintió en las jugadas que planeaba en el corrillo antes de volver al campo.

Por ejemplo, un *alley oop*. Downer había dudado si intentarlo. En primer lugar, porque no estaba seguro de tener un jugador capaz de recibir un pase cerca del aro y encestar; en segundo lugar, porque el *alley oop* requiere un alto grado de sincronización y precisión, improbable entre jugadores de instituto. «Un mal pase destroza una jugada —dijo—. Esa es la conexión clave.» Pero con Kobe todo lo que se necesitaba para que un *alley oop* funcionara era quizás una buena puerta atrás y un pase que flotara a menos de medio metro del aro. Kobe lo podía coger incluso con una sola mano y adentro. «Recuerdo que un día, mientras conducía, pensé: "No existe un pase de *alley oop* imposible para este chico" —dijo Downer—. Una vez lo alcanzó por detrás de la cabeza y lo metió sin rozar el aro. Era como Grant Hill o Penny Hardaway. ¿Cómo podía ser diferente? Y cuando tienes a Grant Hill o a Penny Hardaway en tu equipo…, cuando tienes a Michael Jordan en tu gimnasio…, ¿hay algo imposible?»

El reverso de esa pregunta, por supuesto, era aterrador: ¿qué podría pasar si Kobe no estuviera allí? En el partido contra Coatesville, obtuvo su respuesta.

La noche antes del partido, un periodista del *Philadelphia Inquirer* llamó a William Duffy, subdirector de asuntos académicos de la Roman Catholic High School. Había rumores de que Kobe Bryant se trasladaría a Roman para cursar su último año, y sí, Duffy también los había oído. Pero el papeleo para el traslado de cualquier estudiante pasaba por su oficina, y los Bryant no se habían puesto en contacto con él. «Lo que sé de la situación —le dijo Duffy al reportero— es que ese rumor no es cierto.» Esto preocupó un poco a Downer. Que Donnie Carr, amigo de Kobe y competidor de la Sonny Hill League, fuera a Roman daba más credibilidad a estos rumores, y Downer siempre había estado atento a los chismorreos sobre el traslado de Kobe, ya desde que estaba en octavo. Por ejemplo, poco después de que los Bryant se mudaran a Wynnewood desde Italia, Joe Bryant se puso en contacto con Jim Fenerty, el entrenador de la Germantown Academy, una prestigiosa escuela preparatoria del condado de Montgomery, para averiguar si le interesaba tener a Kobe en el equipo. «Enseguida me imaginé que sería un buen entrenador», dijo Fenerty. Kobe llegó a hacer la prueba de ingreso en la escuela y a ser aceptado, pero como la GA no concedía becas deportivas, ya que sus alumnos solo recibían ayuda económica en función de sus necesidades, Joe decidió que fuera a Lower Merion. A decir verdad, Fenerty intuía que Kobe no era el que presionaba para ir a Germantown, que el chico habría estado igual de contento de asistir y jugar en su escuela pública local, y Downer tampoco captó jamás inquietud alguna por parte de Kobe. «Ayudó que sus hermanas estuvieran asentadas en el instituto —recuerda Downer—. Si la misma situación ocurriera ahora, Kobe estaría en un avión hacia alguna escuela del IMG.» Pero lo que no sabía entonces era que había conquistado a Kobe para siempre la primera vez que se vieron. «Sabía que Lower Merion era el lugar adecuado para mí, incluso cuando estaba en octavo —dijo Kobe en cierta ocasión—. En realidad, no conocía mucho al entrenador Downer, pero que me aceptara cuando estaba en octavo para jugar en el instituto y entrenar con su equipo, que me permitiera quedarme después de los entrenamientos y trabajar en mi juego, me convenció de que no había otro lugar. Nunca fueron ciertos esos rumores que corrían por ahí.»

De hecho, aquella noche hubo una conversación, antes del partido, que tuvo una influencia mucho mayor en el futuro de Kobe. Joe había dejado el frío de finales del invierno a las puertas de la Palestra; al caminar por el pasillo de paredes de hormigón, abriéndose paso entre la multitud que llenaría el viejo gimnasio hasta el último rincón, se topó con John Lucas, que estaba allí con su familia. Debbie había comprado entradas para el partido.

—¿Qué estás haciendo aquí? —le preguntó Lucas a Joe.

—Mi hijo juega en Lower Merion. ¿Qué estás haciendo tú aquí?

—Mi mujer quiere que vea a un chico llamado Kobe.

—Ese es mi hijo —dijo Joe.

Un partido de baloncesto de instituto dura treinta y dos minutos. Lucas vio a Kobe durante exactamente veintisiete minutos y veintidós segundos contra Coatesville. Vio a Kobe anotar veintiséis puntos. Diez en el tercer cuarto para borrar una ventaja de diez puntos de los Red Raiders. Vio a Monsky lanzar un par de pases ingeniosos que Kobe convirtió en mates electrizantes. Y, a falta de cuatro minutos y treinta y ocho segundos para el final, con los Aces perdiendo por uno, vio a Kobe cometer su quinta falta personal.

Los *alley oop* ya no eran una opción para Downer. «Tenemos que jugar en defensa», dijo un impotente Kobe en el corrillo mientras los dos capitanes sénior, Stewart y Monsky, exhortaban a sus compañeros a aprovechar la oportunidad que tenían ante sí. Todas las mañanas, en el periódico, leían el nombre de Kobe en las estadísticas, el nombre de Kobe en la crónica del partido, citas de Kobe, citas sobre Kobe. Así pues..., ¿eran un equipo de un solo hombre o no? «Tenemos que ganar sin él —dijo Stewart—. Es nuestro momento para demostrar que somos más que solo él.»

Durante los siguientes dos minutos y medio, no dejaron a Coatesville anotar: se pusieron cinco puntos por delante y no permitieron que los Red Raiders se les acercaran. Kobe levantó los brazos en V tras la victoria por 72-65, y Griffin, con el tobillo izquierdo dolorido por un esguince durante el partido, se apresuró a abrazarlo. *Rip* Hamilton, que llevaba quince puntos en el descanso, anotó solo siete en la segunda parte; la defensa presionante de Egan funcionó incluso sin Kobe allí para ponerse en el poste. Downer alabó la resistencia de los Aces: «Muchos equipos habrían quedado destrozados si un jugador de ese calibre hubiera quedado eliminado por faltas». Por su parte, Joe puso fin a las especulaciones sobre el traspaso de Kobe: «No es cierto —dijo—. Le queda mucho por hacer en Lower Merion». Y lo primero debía ser ganar un campeonato de distrito al cabo de cuarenta y ocho horas. Un viernes por la noche en el pabellón DuPont de Villanova. Contra Chester.

John Lucas, por su lado, estaba de camino a casa desde la Palestra. Sabía que no podría ver en persona aquella final. Los Sixers tenían que jugar contra los New Jersey Nets esa noche en East Rutherford. Además, ya había visto suficiente.

En el centro de las viviendas William Penn de la ciudad de Chester había una cancha de baloncesto. De hormigón y asfalto, la pista se hundía en el suelo como un hoyo. Los niños, los adolescentes y los adultos empezaban a jugar allí por la mañana y no paraban hasta que la espesa cortina de la noche caía sobre ellos. Elegían bandos y ocupaban toda la cancha, y los mayores compartían anécdotas de la historia y la herencia del baloncesto en su ciudad. A los más jóvenes se les reprendía diciéndoles que conformarse con un tiro en suspensión era una forma cobarde de jugar, que nadie se había ganado el privilegio de vestir el uniforme naranja y negro de los Chester Clippers y de representar a ese instituto y a esa ciudad jugando a un baloncesto del montón. En el hoyo, esos chicos aprendieron que el deporte podía ser tan vital para su supervivencia y su desarrollo como para sus palpitantes corazones. En el hoyo, los siniestros estallidos de los disparos y los premonitorios estruendos de las sirenas de la policía, esos terribles sonidos consustanciales a sus vidas, se silenciaban durante un tiempo. En el hoyo no había nada que temer. En Chester, el hoyo era el lugar al que ibas para escapar de la realidad.

De ser una ciudad próspera a orillas del río Delaware a mediados de la década de 1950, con una población diversa de casi setenta mil habitantes, una calle principal muy animada y una economía alimentada por fábricas que construían barcos, trenes y máquinas, Chester había pasado a ser un ejemplo de decadencia posindustrial. Por culpa de la corrupción política local, la suburbanización de la región y la consiguiente huida de la población blanca, de las líneas rojas, los disturbios raciales y la destrucción de bloques de viviendas, la ciudad se había transformado en la imagen del peligro. La población de Chester se redujo a menos de cuarenta mil personas, el ochenta por ciento de las cuales eran negras. Era la ciudad más pobre de Pensilvania y la segunda más peligrosa de Estados Unidos. Sus bloques de viviendas, escribió el autor Christopher Mele, eran «mercados de drogas al aire libre», y en la década de 1980, las casas de William Penn «se convirtieron en un centro de distribución, venta y consumo abierto de cocaína y heroína». Chester, en pocas palabras, era lo contrario de Lower Merion.

Lo que mantenía unida a su gente y le proporcionaba algo de estabilidad y capital social y orgullo era el baloncesto, concretamente el equipo del instituto. Los entrenadores del club eran figuras paternas para los jugadores, y los jugadores que crecían y se quedaban en la ciudad transmitían la tradición del éxito del programa. El equipo de 1994-95 mantuvo tal tradición; las cuatro victorias de los Clippers en el torneo de distrito sugirieron que Lower Merion podría tener más posibilidades de ganar a un equipo de la NBA: 90-44, 70-43, 74-38, 71-49. En aquellos partidos que precedieron a la final, atacaron a sus oponentes en oleadas, jugando con ocho, nueve, diez jugadores, presionando, haciendo dos contra uno, forzando pases y *driblings* atrevidos y encestando tiros lejanos y machacando el aro del rival. Su base suplente, el júnior John Linehan, uno de los varios Clippers que vivían en los bloques de William Penn, era un amasijo de músculo y velocidad de 1,65 metros, tan rápido que podía hacer un *coast to coast* en cualquier momento y presionar intensamente a los exteriores del rival. Años más tarde, Kobe lo describiría como el mejor jugador defensivo al que se había enfrentado, y eso que Linehan ni siquiera era titular en Chester. «Por cómo jugábamos —dijo Linehan—, teníamos probablemente dos quintetos iniciales o dos y medio. Cualquiera de nosotros podía ir a cualquier otro equipo y ser titular.»

Linehan había estado en los equipos de la Sonny Hill League que habían ayudado a Kobe a forjar su juego, que le habían avergonzado y vencido, y que habían hecho tanto para inspirarle a entrenar y mejorar. Dado lo lejos que había llegado Kobe, se había ganado el respeto de Linehan, pero no tanto como para que este y los Clippers le temieran. En previsión de un partido contra Lower Merion, el entrenador Alonzo

Aficionados de los Lakers escribiendo en el mural en honor de Kobe en Los Ángeles. Febrero de 2020.

Por cortesía de Joel Gardner.

Tres integrantes de los Aces de la temporada 1995-96. De izquierda a derecha: Oral Williams, Jermaine Griffin y Kobe Bryant.

Por cortesía de Mike y Connie Egan.

De izquierda a derecha: Gregg Downer, Kobe, Jermaine Griffin y Mike Egan.

Por cortesía de Mike y Connie Egan.

Kobe se enamoró del fútbol durante su infancia en Italia.

Por cortesía de Al Tielemans.

Mike Egan, que aparece entre Kobe y Jermaine Griffin, se unió al equipo de Gregg Downer como entrenador asistente en 1994.

Por cortesía de Mike y Connie Egan.

Los Aces de Lower Merion de la temporada 1995-96.
Por cortesía de Jeremy Treatman.

Los Aces no empezaron bien la temporada sénior de Kobe, perdieron tres de sus primeros ocho partidos.
Por cortesía de Jeremy Treatman.

Varios compañeros de Kobe nunca habían estado en un avión antes del viaje de los Aces a Myrtle Beach en diciembre de 1995.

Por cortesía de Mike y Connie Egan.

Kobe hace un mate con la mano izquierda en el concurso de mates del Beach Ball Classic.

Por cortesía de Jeremy Treatman.

Un insólito paso por el banquillo.
Por cortesía de Al Tielemans.

Cuando era estudiante de tercer año, Kobe se convirtió en la figura más conocida y popular de Lower Merion.
Por cortesía de Al Tielemans.

Los Aces de Lower Merion de la temporada 1995-96.
Por cortesía de Jeremy Treatman.

Los Aces no empezaron bien la temporada sénior de Kobe, perdieron tres de sus primeros ocho partidos.
Por cortesía de Jeremy Treatman.

Kobe se enamoró del fútbol durante su infancia en Italia.

Por cortesía de Al Tielemans.

Mike Egan, que aparece entre Kobe y Jermaine Griffin, se unió al equipo de Gregg Downer como entrenador asistente en 1994.

Por cortesía de Mike y Connie Egan.

Kobe disfrutaba especialmente las clases de inglés y de oratoria con su mentora, Jeanne Mastriano.

Por cortesía de Al Tielemans.

Gregg Downer da instrucciones a sus jugadores con sus asistentes, Mike Egan y Jeremy Treatman. Kobe y los Aces llevaban unas camisetas de calentamiento con el número 53 para recordar que Lower Merion había ganado por última vez un campeonato estatal cincuenta y tres años atrás, en 1943.

Por cortesía de Mike y Connie Egan.

Arriba: Al principio, Gregg Downer hizo que Kobe llevara la pelota para contrarrestar la presión de Chester en el campeonato del distrito de 1996. Como los Aces iban perdiendo en el descanso, Downer cambió de estrategia.

Izquierda: Kobe lideró una gran remontada en la segunda parte del partido por el campeonato del distrito de 1996. Era la venganza por la derrota contra Chester un año antes.

Derecha: Kobe se levanta por encima de un defensor de Chester para hacer un mate.

Por cortesía de Al Tielemans.

24

10
ACES

Izquierda: Kobe anotó treinta y cuatro puntos y capturó once rebotes contra Chester en el partido del campeonato de distrito de 1996.

Arriba: Kobe celebra el campeonato de distrito de 1996 con Gregg Downer y Jermaine Griffin (izquierda).

Debajo: Kobe con Emory Dabney (izquierda) y Jermaine Griffin (centro).

Por cortesía de Al Tielemans.

Kobe, pasando el rato en el instituto, con su musa (la pelota) a su lado.

Por cortesía de Al Tielemans.

Kobe supera a dos defensas de Erie Cathedral Prep en el partido del campeonato estatal de 1996. Solo anotó diecisiete puntos, igualando la marca de anotación más baja de su última temporada.

Por cortesía de Mike y Connie Egan.

Kobe encestó dos tiros libres decisivos para igualar el partido por el campeonato estatal.

Por cortesía de Mike y Connie Egan.

Kobe, Gregg Downer, Mike Egan y Jermaine Griffin en el desfile tras ganar el campeonato estatal.

Por cortesía de Mike y Connie Egan.

Kobe posa en el banquete McDonald's All-American de 1996.
POR CORTESÍA DE MIKE Y CONNIE EGAN.

Kobe, momentos después de que los Charlotte Hornets lo eligieran en el *draft* de la NBA.
POR CORTESÍA DE JEREMY TREATMAN.

Arriba: Kobe visitaba el Lower Merion una vez al año para ponerse al día con su antiguo entrenador.

Abajo: Cuando Gregg Downer se enteró de que iba a ser padre de una niña, Kobe fue una de las primeras personas a las que se lo dijo.

Por cortesía de Greg Downer.

Kobe regresó a su *alma mater* cuando el Lower Merion retiró su camiseta.
POR CORTESÍA DE MIKE Y CONNIE EGAN.

El Lower Merion retiró la camiseta con el número 33 de Kobe en 2002.

Lewis hizo que Zain Shaw, un exalumno de Chester y escolta/alero de dos metros que jugaba en la Universidad de Virginia Occidental, volviera para jugar a «ser» Kobe en los entrenamientos, para simular sus movimientos y su estilo de juego. «Sí, Kobe es genial, quizás el mejor jugador de la cancha. ¿Y qué? Vamos a machacarlos. Somos Chester.» Que Shaw participara en aquellos entrenamientos fue un testimonio de la profunda huella que dejaba el programa de Chester en los que pasaban por él. Los Clippers confiaban en tener una ventaja psicológica sobre cualquiera, por no hablar sobre aquellos niños pijos que rodeaban a Kobe.

«Íbamos a los sitios y teníamos el partido ganado incluso antes de empezar —dijo Linehan—. Nuestro público vendría (quiero decir que toda la ciudad viajaría con nosotros a todos los lugares adonde fuéramos). Si voy a algún sitio y digo que soy de Chester, la gente me mira como si estuviera loco. Podemos hablar de las implicaciones raciales, pero esa es la realidad. Los medios de comunicación cultivan esta imagen de chicos negros de Chester, e inmediatamente los chicos blancos de los suburbios y la gente en general se asusta. Si además le añades que en baloncesto somos rudos y jugamos de una manera diferente, eso hace que nos tengan aún más miedo.»

Kobe no solo había competido con varios jugadores de Chester en las ligas de verano de la ciudad, sino que también tenía muy presentes las interacciones de Downer con algunos de ellos en los Juegos de Keystone. A medida que se acercaba el inicio de la competición en un pabellón DuPont repleto, el primero estaba tan seguro de sí mismo como siempre; el segundo tenía un nudo en el estómago. Kobe no tenía miedo de nada, pero tampoco lo tenían los chicos de Chester. En el vestuario, Kobe y el equipo podían oír los cánticos de «¡vamos, Aces!» y cantos de los de Chester; podían sentir como el ruido hacía temblar ligeramente las paredes. Sí, la muñeca de Monsky seguía rota, y sí, Griffin estaba con muletas, no podía jugar, y sí, esto era Chester. Sin embargo…, tal vez podrían lograrlo. Downer, tranquilo mientras sus jugadores saltaban a la cancha, miró a las gradas. «Tío —pensó—, esto es genial.» Durante las presentaciones previas al partido, uno a uno los cinco titulares de los Clippers se acercaron a estrechar su mano..., y cada uno de ellos le dijo lo mismo: «Siento lo que os vamos a hacer, entrenador». Les caía bien y apreciaban a Kobe, pero estaban seguros de que los iban a machacar.

Y así fue. Los equipos intercambiaron canastas a lo largo de la primera parte, Kobe anotó catorce puntos y los Aces se esforzaron por seguir el altísimo ritmo de los Clippers. En el primer cuarto, Ray Carroll, un alero que se iba a Fordham con una beca completa de baloncesto, penetró a canasta y Monsky se mantuvo firme frente a él para forzar la personal en ataque. Carroll se levantó para lanzar y chocó con Monsky, haciéndole caer; el pie de Carroll aterrizó con todo su peso sobre la cara de Monsky. Con el brazo lesionado y un moratón en el ojo, Monsky siguió en el partido hasta el tercer cuarto, cuando él y Stewart fueron eliminados por faltas. Una racha de 12-2 de Chester hizo que Downer se levantara, se quitara la chaqueta y la lanzara a las gradas. Aterrizó en el regazo de su mejor amigo. El partido se le estaba yendo de las manos. Cuando la ventaja de Chester alcanzaba los dieciocho puntos al entrar en el último cuarto, Downer retiró a Kobe y al resto de sus titulares disponibles y sacó a la cancha a los suplentes, chicos que jugaban cuando ya no había nada en juego. Entonces se dirigió a Egan en el banquillo.

—¿Qué hacemos? —preguntó.

—No lo sé —respondió Egan.

El resultado final, 77-50, no fue una sorpresa; reflejó la diferencia entre los dos equipos. Lower Merion perdió la friolera de veintinueve balones. El propio Linehan protagonizó seis robos. «Nos sentimos heridos, pero no estábamos preparados —dijo Monsky—. Era un entorno en el que nunca habíamos jugado y en el que Chester probablemente había jugado un millón de veces.» Ni siquiera Kobe pudo inclinar la balanza. Salió del pabellón exhausto, habiendo anotado veintitrés puntos; comprendió a qué se enfrentaban él y los Aces si querían ganar un campeonato de distrito al año siguiente. El único consuelo para él y sus compañeros de equipo, especialmente Monsky, Stewart y los demás sénior, era que las eliminatorias estatales comenzaban al cabo de poco más de una semana.

El día después de la derrota de Lower Merion, tanto la temporada de baloncesto masculino de la Universidad de La Salle como la permanencia del equipo en la Midwestern Collegiate Conference llegaron a su fin a novecientos kilómetros al oeste, en Dayton, Ohio, con una derrota 54-46 ante Wisconsin-Green Bay. Un récord de 13-14. Otra temporada en la que los Explorers no estuvieron entre los sesenta y cuatro equipos que se clasificaron para el torneo de la NCAA. Si había que dar un giro, la temporada siguiente prometía ser el punto de inflexión. La Salle dejaba la MCC y entraba en una conferencia más apropiada, la Atlantic 10, uniéndose a Temple, Saint Joseph's, etc. Con tal movimiento, los problemas del programa no parecían ser algo que la presencia de Kobe no pudiera resolver..., si decidía ir allí..., y ya había gente trabajando en ese sentido.

¿En qué otro lugar querrían estar? Todos los Aces, desde Downer hasta Egan, pasando por los jugadores de la plantilla y sus padres, consideraban que su baloncesto estaba en el lugar más seguro del mundo: las manos de Kobe Bryant. En la segunda ronda del torneo Class AAAA de Pensilvania, en el Liberty High School de Bethlehem, el partido estaba empatado a cincuenta y nueve. Los aficionados del equipo contrario (Hazleton, de la parte noreste del estado) habían copado la mayor parte del gimnasio; en entusiasmo y número podía compararse con el ejército de Chester, aunque fueran tan dispares en otros aspectos. «El público —dijo Stewart— no estaba a favor de las minorías.» El ambiente era hostil, y el juego de los Aces en los últimos minutos del último cuarto fue descuidado. Con una ventaja de un punto, se distribuyeron por la pista e intentaron controlar el juego para agotar el tiempo. Pero cuando Tariq Wilson recibió el balón, lo sostuvo con un brazo contra su cadera y simplemente... lo dejó caer. Posesión perdida. Kobe recibió de nuevo el balón con empate en el marcador. Llevaba treinta y tres puntos, a pesar de que Hazleton lo había defendido con un marcaje doble durante toda la noche, al igual que los Cougars. Faltaban diez, nueve, ocho segundos para el final… y tenía dos jugadores encima de él, agitando los brazos para distraerlo o incluso quitarle el balón de las manos, aferrándose a la remota posibilidad de que Kobe, al iniciar su movimiento hacia la canasta para un tiro sobre la bocina, se descuidara un poco. Pero eso era imposible: el balón estaba en el lugar más seguro de la tierra…

… hasta que dejó de estarlo. Hasta que uno de esos jugadores de Hazleton se lo quitó de las manos. Hasta que lucharon por el balón y el escolta de Hazleton, Ryan Leib, lo cogió y emprendió una carrera loca hacia la línea de fondo para intentar anotar sobre la bocina la canasta decisiva…, para tirar a canasta… y fallar.

Prórroga. Debería haberse oído un gran suspiro de alivio en el banquillo de Lower Merion porque la temporada no había terminado, porque podían recuperar el control. Pero nada de eso. Tal vez ver el error de Kobe, comprobar que podía fallar en un momento tan crucial había sido inquietante y los había dejado desorientados. Hazleton continuó haciéndole un dos contra uno y Kobe no podía ver aro con facilidad. Nadie tomó su relevo. Los Aces no anotaron ningún punto en los cinco minutos de la prórroga; en su última posesión, Kobe recogió un rebote y regateó a lo largo de la pista… contra tres jugadores de Hazleton. Perdió el balón y perdieron el partido: 64-59.

Downer analizó en el vestuario lo que había pasado. El único sonido que se podía oír era el de narices sorbiéndose los mocos. «¿Alguien tiene algo que decir?», preguntó.

Guy Stewart y Evan Monsky lo hicieron. Ninguno de los dos habló mucho tiempo, un minuto a lo sumo. «Hemos jugado juntos desde que éramos pequeños, y esta experiencia ha sido fantástica, pensad en el equipo de mierda en el que estábamos, y miradnos ahora, jugando en las eliminatorias estatales en un pabellón lleno. Echaré de menos el baloncesto, pero os echaré más de menos a vosotros.»

Al principio, Kobe no podía hablar. Al final, empezó a repetir las mismas dos palabras: «Lo siento».

Los que estuvieron allí apenas conservan un recuerdo claro del resto de la escena en aquel vestuario de la Liberty High

School. Gregg Downer recuerda que se preguntaba qué diría Kobe a continuación, si mantendría el tono emocional del momento. Entonces escuchó a Kobe soltando un sermón sin compasión: «Esos discursos han sido emotivos, echaremos de menos a los sénior, y me da pena. Pero a todos los jugadores de esta sala, permitidme dejaros clara una cosa: esto no volverá a ocurrir bajo mi liderazgo». Stewart recuerda las disculpas de Kobe al equipo y que les prometió a sus compañeros más veteranos, los que se estaban graduando, que se vengaría en su nombre. Brendan Pettit recuerda su conmoción por la derrota y la presión que tendría el equipo al año siguiente: formaría parte de algo especial. Egan no recuerda más que a Kobe llorando. Ningún discurso decidido y resuelto. Ninguna actitud desafiante. Solo esas dos palabras, una y otra vez. Lo siento. Tal vez esa es la reacción que habría tenido más sentido, la que todo el mundo debería haber esperado de Kobe Bryant en ese momento de su vida: todavía le faltaban cinco meses para cumplir los diecisiete años y nada le importaba tanto como la imagen que tenía de sí mismo. Había promediado 31,1 puntos y 10,4 rebotes durante una notable temporada. Había elevado a su equipo a un nivel al que no se había acercado desde hacía años. Pero si no era campeón de distrito, si no era campeón estatal, si no era el mejor, ¿quién era? ¿Y quién creería la gente que era?

«Lo siento. Lo siento. Lo siento.»

«La gente se empeñó en decirme lo sorprendidos que estaban de que yo fuera este chico de diecisiete años tan seguro de sí mismo y que confiaba tanto en sus habilidades que me puse a mí mismo en esa posición excepcional, dispuesto a elegir entre las mejores universidades del país o la NBA.»

Kobe Bryant

12

Realidad y mito

John Kunzier, entrenador de voleibol femenino de la Universidad de La Salle, consideró que Joe Bryant era un «tipo fuera de lo común» durante el tiempo que pasaron juntos en el campus, siempre amable cuando charlaban en las oficinas, los pasillos y el gimnasio del tercer piso de Hayman Hall. El voleibol no era un deporte importante en La Salle. Los equipos de Kunzier habían tenido un récord de 17-78 en sus tres primeros años como entrenador y, a pesar del inminente traslado de la universidad a la Atlantic 10, no preveía que esta empezara a derrochar dinero en su programa. La NCAA permitía a cada una de sus escuelas miembro tener hasta doce jugadores de voleibol becados. La Salle, por su presupuesto deportivo, permitía a Kunzier tener cuatro. Le había permitido cuatro, de todos modos, hasta finales de la primavera de 1994, cuando el director deportivo Bob Mullen y la administradora principal del equipo femenino Kathy McNally le dieron lo que debían considerar una buena noticia:

—Tienes otra jugadora becada —le dijo McNally a Kunzier—. Es una bloqueadora de casi 1,90 metros y se llama Shaya.

Kunzier nunca había reclutado a Shaya Bryant para jugar al voleibol en La Salle, y nadie había discutido con él la posibilidad de que jugara allí. «No había dinero en el presupuesto», dijo.

«No había nada. Pero, por alguna razón, aparece una jugadora extra de la nada que no estaba en mis planes. Ni siquiera sabía quién era.» Jugó una temporada, el otoño de 1995, liderando el equipo en bloqueos. Pero el récord de los Explorers no mejoró mucho, y Shaya se quedó en La Salle solo un año. «Shaya era una joven encantadora —explicó Kunzier, que dejó de ser entrenador después de esa temporada de 1995—, no era la jugadora más dura que he tenido, pero era atlética, dotada y realmente dulce y agradable.» Que no se malinterprete: estaba feliz de contar con ella y entrenarla. Teniendo en cuenta las dificultades del equipo, se habría alegrado de tener a cualquiera que poseyera las cualidades de Shaya. Lo que le molestaba era el oportunismo explícito de toda la situación.

«En ese momento, La Salle estaba dispuesta a hacer lo que fuera necesario para conseguir a Kobe —dijo Kunzier—. Pagaban el sueldo de Joe. Estaban dispuestos a dar a Kobe una beca completa, y le dieron a su hermana una beca completa. Fue un movimiento de Bob Mullen. Fue un lío enorme, tremendo. Creo que Bob veía a Kobe como su salvador, como alguien que iba a provocar su gran cambio.»

El año que Shaya Bryant pasó en La Salle, el valor de su beca deportiva (matrícula, alojamiento, dietas, una carga de cursos de doce créditos) habría conllevado un gasto de unos veinte mil dólares. Pero esa suma no era el único precio que Mullen estaba dispuesto a pagar si eso significaba atraer a Kobe al campus. En el verano de 1995, los sueldos de los dos primeros entrenadores asistentes de Morris, Joe Mihalich y Joe Bryant, eran de treinta y cuatro mil y treinta y dos mil dólares, respectivamente. Un día, Mullen le dijo a Morris que había conseguido un aumento de sueldo para Joe Bryant de cincuenta mil dólares.

—Eso es genial —le dijo Morris a Mullen—. Pero si Jellybean gana cincuenta mil dólares, Mihalich tiene que ganar cincuenta y dos mil.

Mullen estalló de ira e incredulidad.

—¿Estás loco? ¿Te das cuenta de que te juegas el cuello si no consigues a Kobe?

A Morris no le importaba. Mihalich tenía tres hijos y había estado en la plantilla de Morris desde 1986.

—Es una cuestión de lealtad —le dijo Morris a Mullen—. Joe Mihalich es mi mejor hombre. Si no le concedes el aumento a él también, Joe Bryant no lo tendrá.

Mullen salió furioso de la oficina de Morris. Al día siguiente, le dijo que el nuevo salario de Joe Mihalich era de cincuenta y dos mil dólares.

Sin embargo, Mullen tenía motivos para creer que esas prebendas atraerían a Kobe, ya que el propio Kobe estaba considerando ir a La Salle... en según qué circunstancias. El hecho de que la universidad entrara en la Atlantic 10 le intrigaba —la conferencia ya tenía rivalidades naturales para los Explorers con Temple y Saint Joseph's—, así como la perspectiva de jugar con Lari Ketner, un pívot de 2,08 metros de la Roman Catholic High School. Un curso por delante de Kobe, Ketner se había comprometido verbalmente con La Salle en primavera, pero no había firmado ningún papel ni nada oficial. Una parte de él todavía quería mantener sus opciones abiertas, y una de las razones por las que no se comprometía plenamente con Morris y La Salle era que estaba esperando a tener una idea más clara de cuál sería la decisión universitaria de Kobe. Cuando jugaban en Hayman, Kobe y Ketner se imponían a los jugadores que ya estaban en la lista de La Salle: Kobe hacía lo que quería en la cancha, lanzaba pases de *alley oop* a Ketner para meter mates, miraba las caras de los universitarios y reconocía que estaban entusiasmados con la posibilidad de lo que los Explorers pudieran tenerles a él y Ketner. «Si me dices que vas a ir a La Salle —le dijo Ketner—, firmaré mañana. Imagínate revolucionar el programa juntos.»

Sin embargo, Kobe no podía ni quería dar a Ketner ninguna garantía, no solo porque no quería hacer una promesa que no pudiera cumplir, sino porque Joe tenía un buen plan que, si se daban las circunstancias, garantizaría que Kobe acabaría en La Salle. Ni Joe ni Kobe podían estar seguros de que fuera a suceder, pero el plan dependía de una serie de acontecimientos que, para Joe, parecía cada vez más probable. Los Explorers habían encadenado temporadas perdedoras por primera vez en la historia del programa, y su récord había empeorado cada uno de los tres años anteriores. Los antiguos alumnos y los administradores se estaban impacientando con Morris, como Mullen le había dejado claro. Otra mala temporada, razonó Joe, y el despido de Morris sería un hecho consumado, y la universidad no tendría más remedio que contratar… a Joe. Los rumores ya estaban en el aire, era un secreto a voces en algunos sectores, y un completo secreto para Morris. «Realmente se hablaba de que Joe conseguiría el puesto en La Salle —dijo Sam Rines Jr.—. Y obviamente, si Joe lo conseguía, Kobe iría a La Salle.»

Y no solo Kobe. A partir de sus contactos y de los amigos en el circuito de la AAU que Kobe había hecho en sus viajes, Joe había reunido su propia versión de los «Fab Five», la famosa selección de la clase de Míchigan de 1991 que había llevado a los Wolverines a disputar los partidos por el título nacional de 1992 y 1993: Kobe, *Rip* Hamilton (que había entablado amistad con Kobe y se había unido a los Sam Rines All-Stars), Shaheen Holloway Lester Earl y, desde Eau Claire, Carolina del Sur, Jermaine O'Neal. Joe estaba seguro de que podría convencer a la mayoría de ellos, si no a los cuatro, para que se unieran a Kobe en La Salle. Los estaba reclutando. Si pudiera decirles: «Seré vuestro entrenador jefe», se comprometerían en el acto, no lo dudaba. Kobe tampoco tenía dudas. Jugó con esos cuatro chicos, jugó contra ellos y sugirió la idea por teléfono. ¿Quién no habría querido jugar para su padre? Ketner finalmente se echó atrás en su compromiso oral con La Salle y fue al norte, a la Universidad de Massachusetts. Pero esos cuatro chicos habrían estado encantados de jugar para Joe (Donnie Carr también habría estado encantado, y quizá pudieran incluirlo en el plan) y no habría importado que estuvieran en La Salle, con su gimnasio cutre y con tantas derrotas en los últimos dos años. No serían igual de buenos como los Fab Five, es que eran mejores y tendrían que quedarse solo un año antes de que todos ellos se fueran a la NBA. Y Kobe no tendría que buscar un entrenador universitario que lo cuidara, un entrenador universitario que lo nutriera. Tendría uno. Tendría a su padre. *Speedy* Morris… ¿sería ese tipo de entrenador para Kobe? *Speedy* Morris, quien, cuando Joe recomendó que La Salle reclutara a Sharif Butler de la universidad júnior, le dijo a Joe: «No, no creemos que sea lo suficientemente bueno». «En el fondo hizo mucho daño a la familia —dijo Joe—. Me refiero a que no entendió a la familia Bryant en ese momento.» *Speedy* Morris, que no creía que Kobe fuera lo suficientemente bueno para ir a la NBA (no que Kobe no debiera ir, sino que no sería capaz). «Si este tipo no cree que sea lo suficientemente bueno —dijo Joe—, ¿cómo voy a confiar en él para criar a mi hijo?» *Speedy* Morris, con su rabia a flor de piel, se ponía tan furioso por una jugada tonta o una mala decisión que a menudo no podía dejar de dar pisotones como un niño pequeño que exige un juguete que sus padres le niegan a comprarle y su voz alcanzaba tonos altísimos y sonaba por todo el Centro Cívico... Kobe había presenciado algunos de esos estallidos de furia. Hubo un tiempo, al principio del mandato de Joe como entrenador de La Salle, en el que le habría encantado que Kobe decidiera ir allí. Pero eso fue todo: la decisión era siempre de Kobe, y él pensaba que Speedy gritaba demasiado a sus jugadores. Se lo dijo a Joe y a Pam, a los que no les importó que pensara de ese modo.

La primavera y el verano de 1995 hicieron florecer los proyectos y las promesas que Kobe Bryant y su familia habían perseguido desde que era un bebé. Por muy dinámico y dominante que fuera para Lower Merion, por mucho impulso que le hubiera dado ganar un campeonato estatal, esa temporada júnior era ahora el equivalente a los partidillos en Remington Park con sus amigos de la escuela secundaria y el instituto. No había ningún estímulo o desafío en enfrentarse únicamente a adolescentes que no estaban a su altura. «Nunca vivía el momento presente —dijo Sonny Vaccaro—. Siempre estaba en el momento siguiente.» Cabe destacar, además, que el aumento de la intensidad del entrenamiento individual de Kobe y cómo mejoró su juego coincidió con un acontecimiento sísmico en el deporte profesional. El 19 de marzo de 1995, solo cuatro días después de que los Aces perdieran contra Hazleton en las eliminatorias estatales, Michael Jordan, después de su retiro de diecisiete meses del baloncesto, anotó diecinueve puntos para los Chicago Bulls en una derrota contra los Indiana Pacers. M.J. estaba de vuelta, y su regreso proporcionó a Kobe otra meta en la distancia. Pero solo unos pocos podían ver cuál era aquel objetivo.

Un día de esa primavera, el entrenador asistente de Villanova, Paul Hewitt, decidió ir hasta Lower Merion para verle entrenar. Le acompañaba Jonathan Haynes, el base titular de los Wildcats, que no sabía mucho de Kobe. Hewitt había intentado reclutarlo, con la esperanza de que se uniera a una clase de primer año que incluiría a Tim Thomas. La idea de unir fuerzas con Thomas y destrozar la Big East tenía cierto atractivo para Kobe. Dos de los mejores anotadores de los Wildcats (los escoltas Kerry Kittles, que probablemente sería elegido en el *draft*, y Eric Eberz) se graduarían antes de que Kobe llegara, por lo que dejarían sus puestos libres para él y Thomas. «El baloncesto universitario no está preparado para tener a dos jugadores como yo y Timmy en el mismo equipo», pensó Kobe. Por lo demás, como su tío *Chubby* Cox había jugado en los Wildcats, era fácil imaginar Villanova como un posible potencial.

Después de que Kobe hiciera lo que Hewitt describió más tarde como «un entrenamiento fantástico» y de que charlara con él y con Haynes, Hewitt se fue satisfecho, convencido de que Kobe se quedaría en Main Line para ir a la universidad. «Maldita sea, sería un fichaje extraordinario. No hay nadie que no podamos conseguir.»

Pero Haynes se reía de él.

—¿Qué es tan gracioso? —preguntó Hewitt.

—Entrenador —dijo Haynes—, no tiene ninguna posibilidad de fichar a este chico.

—¿Qué quieres decir? —respondió.

—Que este chico no va a ir a la universidad. Va a ir directamente a la NBA.

Las palabras de Haynes lo fulminaron. «Para que un universitario dijera eso de un chico de instituto, tenía que haber visto algo diferente —recuerda Hewitt—. Kobe y yo hablábamos con frecuencia. Yo no lo apreciaba entonces, pero siempre me preguntaba sobre el juego. Siempre tenía preguntas sobre el juego y le encantaba hablar de baloncesto, siempre estaba en busca de información y conocimiento. En ese momento, piensas que es un chico de diecisiete años y que es genial que participe en la conversación. Más tarde, te das cuenta de que este chico estaba buscando ser algo grande.»

No había que ser de la generación de Kobe para entender a qué estaba destinado. Desde aquella noche en la Palestra, en aquel partido de eliminatorias contra Coatesville, John Lucas podía ver a Kobe de la misma manera que Kobe se veía a sí mismo: no lo que era a los dieciséis años, sino lo que sería a los veintiuno, veintidós y más allá. Para asegurarse de que sus jugadores de los Sixers se mantuvieran en forma, para mantener un entorno competitivo de calidad NBA a lo largo de la temporada baja de la liga, Lucas los animó a participar en los partidos amistosos regulares entre profesionales y jugadores universitarios, en los locales conocidos de Filadelfia. El Fieldhouse de la Universidad de Saint Joseph era el lugar de entrenamiento oficial de los Sixers, y Lucas encargó a su viejo amigo Mo Howard que supervisara los entrenamientos: dos al día, entre nueve de la mañana y las siete de la tarde. Lucas llamó a los Bryant e invitó a Kobe a entrenar con ellos. Le dijo a Howard: «No me importa cómo montéis los equipos, pero Kobe tiene que jugar. Si Kobe puede jugar y quiere jugar, juega. Fin de la historia».

Incluso antes de que terminara su temporada en el instituto, Kobe se había puesto en contacto con Phil Martelli, que estaba en su primer año como entrenador de baloncesto masculino de Saint Joseph para preguntarle si podía entrenar en el Fieldhouse. Martelli puso el nombre de Kobe en la lista de invitados, donde permaneció durante la primavera y hasta que comenzó el siguiente curso escolar en septiembre. «Si estaba en Lower Merion los martes y los viernes —dijo Martelli—, vendría los lunes, miércoles y jueves a nuestro gimnasio.» Así que aceptar la invitación de Lucas no requería que Kobe alterara su meticuloso y apretado horario (amistosos, entrenamientos y pesas durante la semana; torneos de la AAU y campamentos de estrellas los fines de semana) y le dio la oportunidad, durante su trayecto de cinco a diez minutos hasta Saint Joe's, de establecer un vínculo con su compañero de viaje, Emory Dabney. Dabney, sensible y nervioso, y dos años más joven que Kobe, había pasado su primer año en la Wood-Lynde School del oeste de Filadelfia, una escuela diurna para estudiantes con dificultades y diferencias de aprendizaje. Después de haber sido base del equipo de Woodlynde, había jugado en la liga de verano con Kobe y los Aces; allí conoció a Gregg Downer y rechazó varias ofertas de becas de institutos privados, eligiendo en su lugar el traslado a Lower Merion. También había llamado la atención de Lucas durante esos partidos de verano, y le gustó tanto Dabney que le ofreció ser el jugador más joven en un gimnasio lleno de hombres adultos. Si ya resultaba extraño que Kobe, en su último año de carrera, se ejercitara con profesionales y atletas universitarios experimentados, que un niño al que le faltaban unas semanas para cumplir los quince años hiciera lo mismo parecía ridículo. Pero antes de conocer a Lucas y a Kobe, Dabney había encontrado un mentor de baloncesto que los superaba a ambos dentro del deporte, pues el mejor amigo de Dabney en Woodlynde había sido Cory Erving, el hijo de Julius. Cada vez que Dabney visitaba la casa de los Erving en Villanova, Julius le ofrecía jugar un uno contra uno con él. «Hacíamos el tonto —dijo Dabney—. Luego me decía: "Vale, ¿quieres ver cómo es la defensa en las finales de la NBA?". Yo decía: "Sí". Durante años y años, yo mejoraba, y él me decía: "Vas a empezar a jugar ante multitudes. Y será así". Y nunca lo pensé dos veces antes de jugar delante de mucha gente.»

Cory Erving murió en un accidente de coche en el año 2000, cuando tenía diecinueve años. Dabney aún vive con el peso de haber perdido, tan jóvenes, a dos de sus mejores amigos. En sus primeros entrenamientos juntos, Kobe recogía a Dabney en el viejo BMW blanco de los Bryant y, más tarde, en un nuevo Toyota Land Cruiser verde claro; en Saint Joe's, se concentraban en ejercicios cardiovasculares, sobre todo corriendo en una pista dentro del Fieldhouse. «Kobe siempre fue como un hermano mayor —dijo Dabney—. Me daba consejos. Pasé mucho tiempo con él fuera de la cancha. Venía mucho a mi casa, y yo a la suya. Solo quería que mejoraras y tuvieras éxito, incluso con los deberes del colegio y las notas. Estaba pendiente de eso. Era una gran persona con la que estar a esa edad. Me emociona pensar en ello. A esa edad, te daba una base de lo que se necesita para tener éxito en la vida, a pesar de que solo tuviera diecisiete o dieciocho años. Solo estar cerca de él te daba esa sensación.» Sin embargo, tras el *draft* de junio de 1995, aquellos entrenamientos pasaron de ser una rutina de *sprints* y ejercicios repetitivos a una suerte de ritual que aún perdura.

Creer que Jerry Stackhouse, ya fuera durante su carrera universitaria en Carolina del Norte o después de que los Sixers lo seleccionaran con el número 3 del *draft* de 1995, sería el próximo Michael Jordan era halagador y absurdo. Y el chico cargaba con el peso de tales expectativas. Por supuesto, para su ego, ser comparado con el jugador más grande de la historia del deporte era buenísimo, pero... la gente que hacía esa comparación sabía que Jordan era un escolta, ¿no? Stackhouse no lo era. En el instituto era ala-pívot, igual que en Carolina del Norte. No había jugado de escolta en su vida, no había perseguido a jugadores de menor altura ni estaba acostumbrado a sortear los bloqueos botando para hacer tiros en suspensión. Podía manejar el balón más o menos, pero su mejor juego era en el poste, cuando tenía el balón de espaldas a canasta. Le quedaba un largo camino para entender los matices y desarrollar las habilidades que le permitirían prosperar como escolta..., que era donde los Sixers planeaban que jugara.

Teniendo en cuenta sus antecedentes, una vez que se unió a los Sixers y al circuito de ligas de Filadelfia, Stackhouse se encontró en una situación para la que no estaba totalmente preparado; ese contexto es fundamental para separar la verdad de la ficción y del embellecimiento de lo que pasó aquel verano. Siempre se tiende a exagerar con Kobe, a hacer más grandes sus hazañas en el Fieldhouse y en el Bellevue, así como en los otros gimnasios que él y los Sixers y los otros jugadores profesionales y universitarios de Filadelfia frecuentaron ese verano, porque era tan joven y resultó ser tan grande que la exageración alimenta su leyenda. Cada persona que comparte una anécdota sobre la participación de Kobe en aquellos partidos filtra esos recuerdos a través de sus propios intereses y perspectivas. John Lucas pensó que había encontrado un diamante en bruto.

Suponiendo que en junio de 1996 seguiría siendo entrenador y director general de los Sixers, ya había tomado la decisión de reclutar a Kobe. Solo le confesó aquel plan a las personas en las que más confiaba. Ser el entrenador que vio venir a Kobe antes que nadie da mucho prestigio. Mo Howard era prácticamente un hermano para Lucas y Joe Bryant. Jerry Stackhouse ha tenido que escuchar tales historias durante dos décadas, y cada una de ellas es una aguja que desinfla su ego, porque en cada una de ellas hay implícito un desprecio hacia él, su carrera y su talento: «Kobe te machacaba en el uno contra uno. Kobe podía contigo. Kobe aún no estaba en el último año de instituto, y ya estaba haciendo polvo la tercera elección del *draft*, y la tercera elección del *draft* eras tú».

Y entonces...

Willie Burton, un veterano escolta de la NBA, había jugado para los Sixers durante la temporada 1994-95. En diciembre había anotado cincuenta y tres puntos en una victoria sobre los Miami Heat en el Spectrum, estableciendo el récord de anotación en un solo partido, y había explicado su soberbia actuación con tres palabras: «Solo estoy encestando». Se presentó en Saint Joe's, se metió en un partido y le tocó defender a Kobe. Burton anotó la primera vez que tocó el balón, y luego le soltó una o dos palabras a Kobe. Durante el resto del partido, Kobe anotó diez de las once canastas de su equipo. Burton solo anotó una. Inmediatamente salió del Fieldhouse, furioso. No volvió al gimnasio durante un año, y tampoco a la NBA. Firmó con un equipo de Italia y pasó allí la temporada 1995-96.

Y entonces...

Después de los entrenamientos de los Sixers, Lucas hacía jugar a Kobe unos contra uno. Una vez, su compañero/adversario fue Vernon Maxwell, que acababa de cumplir su séptima temporada en la NBA y cuyo apodo era «Mad Max» por razones plenamente justificadas. Justo ese febrero, la liga le había suspendido diez partidos por golpear a un aficionado que le había increpado y abucheado desde las gradas.

«Estaban jugando a diez —dijo Lucas— y se pusieron nueve a nueve. Fue tan duro que pensé que se iban a pelear entre ellos. Me dije: "Quiero a alguien que se pelee a nueve".»

Y así…

Bobby Johnson, que había jugado en la Southern High School de Filadelfia y había sido el sexto hombre de los tres equipos consecutivos de La Salle campeones de conferencia en la década de 1980, acompañaba a veces a su antiguo compañero Lionel *L-Train* Simmons a las carreras en el Saint Simmons, con los Sacramento Kings. Johnson formó equipo con Kobe, el expívot de los Sixers Rick Mahorn y el nativo de Filadelfia y exescolta de la NBA Paul, *Snoop*, Graham para un partido contra cinco Sixers. El primero en llegar a diez ganaba.

«El marcador está empatado a nueve; tenemos el balón —dijo Johnson—. Kobe sube el balón, defendido por Vernon Maxwell por la derecha. Ahí va Kobe botando y dirigiendo a los veteranos de la NBA para que le hagan un aclarado. Primero Train, que se ha colocado en el poste, y luego Snoop. Pasó el bloqueo de Mahorn. Después de aquello, no había necesidad alguna de que me acercara a él.»

Contra Maxwell, Kobe botó entre sus piernas, lo dejó atrás y lanzó desde unos cinco metros. «Dagger sobre Maxwell —dijo Johnson—. Gritó "*ballgame*" como si hubiera estado allí antes. Me impresionó muchísimo.»

Y así…

Kobe jugó un partido de P-I-G contra el alero de los Sixers Sharone Wright, que había sido el sexto elegido en el *draft* de 1994. Apostaron un paseo en el Land Cruiser de Wright. «Me concentré mucho y le gané —dijo Kobe en una ocasión—. Se suponía que iba a pasearle cinco o diez minutos, pero conduje durante media hora.»

Y así…

Howard estuvo en todos los entrenamientos. Durante un partido, Kobe salió de la línea de tiro libre e intentó hacer un mate sobre Shawn Bradley, el pívot de los Sixers, de 2,29. Falló. «Pero ninguno de los profesionales hacía eso —dijo Howard—. No había miedo. No había indecisión. Era el macho alfa. Como estos tipos eran mayores que él, uno pensaba que se achantaría. Pero su idea siempre fue: "Voy a ser el mejor jugador en la cancha".» Una mañana en la que el Fieldhouse estaba cerrado, los jugadores y los entrenadores, incluido Maurice

Cheeks, uno de los ayudantes de Lucas, se dirigieron al otro lado de la City Avenue, al gimnasio de la Episcopal Academy. Stackhouse y Kobe se vigilaron mutuamente. Howard recordaba: «Jerry es un jugador bastante bueno, pero Kobe le daba caña. Hubo una jugada; nunca la olvidaré. Kobe estaba marcando a Jerry, lo defendía con dureza; Jerry se frustró un poco y golpeó en la cadera a Kobe. Kobe se levantó y cogió el balón, y te juro que hizo un tiro de diez metros. Lo hizo... y sabía lo que estaba haciendo. Maurice me mira y dice: "Si Jerry Stackhouse es el número 3, ¿qué tiene que ser Kobe?"».

Y así...

Kobe recogió a Emory Dabney una mañana de agosto y, de camino a Saint Joe's, subió las ventanillas y puso la calefacción a tope en el coche.

—¿Qué estás haciendo? —preguntó Dabney—. Esto es insoportable. Hay cuarenta grados fuera.

—Estoy a punto de jugar con Stackhouse —dijo Kobe—. Tengo que mantenerme caliente.

Y todo así...

Jeremy Treatman pudo ver un par de entrenamientos. Más fácil fue para Gregg Downer, que acababa de dejar su trabajo de profesor de física en la Escuela Shipley y había aceptado uno en la Episcopal. Kobe dejó sin aliento a Treatman en una jugada, subiendo el balón, elevándose por encima de Mahorn (2,08, 110 kilos, un antiguo miembro de los *Bad Boys* de Detroit Pistons, capaz de aplastar a Kobe con un brazo, y feliz de hacerlo), doblándose alrededor de su oponente en el aire, con la mano y la pelota por encima del aro, para conseguir una canasta.

Para Treatman, la información más reveladora de aquel julio y agosto fue que Bradley a veces llevaba a Kobe a casa después de los entrenamientos y luego le llamaba cada noche para confirmar que estaría allí a la mañana siguiente. Eso era algo. Significaba algo. Significaba que Kobe pertenecía a aquel entorno, que encajaba. Eso era algo grande. Los Minnesota Timberwolves acababan de elegir a Kevin Garnett en el puesto quinto del *draft*, lo que le convertía en el primer jugador desde hacía veinte años que salía del instituto para ir directo a la NBA, y «eso hizo que Kobe lo deseara aún más», dijo

Treatman. «El baloncesto universitario no era tan importante para él como para los demás, quizá porque había crecido en Italia. Durante aquellos entrenamientos, jugar en la NBA se volvió una posibilidad seria.»

Y así…

Kobe continuó entrenando con los Sixers hasta septiembre; durante una semana en la que los entrenamientos tuvieron lugar en el gimnasio de la Episcopal, Lucas pidió a un par de jugadores que se unieran a los calentamientos: practicar bloqueos, ejercicios de pases, nada que un jugador medio de la escuela secundaria no pudiera manejar. Para Michael Weil, estudiante de segundo año del equipo JV —1,85 de altura, 65 kilos, pelo rubio y corto, «pálido de la hostia», según sus palabras—, participar en los entrenamientos fue un sueño hecho realidad, sobre todo para un chico que nunca había estado tan cerca de un atleta profesional. Sin embargo, fue Kobe quien atrajo la mayor parte de la atención y el interés de Weil. Un estudiante de último año de instituto… jugando de poder a poder contra los Sixers… Weil quedó maravillado. De todos los jugadores y grandes nombres allí presentes, el de Kobe fue el único autógrafo que Weil buscó y consiguió. Le entregó un trozo de papel de cuaderno, y Kobe lo firmó con gusto, se mostró hablador y amable, y le preguntó: «¿A qué deporte juegas?». Este tipo es solo dos años mayor que yo, pensó Weil. Ver lo que hacía después de cada entrenamiento lo dejaba deslumbrado.

«Kobe y Stack estaban en una de las canastas laterales —dijo Weil—, y se enfrentaron. No sé a qué número jugaron ni cuál fue el resultado final ni nada parecido. Pero no hacía falta ser comentarista de baloncesto para ver que aquellos dos tipos que jugaban un uno contra uno eran más o menos igual de buenos.»

Y así…

Pero, un momento. ¿No vio todo el mundo lo que sí observó Jerry Stackhouse? ¿No recuerdan lo que él recuerda? ¿No vio nadie más a Lionel Simmons y a las estrellas del Temple Eddie Jones y Mark Macon y a todas las viejas glorias del baloncesto de Filadelfia recriminando a Kobe una y otra vez? «Tienes que pasar el balón.»

Así que..., un momento. Sí, Kobe tuvo algunos días buenos anotando, porque podía moverse y manejar muy bien el balón, pero era demasiado individualista. Nadie quería jugar con él. A veces, nadie lo elegía para un amistoso. Oh, le ganó a Stackhouse en un uno contra uno. Stackhouse era tres años y medio mayor que Kobe. «¿Te imaginas lo que sería que un chico de diecisiete años me ganara constantemente? —dijo una vez Stackhouse—. Yo podría haberle hecho daño. Lo digo en serio. Yo era físicamente... Bueno, eso nunca me pasaría. ¿Jugamos un uno contra uno? Sí. ¿Me ganó? ¿Quizá ganó un partido? Sí. ¿Ganó sistemáticamente a Jerry Stackhouse con veinte años y él con diecisiete? Demonios. No. Voy a poner fin a esa historia. ¿Tenía mucho talento y todo el mundo veía en él un gran potencial? Sí. Pero esas historias que oímos ahora sobre Kobe Bryant cambian un poco cuando hablas con gente que estuvo realmente allí.»

Hoy en día, todo el mundo sabría que Kobe Bryant era el mejor jugador de baloncesto de instituto del país, porque él mismo se hubiera encargado de proclamarlo a los cuatro vientos, publicándolo en Twitter y Facebook y compartiendo vídeos suyos en Instagram. Pero en ese mes de julio, Internet era todavía una cosa rara para la mayoría de la gente, una nueva tecnología cuyo poder y alcance aún no se habían revelado completamente y que permitía a Sonny Vaccaro mantener oculta su estrategia para recuperar el control del mercado del calzado deportivo.

Cuando llegó el verano, sin los recursos económicos ni la fuerza de la marca que Nike podía apuntar, y antes de que Garnett llegara tan alto en el *draft*, Vaccaro no tenía intención de vincular el futuro publicitario de Adidas a un fenómeno de la escuela secundaria. Su objetivo era encontrar al próximo Michael Jordan, pero el riesgo que supondría fichar a un joven de diecisiete o dieciocho años y ponerlo en el centro de las esperanzas de la empresa sería demasiado. Quizá Kerry Kittles —un atlético escolta que regresaba para su última temporada en Villanova, con un estilo de juego similar al de Jordan— era la opción más segura. «Probablemente habría sido el tipo que recomendar a Adidas —recuerda Vaccaro—. Kerry era un gran nombre, un buen jugador, y tenía una muy buena carrera por delante. No había nada negativo en él. Pero Kevin me abrió los ojos.» El Clásico Dapper Dan del 72..., la fluidez con que ambos hablaban italiano..., ese abrazo y aquella despedida en el Campamento ABCD del 94... Tenía ese vínculo con Kobe Bryant y su familia: con el padre, Joe, una figura olvidada del pasado, y con el hijo, cargado de tantas excitantes posibilidades. Se habían encontrado, después de todos estos años, en este momento concreto, y Sonny Vaccaro no creía en las coincidencias.

Para Gregg Downer, habría sido muy fácil acosar a Kobe en los años y meses anteriores a este campamento ABCD, perfeccionar el método de motivación para un jugador que entraba en cada cancha creyendo, sabiendo, que era el mejor. Bastaba con echar un rápido vistazo a un *ranking* de reclutamiento, al de una revista de baloncesto; no se necesitaba más información como munición. ¿Quién estaba por delante de Kobe aquella semana? ¿Vince Carter, en el instituto Mainland de Daytona Beach? ¿Tim Thomas? La mera mención de uno o dos nombres motivaba a Kobe. Incluso en los mejores años de su vida, Kobe sacaba a relucir esa burla de su antiguo entrenador y cómo lo había motivado. «Solía decirme que Vince Carter o Tim Thomas eran mejores.» No era exactamente así (Downer siempre se encargaba de señalar que esos dos tenían mejor valoración como fichajes que Kobe, no que fueran mejores que él), pero servía para su propósito, para el de ambos.

Cuando Downer, su hermano mayor Drew y Mike Egan se dirigieron al norte, a Hackensack, para participar en el campamento, pronto se dieron cuenta de lo ineficaz que sería comparar a Kobe con otros jugadores destacados de instituto. Gregg había pedido a Drew que se uniera a su equipo para la temporada 1995-96, y Drew, que trabajaba y vivía en Orlando como ejecutivo de una empresa de pavimentos, aceptó: dejó su trabajo y abandonó el sol por la oportunidad de entrenar a Kobe. Previendo que la presión sobre él, Kobe y los Aces para ganar el campeonato estatal podría aplastarlos si no estaban bien preparados, Gregg no confió en nadie más que en Drew para ser un barómetro emocional del equipo, para detectar qué jugadores necesitaban una palmadita en la espalda o una bronca. A su vez, Drew enseguida se dio cuenta de que Kobe sería probablemente la menor de sus preocupaciones en ese sentido. Ninguno de los otros jugadores estaba compitiendo tan duro como él. «Seguía esperando a que Kobe levantara el pie del acelerador, pero nunca lo hizo», recordaba Drew. De hecho, cuando comenzó el campamento, era obvio que Kobe se estaba esforzando demasiado. En palabas de Egan: «Estaba intentando hacer más de lo que debía», quería ser el mejor e impresionar a los entrenadores universitarios y a los ojeadores profesionales en las gradas. Egan le dijo: «Oye, tío, ¿qué estás haciendo? Simplemente haz lo tuyo. Lo que sabes hacer». «En el siguiente partido, y no digo que fuera gracias a mí, hizo una jugada en la que se paró, giró y tiró al tablero desde cuatro metros; todos los entrenadores se quedaron boquiabiertos. Era un movimiento imparable, nivel NBA. Nadie, de ningún nivel, pudo impedir que un chico de algo más de metro noventa hiciera ese tiro. Eso es lo que los entrenadores querían ver. Estaba empezando a llamar la atención.»

En octubre de 1994, seis meses después de que Duke perdiera por cuatro puntos ante Arkansas en el partido del campeonato de la NCAA, Mike Krzyzewski había sido operado de una hernia discal, pero durante los meses siguientes siguió sufriendo tanto dolor que dudaba de que el disco fuera el problema. Temía que, al igual que su amigo Jim Valvano, exentrenador de North Carolina State, hubiera contraído cáncer y fuera a morir. Todo lo que necesitaba resultó ser solo tiempo y descanso para que el disco pudiera sanar adecuadamente, pero en su ausencia los Blue Devils se desmoronaron. Pete Gaudet, que fue entrenador asistente durante mucho tiempo, tomó el mando durante la ausencia de Krzyzewski: Duke terminó la temporada 94-95 con un récord de 13-18. La situación se volvió tan tensa que el exentrenador de la NBA Doug Collins, que había sido compañero de equipo de Joe Bryant en los Sixers y cuyo hijo Chris jugaba en los Blue Devils, entró en el vestuario después de una derrota gritando a Gaudet por no utilizar los jugadores de Krzyzewski de la manera correcta. Fue la única temporada en treinta y seis años en la que Duke no se clasificó para el torneo de la NCAA. Krzyzewski se recuperó lo suficiente como para poder volver a entrenar en el otoño de 1995, pero el equipo necesitaba urgentemente una superestrella para reverdecer viejos laureles.

Tenía a Kobe *in mente*. Krzyzewski había designado a su principal entrenador asistente, Tommy Amaker, para que actuara como enlace entre Duke y Kobe. Y el principal contacto de Amaker en Lower Merion era Mike Egan. Pensaba que Kobe reunía todas las cualidades, en el baloncesto y en lo personal, que Duke buscaba en un jugador. Su inteligencia, su modo de ver el mundo y la capacidad para apreciar diferentes personas y culturas que sus años en Italia habían fomentado. Sin embargo, probablemente, Amaker pasó más tiempo hablando con Egan sobre el posible futuro de Kobe en Duke que Egan con Kobe. «Kobe era muy reservado con ese tema —dijo Egan—, y nosotros respetábamos mucho que esa era su decisión; que no era asunto nuestro. Si alguna vez quieres hablar de ello, dínoslo. Pero él tenía una capacidad asombrosa para separar las cosas. Casi nunca hablábamos con él de eso.»

Sin embargo, Kobe habló con Krzyzewski por teléfono y le cayó bien de inmediato. Cuando al principio hablaron del proceso de reclutamiento, charlaron más de las experiencias de Kobe en el extranjero y en sus primeros años de regreso a Estados Unidos que de baloncesto. Kobe había admirado la forma en que Krzyzewski había hecho progresar a Grant Hill durante los cuatro años de Hill en Duke, y Krzyzewski le contaba a Kobe historias y anécdotas sobre Hill: su asunción del liderazgo del equipo o cómo se había adaptado a la atención que los medios dedicaban a los Blue Devils. Hill acababa de terminar su primera temporada con los Detroit Pistons, que le habían elegido en la tercera posición del *draft* de 1994: había promediado casi veinte puntos por partido con ellos, había jugado el All-Star con la Conferencia Este y había ganado el premio al *rookie* del año. Kobe podía imaginar que Krzyzewski tendría el mismo efecto sobre él. A finales de su último año, admitiría ante sus allegados lo que empezaba a reconocer ante sí mismo: si decidía ir a la universidad, sin duda elegiría Duke.

Sin embargo, en el campamento ABCD nadie lo sabía: ni Krzyzewski, ni *Speedy* Morris, ni Rick Pitino, ni Jim Boeheim, de Syracuse, que llevaba catorce temporadas consecutivas ganando por lo menos veinte partidos y cuyo principal anotador, el escolta Lawrence Moten, acababa de ser seleccionado en la segunda ronda del *draft* de la NBA. Tampoco Jim Calhoun, de Connecticut, con su agudo acento de Nueva Inglaterra, que le contaba a Kobe su récord de victorias y derrotas, así como los dos campeonatos consecutivos de la UConn. Todos los entrenadores del campamento tuvieron la oportunidad de convencer a Kobe de que se uniera a ellos, y cada uno de ellos sintió que tenía que hacerlo, porque nadie sabía todavía cuáles eran sus planes. Cuando Kobe, Gregg Downer y Egan subieron a un ascensor dentro del Rothman Center, Krzyzewski se coló antes de que se cerraran las puertas. Era la primera vez que él y Kobe se veían en persona. Ahora el entrenador podía soltar su discurso de motivación en directo.

«En Duke, pulimos los diamantes. Sabemos que son grandes y los hacemos mejores», le dijo a Kobe.

«Vaya, qué gran frase», pensó Egan.

En un campamento con *Rip* Hamilton, Lester Earl, Shaheen Holloway y Jermaine O'Neal, con ese «Fab Five» aún hablando de unir fuerzas en La Salle, Kobe cumplió la promesa que le había hecho a Sonny Vaccaro un año antes: le nombraron el mejor jugador del campamento, galardón con el que reclamó *de facto* su posición de mejor jugador de instituto del país. Joe disfrutó de la atención que recibía su hijo: las llamadas telefónicas de los entrenadores colapsaron la línea de los Bryant y solían interrumpir las comidas familiares; a él no le había ocurrido lo mismo cuando estaba en Bartram, pero ahora lo saboreaba en nombre de Kobe. «No te imaginas cuánta gente me ha comentado que disfrutaba viéndole jugar», dijo Joe durante el campamento. ¿Y las preguntas sobre la elección universitaria de Kobe? «En este momento, estoy tratando de evitar la conversación de la universidad», dijo Joe.

«Habrá tiempo para que Kobe elija una universidad. Ahora lo importante es disfrutar de esto, porque este tipo de cosas son una experiencia única en la vida.» Además, ya se había corrido la voz. Todo el mundo sabía, y si no pronto lo sabría, quién encabezaría los *rankings* a partir de entonces. Todo el mundo sabía quién era el rey. Muy pronto, Vaccaro habría relegado al pobre Kerry Kittles. Kobe era la figura acorde a la ambición de Adidas. Tendría que hacerlo bien, con un agente y un socio que fuera adecuado para Kobe. Alguien que tuviera una experiencia en Filadelfia similar a la de los Bryant. Alguien que creyera, como Vaccaro, que un aspirante a atleta profesional tenía derecho a seguir su carrera como mejor le pareciera, que la universidad no debería ser obligatoria para que un jugador entrara en la NBA. Alguien que compartiera su idea de convertir a Kobe en el próximo niño Dios del baloncesto y pudiera mover los hilos y hacerlo realidad. Ese mismo verano, Vaccaro llamó a Arn Tellem.

Krzyzewski organizó un viaje a los suburbios de Filadelfia para asistir a uno de los partidos de Kobe en la liga de verano de Plymouth Whitemarsh y verle jugar en directo. Eligió bien: contra Donnie Carr y Roman Catholic. Era poco frecuente que un partido de la liga de verano levantara tanta expectación veinticuatro horas antes del comienzo, pero…

… la noche anterior al partido Carr estaba en su casa hablando por teléfono con su novia cuando sonó una llamada en espera. Lo cogió.

—Hola.

—Hola, Don. ¿Qué pasa, tío? ¿Qué pasa?

—Aquí estoy. ¿Quién eres?

—Bean, hombre. ¿Cómo estás?

—Pues aquí, hombre. Hablando con mi chica.

—Muy bien, tío. Solo tengo una pregunta rápida para ti. ¿Va a estar *Yah* Davis en el partido mañana?

Había rumores de que Davis, compañero de equipo de Carr en Roman y que estaba deseando jugar en la primera división, se iba a trasladar a la Escuela Secundaria de Frankford. Inmediatamente, las antenas de Carr se pusieron en marcha. «Este tipo está intentando conseguir información.» No era el mismo tipo de pregunta que Kobe solía hacerle cuando eran más jóvenes, cuando le preguntaba sobre la vida en el sur de Filadelfia, acerca de una infancia sin las comodidades de las que Kobe disfrutaba, sobre cómo ahorrar algo de dinero para derrocharlo de vez en cuando en un local de comida rápida. No era una curiosidad genuina. Era un leve interrogatorio. Se trataba de un competidor que buscaba una ventaja sobre su igual.

—No lo sé —dijo Carr—. ¿Por qué?

—Hombre —contestó Kobe—, si Yah va al partido, será Yah y tú contra mí, y nos enfrentaremos. Yah y tú contra mí... Sería un enfrentamiento memorable. Pero si solo eres tú, ni siquiera sé si vale la pena que vaya.

Carr levantó el teléfono por encima de su cabeza y lo dejó de golpe en el receptor, olvidando que su novia seguía en la otra línea. Su hermana y su hermano entraron corriendo en la habitación: «¿Qué pasa? Hemos oído un ruido muy fuerte». Carr no podía superar el... el valor de Kobe... para coger ese teléfono, marcar ese número e intentar manipularlo de esa forma. Este era el mismo chaval flaco y bromista del que Carr y sus amigos solían reírse, al que solían empujar en la cancha.

—¡Este hijo de puta me acaba de llamar! —le gritó Carr a sus hermanos—. ¡Es una falta de respeto absoluta!

Al día siguiente, en Plymouth Whitemarsh, entre la veintena de personas que se morían de calor en el gimnasio, estaban John Lucas, el entrenador de Kentucky, Rick Pitino, y, en la novena fila de las gradas, Krzyzewski. Dave Rosenberg, uno de los compañeros de equipo de Kobe, miró a Krzyzewski. «Oh, mierda —pensó—, esta temporada va a ser de las buenas.» Que Krzyzewski acudiera al partido supuso un profundo alivio para Mike Egan. Egan, el entrenador principal de Lower Merion en esa liga, le había dado las indicaciones para llegar al gimnasio y estaba preocupado por la posibilidad de que el legendario entrenador acabara en Allentown, en lugar de en el condado de Montgomery.

Ante tal abanico de entrenadores, Carr se dirigió a un asistente del equipo de Roman: «Quiero ocuparme de Kobe. Quiero demostrarles a Kobe y a todos los demás que soy mejor». Cuando entraron en la cancha, no hablaron ni se dieron la mano; luego cuando un jugador de Roman lanzó el balón hacia Carr, Kobe se puso en «una postura defensiva extrema, como cuando Jordan se encargaba de Magic en las finales», dijo Carr, con los brazos y las piernas extendidos y abiertos, como una araña gigante.

«Sí, recuerdo lo que solían hacerme, pero ahora es algo nuevo.»

Carr se acercó a Kobe muy rápido y penetró a canasta. Kobe lo alcanzó cerca del aro, se levantó justo por detrás de él para intentar taponar su tiro, pero no... Carr le engañó, pasando el balón a un compañero de equipo que venía detrás para que hiciera un mate estratosférico. La primera parte terminó; veinticinco puntos para Carr y cuatro para Kobe. Carr estaba ufano. Sabía que podía anotar frente a Kobe cuando quisiera. «Si me movía rápidamente, le iba a costar mucho seguirme, pues su desplazamiento lateral no era tan bueno como llegaría a serlo más tarde.» Nada parecía distinto respecto a aquellos partidos de la Sonny Hill League en los que Carr podía manejar a Kobe a su antojo, moviéndolo hacia donde quería gracias a su mayor fuerza y envergadura.

Pero entonces comenzó la segunda parte, y por primera vez todo cambió. En defensa, Kobe empezó a estar más encima de Carr, negándole el balón; en las raras ocasiones en que Carr recibía, Kobe se pegaba a él como una lapa y no le dejaba maniobrar. En una posesión, el base de Roman intentó forzar un pase a Carr. Kobe lo robó. Un jugador de Roman se acercó al balón, pero Kobe lo cogió, se lo pasó por detrás de la espalda y avanzó hacia canasta. Dos contrarios más se le acercaron, pero Kobe se pasó el balón entre las piernas (desde detrás del trasero hasta delante de su ingle): un pase de salida hacia él mismo. El balón salió botando, Kobe lo recuperó a un paso del tablero a toda velocidad, se elevó y la metió con las dos manos. Cuando aterrizó, se puso a gritar. «Estaba eufórico —dijo Carr—. Puso esa mirada: "Soy el mejor, no lo olvides".»

¿Eso era todo? No, Kobe no había terminado. Al cabo de unos minutos, recorrió la banda, dribló a Carr (devolviéndole los gestos del principio del partido) y, deshaciéndose de él con un *dribbling* hacia dentro, pegó un salto y mantuvo el brazo y la mano en lo alto como hacía Michael Jordan. Desde las gradas, Joe Bryant gritó: «Oh, sí, hijo. Tal y como te dije». Carr nunca lo olvidó: ese padre celebrando lo bueno que era su hijo.

Carr llevaba veinticinco puntos en el descanso y acabó el partido con veintinueve, nueve rebotes y nueve asistencias. Kobe anotó treinta y dos puntos en la segunda mitad, treinta y seis en total. Cuando Carr falló un tiro sobre la bocina y los Aces ganaron por un punto, se derrumbó. Kobe lo levantó: «Escucha, tío. Solo es un partido de la liga de verano. Sacaste lo mejor de mí. Nos volveremos a ver».

«Solo un partido de la liga de verano.» Sonaba ridículo porque, días después, Lower Merion se enfrentaba a un rival conocido, Chester, cuyo entrenador y jugadores seguían convencidos de que, ya fuera en verano, ya fuera en invierno, los Aces no tenían nada que hacer contra ellos. Tenían un entrenador principal: Fred Pickett, un antiguo asistente de la escuela encantado con el estatus de los Clippers como el equipo más destacado del baloncesto de Pensilvania, así como el más respetado. A diferencia de su predecesor, Alonzo Lewis, que insistía en que sus jugadores hablaran solo con clichés anodinos sobre sí mismos y sus oponentes, como hacía él mismo, Pickett no se privaba de decir a los periodistas locales exactamente lo que pensaba. Era una táctica, una manera de reforzar la confianza de sus jugadores. Y Pickett estaba dispuesto a molestar a otros entrenadores para mantener impenetrable el escudo psicológico de su equipo.

Con una desventaja de ocho en el descanso, Lower Merion anotó la primera canasta de la segunda parte, pero el adolescente que se había ofrecido a manejar el marcador se equivocó y le dio los dos puntos a Chester. En realidad, ganaban por seis, pero el marcador decía que ganaban por diez. Egan llamó al árbitro. Esto era solo la liga de verano. No había nada muy oficial. Pero es que aquel era el partido por el campeonato y era contra Chester.

—Espera —le dijo Egan al árbitro—. Se han equivocado con el marcador.

Hizo un gesto a Pickett.

—Fred —dijo—, sabes que eran ocho puntos y acabamos de anotar.

Pickett se quedó sentado, con los brazos cruzados sobre su redonda barriga.

—No lo sé.

—¡Fred! ¡Vamos!

El marcador se corrigió rápidamente, pero Lower Merion siguió perdiendo. Otro campeonato contra Chester, otra derrota. Downer y Egan condujeron al equipo a un pasillo fuera del gimnasio. Los entrenadores no intentaron consolar a sus jugadores. No era necesario. Para la mayoría de ellos, aquella derrota en la liga de verano acababa con la frase: «Bien, ya podemos irnos a la piscina o a la playa».

Pero Kobe no reaccionó igual. Aquel era un partido por un campeonato... y contra Chester. Empezó a hablar y, mientras lo hacía, agarró con los puños su camiseta húmeda, arrugándola y retorciéndola hasta que gruesas gotas de sudor se acumularon en la tela y cayeron al suelo.

«Más vale que estéis listos para jugar, hijos de puta —dijo—. No voy a volver a perder con este puto equipo. Esto es una mierda. Será mejor que estéis listos para poner vuestros culos en marcha.»

El 25 de julio de 1995, dos semanas después del campamento ABCD, Mike Krzyzewski escribió a mano, con tinta azul de Duke, una nota personal a Mike Egan para expresarle su cariño por Kobe.

> Querido Mike:
>
> ¡Buena victoria sobre Roman Catholic! Has hecho un buen trabajo con los chicos. Juegan muy bien, y en equipo. Mike, gracias por

tu ayuda. Estoy muy agradecido. ¡Kobe es realmente especial y quiero entrenarlo!

Mis mejores deseos,

MIKE

Egan se sintió honrado por recibir aquella nota, pero, por mucho que deseara saber cuál sería la decisión de Kobe, aún no tenía ni idea. Ahora ya no guarda la carta en un cajón de su escritorio, ni está enterrada en algún lugar escondido, sino que la tiene enmarcada en el centro de una pared en la oficina de su casa en Paoli, Pensilvania, frente a una estantería rebosante de autobiografías y gruesos tomos de historia. Y justo a veinticinco kilómetros de distancia, un día de principios de septiembre de 2020, una pelota de baloncesto de Duke, con rayas azules y blancas y con la insignia de la cabeza de los Blue Devils, se balanceaba sobre el escritorio del antiguo estudio de Joe Bryant en el 1224 de Remington Road. Richard y Kate Bayer, la pareja que actualmente vive allí, aún no sabe con exactitud por qué Kobe la había dejado allí, aunque, como todo el mundo, podían adivinarlo.

El futuro salvador de los Sixers no tardó en darse cuenta de que todo estaba en su contra. El 31 de julio de 1995, un mes después de que el equipo reclutara a Stackhouse, Joe Carbone, el preparador físico del equipo, vio a un chico alto y espigado entrar en el Fieldhouse y dirigirse directamente a Lucas. Ambos hablaron en privado durante un momento antes de que Lucas llamara a Carbone y le presentara a Kobe. Fornido, musculoso y con forma de boca de incendios, Carbone era un antiguo culturista de competición que había pasado toda su vida viviendo y trabajando en el condado de Rockland, Nueva York, antes de incorporarse a los Sixers esa temporada. No sabía nada de la escena del baloncesto en los institutos de Filadelfia y no tenía ni idea de quién era Kobe.

«Tienes que ponerte a trabajar con Joe —le dijo Lucas a Kobe—, y ponerte más fuerte.» La remodelación del cuerpo de Kobe Bryant comenzó de inmediato. Carbone le condujo hasta una serie de máquinas de ejercicio ubicadas en un rincón del gimnasio. El Fieldhouse no tenía una sala de pesas separada, solo un estante para hacer sentadillas con dos bancos, un par de máquinas, algunas poleas altas y bajas y ciertos cables. «Pero si sabes lo que haces —dijo Carbone—, puedes con todo esto. Puedes hacer todos los levantamientos.» Como los Sixers y otros jugadores empezaban sus entrenamientos a las 9.00 de la mañana, Kobe comenzaba el suyo con Carbone a las 7.00, y continuaban a la vista de todos los demás atletas. Era un acuerdo incómodo, como admitió Carbone más tarde, porque dejaba claro quién era el verdadero elegido.

Carbone creó una hoja de cálculo para seguir los entrenamientos y los progresos de Kobe. Desde entonces, la ha conservado para poder mostrar, un cuarto de siglo después, que la primera sesión de entrenamiento con pesas de Kobe consistió en cuatro rondas de ejercicios, desde diez repeticiones de sentadillas con treinta kilos hasta tres series de veinte flexiones de brazos y empuje de cincuenta kilos durante diez repeticiones. En su tercera sesión, el jueves 3 de agosto, Kobe terminó haciendo diez repeticiones de sentadillas con sesenta kilos. «Era un tipo resistente —dijo Carbone—. Sus músculos se basaban en la resistencia. No era un tipo de contracción rápida. Los músculos de contracción rápida te ayudan a esprintar velozmente y a tener músculos grandes y gruesos. Ves a un jugador de la NFL: muslos muy gruesos, puede levantar ciento ochenta kilos y hacer sentadillas con doscientos setenta kilos. Ese no era la clase de cuerpo que tenía Kobe, así que su crecimiento de masa muscular fue duro. No fue fácil. Pero lo consiguió.» Al final del verano, Kobe había pasado de ochenta y cuatro kilos a noventa, y ese peso adicional eran músculos y tendones. Phil Martelli, con el rabillo del ojo, lo pillaba pedaleando en una bicicleta estática o corriendo con un paracaídas atado al torso; Carbone lo vigilaba de cerca. «Es diferente —pensó Martelli— de todo lo que he visto en otros grandes jugadores que han pasado por Filadelfia.» «Estaba allí para prepararse, no para pasar el rato», dijo Martelli más tarde.

Y

John Nash, director general de los Washington Bullets, era, si es que tiene sentido llamar a alguien así, un «tipo de Filadelfia»: un exalumno de la Universidad de Saint Joseph, antiguo ejecutivo de los Sixers, conocedor de todos los secretos que había por allí, un hombre para el que un apretón de manos significaba un vínculo. «Si John dice algo —dijo una vez Frank Layden, presidente y entrenador durante mucho tiempo de los Utah Jazz—, puedes confiar en que es cierto.» Cuando Nash era el director de los Big Five de Filadelfia a mediados de los años setenta, Joe Bryant y él habían mantenido una relación amistosa. Se movían en los mismos círculos, y Nash conocía a los Bryant y sabía de su reputación de buena familia.

Después de que los Sixers eligieran a Stackhouse en el *draft* de 1995, Nash y los Bullets, que ya contaban con dos grandes jugadores interiores como Chris Webber y Juwan Howard, se hicieron con el jugador de más talento que quedaba suelto, aunque también fuera un tipo grande: Rasheed Wallace, nativo de Filadelfia, que había sido compañero de equipo de Stackhouse en Carolina del Norte. Nash, por supuesto, como consumado chico de Filadelfia, sabía que Stackhouse y dos de los escoltas de Washington, Doug Overton y Tim Legler, participaban en aquellos partidos y entrenamientos de verano, y sabía que Lucas solía estar por allí. Así que Nash llamaba a Lucas una vez a la semana para que le pusiera al día, en un intercambio amistoso de observaciones e información entre colegas y competidores.

Un día, Nash preguntó:

—¿Cómo anda Stackhouse?

—Oh —respondió Lucas—, es el segundo mejor escolta de la cancha.

Aquello pilló por sorpresa a Nash. Los Sixers pensaban que Stackhouse era la piedra angular de su franquicia. ¿Eran Overton y Legler los únicos escoltas de la NBA que participaban en los entrenamientos? ¿Se refería Lucas a alguno de ellos? Probablemente, Stack sea mejor que ellos, pensó Nash.

—¿Quién hay mejor que él? —preguntó Nash.

—Kobe —dijo Lucas—. Kobe está iluminando el gimnasio.

«Kobe —pensó Nash—. Si tengo la oportunidad de reclutarlo, no la dejaré pasar.»

Y

El verano fue el tiempo de Sam Rines y Sam Rines Jr. con Kobe. Más tarde, en julio, después del campamento ABCD, los Sam Rines All-Stars volaron a Las Vegas para el Adidas Big Time Tournament. Participar en aquel torneo implicó una ruptura con el enfoque de la familia Rines de construir su programa de baloncesto AAU, con su idea de mantener el programa y sus objetivos centrados en Filadelfia y alrededores. Kobe había estado presionando a Sam Jr. para llevar al equipo más allá, para que afrontara más competiciones nacionales. En el vuelo a Las Vegas, en una conversación privada, Sam Jr. se dio cuenta de por qué. Kobe le dijo que pensaba presentarse al *draft* de la NBA.

«La relación se estrechó. Aquello la volvió más profunda», dijo Sam Jr.

Tiene sentido que Kobe confesase sus planes a Sam Jr. primero. Sí, los dos habían tenido sus conflictos. Sam Jr. se preguntaba cuándo aprendería Kobe a jugar menos centrado en sí mismo; Kobe se irritaba ante las exigencias de Sam Jr. de que tuviera en cuenta a sus compañeros de equipo. Pero por mucho que le importara ganar un campeonato estatal, por mucho que estuviera cerca de Gregg Downer, Mike Egan y Jeremy Treatman, Kobe mantenía separados esos dos mundos, el del instituto y el de la AAU, y solo en uno de ellos era capaz de demostrar que estaba preparado para convertirse en profesional. Anotar cuarenta puntos contra un equipo de la Central League en pleno mes de enero era bonito; destacar contra los mejores jugadores de instituto del país, ante cientos de entrenadores y ojeadores, frente a la gente más poderosa en la maquinaria del baloncesto estadounidense, en un evento organizado por un magnate de las zapatillas que se estaba haciendo amigo suyo y de su familia, era esencial. *Rip* Hamilton no hizo el viaje con los Sam Rines All-Stars, y el equipo no ganó el torneo, pero eso era secundario. Por fin el futuro de Kobe estaba tomando forma. En los últimos segundos de un partido en Las Vegas, llegó a pasar el balón a un compañero para que hiciera un tiro. Que el compañero fallara y los Sam Rines All-Stars perdieran el partido no tuvo importancia. El pase, con todos esos ojos sobre él, evaluándolo y juzgándolo, fue un indicio de que Kobe, por fin, se tomaba las peticiones de Sam Jr. de que compartiera más el balón en serio, de que permitía que su juego completo y variado, y no su ego y su boca, hablaran por él. «Se convirtió en mi jugador favorito cuando logró hacer eso —apuntó Sam Jr.—. Incluso le dije: "Así es como deberías jugar siempre. No importa lo que diga la gente: una vez que empiezas a pasar el balón y no juegas de forma tan egoísta pareces el mejor jugador, y punto". Después de esa jugada se ganó todos mis respetos.»

Todos esos entrenadores y ojeadores seguramente también sintieron lo mismo. Pero ¿se dieron cuenta de lo que estaba ocurriendo, de lo que Kobe tenía en su cabeza? ¿Entendían que eran, para él y para Joe, un medio para llegar a un fin, que los Bryant, por mucho que necesitaran la validación y la aprobación de esos entrenadores y ojeadores, estaban mirando más allá, a la vida y la carrera que le esperaba a Kobe? Ya casi podían saborearlas. En los Juegos de Keystone, en agosto, Joe, Sam Rines padre y Ron Luber (el padre de Justin, uno de los compañeros de Kobe en la AAU) vieron a Kobe y a *Rip* Hamilton ganar tres veces a equipos de estrellas de Pensilvania; luego tomaron un vuelo interno desde Harrisburg a Atlantic City, para pasar una noche de juegos y apuestas en el Trump Plaza Hotel and Casino. Luber, médico de profesión, pagó la cuenta y allí se hicieron amigos. ¿Y el baloncesto? Bueno, fue dulce para Kobe, porque el rival de su equipo en el partido contaba con varios jugadores de Chester y lo entrenaban... Gregg Downer y Mike Egan. Cuando Kobe culminó el torneo anotando cuarenta y siete puntos en el último partido, en una victoria sobre sus entrenadores, el resultado y su actuación se convirtieron en una ingeniosa y aguda réplica a las instrucciones de Downer y Egan una vez que la temporada de Lower Merion comenzó, en otoño.

—Oye, Kobe, esto es lo que vamos a hacer en defensa...

—Sí, ¿funcionará tan bien como aquella vez que os metí cuarenta y siete puntos en los Juegos de Keystone?

Mirando hacia atrás, a lo que él llamaba «aquel famoso verano de Saint Joe», Downer, que ahora es padre, puede adoptar la perspectiva que tenía Joe entonces. Ahí estaba Kobe, enfrentándose a Jerry Stackhouse y a Vernon Maxwell. Kobe, intentando hacer mates sobre Shawn Bradley. Ahí estaba Sonny Vaccaro, intentando manejar la situación. «Joe tuvo que pensar: "Esto no va a pasar. No va a pasar para La Salle, Villanova, Duke, para ninguno"», dijo Downer. Sí, Joe tenía que estar pensando eso mismo…, pues Kobe lo estaba pensando, especialmente cuando se trataba de la teoría de que ambos se unirían para revitalizar el programa en el *alma mater* de Joe. La charla entre los «Fab Five» ya empezaba a disiparse. Sam Rines Jr. se había encontrado con Lester Earl en Las Vegas, le había parado para hacerle una pregunta rápida: «¿Vas a jugar con Kobe?», y Earl le había dado una respuesta reveladora: «Hombre, no sé nada de eso, entrenador. Kobe tira mucho. Podría jugar con Kobe, pero ¿en La Salle? No lo sé». El entrenador de Míchigan, Steve Fisher, se presentó en un gimnasio abierto en Hayman Hall para ver a Kobe, miró a su alrededor y le dijo a alguien: «Maldita sea, ¿aquí es donde juegan?». No lo era, por supuesto, pero eso no importaba, porque la verdad estaba saliendo a la luz: era demasiado pensar que La Salle podría atraer a Kobe y que Kobe podría cambiar La Salle una vez que llegara allí. Aquello era demasiado pequeño para él. Y el propio Kobe no tenía tiempo para tantos rumores. Todavía no estaba preparado para compartir sus verdaderas intenciones. Le quedaba demasiado camino por recorrer. Si la gente no prestaba atención y deducían cuál era su verdadera intención, era problema de ellos.

«Es imposible que vaya a La Salle. Si fuera así, me habría comprometido hace mucho tiempo, y habría hecho que esos otros cuatro jugadores vinieran conmigo. Como no anuncié durante el periodo de fichajes anticipados que iba a ir allí, pensé que todo el mundo lo habría entendido. A veces, la gente puede ser muy lenta.»

John Cox le había hecho una advertencia tras otra, una amonestación tras otra, a su hermano mayor, Sharif Butler, antes de que se reunieran con Kobe en la esquina trasera del gimnasio de Saint Joe's un día de aquel verano. Butler ya llevaba un tiempo fuera de Filadelfia. Era un escolta de 1,90 que jugaba para el entrenador Billy Tubbs en la Texas Christian University de Fort Worth, y había vuelto para visitar a su familia, para humillar a su primo pequeño Kobe una vez más, para divertirse. «Tío —le decía Cox—, no quieres jugar con él. No hay nada que hacer. Se acabó.» Sin embargo, Sharif Butler era un escolta titular en la Conferencia Big 12, un jugador muy bueno, y no tenía ni idea del monstruo que, tras tanta humillación en años pasados, había ayudado a crear. Una vez más, Cox le dijo: «No juegues con él. Te va a machacar». Aun así, Butler jugó con él: había estado demasiado tiempo ausente y no tenía ni idea de hasta qué punto Kobe había progresado.

Jugaron un partido a dieciséis puntos. Kobe ganó. Bueno, para ser más preciso, Kobe le ganó 16-0. Lo masacró, acabó con él. Kobe desató un fulminante aluvión de obscenidades e insultos que cuestionaban la hombría de un miembro de su familia tres años mayor que él, soltó la ira acumulada tras cientos de derrotas contra Butler. «Le aniquiló como si fuera un ladrón que le acabara de robar», dijo Cox. Cuando terminó, Kobe tomó un trago de agua. Butler, derrotado, se acercó a Cox.

«John, está listo. Puede jugar en la NBA ahora mismo. Lo ha conseguido», dijo Butler.

PARTE III

«Me encanta guardar secretos,
por si todavía no te habías dado cuenta.»

Kobe Bryant

13

Secretos y tiburones

Ya estaba en el último curso y, antes de que empezara su última temporada en Lower Merion, Kobe Bryant se levantaba las mañanas de finales de otoño en la oscuridad y la quietud de antes del amanecer, se hacía un ovillo en el asiento del conductor de su Land Cruiser y se lanzaba a la carretera para recorrer los tres kilómetros hasta el instituto. No habría nada abierto todavía, ni los supermercados ni las tiendas de *bagels*. No habría nadie en la carretera ni en las aceras hasta al cabo de un rato. Si se hubiera permitido un par de minutos más de sueño, si hubiera salido por la puerta principal solo un poco más tarde, se habría cruzado, mientras conducía, con algún coche o habría entrado en su campo de visión algún que otro corredor, constante como un metrónomo, con el aliento humeando a diez centímetros de su cara y con el suave resplandor de las farolas brillando en su chaleco reflectante. Aparte de eso, pocas distracciones encontraría al girar a la izquierda cuando salía de casa, luego a la derecha hacia Haverford Avenue y luego otra vez a la derecha hacia Argyle Road. Allí, a pesar de lo apretadas que estaban las casas y del estilo de vida hiperactivo de los *baby boomers* que vivían en ellas, todo estaría tranquilo, y solo las luces de los porches o el resplandor de la luna llena atravesarían el manto de la noche.

El límite de velocidad no superaría los cincuenta kilómetros por hora en ninguna de las calles de su ruta, por lo que el trayecto le llevaría unos siete minutos. Quizá tardara menos de siete minutos porque era un adolescente impaciente y querría llegar a la escuela lo más rápido posible, así que es posible que su pie pisara un poco más a fondo el acelerador y que su SUV llegara a los sesenta o incluso setenta kilómetros por hora. O tal vez tardara un poco más de siete minutos, porque era un adolescente negro conduciendo por Main Line y querría ser prudente, ya que uno nunca sabe dónde puede haber un policía y lo que puede pensar el policía al ver a un chico negro conduciendo por Main Line en la oscuridad de antes del amanecer.

Iría con las ventanas cerradas y la calefacción puesta, de modo que algunas veces el silencio sería total. ¿Imaginaría y planificaría en su mente el entrenamiento de la mañana, los ejercicios de pies, los triples y los lanzamientos de media distancia? ¿Pensaría en el próximo entrenamiento de su equipo, en su próximo partido? ¿Se imaginaría en la NBA, con el público palpitando, haciendo el último lanzamiento para ganar el partido? A veces no estaría solo en el coche. A veces pasaría por la casa de Robbie Schwartz para recogerlo. Schwartz, un rollizo base júnior, era uno de los chicos con más personalidad del equipo, pura efervescencia de frases ocurrentes y anécdotas divertidas. Se había pasado los dos días de pruebas lanzándose por todo el gimnasio, persiguiendo cada pelota perdida, aguantando cada carga, ganando cada *sprint*. «Nunca había entrenado tan duro en mi vida —explicaba más tarde—. "Tenía" que entrar en el equipo. Sabía que iba a pasar algo especial y quería ser parte de ello.»

Kobe aparcaba en la zona de aparcamiento del profesorado en un espacio cerca de la entrada de uno de los tres gimnasios de la escuela. Uno podría argumentar que tal privilegio no debería habérsele permitido. Aquel otoño, las obras en la escuela y sus alrededores habían reducido el número de plazas para los estudiantes de setenta y nueve a veinticuatro, y los residentes estaban tan molestos por los coches que inundaban sus vecindarios teñidos de ocre que la policía ponía multas de cuarenta dólares a los estudiantes que tenían la temeridad de aparcar en las calles cercanas al campus. «¿Y Kobe puede aparcar su SUV donde quiera, como si fuera el director?» Pero él se justificaría fácilmente, elaboraría una explicación. Llegaba a la escuela a las 5.30, antes que cualquier profesor o estudiante, y si él pasaba más tiempo en aquel edificio perfeccionando su oficio que los demás perfeccionando el suyo, si estaba destinado a la fama y la inmortalidad —y estaba seguro de que así era—, ¿por qué eran más merecedores de una de esas plazas de aparcamiento que él? Así pues, un conserje dejaba entrar a Kobe en la escuela, y él y Schwartz iban al gimnasio principal o al tercer gimnasio de la escuela, llamado gimnasio Ardmore. En ambos casos, las luces tardaban cinco minutos en encenderse y el gimnasio tardaba media hora en calentarse a temperatura ambiente. Schwartz, mientras estaba ahí de pie, temblando con sus pantalones cortos —«nunca he pasado tanto frío como en ese gimnasio»—, se preguntaba por qué, cuando Kobe había preguntado a varios compañeros de equipo si querían unirse a él en sus entrenamientos de tiro, había sido él quien había dicho: «Claro».

«Yo me imaginaba que íbamos a desarrollar una buena química y que, de algún modo, eso me llevaría a jugar más, o simplemente a jugar —explicaba—. Pero terminé cogiéndole los rebotes durante una hora. Jamás dije nada. Era mi compañero de equipo. Era un año mayor que yo. Yo era alguien bastante insignificante en el instituto. No iba a decir nada fuera de lugar, y, otra vez, yo solo quería formar parte de su trayectoria, fuera la que fuera. "Le cogeré los rebotes durante un par de minutos. Haremos algunos ejercicios." Pero era solo una hora de coger rebotes para él.»

«Lo curioso es que, visto desde ahora, fue de lo más divertido. Fue notable. La gente hubiera hecho cualquier cosa por estar en mi lugar, solo para cogerle los rebotes. En ese momento no lo veía así. Ahora valoro enormemente cada segundo que pasé con él y con el equipo. Fue el mejor año de mi vida. Cada momento, antes de los partidos, después de los partidos, los entrenamientos..., mataría por volver atrás y revivir cualquiera de ellos.»

Un estudiante de último curso posee un nivel de confianza y de seguridad en sí mismo inigualables hasta ese momento de su vida. Un estudiante de último curso es el dueño de la escuela durante el primer semestre y se pasea sin problemas por el segundo, una vez que ha enviado las solicitudes de acceso a la universidad y las cartas de aceptación van llenando su buzón, una vez que tiene una idea más clara de lo que le espera, una vez que el verano —el primero como graduado, el primero con dieciocho años, el primero como adulto— y su nueva libertad están a la vista. Un estudiante de último curso está familiarizado con el paisaje de su existencia cotidiana, con lo que mola, con lo que no mola. Un estudiante de último curso consigue la taquilla más grande, la mejor mesa de la cafetería, las invitaciones a las fiestas. Un estudiante de último curso se pavonea.

Kobe Bryant tenía motivos para pavonearse más que la mayoría de los estudiantes de último curso. Todo rastro de aquel novato tímido e inseguro había desaparecido, sustituido por un chico de diecisiete años que se había demostrado a sí mismo que su sueño —jugar en la NBA— no era simplemente factible, sino que lo tenía al alcance. Saber eso lo liberaba. En todo momento era consciente de su lugar, de su rol y sus responsabilidades en el ecosistema de Lower Merion. Pero también estaba preparado y dispuesto a superar los límites, los de los demás y los propios, dentro y fuera de la escuela, probando estados de ánimo, imágenes e identidades como quien se prueba ropa en unos grandes almacenes. Cuando un vagabundo se acercó a él y a Matt Matkov en una calle de Filadelfia y le pidió dinero a Matkov, Kobe cogió al tipo y lo apartó. Matkov se metió en una pelea en el restaurante Shack de Ardmore; después de que Kobe intercediera por su amigo y calmara el ambiente, le dijo a Matkov: «Matt, no puedes ir cabreando a negros así. Sencillamente, no puedes». Una noche, una camarera en un restaurante le sirvió un trozo pequeño de tarta de manzana y Kobe le dijo: «Señora, mido 1,98. Esto no me va a llenar». Su deseo de convertirse en el mejor jugador de baloncesto del mundo lo consumía tanto que sus amigos no llegaron a comprender los efectos que tenía sobre él hasta después de su desaparición. «Es algo con lo que tuve que luchar mucho tras su muerte —recuerda Robbie Schwartz—. La gente habla mucho sobre él y creo que dicen cosas fuera de lugar. "Oh, él era así." Nadie conoce a nadie. Todo el mundo quería tener una historia sobre cómo era y nadie lo sabía. Siempre he pensado que para ser muy bueno en algo tienes que obsesionarte con ello. Con diecisiete años, imagina el nivel de concentración y de intensidad. Él estaba extremadamente centrado en un objetivo. Esto es lo que la gente no entendía. Él tenía un objetivo y, si no formabas parte de él, no contribuías a obtenerlo...»

Ese fanático que no veía nada más no era el Kobe que Katrina Christmas se había encontrado en las reuniones de Student Voice y aquellas mañanas en las que él pasaba por la biblioteca, a veces para charlar, a veces para contarle algo íntimo. Ese Kobe se mostraba respetuoso, curioso, ansioso por escuchar sus consejos, incluso sobre sus interacciones y sus relaciones con el sexo opuesto, como si las tuviera. «Era como mi hijo —explicaba Christmas—. Cuando hablábamos sobre chicas, hablábamos de respeto y de buscar respeto hacia ellas. Yo le decía: "No te interesan las chicas con las faldas tan cortas". Yo era una mujer mayor, y él era un chico joven, así que le ofrecía mi perspectiva de mujer mayor. Sobre la vida en general y sobre cómo llevarnos bien los unos con los otros. Así era nuestra relación: cómo llevarse bien con los demás y con otras personas que tal vez no sean como tú. Nunca se mostraba fanfarrón. Era como todo el mundo, pero no era como todo el mundo.»

Esa fue una de las paradojas que definieron la vida de Kobe. Era capaz de relacionarse y no era capaz de hacerlo. Iba a la misma clase que Jordan Couzens, la estrella del equipo de hockey sobre hielo, y Kobe conducía a menudo hasta King of Prussia para ver los partidos del equipo y darle su apoyo. «Creo que Kobe era consciente de que captaba toda la atención —decía uno de sus compañeros de equipo—, pero Couzens sigue teniendo todos los récords de Lower Merion en hockey sobre hielo y había afinidad entre ambos.» En la clase de inglés, durante un análisis del relato de Flannery O'Connor *Todo lo que asciende tiene que converger*, Matkov encontró la manera de desviar la discusión hacia Kobe, argumentando que el protagonista de la historia se había autoengañado, no había sido sincero consigo mismo, algo que Kobe nunca haría. «Mucha gente piensa que vive en una burbuja, en su propio mundo —dijo Matkov, con su coleta balanceándose mientras hablaba y asentía hacia Kobe—, pero yo sé que no es así. Está conectado conmigo y está conectado con él mismo. No hay nada más verdadero que él.» Estar en esa clase en aquel momento implicaba debatirse entre admirar a Matkov por su lealtad a su héroe/mejor amigo o poner los ojos en blanco ante su adulación. Para un trabajo sobre economía doméstica, Kobe se emparejó con Lauren Rodrick, a quien había conocido en su primer año, cuando ella llegó al Lower Merion procedente de una escuela católica. La chica le había contado lo desubicada que se sentía como alumna nueva y él le había dicho que la entendía. Ahora, su profesor de economía doméstica les había entregado una muñeca repollo para el tradicional ejercicio en el que los estudiantes de secundaria aprenden lo que es ser padres, a cuidar de un recién nacido. Rodrick, de piel clara, soltó una carcajada cuando Kobe miró la tez más oscura de la muñeca y le preguntó: «¿Estás segura de que es tu bebé?». Ella lo consideraba inteligente, un bromista que se sentía más cómodo en el trato individual que en los grupos. Rodrick se había dado cuenta de que, cuanta más gente tenía Kobe alrededor, más callado se volvía. Cuando estaban en primero, a ella le sorprendió que le dijera que, aunque evidentemente sí que había salido algunas veces con dos o tres amigos, jamás había estado en una fiesta en una casa, jamás se había encontrado entre un par de docenas de chavales del instituto sin que sus padres ni los de otros los vigilaran. «Kobe, puede que vayas a la universidad —le dijo Rodrick—. ¡No puedes ir sin haber asistido a una fiesta antes!» Así que después de intentar esquivar la insistencia de Rodrick («Qué va, me voy a quedar en casa, id vosotros a divertiros»), Kobe la acompañó a ella, a su novio Shaya y a algunos más a una casa en Yeadon, una pequeña ciudad del condado de Delaware; por una noche de sábado se dejó llevar por la música y la atención de chicas a las que no conocía. «Era una mercancía atractiva —recordaba Rodrick—. Era muy cuidadoso con su vida, pero le gustaba que las chicas no supieran que era Kobe Bryant. Era simplemente un chico guapo en una fiesta. Fue una noche bastante buena. Agradeció mucho que hubiéramos ido.»

En Lower Merion ya no disponía de aquella libertad y aquel relativo anonimato. El 3 de octubre, los estudiantes dirigieron sus miradas a los televisores que había en los pasillos y el vestíbulo para ver la conclusión del juicio por asesinato a O. J. Simpson. El veredicto de no culpable dividió la escuela entre los alumnos negros que lo celebraron y los blancos que lo ponían en duda, pero de algún modo aquella tensión no alcanzó a Kobe. «No sé hasta qué punto la gente lo veía como negro o blanco, sino más bien como la figura imponente que era Kobe —decía Schwartz—. Era uno de nosotros, pero, en cierto sentido, era más grande que nosotros.»

Cada vez se sentía más cómodo con su lugar destacado en el escalafón social... y con su propia consideración. Griffin y él salían con más frecuencia los fines de semana, a discotecas y otros lugares de la ciudad y sus alrededores. En la escuela circulaba el rumor de que había empezado a salir con la actriz Tatyana Ali, protagonista en la serie televisiva *El príncipe de Bel-Air*, un rumor que había empezado el propio Kobe bromeando con su amigo Rennae Williams sobre si asistiría al baile de graduación con Ali o con la actriz y estrella del pop Brandy. (Cuando Melanie Amato, una reportera del *Merionite*, le preguntó si el rumor era cierto, él se rio. «Sin comentarios», le contestó.) Debido a su estatus, impresionaba en cada interacción con cada persona del edificio. A principios de curso, su orientador Frank Hartwell estaba reunido con algunos estudiantes de primero cuando Kobe entró en su oficina y los interrumpió. «Hola, señor Hartwell —dijo—. ¿Cómo está su familia?» Los estudiantes de primero soltaron un grito ahogado y se quedaron mirándolo: «¡Aquí está Kobe Bryant! ¡Estoy cerca de él!».

Una reunión posterior con Hartwell tuvo un tono distinto. En marzo de 1995, el consejo escolar había revisado su política sobre el acoso sexual que exigía seminarios de formación para el personal y los alumnos de la escuela. Como orientador, Hartwell tenía que reunir a sus estudiantes en pequeños grupos para repasar y enseñarles las directrices formales de dicha política, que incluían aprender «la relación entre normas, leyes, seguridad y protección de los derechos de la persona» y «las diferencias entre el contacto físico apropiado y el inapropiado».

Después de que Hartwell les hubiera explicado el propósito de la sesión, Kobe se levantó y se dirigió hacia la puerta.

—Señor Hartwell, yo no lo necesito —dijo—. No lo necesito.

—Kobe —dijo Hartwell—, lo necesitas.

Kobe volvió a sentarse y Hartwell siguió con el seminario.

La presión de entrenar a Kobe y conseguir el campeonato estatal ya recaía sobre Gregg Downer mucho antes de que empezaran las pruebas y los entrenamientos a finales de otoño de 1995. Ya había anticipado que la temporada entrante sería su última en Lower Merion. Había aceptado su nuevo trabajo como profesor de educación física en la Episcopal Academy con dos condiciones: la primera, que tendría la oportunidad de entrenar a los Aces durante toda la última temporada de Kobe; la segunda, que una vez terminada se dedicaría de lleno a enseñar en la Episcopal Academy, y que, aunque nunca llegara a ser el entrenador jefe de baloncesto de la escuela, haría su carrera allí. Pero ¿qué pasaría si no ganaban un título de distrito o estatal? ¿Y si la temporada era de algún modo un fracaso? El reto diario que suponía Kobe, de presionarle y ser presionado por él, era estimulante, pero Downer no podía aplacar esos interrogantes. Por la noche, a veces se quedaba despierto, preocupado no de que los Aces no ganaran su próximo partido, sino de que «no anotaran». Era absurdo, pero real. Soportaba una carga mayor que todas las demás personas asociadas a la escuela y al programa de baloncesto, pero los demás también la sentían. En un acto para animar al equipo de fútbol, Kobe se metió en un tira y afloja entre estudiantes de último curso y de primero, con cinco estudiantes en un bando y cinco en el otro. La supremacía de los alumnos sénior estaba en juego. Los estudiantes habían tirado sus mochilas con los libros por todas partes, creando un campo de minas en el suelo del gimnasio. Cuando Lynne Freeland, la profesora que había organizado el evento y madre de la amiga de Kobe, Susan Freeland, vio lo cerca que estaba Kobe de pisar las mochilas, se apresuró a alejarlas a patadas. «Señor —pensó—, Gregg me matará si Kobe se tuerce el tobillo.» El teléfono de la oficina de deportes —una habitación del tamaño del armario de las escobas en el que apenas cabían el director, Tom McGovern, y la secretaria, Mary Murray— nunca dejaba de sonar: entrenadores, *scouts*, medios de comunicación, padres, miembros de la comunidad. McGovern compró un contestador automático que podía almacenar hasta cien mensajes. Después de dos días de encender las luces de la oficina y encontrarse el contestador lleno porque las llamadas habían seguido llegando durante la noche, lo desenchufó. Durante la temporada, había tantas solicitudes de entradas y las colas para comprarlas eran tan largas que McGovern tuvo que trasladar la venta de entradas fuera de la oficina de deportes porque esta se encontraba en una zona académica, y las colas interrumpían el tráfico en los pasillos durante el horario escolar. Las noches de partido, a cientos de personas que habían dado por hecho que conseguirían entradas justo antes del comienzo del encuentro, les decían que no en la puerta y sus coches creaban embotellamientos a lo largo de la avenida Montgomery y dolores de cabeza a la policía de la ciudad. «En su primer y en su último año —explicaba McGovern—, Kobe ocupaba casi cada minuto de mi día.» Y el de Murray también, aunque ella no era tan entusiasta al respecto. Entre todos los integrantes de Lower Merion, ella parecía ser la persona a la que menos le gustaba la «experiencia Kobe» y la que más la desaprobaba, como si los viejos tiempos con un programa de baloncesto mediocre fueran preferibles al bullicio y la agitación dentro de la escuela y la atención que recibía. «Para ellos era abrumador —dijo Downer—. Es normal que alguien como Mary Murray estuviera deseando que terminara la temporada.»

A pesar de todo el estrés y la presión, Downer y el resto del equipo estaban impacientes por empezar la temporada. Los Aces, aunque seguían siendo *Kobedependientes*, mostrarían un aspecto algo distinto sin Guy Stewart y Evan Monsky, ambos graduados. Emory Dabney tomaría el relevo como base, uniéndose a Kobe, Jermaine Griffin, Dan Pangrazio y Brendan Pettit en la alineación titular, y otros dos jugadores nuevos le darían a Downer un banquillo más profundo: el alero Omar Hatcher, que venía del instituto Archbishop Carroll, y el estudiante de primer año Kareem Barksdale.

Igual que había hecho el año anterior, Downer llenó la agenda de los Aces a principios de temporada: un partido contra Donnie Carr y el instituto Roman Catholic en la Universidad Drexel; una revancha contra Saint Anthony, esta vez en el Fieldhouse de la Universidad Saint Joseph's; y tres partidos en el Beach Ball Classic, un torneo en Myrtle Beach (Carolina del Sur) en el que participarían varios de los mejores jugadores y equipos del país, como el colegio Glen Oaks con Lester Earl, el instituto Eau Claire (Carolina del Sur) con Jermaine O'Neal, y el instituto Shadow Mountain, de Arizona, con su base, Mike Bibby, hijo de un antiguo compañero de equipo de Joe Bryant, Henry Bibby.

Y lo más importante, tanto para el equipo como para su propia tranquilidad, fue que Downer se trajo a dos entrenadores asistentes más, a los que asignó roles inusuales. Al primero no tuvo que encontrarlo, el primero le encontró a él. Jimmy Kieserman, de 1,83 y veintiséis años, que había crecido con Sam Rines Jr. y había sido base titular tanto para la Universidad Rider como para la Universidad de Miami, ahora estaba trabajando en seguros y viviendo en Narbeth. Una noche vio un reportaje sobre Kobe en un canal de televisión local. Como era nieto del legendario entrenador jefe de Temple, Harry Litwack, Kieserman se preguntó algo que un buen entrenador o el nieto de un gran entrenador se preguntaría: «¿Cómo puede mejorar este chaval en el instituto? ¿A quién tienen en plantilla para ayudarle?». Llamó a Downer y se ofreció para ser un asistente de Kobe. Kieserman sabía hacer mates. Kieserman había jugado en los Maccabi Games en Israel y, profesionalmente, en la Eastern Basketball League; tenía un *crossover* asesino y había desarrollado un juego atlético y agresivo. «Yo me sentía un hombre, él era un niño y yo podía ayudarle con sus habilidades, empujarlo», decía. Downer aceptó.

La segunda incorporación fue la de Jeremy Treatman, más bien un formalismo, pues ambos eran amigos y Treatman ya pasaba mucho tiempo con Downer, Kobe y Joe. Pero Treatman no sería tanto un entrenador como el jefe de relaciones con los medios. De todas las responsabilidades que implicaba tener a Kobe en el equipo, la única que Downer odiaba de verdad eran las incesantes peticiones de entrevistas de los periódicos y de los reporteros de televisión. Estoico con los desconocidos, cuidadoso con sus palabras cada vez que hablaba en público, Downer prefería centrarse en entrenar a su equipo. Treatman no solo tenía los contactos profesionales, la experiencia y los conocimientos necesarios para manejar la embestida de los medios de comunicación, sino que estaba encantado con la oportunidad de ser íntimo de Kobe y abandonar cualquier pretensión de objetividad en lo que respectaba a sus relaciones dentro del programa. ¿Por qué iba a dedicarse a cubrir el baloncesto de Lower Merion si podía formar parte de él? Fue, gracias a Downer, un modo moderno e innovador de formar una plantilla de entrenadores de baloncesto de instituto. Mike Egan seguiría siendo el especialista en defensa. Drew Downer sería el psicólogo deportivo *amateur*. Kieserman ejercería de contrapunto/tutor de Kobe, y la presencia de Treatman permitía a Downer supervisar y orquestar la máquina al completo.

El viaje no estaría exento de baches en las primeras semanas. Las notas de pretemporada de Egan —su título: «Cuatro meses para jugar, toda una vida para lamentar»— dejaban pocas dudas de que el método de mano dura que Downer y él habían empleado durante la temporada júnior de Kobe seguirían en su temporada sénior: «Kobe: más contundente en la zona, rebotes, cambiando, dirigiendo... Jermaine: terminar, terminar, terminar, terminar, terminar, segundo esfuerzo... DAN: visión de juego, controlar más la pelota, lanzar + marcharse. Que Drew piense en ejercicios de agilidad para él (pies pesados)». Harían todo lo posible por tratar a Kobe como si fuera un miembro más del equipo, aunque evidentemente no lo era. El primer día de entrenamiento, de hecho, Kobe se horrorizó con la desidia de sus compañeros de equipo, especialmente de los más nuevos. Dabney llegó tarde y dado que, en sus propias palabras, no hacía más que «hacer el tonto y no hacer mi trabajo», había recibido una sanción académica de tres partidos. Hatcher también llegó tarde, igual que otro refuerzo, Cary, *Mantequilla*, Walker. «Realmente no tenían ni idea —explicaba Kobe con posterioridad—. Hicieron las pruebas para el equipo de baloncesto, pero no sabían lo que podían esperar. No sabían lo que les esperaba emocional o mediáticamente. No tenían ni idea. Iban al entrenamiento simplemente a hacer el vago.» Kobe apartó a un lado a Griffin, su mejor amigo en el equipo. «Jermaine —le dijo—, puede que tengamos que hacer esto nosotros solos. A lo mejor yo tengo que hacer una media de cuarenta y tú de treinta.»

Antes de haber jugado ni siquiera un partido aquella temporada, las dotes de Kobe y su imperiosa necesidad de ganar ya le empezaban a separar de sus compañeros de equipo, quienes tenían dificultades para estar a la altura de sus expectativas. En cada entrenamiento, Downer les hacía hacer un ejercicio de rebote: uno de los jugadores perseguía el lanzamiento fallido y el otro intentaba bloquear el rebote. Si el jugador ofensivo tocaba la pelota, y evidentemente si cogía el rebote, el defensor tenía que quedarse en la pista. Kobe no había perdido ni un solo ejercicio de práctica o de competición durante su trayectoria en el instituto. Así que cuando él y Pangrazio, emparejados el uno contra el otro, persiguieron una pelota perdida hacia una pared de cemento, Kobe hizo lo que creyó que tenía que hacer. Justo cuando Pangrazio puso sus manos sobre la pelota, Kobe lo empujó por la parte baja de la espalda. En la parte inferior de la pared había una placa metálica. Cuando Pangrazio chocó con el cemento, su codo impactó contra uno de los tornillos de la placa, abriéndole un corte en el brazo. Kobe arrancó la pelota de las manos ensangrentadas de Pangrazio y se la llevó consigo hacia el centro de la pista, triunfante por haber permanecido invicto. Sorprendentemente, Pangrazio no le guardó ningún rencor por aquel incidente, aunque tuvo que ir inmediatamente al hospital para que le pusieran tres puntos de sutura en el brazo. «Por mucho que la gente piense que Kobe se pasaba de la raya —declaró tiempo después—, a todos nos encantaba su competitividad. Sabíamos que formábamos parte de algo especial. Kobe me llevó a un nivel que jamás había pensado que fuera posible alcanzar y nos pedía a todos que hiciéramos lo mismo por él.»

Normalmente, Robbie Schwartz era el blanco fácil. Aquellos trayectos matutinos en coche no le valieron para ganarse la confianza de Kobe. Cuando los Aces practicaban a pista completa, Downer solía hacerles jugar seis contra cinco, encargándole a Schwartz y a otro jugador diminuto, Leo Stacy, que marcaran e irritaran a Kobe. «Siempre pensaba para mí: una de estas veces, vendrá corriendo y me pegará —recordaba Schwartz—. Estábamos todo el rato encima de él. Intentábamos que no cogiera la pelota y, cuando la cogía, le hacíamos un dos contra uno y le hacíamos faltas, algunas duras. Yo a veces jugaba un poco peligroso. Él nos apartaba la mano de un manotazo. Varias veces recibí un golpe en la cara con la pelota tras un mate.» En cierta ocasión, Schwartz consiguió vengarse. Penetró hacia Kobe en un contraataque rápido e hizo girar la pelota contra el tablero para hacer una bandeja. Kobe se tiró al suelo para intentar que le pitaran carga ilegal y Schwartz cogió la pelota cuando caía por la canasta y la lanzó contra él cuando todavía estaba tumbado en el suelo. «Sí, señor. Acabo de anotar contra el mejor jugador del país.» Schwartz volvió enseguida a defender, apretando los puños mientras se acercaba a media pista y vio a sus compañeros de equipo señalándole. «Me giré… y la pelota venía hacia mi cara», recordaba. Kobe se la había lanzado al estilo Nolan Ryan. Schwartz la esquivó. El balón pasó zumbando cerca de su cabeza. El entrenamiento continuó como si nada hubiera pasado.

No obstante, Schwartz estuvo involucrado en una anécdota que sí quedó plasmada para siempre en el tapiz de la historia de Kobe Bryant, aunque sus detalles se han desdibujado por el paso del tiempo y porque se ha explicado tantas veces que bien podría ser una leyenda popular. Según quienes fueron testigos del incidente, esta parece ser la versión más exacta de los hechos: los Aces estaban jugando un partido entre ellos, y Kobe y Schwartz estaban en el mismo equipo. Con empate en el marcador, y con Kobe constantemente atrayendo defensores de dos en dos y de tres en tres, Schwartz tuvo la idea de usar a Kobe como señuelo. Desde la esquina, Kobe dio una palmada y le pidió el balón: «¡Rob! ¡Rob!». Schwartz fingió que le pasaba el balón, pero en lugar de ello penetró a canasta. Era el primer lanzamiento que hacía en todo el partido. «Fallé la bandeja. Podría decir que me hicieron falta, pero en realidad no estábamos pitando faltas», recordaba Schwartz.

El otro equipo anotó y ganó el partido. La primera derrota de Kobe en cualquier sentido contra sus compañeros de equipo en cuatro años. Pegó un pelotazo contra el suelo. Se lo recriminó a Schwartz. «¡Esa no era la jugada! ¿Qué crees que estás haciendo?» «Empezó como si fuera un juego o una broma —explicaba Downer—. Luego nos dimos cuenta de que no estaba bromeando.» Su ira fue en aumento hasta que Schwartz musitó: «Colega, relájate».

Para Schwartz el tiempo se paró en ese momento: «Oh, mierda, no tenía que haber dicho nada». Kobe hizo una especie de movimiento hacia él y Schwartz no se quedó esperando a ver de qué se trataba. Atravesó a toda velocidad las puertas dobles del gimnasio y corrió hasta el final del pasillo. «Estaba aterrado —dijo—. Sabía que le había dicho algo a alguien que era considerablemente mayor que yo. Fui presa del pánico y me esfumé. Volver caminando al gimnasio..., eso sí que fue embarazoso.»

Si Kobe «persiguió» a Schwartz por el pasillo o no lo hizo se ha convertido en objeto de leyenda desde entonces. «No lo persiguió —dijo Egan—. La historia real es mejor: estaba simplemente furioso con ese tío. No importaba que Robbie fuera el último del banquillo.» Treatman hizo hincapié en que Kobe no le quitó los ojos de encima a Schwartz durante los setenta y cinco minutos de entrenamiento restantes. Al conducir de vuelta a su casa aquella noche, Treatman no podía apartar de sus pensamientos lo que había presenciado, la intensidad de la reacción de Kobe ante lo que cualquier otro consideraría una derrota insignificante en un partido de entrenamiento más. Detuvo el coche en un semáforo y entonces entendió el significado de lo que acababa de ver: «Esto es lo que le hace grande. Esto es lo que le hace distinto a todos los demás».

«Creo que algunos de los chavales se sentían intimidados», dijo Treatman.

Tal vez tenían motivos para estarlo. Si los compañeros de equipo de Kobe no podían con su competitividad, ¿cómo podrían contra Roman Catholic? ¿O contra Saint Anthony? ¿Y si llegaban a los *playoffs* de distrito o estatales? ¿O supongamos que se diera el problema contrario, que los demás jugadores, seguros de que Kobe los rescataría, se volvieran demasiado confiados? Downer veía peligros potenciales por todas partes, incluso uno surgido de la supuesta mejora del equipo. El aumento general de talento de los Aces había puesto en peligro el sitio de Matt Matkov en la plantilla, y a Downer le preocupaba la reacción de Kobe si los entrenadores no podían, con buen criterio, mantener a Matkov en el equipo.

—¿Qué voy a hacer con este tío? —le preguntó Downer a Egan—. Realmente no puede jugar para nosotros, pero es el mejor amigo de Kobe.

—Échale —dijo Egan—. Kobe no se dará cuenta hasta dentro de dos semanas.

Al final resultó que Matkov dejó el equipo antes de que Downer pudiera echarlo. Dos semanas más tarde, Kobe echó un vistazo durante el entrenamiento y preguntó: «¿Qué le ha pasado a Matkov?».

Una y otra vez durante los dos años anteriores, Joe Bryant le había asegurado a *Speedy* Morris: «Si Kobe va a la universidad, irá a La Salle». Para Joe, decir esto era una forma fácil de tranquilizar a su jefe y mantener su trabajo, pero no se había concretado nada y, en lo que respectaba a Kobe y a Joe, nada se concretaría. Había aparecido una brecha en la relación entre Morris y Joe, y Morris no era plenamente consciente de lo profunda que era.

Joe seguía hablando con Jeremy Treatman una vez por semana (susurrándole al teléfono de su oficina para que Morris no lo pudiera oír) para ponerlo al día sobre cada una de sus conversaciones con Sonny Vaccaro. Joe tenía dificultades para encontrar el equilibrio entre ser un padre y ser un reclutador, y le molestaba el tono de Morris cada vez que preguntaba por Kobe. «Me lo preguntaba como reclutador —dijo Joe una vez—, y a mí eso no me gustaba.» Cuando el *Philadelphia Daily News* publicó un reportaje el 5 de octubre de 1995 titulado «La Salle y la NBA encabezan la lista de Kobe Bryant», Kobe se había reído con escarnio. Le dijo a Pam: «Mamá, para nada me voy a La Salle, por nada en el mundo». Y le dijo a Joe:

«Papá, no tiene nada que ver contigo, es que no me gusta nada el entrenador Morris».

Morris no sabía nada de lo que ocurría (lo sospechaba, sí, pero no lo sabía), y como no lo sabía, albergaba alguna esperanza de que podría hacerse con Kobe, hacerle ver las ventajas de ser una superestrella de los Explorers. Joe y Kobe accedieron a cenar con él en un restaurante de Roxborough. Kobe estaba sentado en un extremo de la mesa y Morris en el otro. Kobe dijo: «Voy». Fue un compromiso verbal, pero no era vinculante más allá de la palabra de Kobe y Joe de respetarlo.

A la mañana siguiente, Joe entró en el despacho de Morris en La Salle con una hoja de papel en la mano.

—¿Qué es esto? —preguntó Morris.

—Estas —dijo Joe— son las universidades que está mirando.

Morris le cogió el papel a Joe. Había quince universidades en la lista.

—De acuerdo, Joe —dijo Morris.

«No lo tendremos», pensó. Rompió la hoja y la tiró al cubo de la basura.

Era solamente una hoja de papel con solo quince nombres. Frank Hartwell tenía una cesta en su oficina, llena hasta arriba cada semana con cartas de todos los colegios y universidades del país. Y cada semana Hartwell hacía con el contenido de la cesta lo mismo que Morris hizo con la lista de Kobe: echarla a la basura. Los sobres más grandes y los paquetes se los pasaba a Gregg o a Drew Downer, quienes los abrían delante del equipo haciendo un poco de comedia con cada uno: «Aquí hay un paquete de FedEx de… ¡Kentucky! ¡Kobe Bryant, ven con nosotros!». En cualquier caso, Kobe no tenía ningún interés, cosa que no dejaba de sorprender a Hartwell, en el sentido de que daba por hecho que el factor social de la experiencia universitaria tendría cierto atractivo para Kobe, pero no era así. Kobe jamás hizo una visita de reclutamiento oficial; ni él ni Joe querían malgastar su tiempo ni el de las universidades. «Parecía que sabía lo que quería hacer, y parecía que lo alentaban y recibía motivación de otras fuentes», decía Hartwell.

Desde luego así era, y esta era otra contradicción que apuntaba a la esencia de Kobe y de sus elecciones. En cierto sentido, su carrera baloncestística como adolescente había sido tradicional, de lo más habitual. No se había ido a uno de los mejores colegios privados ni a una escuela preparatoria pija de las que reclutan a los mejores jugadores adolescentes del país, los llevan a un campus pintoresco en California o Florida y forman un equipo de estrellas. No confiaba en los entrenadores y directores deportivos sin escrúpulos de la AAU que falsificaban informes o calificaciones en una pésima escuela concertada para que pudiera cumplir los requisitos académicos para pasar un año en uno de los programas de baloncesto universitario más prestigiosos. Hizo lo más sencillo: jugó para el instituto de su ciudad, donde la gente de su comunidad y los compañeros de clase y sus padres, a los que conocía desde octavo, podrían seguirlo de cerca, podrían hacer un trayecto de cinco minutos en coche un viernes por la noche para ver uno de sus partidos, podrían tener más interés en sus éxitos. Una de sus compañeras de clase y vecina suya, Annie Schwartz (no tenía ninguna relación con el pobre Robbie), se dio cuenta de que a menudo los niños se acercaban a Kobe para pedirle autógrafos y que él se tomaba el tiempo necesario para firmarlos todos. «Nadie lo trata de forma diferente —explicaba Annie, que creció a cinco casas de los Bryant—. Es solo un chico normal. Desde luego no es un Macaulay Culkin.»

Pero, por otro lado, estaba abriendo un camino revolucionario al controlar su imagen y sus resultados, igual que han hecho tantos jóvenes deportistas después, dejando que solo un número limitado de personas pudiera hacerse cierta idea de su mentalidad y su forma de pensar. Un día, en la biblioteca, por ejemplo, Katrina Christmas le preguntó a Kobe sobre sus planes al terminar el instituto. ¿Iría a la universidad o se iría a la NBA como decían todos los rumores? La mesa de Katrina estaba situada frente a una fila de ordenadores y, sentado a una de las mesas, Kobe garabateó algo en un trozo de papel de impresora, se le acercó, dejó el papel encima de la mesa y lo empujó en su dirección. «Esta es la respuesta», dijo. Se había dibujado a sí mismo con una camiseta de baloncesto lanzando una bandeja; en la parte inferior, había un autorretrato que Christmas todavía conserva. «Caramba, entonces, ¿te vas a la NBA?», dijo. Kobe no soltó ni una palabra como respuesta antes de abandonar la biblioteca.

En cuanto a los medios de comunicación…, era fácil esconderles sus verdaderos pensamientos, solo tenía que sonreír, esquivar preguntas y decir una vez más lo mucho que había aprendido de su padre sobre el proceso, acerca de lo divertido que era, sobre cómo intentaba vivirlo al máximo. Las probabilidades de que cambiara de opinión eran escasas, pero le gustaba mantener sus opciones abiertas («Nunca digas nunca jamás, puede que vaya y sea la mejor época de mi vida»), y al escucharle responder preguntas sobre su decisión uno se daba cuenta, solo por el tono y las inflexiones de su voz, de que se deleitaba con la especulación. Para él era un juego, los engañaba, les dejaba en vilo. Le gustaban Villanova, Míchigan y Arizona. ¿Villanova? Estaría bien jugar cerca de casa, con Tim Thomas. ¿Míchigan? Tío, adoraba a Jalen Rose y a los Fabulosos Cinco originales. ¿Arizona? Se había hecho amigo de uno de sus recién reclutados, Stephen Jackson. Pero ninguna de esas conexiones o razones era lo suficientemente fuerte o profunda para hacerle ir a ninguna de aquellas universidades y, con la excepción de Duke y Krzyzewski, con quien hablaba por teléfono de vez en cuando, incluso la aristocracia del baloncesto universitario estaba de puntillas en la ventana de Kobe, esperando que los viera. ¿Kentucky? Rick Pitino no consiguió que Kobe visitara Lexington, así que hizo lo que pensaba que era la segunda mejor opción: conseguir que Gregg Downer visitara Lexington, trayéndolo en avión un fin de semana. Downer, que admiraba a Pitino desde hacía tiempo, vio entrenar a los Wildcats y visitó el campus y la ciudad, pero a Pitino no le sirvió de mucho para cambiar la opinión de Kobe. ¿Carolina del Norte? Kobe había recibido una carta de reclutamiento de Dean Smith y estaba tan emocionado —¡Dean Smith!— que había abierto el sobre durante la clase de inglés mientras su profesor divagaba. Pero si elegía Carolina del Norte, estaría escogiendo el *alma mater* de Michael Jordan y, por mucho que admirara y emulara a Jordan, ¿cómo podría

Kobe Bryant, tener su propia identidad allí? Además, Smith había ido a lo grande: «Sabemos que pasarás a ser profesional, pero, si cambias de opinión, aquí hay una beca esperándote».

«Todo el mundo venía a preguntar. Querían saber qué universidad elegiría o si iría a la NBA —decía el amigo de Kobe, Anthony Gilbert—. Pero Kobe estaba por encima de todo eso. Todo era una prueba de fuego, todo lo que hacía lo estaba evaluando y probando. "Sí, no, la universidad no es para mí." De hecho, Dean Smith se lo olía y fue en plan "Qué va, amigo, tú no vas a venir". La UNC lo quería, y llegaron a un punto en el que dijeron: "Vale, amigo, no vas a venir con nosotros. Está claro que no vas a ir a la universidad". Y era Dean Smith.»

Aun así, solo le dijo a un número reducido de personas de forma clara que tenía la intención de saltarse la universidad (Matkov, Griffin y Treatman), confiando en ellos para que mantuvieran su confidencialidad, cosa que convertía el papel de Treatman como representante de relaciones públicas en un reto aún mayor. «Jamás lo comenté con Gregg —explicaba Treatman—. No lo comenté con ninguno de los jugadores porque me pidieron que no lo hiciera. Sabía a ciencia cierta que aquello era algo grande, que sería una noticia bomba.»

Entonces, ¿por qué Kobe no se lo dijo a todos él mismo?

«Estaba intentando sacar adelante la temporada en el instituto —explicaba Kobe—, asegurándome de que todos remábamos en la misma dirección, asegurándome de que todo el mundo trabajaba duro y entrenaba, y, si no lo hacían, había que estar encima de ellos. Fue por eso. No quería destaparlo durante la temporada ni decírselo a nadie porque hubiera sido una gran distracción. Quería mantener la concentración del equipo técnico y de los compañeros de equipo, para poder ganar el maldito campeonato [...]. Ellos siempre supieron lo que iba a hacer, aunque no se lo dijera. A decir verdad, creo que lo sabían por lo competitivo que era y porque siempre buscaba los retos más desafiantes. Lo necesito. Así que creo que sabían lo que iba a hacer. ¿Me entiendes? Creo que se daba por hecho.»

Pensemos, por ejemplo, en Downer. Kobe escuchaba sus consejos sin revelar explícitamente que se haría profesional de forma inmediata, pero Downer no estaba ciego. Podía ver hacia qué lado se decantaba Kobe, cuáles eran sus prioridades, y le expresaba sus preocupaciones: «Sé que llegarás a ser un gran jugador en la NBA. Pero ahora mismo tienes el mundo en la palma de la mano y si te vas a la NBA y no das resultados, lo vas a perder. Si vas a la universidad, no tendrás que preocuparte». Pero a Kobe le daba igual. Quería que la gente tuviera dudas sobre él. «No quería llegar como Shaquille O'Neal, o tal vez como Chris Webber, sobre los que había tantas expectativas —dijo—. Aunque estén jugando muy bien sigue sin ser suficiente, porque nunca estarán a la altura de las expectativas que la gente pone en ellos. Yo lo que quiero es entrar sin hacer ruido, sorprender a la gente. A continuación, la gente dirá: "Oh, vaya, es magnífico". Así es como quiero ser siempre. Quiero pillar a la gente por sorpresa, casi como un tiburón.»

Kobe no era el único que cogía a la gente por sorpresa. No era el único que guardaba secretos. Todas las insinuaciones, señales y propuestas que Sonny Vaccaro le hacía a él y a su familia eran la columna vertebral de un plan tan inteligente y subrepticio que un espía británico lo habría envidiado. Primero, Vaccaro convenció al presidente de Adidas, Peter Moore, de la siguiente teoría: para fichar a un jugador para un gran contrato publicitario, necesitaba estar geográficamente más cerca de donde se encuentran la mayoría de ellos, y la mayoría de ellos vivían en Nueva York. De modo que Adidas les pagó a Vaccaro y a su mujer Pam para que se mudaran y vivieran en Manhattan durante nueve meses; así él y su compinche Gary Charles podían ponerse a trabajar. Irían en coche hasta el área de Filadelfia bajo el pretexto de que iban a Villanova a ver jugar a Kerry Kittles, y se reunirían con Joe para comer o para charlar en el Pavilion tras el partido. Joe, a su vez, subiría en coche hasta Nueva York o Nueva Jersey para reunirse con ellos. «Si hubiera ido a casa de los Bryant —decía Vaccaro—, habría salido que "Sonny Vaccaro está merodeando" o algo así. No quería enseñar mis cartas.» Vaccaro jamás fue a Lower Merion para ver un partido en directo. No fue necesario. Charles era sus oídos y sus ojos. «Cerca de Navidad —explicó

Vaccaro—, yo ya sabía que iba a ser Kobe. Nadie más lo sabía. Nadie pensaba que se haría profesional, incluido todo el mundo en Filadelfia. Yo sí.» Ya tenía apalabrado a un agente, Arn Tellem. Todos los acuerdos podrían formalizarse más adelante. Pero Kobe ganaría millones con esta operación y, ¿quién sabe?, quizás habría algo para Joe y las otras personas en la órbita de Kobe, incluidos los Aces de Lower Merion.

Efectivamente, un día llegaron al instituto cajas con equipaciones, ropa de entrenamiento y ropa de viaje, todo para el equipo masculino de baloncesto, cortesía de Adidas.

Horas antes de la noche más brillante de su vida baloncestística, Donnie Carr se agitaba nervioso en un pupitre del Instituto Roman Catholic incapaz de concentrarse, con torrentes de sudor empapándole las palmas de las manos. No podía pensar más que en el partido que su equipo jugaría aquella noche contra Lower Merion, contra el amigo y rival al que Carr siempre había considerado la vara con la que medirse como jugador. «Sé que Kobe hará su juego. Yo espero hacer el mío. Habrá un montón de gente. Espero no meter la pata. Espero no jugar mal.»

Los Aces habían ganado su partido inaugural superando a Upper Darby por doce puntos. Kobe inició la temporada tranquilo: dieciocho puntos. Aquel partido contra un rival de la Central League bien podría haber sido un encuentro de exhibición comparado con este. Se jugaría en el Physical Education Athletic Center de la Universidad Drexel y tenía un aire de algo que estaba por pasar, especialmente en el campus de la Universidad La Salle. Joe Bryant había trabajado en el reclutamiento de Carr para los Explorers; la perspectiva de poder ver a las dos estrellas del partido, Kobe y Donnie, en el mismo equipo la temporada siguiente era demasiado excitante para La Salle como para dejar de pensar en ello, aunque, dadas las intenciones de Kobe, fuera una quimera. De los mil quinientos espectadores del partido (el Center podía albergar algo más de dos mil quinientos), quince eran adolescentes y jóvenes del barrio de Carr en el sur de Filadelfia, todos ellos escépticos de que pudiera aguantar el tipo contra Kobe. «Realmente no sabían que Kobe y yo lo daríamos todo, todo el tiempo. Les había llegado todo el bombo alrededor de Kobe y venían a ver cómo me destrozaban», declaró.

Sin embargo, lo que vieron fue un duelo que se recordaría como un histórico partido del baloncesto de Filadelfia (profesional, universitario, de instituto y callejero). Kobe, defendido por Carr, se enfrentó a una defensa mixta: tres en zona y dos al hombre, estrategia que el entrenador del Roman Catholic, Dennis Sneddon, ideó para contener a Kobe y a Dan Pangrazio. Kobe anotó trece puntos en la primera mitad. Carr consiguió diecinueve, encadenando mates y tiros en suspensión con parada en un tiempo. Sus amigos en las gradas ahora se burlaban y le gritaban a Kobe después de cada canasta, y Kobe les respondía con alaridos. Cuando Carr salió corriendo de la cancha hacia los vestuarios en el descanso, rugiendo como un gladiador, con Roman ganando de tres, pasó junto a Joe Bryant, que estaba sentado cerca de una fila de periodistas deportivos y *scouts*.

—Oye, Donnie, tómatelo con calma —dijo Joe.

—Tío —dijo Donnie—, si él es profesional, yo también lo soy.

Carr mantuvo su nivel de energía durante la segunda mitad, terminó con treinta y cuatro puntos, permitió a Roman mantener cierta distancia entre ellos y los Aces, y recibió más ayuda de sus compañeros de equipo que Kobe de los suyos. Griffin anotó doce puntos y capturó otros tantos rebotes, pero fue el único jugador de los Aces, aparte de Kobe, en conseguir dobles figuras. Aquella defensa mixta desactivó a Pangrazio; terminó con solo siete puntos. Kobe acabó con treinta, pero sudó tinta para conseguirlos. Intentó veintinueve lanzamientos y falló cinco de los últimos seis. Persiguió a Carr por toda la pista hasta quedar exhausto. Al terminar, con una victoria de Roman por 67-61, ambos amigos se abrazaron y Kobe se acercó para susurrarle a Carr al oído:

—Gran trabajo, tío —dijo—. Felicidades. Os merecíais ganar el partido. ¿Sabes qué, tío? ¿Por qué no vamos a La Salle y lo hacemos juntos? ¿Quién podría detenernos a nosotros dos juntos?

—Venga, hagámoslo —dijo Carr, pero no terminaba de creer que Kobe estuviera siendo sincero.

Pensó que Joe podría haber puesto esas palabras en boca de Kobe, para usarlo como arma de reclutamiento. Cuando Ted Silary, el veterano redactor de deportes de instituto del *Philadelphia Daily News*, presionó a Joe y a Kobe sobre el futuro del jugador, ambos se mostraron circunspectos. ¿Era posible que Kobe y Carr terminaran en La Salle juntos? «Eso sería tremendo», dijo Joe. Kobe le dijo a Silary que mantendría sus intenciones en privado hasta que terminara la temporada. «Pero si resulta que una mañana me levanto tras un sueño y sé seguro lo que quiero hacer, iré a mi padre y le diré: "Estoy listo para decírselo a todos"», dijo.

Así pues, el *Daily News* de la mañana siguiente no traía la gran revelación sobre Kobe. Sí tenía, en cambio, un artículo de John Smallwood, el único columnista de deportes negro de la ciudad. Bajo el titular «Bryant todavía no está listo para la NBA», Smallwood argumentaba que, si Kobe estuviera capacitado para jugar profesionalmente dentro de un año, «debería ser mucho mejor que Carr, un buen partido para la División I. [...] Si Kobe Bryant entra en la NBA ahora, será como mucho uno de los últimos elegidos en primera ronda y tal vez no volvamos a saber nada más de él».

Kobe le quitó importancia al artículo como otro ejemplo de palabrería de «gente que no sabe nada de baloncesto. Lo único que saben es cómo escribir un párrafo. Puedo aceptar las críticas. Eso solo me hace trabajar más duro, me hace demostrar que están equivocados». No le importaba lo que hubiera escrito Smallwood. «No estaba disgustado —dijo posteriormente—. No estaba herido ni nada por el estilo. Solo dije: "Voy a demostrar que te equivocas". Eso es todo. Me entra por una oreja, va a mi banco de memoria, va a mi banco de motivación y sale por la otra oreja.»

Su madre no reaccionó a la columna con la misma aparente indiferencia. Al día siguiente, al comprobar sus mensajes en la redacción, Smallwood se encontró con unos cuantos de Pam Bryant. Estaba furiosa, no porque Smallwood hubiera insinuado que Kobe no debería hacerse profesional, sino porque había incluido lo que él consideraba una frase subordinada irrelevante: «... dijo Bryant, que entra dentro de los baremos de la Proposición 48 siempre que sus notas no bajen drásticamente este curso». Kobe era, tal como le recordó Pam a Smallwood cuando él le devolvió la llamada, un estudiante de sobresalientes y notables que hablaba tres idiomas y había sacado 1080 puntos en el examen de admisión a la universidad. Por el simple hecho de mencionar la Proposición 48, Smallwood había pegado una letra escarlata sobre el pecho de su hijo, perpetuando el estereotipo de que un chico negro no puede ir a la universidad sin el baloncesto.

«Cuando la gente ve Proposición 48 —le dijo a Smallwood—, todo lo que ve es una frase que insinúa que la persona asociada a ella es tonta.»

Una semana más tarde, Smallwood escribió una columna en la que reconoció que Pam Bryant tenía razón. Aunque no se desdijo de su predicción sobre Kobe y la NBA.

«Me convencí de que, si íbamos a convertirnos en un equipo que ganara el campeonato estatal, yo tenía que ser el tipo adecuado de líder, y eso implicaba respetar la autoridad y trabajar lo más duro que podía.»

KOBE BRYANT

14

El cáncer del yo

En las gradas del Fieldhouse de la Universidad Saint Joseph's, el mejor entrenador de baloncesto de instituto del país y el mejor jugador de baloncesto de instituto buscaron un momento para dedicarse el uno al otro, para hablar de lo que uno de los dos tenía que aprender aún y de cuánto podía sacar de sí mismo todavía. Los ojos de Bob Hurley, ligeramente hundidos, continuaban siendo de un azul penetrante, y el respeto que infundía —por su carrera en la Saint Anthony High School, por ser un exagente de libertad condicional y por ser un nativo de Nueva Jersey cuyo marcado acento daba autenticidad a su experiencia y sabiduría acumuladas (y a su tendencia a compartirlas)— bastaba para atraer y mantener la atención de Kobe Bryant como un rayo tractor. Y no era una cuestión menor. El equipo de Hurley acababa de vencer al de Kobe por quince puntos y, aun así, en los minutos posteriores a aquella derrota por 62-47, Kobe enterró su frustración durante unos instantes y buscó a Hurley para que le aconsejara: «Entrenador, ¿podríamos hablar?».

Sí, Kobe necesitaba consejo y reafirmación, y sí, Hurley se los daría. Normalmente, que un equipo perdiera ante los Friars de Hurley no era ninguna vergüenza, pero las circunstancias de esa derrota eran distintas. El lugar donde tenía que haberse jugado ese partido era el gimnasio de Lower Merion, pero, al pronosticar una asistencia mayor de lo habitual, Downer y Egan (exalumnos de Saint Joe) se pusieron en contacto con Don DiJulia, el director deportivo de la universidad, y le pidieron desplazar el partido al Fieldhouse. DiJulia no solo dijo que sí, sino que no les cobró ninguna cuota o alquiler. El día antes del partido, una tormenta de nieve clausuró todas las escuelas públicas de Nueva Jersey. Esperando que Saint Anthony también cerraría, sus dos mejores jugadores de baloncesto, Anthony Perry y Rashon Burno, no habían ido a clase. Pero Saint Anthony siguió abierta a pesar del tiempo, y Hurley mandó al banquillo a Perry y Burno por su ausencia. Ambos viajaron igualmente a City Avenue con los Friars y, cuando Kobe se les acercó antes del inicio del partido, le explicaron por qué no iban a jugar. Esta vez, a diferencia de lo que sucedió en verano con Donnie Carr, evitó sugerir que, de haber sabido que no jugaría contra ellos, no se hubiera ni presentado.

Kobe anotó veintiocho puntos, veintiuno de ellos en diez lanzamientos de campo; cuando quedaban cuatro minutos y nueve segundos, marcó un hito en una carrera de instituto repleta de ellos: alcanzó los dos mil puntos. Fue especialmente impresionante que anotara tantos puntos con tan pocos lanzamientos (la mayoría de ellos tiros en suspensión a cuatro metros y medio de distancia o más) en aquel partido, puesto que los Friars apenas se centraron en sus compañeros de equipo, y no sin razón. Ninguno de ellos anotó más de siete puntos. «Pudimos engañarlos utilizándolos en contra de Kobe —dijo Hurley—. Él estuvo brillante. No obtuvo ninguna ayuda de los otros jugadores.»

No obstante, había aspectos del juego de Kobe —su conocimiento táctico, su comportamiento— que podía mejorar; Hurley se los señaló sentados en las gradas. Justo antes del descanso, los Friars rodearon a Kobe, le robaron el balón y metieron una canasta que amplió su ventaja a cuatro puntos. Kobe se fue al vestuario con la cabeza gacha, con la barbilla apretada contra la parte superior del pecho telegrafiando la decepción consigo mismo. Luego, Hurley vio a Kobe pasivo durante los primeros cinco minutos del tercer cuarto, cuando podía haber intentado dominar el partido y decantarlo a favor de los Aces.

«Hablé con él sobre su reacción ante aquel error y lo importante que hubiera sido olvidarse de él teniendo en cuenta cómo jugó al inicio de la segunda mitad», recordaba Hurley, que entrenó al Saint Anthony durante treinta y nueve años. «Lo comprendió todo, me lo agradeció mucho y nos despedimos. Era muy maduro para su edad. Hemos jugado contra jugadores extraordinarios a lo largo de los años. Pero él es el mejor jugador al que nos hemos enfrentado.»

Sin embargo, los elogios y las alabanzas que Kobe recibiría de Hurley no ayudaron a los Aces en ese momento. Iban solo 4-2. Por segunda vez en once días se enfrentaban a un oponente del mismo calibre que el de los que deberían derrotar en los *playoffs* del distrito y estatales, y por segunda vez (primero Roman Catholic y ahora Saint Anthony), Kobe era el único jugador de Lower Merion que estaba a la altura. No se trataba de que al equipo que rodeaba a Kobe le faltara talento. Había algo más, algo intangible que parecía ser un lastre para los Aces. Mike Egan abandonó el Fieldhouse con su hermano Tom, quien le dijo:

—No puedo creer que no estés más enfadado.

—Tom —le dijo Egan—, necesitamos perder un par de partidos para machacar un poco a los chavales.

—Es el mejor equipo del país —dijo Tom Egan, intentando ver también el lado positivo—. Podríais haberles ganado.

—Sí, podríamos.

Abrazando aguas atlánticas en la orilla sur de Myrtle Beach, el Swamp Fox Motel atraía a sus huéspedes durante la última semana de 1995 con un letrero azul claro en Ocean Boulevard, algunas palmeras puntiagudas repartidas por su aparcamiento y un mensaje hogareño en su marquesina: LANGOSTA DE MAINE, 11 $, KABOBS DE TERNERA Y GAMBA, BIENVENIDOS BEACH BALL CLASSIC. El torneo de ocho equipos Beach Ball Classic había sido una marca de la ciudad desde 1981. Era un acontecimiento de invierno pensado para fomentar la unidad y la visibilidad de la comunidad, y para atraer turistas a sus playas y a su ambiente surfista, a su vida nocturna y a sus docenas de campos de golf. Solo el año anterior, la ciudad se había gastado veintitrés millones de dólares en ampliar el

Myrtle Beach Convention Center y darle una capacidad entre siete mil quinientas y ocho mil personas. Los patrocinadores del torneo cubrieron los gastos principales de entrenadores y jugadores (vuelo, alojamiento, transporte en carretera y dos comidas al día) a cambio de tener un escenario para que jugadores como Kobe, Jermaine O'Neal, Lester Earl y Mike Bibby mostraran lo que sabían hacer. En comparación con a lo que la mayoría de los programas de baloncesto de instituto estaban acostumbrados (incluido el de Lower Merion) era un acontecimiento importante, con más espectadores y más *scouts*, con un ambiente parecido al universitario y con cámaras de telediarios y atención a los medios en los descansos.

Kobe y los entrenadores veían el viaje a Myrtle Beach y los tres partidos que disputarían allí como una especie de examen parcial para calibrar lo buenos que eran realmente los Aces, si estaban capacitados o no para ganar el campeonato estatal. Los Aces caminaban en fila por el Aeropuerto Internacional de Filadelfia para coger su vuelo de U.S. Airways hacia Carolina del Sur. Downer iba el primero de la fila, y Egan, el último, para asegurarse de que nadie se separaba del grupo. Kobe iba a paso tranquilo hacia el final de la fila, con los auriculares puestos, con su bolsa de gimnasio colgada de su hombro y recibiendo las miradas de los transeúntes. «Tenía esa cosa especial, esa aura a su alrededor —decía Egan—. Todo el mundo lo miraba.» Pero los demás jugadores parecían tomarse el viaje como una semana blanca. Algunos de ellos jamás habían subido a un avión.

Como Matt Matkov ya no estaba en el equipo, Kobe le pidió a Downer si podía compartir una suite durante las cinco noches del viaje con Jeremy Treatman, cosa que halagó a Treatman a la vez que lo puso sobre aviso. «Él quería sentirse completamente independiente —recordaba Treatman—, y sabía que yo era su amigo. Yo era el único de los cinco entrenadores que no le recriminaría si decidía aventurarse a salir de la habitación.» Su suite, llena de ventanas y de colores pastel, tenía dos habitaciones: una más pequeña, nada más entrar, con un televisor y una cama pequeña; y la zona principal, con vistas al mar y una cama más grande. Tras registrarse y que le dieran las llaves, Treatman dejó caer sus maletas en la habitación más grande. Luego, Kobe Bean Bryant apareció en la puerta. Para marcar su territorio, le hizo un gesto a Treatman para que se trasladara con sus maletas a la habitación más pequeña.

—¿Por qué no pones tus cosas aquí? —dijo—. Luego, ya vendré a cuidarte.

«¿Luego, ya vendré a cuidarte?» Kobe nunca le había hablado así. «Está intentando camelarme», pensó Treatman.

—Bueno —dijo Treatman—, supongo que tú eres la razón por la que estamos aquí. Si quieres que me quede en esta habitación, me quedaré en esta habitación.

Durante el resto de la semana como compañero de habitación de Kobe, Treatman, de temperamento ciertamente neurótico, fue oscilando entre la serenidad y la alarma. Había un solo baño en la suite y, como Treatman solía dejar charcos de agua en el suelo al ducharse, extendía una alfombra de baño extra por miedo a que Kobe resbalara, cayera al suelo y todo el mundo lo hiciera responsable de arruinar la carrera del próximo Michael Jordan antes incluso de que empezara. Kobe iba con los demás a los partidos y a los entrenamientos por la mañana y por la tarde, y ocupaba el resto de las horas de sol durmiendo la siesta, pero por la noche se escabullía para hacer vida social con O'Neal y Griffin mientras Treatman atendía desde la habitación algunas llamadas de adolescentes con risas nerviosas que pedían hablar con Kobe. Una de las primeras noches que el equipo pasaba en la ciudad, Kobe había salido y sonó el teléfono. Treatman respondió, pero esta vez la voz femenina al otro lado no tenía ninguna risa nerviosa.

—¿Está Kobe? —preguntó Pam Bryant.

—No —dijo Treatman—, está durmiendo.

Pam no quiso despertar a su pequeño y colgó. «Dios mío —pensó Treatman—. Le acabo de mentir a Pam Bryant. Soy un cretino.»

No obstante, al proteger a Kobe, aunque fuera por transgresiones tan modestas como salir con chicas, Treatman se ganó su confianza. Por eso le confesó un secreto.

—¿Sabes? —le dijo—, Jermaine y yo hemos estado hablando y él también se hará profesional.

Treatman no estaba seguro de lo que estaba oyendo. Jermaine Griffin era un excelente jugador de baloncesto de instituto, pero ¿jugador profesional? ¿Y saliendo directamente del instituto? Treatman le interrumpió.

—Kobe, sé que es tu mejor amigo y tal —dijo—, y no estoy aquí para herirle los sentimientos a nadie. Pero ¿Jermaine Griffin? ¿Qué me estás contando?

—¡No! —respondió Kobe—. ¡Jermaine O'Neal!

Eso tenía más sentido. También quería decir que Treatman ya no tenía dudas sobre cuál sería la decisión de Kobe. Y si las hubiera tenido, los cinco días de Kobe en Myrtle Beach habrían servido para eliminarlas.

En su primer partido del torneo, los de Lower Merion se enfrentaron a Central Catholic High School de Springfield, Ohio, un equipo con una clara ventaja en altura respecto a los Aces. Tenían a Jon Powell, un ala-pívot de 1,98, y a Jason Collier, un pívot de 2,13 y futuro jugador de la NBA. Collier taponó el primer lanzamiento de Kobe y, durante algunos segundos, se pudieron oír oohs y ahhs y murmullos entre el público. Downer pidió inmediatamente tiempo muerto y, en el corrillo, Kobe les hizo una petición a sus compañeros de equipo:

—Dadme la pelota. Le voy a pisar el maldito cuello.

Sus compañeros de equipo le hicieron caso durante la primera jugada ofensiva tras el tiempo muerto. Kobe era quince centímetros más bajo que Collier, y aun así lo posteó, giró hacia canasta y metió un mate despiadado mientras Collier le hacía falta. Desde el banquillo, Drew Downer estaba maravillado con lo que acababa de ver. Y no solo porque Kobe hiciera lo que había dicho que haría, sino porque, además, lo hizo en la primera jugada. Aun así, a pesar de que la superioridad de Kobe respecto a sus compañeros y competidores se hacía cada vez más evidente para todo el mundo, para el resto de los miembros del equipo era difícil valorar lo extraordinario que era y lo que podía llegar a ser como jugador. Brendan Pettit, por ejemplo, no ganó una mejor perspectiva respecto a Kobe hasta después de ir a jugar a la División III con Wesleyan

University: «Creces viendo vídeos de Air Jordan y te olvidas de que él también es una persona —decía Pettit—. Teniendo a Kobe como compañero de clase, como compañero de equipo, te das cuenta de que él también es una persona. Pero es curioso: al ir a la universidad, al seguir con mi carrera como jugador, te das cuenta de lo especial que era Kobe. Ya no hay ningún mate, ninguna jugada ni ningún número de puntos que te pueda sorprender». Aquel torneo y el juego de Kobe en él cambiaron la perspectiva de Omar Hatcher respecto al baloncesto: «Pudimos ver cómo el juego de Kobe se aceleraba contra los mejores equipos del país. Me demostró que el baloncesto de un buen jugador tiene que evolucionar con él. No puede estar sujeto al lugar o al ambiente».

El juego de Kobe evolucionó con él, pero no así el de los otros Aces. Una vez más, él defendía al máximo anotador del rival, esta vez el gigante Collier, y una vez más él fue todo el ataque. En el tercer cuarto, los Aces iban cinco puntos por detrás, pero para contrarrestar su problema de tamaño, Downer decidió cambiar y presionar en todo el campo. Esto neutralizó al rival, que estuvo los últimos seis minutos del partido sin anotar un solo punto de campo. Los de Lower Merion se recuperaron y ganaron 65-60. Kobe anotó cuarenta y tres puntos; metió dieciocho de sus veintisiete lanzamientos de campo, incluidos tres de cinco triples; además, sumó dieciséis rebotes. Dan Pangrazio anotó doce puntos, y Downer le dio más tiempo de juego a Dave Rosenberg por su tremenda fuerza y sus agallas: su hombro izquierdo se le salía de sitio de vez en cuando (cada vez que chocaba con otro jugador o se tiraba al suelo por una pelota perdida) y se lo volvía a colocar para poder seguir en el partido. Pero los Aces, a pesar de su balance de cinco victorias y dos derrotas, no eran un conjunto armonioso, sino más bien la suma de un solista impresionante con una banda de acompañamiento discordante y a veces indiferente. La noche siguiente demostraría lo desafinados que estaban.

Los padres de Kobe y sus hermanas llegaron a tiempo a Myrtle Beach para la semifinal de los Aces contra Jenks High School (Oklahoma). Joe estaba sentado en las gradas junto a Pam con una gorra de béisbol de La Salle en la cabeza; Wesley Gibson lo vio. Gibson había crecido a unas pocas manzanas de Joe en el sureste de Filadelfia, entró en la Guardia Nacional y en las Fuerzas Aéreas, y dividía su tiempo entre la ciudad y Carolina del Sur, donde pasaba tiempo con su hijo Jarid de trece años que estaba con él en el estadio.

—Oye, Joe, me acuerdo de ti de los viejos tiempos —dijo Wesley Gibson—. Qué, ¿has bajado para ojear a alguien?

—No —dijo Joe—, he venido para ver jugar a mi hijo.

Wesley Gibson nunca había oído hablar de Kobe Bryant, pero Jarid sí. Jarid leía la revista *SLAM*, todas las revistas sobre *scouting* y reportajes acerca de los mejores jugadores de instituto del país. Lo sabía todo sobre la increíble actuación de Kobe en el ABCD Camp. El amor que compartía con Wesley por el baloncesto era quizás el vínculo más fuerte entre un padre y un hijo que se necesitaban el uno al otro tras el suicidio de Nathene Gibson, la mujer de Wesley y la madre de Jarid, en 1988. Jarid ya había estado siguiendo a Kobe como un perrito durante todo el Beach Ball Classic, y ahora tenía otra razón (una conexión con su ciudad natal) para seguir a su lado el resto del torneo. Jarid consiguió autógrafos de Kobe y del «señor Joe», charló con Kobe sobre los mejores sitios donde comer *cheesesteak* en Philly y en Main Line («Yo soy de Jim's —recordó Jarid—, y a él le gustaba Larry's»), y luego él y Wesley se pusieron cómodos para ver el partido que lo cambiaría todo para los Aces aquella temporada.

El instituto Jenks High School tenía más de dos mil cuatrocientos estudiantes, el doble de matriculados que Lower Merion, pero durante los primeros ocho minutos no parecía que los Trojans salieran del mismo gimnasio. Los Aces ganaban 18-6 al final del primer cuarto; aunque Kobe había acumulado cuatro faltas y, una vez más, sus compañeros le ofrecieron poca ayuda, mantuvieron un margen de siete puntos al entrar en el último cuarto. Iban nueve puntos por delante cuando Kobe, en uno de esos momentos que definieron tan a menudo su carrera en los Lakers (momentos en los que creía tan profundamente en su propia grandeza que cruzaba la línea que separaba la autoconfianza del ensimismamiento), se enfrentó a tres defensores del Jenks él solo, arrolló a uno de ellos y le pitaron falta en ataque. Había jugado treinta minutos, había atrapado catorce rebotes y ahora estaba fuera del partido.

«Y nosotros nos desmoronamos», recordaba Treatman.

Y nadie se desmoronó más que el jugador que, por sus dotes y su papel en el equipo, complementaba mejor a Kobe. El corazón de Kobe quemaba a una temperatura más alta que el de cualquier otro, pero ningún jugador de los Aces salió más duramente herido que Dan Pangrazio. Su pasado como defensa de fútbol juvenil de élite, el equilibrio que aportaba al equipo con su capacidad para el tiro exterior, la presión a la que se sometía a sí mismo y la exigencia de sus padres eran factores que solían empujarlo a sobresalir. Pero esta vez, con el estrés adicional de la ausencia de Kobe, lo empujaron más allá de su límite. Falló varios tiros libres cerca del final del partido, un cero de seis. «Y Dan nunca fallaba», dijo Dave Rosenberg, quien también falló dos tiros libres tardíos tras reemplazar a Kobe en la alineación. El golpe de gracia llegó cuando quedaban 0,4 segundos en el marcador y, con Lower Merion todavía por delante 61-59, Mike Bay del Jenks se dirigió a la línea de tiro libre para hacer dos lanzamientos. Metió el primero y falló el segundo…, pero los Aces cometieron una violación por entrar en la zona antes de tiempo y le dieron a Bay otra oportunidad. Metió su segunda oportunidad y mandó el partido a la prórroga, en la que los Aces se desmoronaron por completo. Rosenberg empezó el tiempo extra lanzando un tiro de tres sin ni tocar la cesta. Mientras Jenks seguía apisonando a los Aces, con un parcial de 17-2 en la prórroga y se llevaba la victoria por 78-63, Kobe musitaba dos frases entre dientes una y otra vez lo suficientemente fuerte como para que Treatman, que estaba sentado a su lado, lo oyera:

—No tienen independencia. No tienen puta independencia.

En el vestuario, Egan conservaba la esperanza de que el equipo todavía tuviera tiempo de recomponerse y demostrar su potencial. «Chicos —les dijo a los jugadores—, no sois tan buenos como pensáis. Tenéis que pillarlo, cada uno de vosotros.» Gregg Downer, que estaba demasiado enfadado y desesperado para decir mucho más, preguntó: «¿Alguien tiene algo que decir?». Kobe sí: «¡Tenéis que perseguirles! ¡No podéis echaros atrás si no tenéis ningún hijoputa delante!». Era exactamente lo que habían hecho los Aces. Sin Kobe, se habían echado atrás.

«Nunca lo había visto tan enfadado», recordaba Egan.

La derrota frente a Jenks y la reacción de Kobe (una furia que desató sobre los demás jugadores) habían sido consecuencia de un problema mayor de los Aces: la mera presencia de Kobe había generado una «trampa 22». Él intimidaba a sus compañeros de equipo y ellos se sentían amedrentados, hasta el punto ser incapaces de ayudarle. Incluso si él no hubiera estado siempre en la pista, no habrían tenido opciones de ganar. Les resultaba difícil jugar con él, pero no podían jugar sin él. Después de que el autobús trasladara a todo el mundo de vuelta al vestíbulo del Swamp Fox, Downer gritó a todos los jugadores y entrenadores: «Sala 107, dentro de diez minutos». Con los miembros del equipo allí reunidos, una tensión incómoda fue creciendo en la sala. «Me sentía como si hubiéramos sido creídos y arrogantes —recordaba Downer—, y estaba cabreado.» Los jugadores temían recibir una reprimenda de su entrenador jefe. Kareem Barksdale, el único *rookie* del equipo, tenía tanto miedo de lo que pudiera decir Downer que temblaba en la silla.

Downer se puso de pie ante ellos sujetando una hoja de papel en la mano.

—Tenemos un problema en este equipo —dijo—. Cuando tienes cáncer, empieza a atacar tu cuerpo. Con el tiempo, se apodera de su totalidad. Tenemos cáncer. El «cáncer del yo». Y mientras lo tengamos, no lograremos lo que queremos alcanzar.

Levantó el papel y, con un bolígrafo, empezó a hacerle agujeros.

—Todo el mundo tiene que dar un paso adelante. Dejad de preocuparos por si os queda bien la camiseta. Dejad de preocuparos sobre dónde vamos a cenar. Dejad de preocuparos por quién comprará el helado esta noche. Vamos a darlo todo. Vamos a meternos en el gimnasio porque con un balance de 5-3 estamos cerca de perder una más que de ganar. Algunos de vosotros esperáis que Kobe lo haga todo. Nos lo hemos creído demasiado.

Kobe asentía con la cabeza. Downer se giró hacia Emory Dabney.

—Si no empiezas a jugar mejor —le dijo Downer a Dabney—, te bajaremos al segundo equipo.

Aquella amenaza aterrorizaba a Dabney: «Una mierda voy a jugar en el segundo equipo», pensó.

Kobe seguía asintiendo. Downer seguía atravesando el papel con el bolígrafo. Se giró hacia Brendan Pettit.

—No lo pillas. Estás siendo un capullo. Tienes que ser más serio. Tienes que centrarte más. Tu lenguaje corporal, tu actitud, tiene que cambiar y tiene que cambiar rápido.

Kobe seguía asintiendo. Downer se dirigió a Barksdale.

—¿Y tú qué aportas?

Kobe seguía asintiendo. Downer señaló a Dave Rosenberg y se permitió elogiar a un jugador.

—Si le pido a Rosey que atraviese corriendo esa pared de ladrillo, él me dirá: «De acuerdo, entrenador. ¿Dónde está el hospital?».

Kobe seguía asintiendo mientras Downer repasaba a todos los jugadores del equipo excepto a uno, señalando sus fallos y cómo tenían que mejorar. El entrenador sostenía una delgada y filamentosa red de celulosa en sus manos.

—¿Qué tenemos ahora? ¿Qué tenemos ahora, Kareem?

Barksdale, con los ojos bien abiertos y asustado, espetó:

—¡Tenemos una hoja de papel con un gran agujero!

Downer ahogó una carcajada.

«Oh, no, ahí va el discurso», pensó. Pero la sala permaneció en silencio, con los jugadores mirándole fijamente.

—Ya no se puede escribir en ella. No puedes hacer nada con ella. Nosotros estamos igual. Si no remamos todos en la misma dirección, estamos acabados. Estamos para el arrastre.

Bajó la mano y cogió su billete de avión de vuelta a Filadelfia.

—Si queréis volver, aquí lo tenéis. Cualquiera que quiera volver puede irse ahora mismo.

Finalmente, se giró hacia Kobe, que dejó de asentir.

—Tú eres Kobe Bryant. Eres el mejor jugador del país. Pero tienes que respetar a tus compañeros aquí presentes. No puedes ser tan agresivo. No puedes enfrentarte a cada equipo tú solo. Estos tíos dan lo mejor de sí para desempeñar su papel en este equipo. Tienes que hacerles sentir cómodos. Todo el mundo tiene que desempeñar su papel para que esto salga bien.

Miró al resto de los jugadores mientras señalaba a Kobe.

—No tenéis ni idea del tipo de presión que sufre este tío. Tenéis que entender lo duro que trabaja. Si no trabajáis con la misma intensidad, no tenemos ninguna opción. Si volvemos a trabajar duro, si ponemos el equipo por delante, si no nos preocupamos por el resultado final o por quién se lleva el mérito, los resultados llegarán solos. Mirad a vuestro alrededor. Podemos ser un gran equipo. Por si no lo sabíais, señores, estamos intentando ganar el campeonato estatal este año. Por eso estamos aquí, en Carolina del Sur. Por eso estamos jugando contra Bob Hurley y Saint Anthony. Por eso estamos jugando contra Roman Catholic. Pero las cosas tienen que cambiar deprisa.

Downer terminó. Entonces intervino Treatman:

—Este viaje lo hemos hecho veinte personas. Yo soy la vigésima persona más importante y os voy a decir una cosa, chicos: siento que mis responsabilidades son bastante importantes. En marzo quiero pasar a la historia; si vosotros no entendéis que podríamos pasar a la historia, si no entendéis la oportunidad que nos están dando el entrenador Downer y Kobe Bryant, si no estáis en el barco, no deberíais estar aquí.

La estancia se quedó en silencio; Kobe lo rompió aplaudiendo con sus manos rítmicamente. Sus compañeros lo siguieron. Luego todos salieron en fila.

Del primero al último, los miembros del equipo recordarían el discurso de Downer como la piedra angular de la temporada, el punto de inflexión. «Fue una de aquellas ocasiones en las que se dicen las cosas tan claras que el equipo consigue relajarse —recordaba Drew Downer—. Toda aquella tensión simplemente se disipa. Lo sacas todo y te liberas un poco.»

Sin embargo, hubo un jugador que necesitó más tiempo para procesar la presión, para soltar la culpa. Cuando Drew, después de hablar un rato con Gregg, regresó a su habitación del hotel, su compañero de habitación de aquella semana no estaba allí. Drew no tenía ni idea de dónde había ido Dan Pangrazio. Tras varios minutos de búsqueda en el hotel y en la playa, ya de noche, la preocupación aumentó paulatinamente. Finalmente, Drew y los demás entrenadores lo encontraron. Estaba sentado en la arena, solo, todavía con la camiseta de juego puesta, junto a las olas que llegaban y se iban con un ritmo incesante.

Tom Pettit ya estaba acostumbrado. Kobe era el último jugador en salir del vestuario…, una vez más. Siempre era el último en salir. Pettit, utillero del equipo y hermano pequeño de Brendan, tenía la humilde tarea, después de cada partido, de permanecer al lado de Kobe y llevarle la bolsa de gimnasio mientras él caminaba hacia el autobús del equipo firmando autógrafos y estrechando manos por el camino. Era un estudiante de segundo año bajito y delgado con una mata de pelo rubio despeinado; parecía un fontanero. Formaban una pareja bastante dispar. Le hizo muchas veces de *caddie* y pasaron mucho tiempo el uno junto al otro, pero nunca habían tenido una conversación larga. Hasta ese momento.

Al llegar el tercer partido de Lower Merion en el Classic, en este caso contra el Lexington High School (Kentucky), la mano y el antebrazo derecho de Kobe parecían momificados, envueltos en un grueso vendaje. Había sufrido una lesión en el pulgar en algún momento durante los dos primeros partidos, pero también se había quejado de un dolor en la muñeca derecha que, al parecer, fue consecuencia de su propia popularidad, de haber estrechado tantas manos y firmado tantos autógrafos. Estar tan solicitado y tener que firmar tantos autógrafos no le molestaba. «Si trabajas mucho para conseguir algo, si te marcas un objetivo (y mi objetivo era ser un gran jugador de baloncesto y ser famoso) es lo que puedes esperar —dijo hacia el final de su último curso—. No puedes salir todo el rato por la tele y no esperar que la gente sepa quién eres, se te acerque y te pida un autógrafo. Yo lo acepto.» Al terminar el torneo usaba su mano izquierda para garabatear su nombre sobre pelotas de baloncesto, programas de mano y trozos de papel. Pero el sábado 30 de diciembre, el último día del Classic, estaba dispuesto a soportar algo de dolor por el bien de la temporada y para desplegar un espectáculo en el momento clave del Classic.

Aquella tarde anotó cuarenta y tres puntos en la victoria por 76-70 contra el Lexington, cosa que permitió a los Aces volver a encarrilar su juego. Además, le valió el premio MVP del torneo y sumar un total de ciento diecisiete puntos en los tres partidos; fue el segundo máximo anotador del torneo, un punto por detrás de Mike Bibby. Una vez más, Kobe tuvo autógrafos que firmar y entrevistas a las que responder, y el conductor de autobús que tenía que llevar a los Aces de vuelta al Swamp Fox no pudo esperar más. Arrancó, dejando atrás a Kobe y a Pettit. Afortunadamente, una de las familias anfitrionas de Lower Merion (perteneciente al contingente de residentes de Myrtle Beach que se habían ofrecido voluntarios para hacer la estancia del equipo más acogedora) se ofreció para llevar a Kobe y Pettit de vuelta al hotel. Ambos estudiantes de instituto subieron a la parte trasera del SUV de la familia y, durante aquel trayecto de doce minutos, Pettit tuvo su primera y última conversación con Kobe. ¿Le gustaba ser utillero del equipo? ¿Qué tipo de música escuchaba? ¿Qué programas de televisión y de deportes eran sus favoritos?

Esa tercera pregunta suscitó la que fue la respuesta más detallada de Pettit. Le dijo a Kobe que, aunque le gustaba mucho el baloncesto, seguía el hockey más de cerca.

—Me encanta el hockey —dijo Kobe—. Me encanta Wayne Gretzky.

—¿Sigues el hockey? —le preguntó Pettit.

Kobe le respondió que sí, especialmente a Gretzky.

—Es el mejor en su deporte.

En aquel momento, a Pettit la respuesta le pareció una obviedad y un poco tonta. Estaban en invierno de 1995. Sin duda, Gretzky seguía siendo un gran jugador por aquel entonces, pero estaba al final de su carrera, a punto de cumplir los treinta y cinco; ya no era lo mejor de la National Hockey League. Había otros jugadores más jóvenes que le habían tomado el relevo, que representaban las caras más nuevas y verdaderas de la liga y a quienes ya reconocían incluso los seguidores acérrimos del baloncesto. Pettit se imaginó que Kobe simplemente había recurrido al nombre más conocido asociado con aquel deporte, como quien se define a sí mismo como aficionado a la música clásica porque le gusta Beethoven.

«Pensé: "Sí, claro, eres un gran seguidor del hockey, Kobe". Pero ahora lo pienso y fue como: "Guau, ya tenía la mentalidad de voy a ser el mejor"», recordaba Pettit. Eso es a lo que se refería. Evidentemente, estaba hablando del más grande de todos los tiempos.

«Él era algo especial y diferente. Fue una época especial, más especial aún vista desde ahora.»

La guinda del Beach Ball Classic era el acontecimiento que más disfrutaban todos los jugadores y espectadores: el concurso de mates del sábado por la noche. Kobe estaba decidido a competir, a pesar de la insistencia de sus compañeros de equipo, de sus entrenadores e incluso de sus familiares de que no debía, pues se arriesgaba a lesionarse más. Sharia y Shaya llamaron a la puerta de la suite de Kobe y Treatman y le suplicaron a su hermano, prácticamente llorando: «Por favor, no lo hagas». Según Treatman: «Estaban preocupadas. Y tampoco creo que sus padres quisieran. Kobe estaba en plan: "Sé lo que hago, sé lo que hago"».

Treatman y todas las demás personas relacionadas con los Aces debían admitir que sí había cierta curiosidad por cómo le iría a Kobe en el concurso, una curiosidad que nada tenía que ver con si empeoraría o no su dolor en el brazo. Lo habían visto muchas veces hacer sus mates durante los partidos: potentes, inusuales para un jugador de instituto, pero limitados por las reglas del baloncesto y para mantener una imagen de deportividad. Pero ¿qué sería capaz de hacer cogiendo carrerilla, con atrezo y sin límites? Con su camiseta blanca de Lower Merion, su brazo todavía vendado y ante un Civic Center a rebosar, Kobe lanzó la pelota al aire en su primer intento, la cogió después de que botara bien alto sobre la pista y la metió con fuerza para abajo. El público reaccionó con contención; cada uno de los tres jueces le dio un nueve sobre diez. Golpeó el balón contra el suelo en la esquina izquierda del gimnasio mientras pensaba qué iba a intentar a continuación, luego salió desde la línea de fondo, se puso la pelota en la mano izquierda, la hizo pasar entre las piernas hasta su mano derecha mientras se elevaba y realizó el mate. Al público y a los jueces les gustó: tres dieces y un estallido de ruido sostenido.

A la final llegaron él y su amigo Lester Earl. Mientras Kobe sopesaba las posibilidades de su mate, se pudo oír una voz, perteneciente a un niño pequeño, coreando: «¡Kobe! ¡Kobe!». Salió de la línea de tiro libre con el balón en su mano derecha, cambió a la mano izquierda en el aire y la clavó. Earl lo igualó con otro mate perfecto; eso les dio una nueva oportunidad en una ronda de desempate. Earl se daba cuenta de que tenía que ser imaginativo para poder ganar. Introdujo en la pista un portapelotas con nueve balones todavía dentro y lo colocó en el lado derecho, a medio camino entre la línea de fondo y la de tiro libre. Desde la derecha, botó dos veces la pelota, pegó un salto para salvar el portapelotas con facilidad, y con su mano izquierda llevó la pelota y la hundió en el aro. Fue un espectáculo emocionante. Tres dieces de nuevo. Los jugadores del Glen Oaks salieron a la cancha para abrazar a Earl. Lo único que podía hacer Kobe era empatar: todo un reto.

No podía hacerlo solo. Cogió a tres compañeros de la camiseta y los arrastró hacia canasta. Los dispuso en un triángulo a metro y medio del aro y luego hizo que cada uno de ellos se inclinara desde la cintura y agachara la cabeza. Caminó de nuevo hasta la línea de medio campo, botó una vez la pelota entre las piernas al llegar allí y luego se giró para mirar hacia sus compañeros y hacia canasta.

Bote con la mano derecha…, en el medio campo…

Bote con la mano izquierda…, línea de tres puntos…

Bote con la mano izquierda…, línea de tiro libre…

Salió de dentro de la zona, justo antes de llegar a chocar con sus compañeros de equipo. Pero en lugar de impactar con ellos, los esquivó saltando sobre los chicos, sin siquiera tocarlos, meciendo la pelota con su debilitada mano derecha y metiéndola con fuerza por el aro.

La multitud soltó un ruido ensordecedor, todo el mundo estaba en pie o saltando desde su sitio, aplaudiendo, gritando y animando. Earl, de pie cerca de medio campo, levantó las manos como diciendo: «¡Qué se le va a hacer!». Él y Kobe se dieron las manos y se abrazaron en mitad de la pista. El concurso se resolvió con empate, pero todo el mundo sabía quién había ganado.

«Fue como si hubiera nacido una estrella del rock —dijo Downer—. Aquella bola de nieve se estaba haciendo más y más grande.»

Treatman y Drew Downer caminaron juntos de vuelta al Swamp Fox, charlando sobre la actuación de Kobe sin todavía llegar a creérselo. Hacía cuatro años que lo conocían y ninguno de ellos había visto nada como lo de aquella noche. ¿Los chicos del equipo valoraban lo privilegiados que eran al ser testigos de aquello? ¿Lo valoraban los propios entrenadores, tenían los adultos las suficiente perspectiva? ¿Lo comprendían bien? Había volado por los aires y ejecutado mates de circo con un brazo malo, con su familia suplicándole que no arriesgara su salud y con el público del Convention Center cada segundo más vociferante y estridente. Si este era Kobe Bryant ahora, ¿quién podría llegar a ser más adelante?

Ambos se detuvieron ante la puerta de la suite de Treatman.

—Y vive aquí —dijo Treatman.

Se echaron a reír.

Durante sus primeras semanas como estudiante en la Universidad de Maryland, Evan Monsky pasó gran parte de su tiempo escuchando a otro estudiante de primer año, un chico de Camden (Nueva Jersey) que vivía en su misma residencia, decirle que Tim Thomas era «lo más grande de este mundo». Y, ciertamente, Monsky tenía que reconocer que Thomas, que se iría a Villanova y pasaría allí un año antes de empezar su carrera de trece años en la NBA, era un jugador de instituto realmente bueno. «Pero ese chaval exageraba —dijo Monsky más tarde—. No tenía ni idea. Le dije: "Está este tío de mi ciudad, créeme. Es algo de otro mundo".»

En otoño, Kobe había estado en el pabellón Cole Fieldhouse en College Park con *Rip* Hamilton, John Linehan y los Sam Rines All-Stars, para un torneo de la AAU a principios de semestre, en la Universidad de Maryland. Kobe había compartido habitación con Linehan; había sido una típica salida de la AAU para Kobe, en el sentido de que no abandonó la habitación del hotel excepto para los partidos. «Yo intentaba ir al centro comercial, salir, jugar a los videojuegos —recordaba Linehan—, y eran las ocho, ocho y media, y estaban las luces apagadas. Yo estaba en plan: "Kobe, ¿qué pasa tío?". Y él decía: "Tenemos partido mañana". ¿Quién hace esto siendo tan joven? Ahí es donde supe que iba a ser alguien especial. Veía el deporte distinto que yo y que cualquier persona que hubiera conocido.» Tras uno de los partidos en el Cole, Monsky tuvo la oportunidad de saludar y ponerse al día con Kobe y le preguntó si estaba considerando ir a Maryland. «No —respondió—. No me gustan los aros de aquí.»

Ya a principios de enero, en Maryland estaban de vacaciones de invierno y el equipo de baloncesto de Lower Merion había vuelto de Myrtle Beach y se estaba adaptando de nuevo a las rutinas y a la competencia menos dura de su temporada. Monsky hizo lo que hacen muchos estudiantes de primer año en la universidad: volver a su *alma mater* para ver a los viejos amigos y regodearse un poco del hecho de haber pasado a la siguiente etapa de su vida. Estaba por allí justo antes de que empezara el entrenamiento, hablando con Kobe bajo una de las canastas. Treatman estaba cerca, con las orejas bien abiertas, y el resto del equipo practicaba lanzamientos y calentaba.

«¿Cuál es el plan, Kobe? —preguntó Monsky—. ¿A qué universidad vas a ir? ¿La Salle? He oído Duke.» Eso era lo que Monsky presuponía desde su último año de instituto: «Kobe irá a la universidad, jugará un año y se hará profesional. Será un buen sexto hombre, un jugador de batalla, un buen jugador de la NBA, y qué vida más maravillosa tendrá.»

—Me estoy planteando ir a la NBA —dijo Kobe.

—No, en serio —respondió Monsky—. ¿Estás pensando en La Salle o en Duke?

—No, de verdad. Me voy a la NBA.

Downer hizo sonar el silbato para que los jugadores se reunieran con él en medio de la pista para el comienzo del entrenamiento. Kobe se acercó trotando, dejando solo a Monsky, que intentó conciliar las expectativas que tenía sobre su amigo y su casual y sorprendente confesión: «Los bases y los escoltas no van directos a la NBA. Kevin Garnett fue, pero no es un base ni un escolta. Sencillamente, es algo que no pasa, y ciertamente no les sucede a chicos con excelentes notas como Kobe. ¿Por qué iba uno a querer hacer algo así? ¡La universidad es muy divertida!».

Treatman había oído lo que Kobe había dicho. Escaneó el gimnasio instintivamente para ver si había algún reportero cerca y suspiró aliviado cuando recordó que no había nadie. Todavía no estaba preparado para ayudar a Kobe a anunciar sus intenciones; tras haber trabajado en los medios durante años (especialmente en televisión), comprendía cuáles eran los pertrechos necesarios (la escena, la preparación del terreno, la dramatización) para hacer que el anuncio oficial fuera inolvidable. Y lo más importante: a pesar de lo que le había dicho a Monsky, Kobe lo comprendía aún mejor que Treatman.

Semanas después del Beach Ball Classic, Jared Gibson encendió el ordenador Compaq de su padre. Quería escribir una carta a Kobe Bryant. Trece páginas más tarde, le pidió a su padre que le echara un vistazo. «Bueno —le dijo Wesley Gibson a su hijo—, vamos a resumirlo un poco.»

Meses después, Kobe se encontraba concediendo una larga entrevista de televisión para la ESPN, en el suelo de la casa de los Bryant, con las llamas de la chimenea del salón familiar que tenía detrás danzando y crepitando. La cadena emitió quince minutos de entrevista. Kobe habló de su niñez en Italia, de la importancia de su educación y de su deseo de oír a la gente decir: «Kobe, eres una buena persona». Todavía no había anunciado si iría a la universidad o a la NBA. «Es algo que tendré que pensar muy bien antes de tomar una decisión», dijo en la entrevista, como si todavía no lo supiera.

A media entrevista, la ESPN mostró en pantalla la portada del programa del Beach Ball Classic, una imagen de Kobe lanzando un tiro en suspensión que ocupaba la mayor parte de los dos tercios inferiores de la página.

—Entonces —dijo el entrevistador mientras la cámara volvía a enfocar a Kobe—, ¿dónde conociste a este joven?

—En Carolina del Sur —dijo Kobe—. Myrtle Beach.

—¿Cómo se llama?

—Jarid Gibson.

—¿Un admirador tuyo?

—Sí.

—Lo conociste en un torneo y luego te mandó una carta.

—Una carta preciosa.

—¿Qué dice?

Kobe miró el papel y empezó a leer.

> Querido Kobe:
>
> ¿Cómo te está tratando la vida estos días? Espero sinceramente que esta carta te encuentre en tu mejor estado de salud. Te escribo para agradecerte la impresionante actuación y el carácter que mostraste en el Beach Ball Classic. Me llamo Jarid Gibson, soy el tío pequeño de Pensilvania que continuamente estaba cerca de ti.
>
> Kobe, solo quiero que sepas el impacto enorme que has tenido en mi vida durante el poco tiempo que estuve en tu presencia, no solo como jugador, sino también como persona. Eres auténtico, tienes los pies en la tierra y eras accesible para tus fans. Pero lo que más admiro son los mil puntos que conseguiste en tus SAT y la relación especial que tienes con tu padre. Ni la fama ni el dinero te lo pueden comprar. El juego de la vida te ha repartido la mano perfecta. Eres inteligente, tienes una familia que te quiere y eres un jugador de baloncesto muy talentoso. El bote de oro al final del arcoíris de la vida te espera. Cógelo, pero, por favor, recuerda estas tres cosas: la primera, da siempre gracias a Dios y a tu familia; la segunda, lo duro que has trabajado para tener éxito y lo que te va

a costar mantenerte; la tercera, nunca te olvides de nosotros, los pequeños que te vimos al inicio de tu ascenso hacia el estrellato.

Igual que me has llegado a mí y me has inspirado para ser alguien, habrá miles más en el futuro. Sigue siendo humilde. Sigue estando centrado. Sigue siendo auténtico.

Jarid Gibson terminó enrolándose en las fuerzas aéreas, igual que había hecho su padre. Desde su encuentro con Kobe en Myrtle Beach, siguió en contacto con él; se escribieron más cartas, Jarid recibía llamadas de cinco minutos desde Los Ángeles cada dos semanas y Kobe le mandaba por correo balones, postales y camisetas de los Lakers. «Si pudiera ser quien quisiera —dijo Jarid—, querría ser como él.» Su correspondencia siguió hasta los primeros meses de 2001, después de que Kobe ganara su primer campeonato con los Lakers. «Después de que se convirtiera en la Mamba —explicó Wesley—, perdimos el contacto.» Se había convertido en alguien nuevo, alguien mayor, una persona distinta, y decidió no llevarse esa relación con él. No sería la única parte de su pasado que dejaría atrás.

«Alguien dice que no puedo hacer algo,
y lo que quiero yo es salir y hacerlo adrede
y hacerlo de una forma inimaginable.»

Kobe Bryant

15

Tranquilos, yo me encargo

Había un contraste muy marcado entre el Kobe Bryant del fondo del autobús y el de primera fila de la clase. El equipo viajaba a los partidos fuera de casa entre un ronroneo de murmullos y un ligero zumbido de conversación y estrategia previa al encuentro que se mezclaban con el ruido de fondo de los frenos del vehículo siseando y el rugido de su motor diésel. Kobe contribuía a ese ambiente solemne tanto como cualquier otro jugador: llevaba los auriculares puestos, su cara era una página en blanco y la perspectiva de pasar por encima de una vía navegable ya no le provocaba pequeños espasmos de pánico. Tenían un partido por delante y a poco más debía dedicar sus pensamientos. Pero una vez visitada la pista de su rival y dada la paliza correspondiente, los Aces podían dejarse ir en el viaje de vuelta a Wynnewood, permitirse ser ellos mismos. En el asiento más cercano al conductor podía estar Jimmy Kieserman contando historias sobre cómo es ser un base en la Big East Conference o ir a una auténtica fiesta de fraternidad en Miami, pero Kobe y Jermaine Griffin, las dos figuras principales del equipo, se sentaban en la última fila. «Kobe y Dan Pangrazio eran las estrellas —explicaba Dave Rosenberg—, y Jermaine era el alma.» Brendan Pettit y Robbie Schwartz eran los cómicos del equipo. El apodo de Oral Williams era *Sarge*, de sargento. Dave Lasman tenía un porte carismático hollywoodiense. Kareem Barksdale terminaba cada victoria dando volteretas hacia atrás sobre la pista. Rosenberg y Phil Mellet eran quienes destacaban académicamente y los que animaban más desde el banquillo. Kobe, Griffin y los demás jugadores negros (Emory Dabney, Omar Hatcher, Williams, Cary Walker y Barksdale) se retaban entre sí en batallas de rap. Desde que los Fugees publicaran *The score* a mediados de febrero de 1996, Williams subía al autobús su radiocasete con reproductor de discos compactos y el álbum, con sus ritmos de *reggae-rap* y sus letras arrogantes, se convirtió inmediatamente en la banda sonora de todo el equipo.

> *We used to be number ten.*
> *Now we permanent at one.*
> (Solíamos ser el número diez.
> Ahora permanecemos en el uno.)

Y esa era la sensación que había, que estarían en la cima para siempre y que nadie les podría hacer caer. Concentrados de nuevo desde que Downer les hiciera polvo en su suite del Swamp Fox Motel, los Aces ganaron sus últimos quince partidos de temporada regular y se erigieron en una de las principales atracciones del baloncesto de Filadelfia. «Se empezaban a oír rumores por todo el país», recordaba Jack McGlone, un base de segundo año del instituto Ridley durante aquella temporada 1995-96. «Oías hablar de cómo otros equipos de la Central League llenaban sus gimnasios cuando jugaban contra Kobe. Leías artículos en el periódico o en la revista *SLAM* sobre él.» Antes del primer partido del Ridley contra los Aces de aquella temporada, que se jugó en Lower Merion, McGlone se quedó atónito cuando uno de los entrenadores asistentes de los Green Raiders dijo al equipo: «Recordad, chicos, cuando Kobe hace un mate y el público se vuelve loco, son solo dos puntos». «Básicamente nos estaba preparando psicológicamente para cuando Kobe hiciera un mate, no por si lo hacía —explicaba McGlone—. No es algo de lo que te sueles preocupar por un chaval de instituto.» En sus dos partidos contra el Ridley, Kobe anotó veintinueve puntos en una victoria por dieciséis, y luego veintisiete puntos en una victoria por quince. Pero lo más memorable para McGlone y sus compañeros del Ridley, y, en realidad, para todos los equipos que se enfrentaron a los Aces aquella temporada e incluso para sus compañeros de equipo, fue la mera experiencia de jugar con o contra él. Por muy acaloradas que fueran estas rivalidades entre barrios o suburbios, no eran nada comparables con la expectación, la emoción y el ambiente que se generaban cada vez que Kobe los visitaba: era un gran acontecimiento con él como protagonista, el público se ponía en pie con cada posesión y se volvía loco cuando un jugador hacía una simple bandeja, se veían niños e incluso adultos haciendo cola para conseguir autógrafos cuando Kobe salía del vestuario. Era una de esas experiencias que nunca se olvidan. «Si alguna vez has jugado a algún deporte, es algo con lo que siempre has soñado, y yo pude vivirlo dos veces. Es mejor que cualquier trozo de papel con su nombre escrito», decía McGlone.

El logro de aquellos sueños tendría que bastarles a esos jugadores y equipos, porque Kobe y los Aces eran un *kaiju* (monstruo gigante) del baloncesto adolescente que destruía todo lo que había en su camino. De aquellas quince victorias consecutivas, catorce fueron por más de diez puntos de diferencia y siete de ellas fueron por veintiocho puntos o más. En el paseo que se dieron contra el Marple Newtown por 95-64, Kobe llevaba cuarenta y ocho puntos cuando quedaban cuatro minutos para el final y Gregg Downer pidió tiempo muerto. «Mira —le dijo a Kobe—, consigue solo una canasta más.» Cincuenta puntos, un número redondo bien bonito. Luego Downer lo sentaría en el banquillo el tiempo que quedara de partido para ser misericordioso…, pero Kobe procedió a hacer cinco pases perfectos para que sus compañeros de equipo metieran cinco canastas más, y lo hizo solo porque podía. Obligó a Downer a pedir otro tiempo muerto. «¡Tienes cuarenta y ocho puntos!», le gritó el entrenador a su estrella. La próxima vez que los Aces tuvieron la pelota, Kobe metió una bandeja y, finalmente, se sentó. «Podía ser muy testarudo», diría Downer más tarde.

Y, efectivamente, podía serlo. Además, una vez que empezaron los *playoffs* del distrito y del estado, estaba lleno de una confianza despreocupada sobre las perspectivas de los Aces. Downer no podía permitirse ser tan desdeñoso con ningún partido ni con ningún resultado. Su futuro profesional se puso en duda cerca de San Valentín, cuando James Crawford, el director de la Episcopal Academy, lo convocó a una reunión y le dijo que lo despedirían al terminar el curso escolar porque entrenar a Kobe y al Lower Merion le estaba ocupando mucho tiempo y le impedía cumplir con sus obligaciones con la academia. «*¿Qué me estás contando?* Te dije que tenía que llegar hasta el final con Kobe. Te lo dije desde el primer día», respondió Downer. (Crawford posteriormente dijo que no recordaba el contenido de la conversación.) Por no hablar de lo que pasaría con la reputación y el futuro de Downer como entrenador de baloncesto si no ganaba un campeonato del distrito o estatal en 1996. Le dan cuatro años de Kobe Bryant, ¿y es incapaz? Sin embargo, para Kobe aquella idea era inconcebible. «Tranquilo, entrenador —le decía a Downer—, yo me encargo.» Y les decía lo mismo a sus compañeros de equipo: «Estamos en el instituto. Somos jóvenes. Tenemos el mundo por delante. Pasémoslo bien. Juguemos al baloncesto». «Yo intentaba decirles: "Emory, Omar, Butter, ¿sabéis lo buenos que somos? ¡Sonreíd! ¡Divertíos! No os preocupéis. Yo me encargo" —dijo una vez—. Les gastaba bromas. Estaban nerviosos antes de un partido y yo decía: "Tranquilos. Yo me encargo". Entonces, se tranquilizaban. Se soltaban un poco. A medida que íbamos entrenando, la cosa se ponía más competitiva. Todo era más suelto: "Tío, esto lo podemos ganar".» Y si alguien volvía a caer en la complacencia que caracterizaba el juego del equipo antes del viaje a Myrtle Beach, Kobe también tenía una respuesta. Dabney estaba lidiando con una lesión de cadera y el dolor se le reavivaba como la chispa de un Zippo cada vez que corría, pero Kobe no le mostraba ninguna empatía y le decía que jugar con dolor era su obligación, que tenía que exprimirse tanto como pudiera hasta que no fuera capaz de correr más. Y Dabney lo hacía. «Tranquilos. Yo me encargo.»

Los Explorers de La Salle estaban lidiando con su primera temporada en la Atlantic 10. Habían perdido diecisiete de sus veintidós partidos antes de enfrentarse a Villanova, un equipo con *ranking* nacional, el 12 de febrero. A *Speedy* Morris todavía le quedaba un año de contrato y existía la percepción de que solo había una persona en este planeta que se interpusiera entre él y el desempleo: Kobe Bryant. Cuando quedaba más de una hora antes del partido contra Villanova, Morris se topó en las entrañas del Spectrum con Bill Lyon, el veterano columnista de deportes del *The Philadelphia Inquirer*.

—¿Cómo estás? —preguntó Lyon.

—Estoy que me salgo.

—¿Literalmente?

—Pues sí —dijo Morris, abriéndose el cuello de la camisa—. ¿Ves las marcas de la cuerda? Me quieren colgar.

Villanova ganó a La Salle aquella noche por 90-50, la peor derrota en la peor temporada de la carrera de Morris como entrenador. Observando desde la cabina de prensa, Lyon llegó a la conclusión de que el momento correcto y valiente para apoyar a un hombre es cuando el agua empieza a llegarle al cuello. Escribió una columna de mil doce palabras en la que argumentaba que La Salle, entre los rumores y las especulaciones sobre el posible despido de Morris, debería mostrar magnanimidad y apoyarle.

«Ahora se da por hecho que el futuro de *Speedy* Morris depende de una decisión de Kobe Bryant —escribió Lyon—. Esta es la parte absurda y dolorosa del oficio de entrenador. Un niño-hombre de diecisiete años puede controlar tu destino y el de tu familia.»

A la mañana siguiente, la columna apareció en la portada de la sección de deportes del *Inquirer* y a Lyon le sonó el teléfono. Era la mujer de Morris, Mimi. Estaba hecha un mar de lágrimas.

—Gracias —le dijo.

El Kobe de primera fila de la clase no estaba tan seguro de sí mismo como el que estaba en la cancha o entre sus compañeros de equipo. Habló con Jeanne Mastriano sobre una optativa que ella impartía en primavera llamada *El arte de la oratoria*, una asignatura de un semestre de duración en la que los estudiantes escribían, se aprendían y daban discursos y monólogos dramáticos que luego criticaban entre ellos. Según Mastriano, el objetivo del curso era enseñar a los estudiantes a «conocer a tu público, saber cómo llegar a tu público, saber lo que quieres conseguir y ser flexible con tu método». Se apuntó al curso, y no solo porque aquella práctica pudiera resultarle útil más adelante. Lo necesitaba enseguida. Había equipos de cámaras (de ESPN y de PRISM, una emisora de cable con base en Filadelfia) que lo seguían por los pasillos para hacerle reportajes de estilo documental sobre la vida cotidiana de la promesa del baloncesto de instituto más famosa de Estados Unidos. Cuando la clase de Mastriano asistió a una representación de la obra de Ntozake Shange *For colored girls who have considered suicide / when the rainbow is enuf* (Para las chicas de color que han pensado en suicidarse / cuando el arcoíris es suficiente), nada más acomodarse, cuando las luces empezaban a apagarse, ella y sus estudiantes se dieron cuenta de que el resto del público dejaba de mirar el escenario para mirar de reojo a Kobe. Mastriano se hizo por primera vez una idea de la fascinación que sentía la gente por su preciado alumno. «Cuando se hizo evidente fue cuando nos fuimos —explicó más tarde—. No podía meterlo en el autobús. Lo rodearon y lo hostigaron.»

A ese tipo de atención pública estaba acostumbrado. En cambio, las exigencias del arte de la oratoria lo dejaban en una posición más vulnerable: debía ponerse en pie ante sus compañeros en una clase en silencio para ser juzgado y evaluado por cada uno de ellos, en un entorno en el que no era necesariamente el actor más talentoso ni el más experimentado. Durante una de las tareas (un discurso personal) se puso cerca de la pizarra, enterró las manos bajo su enorme forro polar blanco, las metió en los bolsillos de sus elegantes pantalones deportivos azul marino y habló de sí mismo durante cuatro minutos y medio, haciendo una pausa cada pocos segundos para buscar el siguiente conjunto de palabras adecuadas, sin caer en los «ehmmm» o «ahhh». Su nerviosismo se dejaba ver cuando cambiaba su peso de un pie a otro y se balanceaba hacia delante y hacia atrás, sacando la lengua por cada lado de la boca.

«Me llamo Kobe Bryant. Tengo diecisiete años. Y he tenido mucha suerte. No solo he vivido en distintas partes de Estados Unidos. También en Europa.»

Explicó a la clase que se había sentido aislado al llegar a Lower Merion y que jugaba al baloncesto para llenar sus días y pasar el rato.

«Creo que fue lo mejor que podría haberme pasado. Durante todas aquellas horas en solitario en mi sala de juegos descubrí el hambre, la motivación y el deseo… de ser el mejor jugador de baloncesto posible. Y aquí estoy…, tengo una gran decisión que tomar: ir a la universidad o directamente a la NBA.»

Lo que más le molestaba de aquella decisión eran los desconocidos que, mientras caminaba por la calle o en cualquier centro comercial, se paraban para decirle lo que debía hacer. Pero comprendió que esos consejos y opiniones no solicitadas eran inevitables.

«He admirado a mucha gente: Magic Johnson, Michael Jordan, Emmitt Smith. Y artistas como Michael Jackson o Janet Jackson. Pero las dos personas a las que más admiro… son mi madre y mi padre.»

Al terminar, se sentó en su pupitre, miró hacia una de las cámaras y, medio en broma, medio en serio, se secó la frente y dijo: «¡Uf!». Los alumnos dieron su opinión. No les había importado su balanceo. Pensaban que mostraba pasión. Le señalaron sus tics. Él se rio como se ríe la gente para evitar un silencio incómodo. Llevaba un minuto de discurso y Kobe explicó la decisión de su padre de retirarse de la NBA y empezar su carrera como jugador en Italia: «Después de su octavo año, decidió que para él sería mejor pasar página… y llevar su talento a otra parte». Nadie en la sala reaccionó ni pareció tener una opinión sobre el giro de esa frase.

Llegando al final de la temporada y con la seguridad de que Lower Merion sería uno de los favoritos (no solo para ganar el campeonato del Distrito Uno, sino también para llevarse el campeonato estatal de Pensilvania Clase AAAA), Gregg Downer quiso asegurarse de que sus jugadores estaban motivados. Downer jamás tuvo que preocuparse por si Kobe se tomaba las cosas a la ligera o por si no era consciente de la gravedad de un partido o una situación. Sin embargo, en cuanto a algunos de los otros chicos…, no estaba seguro. El colegio no había ganado un campeonato estatal desde 1943… Tuvo una idea.

Villanova accedió a abrir el Pavilion, que volvería a ser la sede del partido por el título del distrito, para que los Aces hicieran una sesión de entrenamiento. El día anterior a aquel entrenamiento, Downer le puso deberes a Treatman: debía grabarse a sí mismo retransmitiendo jugada a jugada un partido simulado de la final del campeonato entre Lower Merion y un equipo de la parte oeste de Pensilvania. Downer quería que los jugadores se hicieran una idea de cómo sería jugar (y ganar) un campeonato estatal. «No creo que los chicos sean conscientes de lo que estamos a punto de hacer», le dijo a Treatman.

Aquella noche, Treatman hizo lo que se le había pedido. Sacó una grabadora (la misma que había usado para hacer entrevistas cuando escribía artículos para *The Inquirer*) y eligió a un rival que motivaría a los jugadores: el Williamsport, que había conseguido el campeonato estatal el año anterior. Y empezó: «Hola a todo el mundo y bienvenidos al Hersheypark Arena…».

El partido ficticio, fabulado completamente desde la imaginación de Treatman, duró una hora. Todos los jugadores de los Aces participaron. Kobe metió un tiro en suspensión al final que les dio la victoria.

Al día siguiente, en Villanova, Downer reunió a los jugadores en el centro de la pista, hizo que se sentaran y le pidió a Treatman que pusiera la cinta. La mayoría de los jugadores sonreían, se reían y vitoreaban. Treatman observó a Kobe y lo vio callado y absorto. «Creo que tuvo más efecto que en los otros chicos —dijo Treatman más tarde—, porque no soñaban con ello con la misma intensidad que Kobe.»

Cuando terminó la grabación, Downer dejó que los vítores de los chicos disminuyeran hasta que se hizo un silencio absoluto en el Pavilion.

—Y ahora —dijo—, vamos a jugar.

La cinta no fue la única estrategia motivacional. Hizo que se pegaran los números 27 y 53 en los dorsales de las camisetas de calentamiento de los Aces. El significado detrás de los números era evidente: el equipo había perdido contra el Chester en la final del título del distrito del año anterior por veintisiete puntos, y habían pasado cincuenta y tres años desde que Lower Merion ganara su último campeonato estatal. «Solo queríamos mandar un mensaje a todo el mundo —dijo Kobe—. Enviar un mensaje al Chester para decirle: "Oíd, estamos aquí. El año pasado fue el año pasado. Este año es otro año. Así que, tíos, más os vale estar preparados y darlo todo. Si no, os vamos a dar de lo lindo". Era un mensaje que quería decir que no nos sentíamos intimidados y que no íbamos a dejar que nos intimidaran.» Pero los Clippers, con el primer puesto en la clasificación del distrito, no eran la única amenaza para las aspiraciones de campeonato de Lower Merion. El Coatesville entró como segundo clasificado con una sola derrota. Los Aces eran terceros.

Sabiendo lo mucho que le afectaba a Kobe la contundente derrota ante el Chester, Treatman aprovechó la oportunidad, durante la sesión de tiro de antes del entrenamiento, para provocarle. Los campeonatos de distrito y los estatales de Pensilvania eran títulos diferentes: un equipo se calificaba para los segundos llegando a cuartos de final de los primeros. Por lo tanto, era posible que Lower Merion ganara el campeonato del distrito derrotando en algún momento al Chester o al Coatesville, y que luego perdiera contra uno de ellos en el estatal. Aquel escenario sería una pesadilla para Kobe, dada su amistad y rivalidad con John Lineham de Chester y *Rip* Hamilton de Coatesville. Así pues, Treatman quiso hacerse una idea de cómo afrontaba Kobe la perspectiva de enfrentarse a rivales tan imponentes durante los *playoffs*, tal vez teniendo que enfrentarse a ellos más de una vez.

—Lineham y aquella tropa son bastante buenos —dijo Treatman.

—No les tengo miedo a esos negratas —dijo Kobe.

Aquel comentario hizo que Treatman frenara. Tal vez había sido un ingenuo hasta ese momento, pero jamás había escuchado a Kobe usar esa palabra. No estaba seguro de cómo debía responder.

—¿Y Coatesville? —dijo.

—Tampoco les tengo miedo a esos negratas.

¿Qué había que temer? Los Aces habían ganado cada uno de los dos primeros partidos de los *playoffs* de distrito de veintisiete puntos. Kobe había anotado otra vez cincuenta puntos y había metido siete triples en la segunda victoria contra el Academy Park, cosa que captó el interés del columnista de deportes del *New York Times* Ira Berkow, que se desplazó hasta las afueras de Filadelfia para ver el fenómeno con sus propios ojos. En los cuartos de final contra el Norristown, que presentaba un *rooster* lleno de jugadores con la altura y la rapidez suficientes como para atosigarle, Kobe reservó su único partido malo de su temporada como sénior para Ira Berkow. Falló diecinueve de sus veinticuatro tiros de campo (la peor estadística de lanzamientos que Downer le había visto, según dijo después) y fue eliminado por faltas cuando quedaba un minuto y diez segundos de partido. El mal juego de Kobe le irritó durante los días posteriores, principalmente porque sentía que había dado a los jugadores del Norristown la impresión equivocada de que ellos le habían frenado, no que se había frenado a sí mismo. «No quería que pensaran: "Sí, hemos podido parar a Kobe Bryant" —dijo—. Cuando empezara el campeonato estatal, quería que ellos ganaran sin parar para poder jugar otra vez contra ellos y yo poder anotar cincuenta, sesenta, o más, y demostrarles que "no fuisteis vosotros. Fui yo".»

El partido contra el Norristown supuso tal vez el mejor-peor escenario para los Aces: Kobe había jugado fatal y aun así habían sobrevivido. Dan Pangrazio, que ya había dejado atrás su pesadilla de Myrtle Beach, clavó cuatro triples en el último cuarto y los Aces no se rindieron y ganaron 60-55. Si había algún partido que podían perder, al parecer era ese, pero no lo hicieron. Tendrían que enfrentarse al Coatesville cuatro días después, mientras que Chester jugaría contra Plymouth Whitemarsh en la otra semifinal. Antes de ducharse y cambiarse, Kobe fue plenamente consciente de que Lower Merion volvería a jugar en la Palestra y se echó a llorar. «La carretera parecía muy nublada a principios de año —dijo—. No sabía lo que me esperaba.» Tras recomponerse y abandonar el vestuario, le dio a Berkow una frase rápida para citar («Y seguimos»), mientras Berkow caminaba con pasos largos a su lado, garabateando notas. Más tarde lo describiría como un «hombre joven que, incluso en una deslucida noche en cuanto a lanzamientos, confía completamente en su talento y disfruta de los placeres de la vida». Observó cómo Kobe abrazaba a Joe, se colgaba la bolsa por encima del hombro y corría para unirse a sus compañeros de equipo en el bullicioso viaje en autobús de vuelta a Wynnewood.

«Tenía mucha confianza en sí mismo —dijo Treatman más tarde—. Personalmente pensaba que aquella confianza estaba desbocada. Aprendí mucho de él porque yo no vivo mi vida así. Era la persona más segura de sí misma que jamás he conocido en cualquier ámbito; y hoy sigo pensando lo mismo.»

Olvidémonos de la cancha. Olvidémonos de la clase. Si uno quería ver al Kobe Bryant adolescente, nervioso a más no poder, solo tenía que meterlo en una sala con una chica que le pareciera guapa. Entre sus amigas chicas podía pasar del jugueteo amistoso a un comportamiento casi de galán, consciente de que su fama y su aspecto atractivo le convertían en un reclamo, pero sin explotar esos atributos como lo haría el típico deportista de instituto. El baile de graduación se acercaba y Kobe le pedía consejo a Katrina Christmas sobre posibles citas, planteando algunos nombres de compañeras de clase para pedirle su opinión sobre ellas. «¿Crees que esta está bien? ¿Crees que debería pedírselo?» Jocelyn Ebron, su casi novia, podía parecer la opción lógica. Pero…

«Luego le presenté a Kristen Clement», explicaba Treatman.

Kristen Clement era, sin exagerar, la Kobe Bryant del baloncesto femenino de la zona de Filadelfia: una base/alero de la Cardinal O'Hara High School, del condado de Delaware, a solo trece kilómetros de Lower Merion. Clement anotó más de dos mil puntos a lo largo de su carrera, llevó a O'Hara a tres campeonatos de la Philadelphia Catholic League y jugó para Pat Summit en la Universidad de Tennessee. Su sobrenombre era *Ace* (As) y se había rumoreado que había tenido una relación sentimental con Eric Lindros, el jugador estrella de los

Philadelphia Flyers, un cotilleo local que, si bien no la elevó al nivel de fama de Kobe, la hizo más visible y reconocible que la media de los atletas de instituto. Treatman había hablado de ella en *The Inquirer High School Sports Show* y se la mencionó a Kobe: «Hay una chica muy guapa en el O'Hara, una jugadora fantástica».

—Jeremy —dijo Kobe un día—, vamos a ver cómo juega Ace. ¿Cuándo es su próximo partido?

—De hecho —dijo Treatman—, el día de mi cumpleaños: el 11 de febrero.

Así pues, Treatman pasó la tarde de su trigésimo cumpleaños en las gradas del gimnasio del O'Hara, sentado junto a Kobe. «Al terminar el partido —recordaba Treatman—, Kristen se giró y miró dos veces. "Oh, hola." Vi cómo intercambiaban sus números y estaba convencido de que sería solo amistad. Y de golpe, dondequiera que fuéramos, Kobe estaba en una cabina hablando con Kristen Clement. Vino a todos nuestros partidos a partir de aquel momento. Iban cogidos del brazo desde el autobús.»

El incipiente romance de la pareja les planteó los problemas propios de quienes viven su vida en el ojo público. Una noche, después de que los Aces jugaran un partido fuera de casa al que había asistido Clement, Kobe se acercó por detrás a Robbie Schwartz mientras ambos bajaban del autobús. Kobe había quedado esa noche con Clement en un restaurante de Ardmore y ella iba a traer una amiga.

—¿Quieres venir? —le preguntó Kobe.

—¡Por supuesto! —dijo Schwartz.

Schwartz no tardó en darse cuenta, una vez llegados al restaurante, de por qué Kobe le había invitado a ser su compinche en su doble cita. «Solo recuerdo mirar a mi alrededor —recordaba Schwartz— y ver que todo el mundo miraba hacia nuestra mesa. Creo que no dije más de diez palabras en toda la noche. Fue claramente un "Ven con nosotros para no estar los dos solos".» No culpaba a Kobe por querer compañía. ¿De qué otro modo podía vivir su vida social con algo de cordura? «El baloncesto era el noventa y nueve por ciento de su vida, pero era tan normal como podía serlo el mejor jugador del país —decía Schwartz—. La gente cambiaba su comportamiento cuando estaba a su alrededor. Si te presentan a alguien, si por ejemplo me conocieras a mí, sería: "Oye, aquí hay un chico que juega al baloncesto en Lower Merion". Vendrías, me dirías hola y serías normal. Pero la gente nunca se comportaba con normalidad. Decía cosas estúpidas y se olvidaba de cómo actuar cuando estaba cerca de él. Era en plan ¡venid y saludad! ¡Es un tío normal!»

Un tío normal que, como sería lo más normal del mundo, al llegar la primavera tendría una experiencia normal en su baile de graduación normal.

El 27 de febrero, dos semanas y un día después de que apareciera en *The Inquirer* la columna de Bill Lyon defendiendo a *Speedy* Morris, la Universidad de La Salle dio una rueda de prensa para anunciar que su dirección había prorrogado el contrato de Morris dos años, hasta 1999. «Sin ese artículo no hubiera conseguido esa prórroga. Estoy seguro», recordaba Morris.

En la rueda de prensa no hubo mención alguna a Kobe Bryant, que aquella noche jugaría las semifinales del Distrito Uno contra el Coatesville en la Palestra.

«Indudablemente quiero sentarme con él algún día y hablar, y ojalá pueda darme algunos consejos... para que yo pueda superar todos sus récords.»

Kobe Bryant
sobre Michael Jordan, 1996

16

El túnel

Era la oportunidad, tal vez la última para que *Rip* Hamilton demostrara que era mejor que Kobe Bryant. Pero ¿cómo podía imaginar, al pisar de nuevo el suelo de la Palestra como jugador sénior para jugar otra semifinal del Distrito Uno, lo que les esperaba a él y al amigo y rival al que había llegado a querer, respetar y temer en el buen sentido de la palabra? El pabellón temblaba y se estremecía; los espectadores llenaban hasta los pasillos. Entre ellos estaba Gene Shue, exentrenador jefe de los Sixers y ahora su director de jugadores, sentado cerca de la pista para ver el Lower Merion-Coatesville. Había tanta gente (nueve mil personas o más) y tan apretada que Kobe, después del partido, afirmaría que todos los jugadores de ambos equipos «estaban en *shock*». Hamilton, supuestamente, estaba entre los que necesitó algunos minutos para aclimatarse al tipo de ambiente que se convertiría en habitual al continuar con su carrera baloncestística. Hacía solo dos semanas que se había comprometido verbalmente para jugar en la Universidad de Connecticut bajo las órdenes de Jim Calhoun, que también estaba en las gradas de la Palestra para ver el partido, para ver cómo se manejaba el jugador que había reclutado en el momento de mayor presión que podía ofrecer el baloncesto de instituto, para ver si Hamilton podía salir de la sombra que Kobe proyectaría sobre él durante gran parte de su carrera. Y sí, a lo largo de sus tres temporadas en la UConn y sus catorce años en la NBA, Hamilton superaría a Kobe en algunos aspectos. Por ejemplo, con un campeonato de la NCAA. Kobe nunca tuvo la oportunidad de jugarlo, pero Hamilton, al elegir UConn, sí la tuvo. Y lo ganó, en 1999. O un título de la NBA, porque, aunque Kobe ganara cinco, ninguno fue a costa de Hamilton. Cuando se enfrentaron en la final de 2004, cuando Hamilton y los Detroit Pistons vencieron a los Lakers en cinco partidos, jugó tan bien o mejor que Kobe: consiguió un mejor porcentaje en tiros de campo, un mejor porcentaje en triples y una mayor media de rebotes y asistencias, y pudo finalmente sacar alguna satisfacción de aquella rivalidad.

Y ahora tenía la oportunidad. Estaba en sus manos. Lower Merion llevaba una ventaja de diez puntos tras el tercer cuarto. Los Aces conseguían la mayoría de sus puntos lanzándole *alley oops* a Kobe o entregándole la pelota, repartiéndose por las cuatro esquinas del ataque y dejándole ir al uno contra uno con cualquiera que fuera el jugador o jugadores de Coatesville que lo estuvieran defendiendo. «Era algo así como un duelo personal con Hamilton —explicó Kobe más tarde—. Mucha gente decía que podía competir conmigo, que podía darme trabajo. Cuando la gente dice esas cosas, yo simplemente me río, pongo una sonrisa y pienso para mí: "Tío, pero si puedo aniquilarlo".» Pero los Red Raiders se deshicieron de aquella desventaja en los tres primeros minutos del último cuarto y, con una bandeja de John Henderson, compañero de equipo de Hamilton, el Coatesville se puso seis por delante cuando faltaban menos de tres minutos para el final. En su primer enfrentamiento, Kobe anotó un triple desde siete metros y medio, y una canasta desde dos metros en el último segundo. Hamilton no pudo superarle. En su segundo enfrentamiento, Kobe fue eliminado por faltas y Hamilton siguió sin poder superarle. Esta era su oportunidad. Tenía que ser su oportunidad.

Sin embargo, no lo fue. Emory Dabney clavó un triple, luego robó el balón y metió una bandeja que redujo su desventaja a un punto. Kobe encontró un espacio abierto en la defensa de Coatesville (¿cómo es posible que él, de entre todas las personas y todos los jugadores, encontrara un espacio abierto?) y cuando quedaba un minuto y cuarenta y tres segundos metió la pelota por el aro y puso a los Aces de nuevo por delante. Jermaine Griffin anotó cuatro puntos en el último minuto. «No hay nada como la Palestra», dijo Kobe tras la victoria por 70-65, después de haber anotado veintinueve puntos, de haber dejado a Hamilton con solo dieciséis y de haberse clasificado para poder jugar la revancha contra Chester por el campeonato del distrito. «Fue una oportunidad única en la vida.»

No había que explicárselo a Hamilton. Tras su primer partido contra Kobe, se había dado cuenta de que nunca se había enfrentado a nadie en su posición que le hubiera superado en puntos y ganado en el mismo partido. Kobe lo había vuelto a hacer, por tercera vez.

—¿Cómo es que cada vez que juego contra ti pierdo? —le preguntó Hamilton tras el partido.

Kobe se rio.

—No tengo ni idea —respondió.

Tendrían que pasar ocho años, en la final de la NBA de 2004, para que *Rip* Hamilton pudiera sentir que había cierto equilibrio entre él y Kobe Bryant. Ocho años demasiado tarde para los Coatesville Red Raiders.

Lower Merion-Coatesville fue el primer partido de semifinales. El Chester no tuvo ningún problema con el Plymouth Whitemarsh en el segundo: quedaron 65-45.

El entrenador de Chester, Fred Pickett, dijo: «Estamos contentos de que Kobe reciba todos los elogios que recibe. Estamos contentos de que sea un *All-American*. Pero vamos a detenerle. Punto».

El alero de Chester Greg Hollman dijo: «Es un gran jugador, pero él también se tiene que subir los pantalones primero por una pierna y después por la otra, como todos los demás».

Y el base de Chester, Brahin Pharr, declaró: «Vamos a ir a por él. Vamos a darle duro».

Los Aces tuvieron dos días lectivos y un entrenamiento entre su victoria ante el Coatesville y la revancha contra el Chester, cuarenta y ocho horas más para que el revuelo y las peticiones en relación con Kobe y el equipo fueran a más. Al director de deportes Tom McGovern le coincidía su hora de comer (su hora de vigilar el comportamiento de los alumnos en la cafetería) con la hora de comer de Kobe, y se hizo habitual que otro tipo de agitación ocupara su atención. La cafetería estaba a pie de calle y, al otro lado de las altas ventanas, se congregaban en fila y codo con codo reporteros, cámaras de televisión y fotógrafos. McGovern ya no dejaba entrar a los medios de comunicación en el edificio, pero ellos sabían que Kobe tenía que comer. Así que se quedaban allí, grabando, disparando y mirando como si Kobe fuera un animal y lo estuvieran observando en su hábitat natural. «Había una mesa de deportistas —explicaba McGovern—. Ahí iba algunas veces, pero no siempre. También podía sentarse con otros alumnos que conociera de clase. El aplomo que tenía para su edad era impresionante. No prestaba atención alguna a las cámaras mientras grababan.»

El entrenamiento representaba su momento de respiro. Incluso como jugador de instituto, mucho antes de que «enamorarse del viaje y estar en el momento» se convirtieran en mantras de la Mentalidad Mamba, ya disfrutaba de la rutina necesaria de la preparación. Durante el entrenamiento de los Aces, la noche antes del partido contra el Chester, Marcella Shorty, una técnica del programa, le ayudó a colocar tres bolsas de hielo sobre su cuerpo mientras estaba sentado en su despacho: una bolsa en cada rodilla y otra sobre la mano derecha. No tenía ningún tipo de lesión; no eran más que las medidas preventivas que siempre había tomado para evitar el dolor y mantener su fuerza. Como si quisiera reafirmar que estaba listo para el Chester, dejó pasar una hora de entrenamiento antes de, durante un descanso, hacerse con el balón, entrar a canasta con un par de botes y hacer temblar las paredes del gimnasio con un mate. Todos los que estaban allí, incluidos Gregg Downer y los demás entrenadores, soltaron un «¡OHHHHH!». Luego, tras un ejercicio, se aclaró la garganta para dirigirse a sus compañeros con una voz que, con la edad, se había hecho más profunda hasta llegar a un tono de barítono. Su objetivo era hacerles entrar en el túnel con él, en el estado que los psicólogos llaman «flujo». Es ese lugar en el que no hay pensamientos díscolos ni sonido ambiente, en el que solo hay un estado de concentración tan absorbente que el resto de sus vidas parecería insignificante e innecesario, una diversión o una distracción, y desaparecería, como las hojas muertas de una rosa seca.

«No lo pongáis en práctica y lo olvidéis enseguida —dijo—. Cuando vayáis a casa esta noche, pensad en ello. Pensad en lo que vais a hacer mañana por la noche en el partido. Imaginaos a vosotros mismos haciéndolo.»

Él necesitaba el túnel. Necesitaba el túnel porque desde ahí podía llamar a John Linehan cada día durante una semana (incluso antes de que Lower Merion derrotara al Coatesville) para vacilarse mutuamente. Necesitaba el túnel porque lo protegía, lo mantenía sereno, extremadamente seguro de sí mismo, concentrado y confiado de poder llevar a su equipo a conseguir el campeonato de distrito, el estatal o ambos. Necesitaba el túnel porque los reporteros y las cámaras no se marcharían. La tensión no iba a disiparse. El torneo estatal (si los Aces llegaban a la final) duraría otras tres semanas. Kobe todavía tenía que anunciar su decisión (todos los que le conocían bien sabían que ya estaba tomada) en algún momento después de los campeonatos. Las llamadas telefónicas seguirían inundando la oficina de deportes, ya fuera para hacer preguntas, para pedir citas o para conseguir entradas. No todo el mundo disfrutaba del foco mediático igual que Kobe. Treatman oyó más de una vez cómo miembros de la dirección del colegio se decían a sí mismos entre dientes: «¿Cuándo terminará todo esto?». El equipo de lucha estaba teniendo una buena temporada y McGovern tenía que escuchar las quejas de los entrenadores del equipo porque el éxito de Kobe y de la sección de baloncesto estaba acaparando toda la atención. El equipo de lucha usaba el gimnasio antes que el de baloncesto y, a menudo, McGovern tenía que ayudar a Downer a retirar las colchonetas que habían quedado sobre la pista en forma de archipiélago de resentimiento pasivo-agresivo para que Kobe y los demás jugadores pudieran entrenar. Un día llegó una llamada de Pam Bryant a la oficina de deportes. Dejó un mensaje para asegurarse de que ella, Joe y el resto de los Bryant tendrían entradas para un partido de los *playoffs*. Pero todavía no habían pagado las entradas y el plazo para hacerlo terminaba. Drew Downer estaba por casualidad en la oficina cuando Mary Murray empezó a marcar el número de Pam para decirle que era demasiado tarde, que era una lástima, que no había entradas para que pudieran ver a Kobe jugar los partidos más importantes de su carrera en el instituto. «Drew era el hermano mayor de todos —explicaba Kobe—. Todo el mundo lo respetaba. Hacía que todo el mundo se ilusionara. El entrenador Downer era el motivador, el tío que te iba a castigar cuando la fastidiabas, pero Drew era como el hermano mayor que te daba una cachetada en el trasero cuando no lo hacías bien y te animaba cuando su hermano te había castigado.» Y se alzaba en tu defensa cuando la secretaria de deportes no estaba siendo razonable. Drew apretó con su dedo el receptor del teléfono. «Es Pam Bryant —le dijo a Murray—. No lo harás.» *Chubby* Cox, el tío de Kobe, fue a pagar y recoger las entradas.

Situado en el lado este de la Universidad de Villanova, el pabellón John E. DuPont parecía, en esa noche de viernes de finales de invierno, el escenario de un mitin político nacional o de un concierto de Springsteen, no el de un partido de baloncesto de instituto. Las zonas de aparcamiento que lo rodeaban estaban a rebosar de coches. Cinta amarilla como la de la escena de un crimen acordonaba un tramo de cuatrocientos metros de acera desde la puerta de entrada del pabellón hasta la avenida Lancaster, la arteria principal del campus. La gente que había comprado sus entradas para la final del torneo del Distrito Uno de Pensilvania Clase AAAA y que esperaba para acceder a la cancha tuvo que hacer una cola tan lenta que podía competir con cualquier atasco en la autopista Schuykill. A quienes no se hubieran anticipado solo les quedaba hacer una búsqueda furtiva de uno o dos revendedores y desembolsar entre treinta y sesenta dólares por un asiento. O más. Cuando Lynne Freeland y su marido Michael llegaron al pabellón con las entradas en la mano, él la dejó para que guardara sitio en la fila y se fue a aparcar el coche. Al volver andando para reunirse con su mujer, un desconocido le ofreció cien dólares por su entrada. Rechazó la oferta.

Dentro, el estadio era una amalgama de cuerpos, colores y ruido: había estudiantes y padres; fans del baloncesto, *scouts* y medios de comunicación; los Aces de granate, los Clippers de blanco con detalles en naranja y negro; *cheerleaders* coreando, el equipo de percusión corporal pateando y taconeando; burlas y (sin exagerar) amenazas entre las gradas. Los seguidores de Chester les gritaban a los seguidores y jugadores de Lower Merion que eran «basura», que tenían «miedo de acercarse al barrio» y «de jugar al baloncesto de la calle» (un alumno reportero de *The Merionite* se preocupó de registrar cada uno de los insultos). Evidentemente, es de suponer que el contingente de Lower Merion respondió a la par, pero aquel ambiente beligerante no podía reducirse a un choque entre una escuela negra de la ciudad y una escuela blanca de las afueras. Era una cuestión de clase y cultura tanto como de color de piel, y Kobe estaba en el centro de ese conflicto, amenazando con robar un derecho natural de Chester, un pedazo de la mismísima identidad de la ciudad.

«Los padres buscaban pelea con nosotros —explicaba la amiga de Kobe Dayna Tolbert—. Muchas personas de fuera de Main Line estaban celosas de que un chico negro de Main Line lo estuviera consiguiendo. No es así como se supone que debe ser la historia. Se supone que quien debería ir a la NBA es un chico negro de los barrios. "Kobe no se lo merece porque él ya nació para ser jugador de la NBA." Así se veía en todas partes. Por eso éramos tan protectores con él. Había un montón de gente celosa y padres celosos, y en nuestra comunidad no lo veíamos. Pero en el momento en que salíamos... no era agradable. No lo era.»

Aquel conflicto, aquella presión... no afectaban a Kobe. Nadie tenía que preocuparse por ello. La preocupación era que, incluso estando Kobe en su mejor momento, estando los Aces en su mejor momento, no fuera suficiente contra los Clippers. Gregg Downer lo había visto con sus propios ojos. Había entrenado a chicos de Chester en los Keystone Games de Harrisburg. Había estado en un Denny's del centro de Pensilvania a las tres y media de la mañana junto a otro entrenador, ambos a punto de hincarle el diente a un desayuno Grand Slam, cuando entró en el restaurante un grupo de jugadores de Chester: «¿Qué hay, entrenador?». Y devoraron también sus huevos y sus *pancakes*, igual que Downer. ¿Qué podía decir? No iba a ser diplomático con ellos y decirles: «Chicos, el toque de queda era a las once». Ni hablar, porque él sabía qué sucedería, y de hecho sucedió la tarde siguiente: tras haber dormido tres horas y haberse comido una bolsa de Cheetos y un refresco de uva como desayuno-almuerzo, aquellos mismos chicos de Chester correrían sin parar y sin cansarse, y ganarían para él sin esfuerzo, como si acabaran de dormir las ocho horas de sueño más reparadoras de su vida. Y aquello era solo un torneo de verano, insignificante comparado con el campeonato del distrito. Chester venía con un balance de 25-1 y John Lineham era un alumno de último año que el otoño siguiente se iría al Providence College. Si los Aces conseguían superarle y atravesar el medio campo con la pelota, los Clippers tendrían a uno de sus posteadores de 2,03 (o a ambos), el pívot Tyran Watkins o el ala-pívot Garrett McCormick, esperándoles cerca del aro.

Kobe empezó el partido como base. Para los Aces, tenerle manejando la pelota era la forma más fácil y eficiente de romper la presión en todo el campo de Chester. Pero resultaba demasiado difícil volver a poner el balón en sus manos una vez que lo cedía y los Aces no conseguían los puntos necesarios para contrarrestar la ventaja considerable de los Clippers. Watkins finalizó un contraataque rápido metiendo la pelota con ambas manos. McCormick exhibió su destreza de tiro al encestar un lanzamiento desde los tres metros a punto de terminar el segundo cuarto. Chester iba por delante 29-22 al llegar a la media parte. En su partido de 1995 contra los Clippers, los Aces también perdían de siete al llegar a la mitad del encuentro. Había pasado un año. ¿No habían hecho ningún tipo de progreso contra los reyes del distrito?

«Aunque tuviéramos a Kobe, en realidad siempre pensé que nosotros no éramos los favoritos —recordaba Dave Rosenberg—. No sé si pensar que eso era lo correcto, pero, desde luego, contra el Chester, la mayor parte del tiempo lo sentía así. Lower Merion no era históricamente una potencia. Jamás habíamos derrotado al Chester. Ellos tenían un gran legado.»

De algún modo, Downer tenía que desmitificar a Chester en la mente de sus jugadores, demostrarles que los Clippers no eran ninguna máquina incontenible. Tenía que conseguir que sintieran aquel partido, el más importante de las vidas de aquellos chicos, como un partido más, y había una característica común a casi todos los partidos de los de Lower Merion: Kobe anotaba con facilidad siempre que tenía o quería hacerlo, y lo hacía como él quería. Así que Downer hizo un ajuste táctico: le quitó el balón a Kobe confiando en los bases del equipo, Dabney y el suplente Dave Lasman, para superar la presión de Chester. Dan Pangrazio seguiría como alero, pero Kobe y Jermaine Griffin (dos de los jugadores más altos y con mayor movilidad del equipo) se moverían por la línea de fondo tanto en ataque como en defensa. Esto permitiría a Downer sustituir a Brendan Pettit, que había acumulado demasiadas faltas, por el tenaz y peleador Rosenberg. Con el nuevo quinteto, los Aces podrían al menos acercarse a la velocidad y el ritmo de Chester, y Kobe y Griffin podrían alejar a Watkins y McCormick de la canasta.

Los cambios revolucionaron el partido. Kobe se lanzó al suelo para robar un balón, cosa que dio inicio a un parcial de 14-1 en el que él y Griffin anotaron doce puntos. Cuando quedaban tres minutos y veintidós segundos para terminar el tercer cuarto, Pangrazio lanzó al aire un *alley oop* para que Kobe hiciera un mate atronador. Kobe remató el periodo metiendo de lejos un triple limpio que les proporcionó una ventaja de ocho puntos. En los últimos dos minutos y cuarenta segundos de partido anotó diez tiros libres. Tras una falta que le pitaron a Hollman, le despidió con la mano diciendo «hasta luego». Si había algún jugador con derecho a regodearse, ese era Kobe, con sus treinta y cuatro puntos, once rebotes, nueve tapones y seis asistencias. Pangrazio lanzó el balón hacia las vigas del techo cuando el reloj expiró confirmando su victoria por 60-53, y los Aces bailaron en el centro de la pista antes de ponerse en fila para que les pusieran las medallas de oro alrededor del cuello.

Los jugadores de los Clippers fueron reservados respecto al resultado del partido («No bajaremos la cabeza», dijo Linehan) en comparación con los adultos del equipo. El entrenador Fred

Pickett, viendo el alborozo de los Aces y creyendo que, tras una derrota tan ajustada, no era el momento de mostrar dudas sobre el equipo, decidió redoblar la chulería anticipando el nuevo encuentro entre los dos equipos en el campeonato estatal, que ambos daban por hecho. «Los hemos visto —dijo Pickett—. Lo han celebrado, muy bien. Han celebrado "su" campeonato estatal esta noche.» Randy Legette, el director de deportes de Chester, le dijo a Jack McGaffery, el columnista deportivo del *Delaware County Daily Times*: «Escucha, nosotros preferimos ganar el campeonato estatal que el de distrito. Pon eso en el periódico».

McGaffery lo hizo. A la mañana siguiente, Kobe lo leyó.

A lo largo de su proceso de reclutamiento, Donnie Carr daba por hecho que Kobe iría a la universidad. Duke, probablemente, porque a Kobe le encantaba el entrenador K. El resto de las universidades de la Conferencia de la Costa Atlántica (Maryland, Florida State y Clemson) habían mostrado interés en Carr. Bobby Knight le había ofrecido una beca para ir a Indiana. Pero su decisión estaba esencialmente entre dos universidades de la ciudad: La Salle y Saint Joseph's. Una noche llamó a Kobe para charlar.

—Estoy pensando en serio en La Salle —le dijo Carr.

—Sería un sitio genial para ti —dijo Kobe—, porque podrás ir allí y demostrar lo que sabes hacer.

Había una sutil distancia en la respuesta de Kobe que Carr comprendería más adelante, cuando Joe Bryant invitó a Carr y a su hermano mayor a una reunión en La Salle.

«Mira, chico —le dijo Joe a Carr—, mi hijo no irá a la universidad. Kobe tendrá la opción de ser el primer jugador de su posición en dar el salto. Dicen que será elegido en puestos altos del *draft*. Escucha, Don, de corazón, sigo pensando que esta es la universidad adecuada para ti. Vas a jugar cuarenta minutos por partido. Van a poner la pelota en tus manos. Tienes la oportunidad de hacer cosas impresionantes aquí.»

El 8 de marzo de 1996, Carr anotó diecinueve puntos en la Palestra, llevando al Roman Catholic a una victoria por

57-47 ante el Archbishop Carroll en la final de la Philadelphia Catholic League. El 11 de marzo volvió a llamar a Kobe. Se iba a La Salle, le dijo, y anunciaría su decisión al día siguiente. Ninguno de los dos dijo mucho más al respecto, como si Carr esperara que Kobe llenara el silencio expectante..., y Kobe nunca lo hizo. «Hablamos de otras cosas», dijo Kobe posteriormente.

Donnie Carr hizo efectivamente cosas impresionantes en La Salle. Fue el sexto máximo anotador como *rookie* del país, con una media de casi veinticuatro puntos por partido. Luego cometió un error, como reconoció más tarde: en lugar de entrar en el *draft* de la NBA, volvió para jugar un segundo año. Era un chico de la ciudad jugando en una universidad de la ciudad para, igual que *Speedy* Morris, convertirse en una leyenda de la ciudad. Así que tomó el que había sido el camino tradicional hacia el éxito, el camino que Kobe apenas se había molestado en considerar. «Tú como jugador eres un activo barato —decía Carr—. Te eligen en el *draft* en función de tu potencial. Una vez alcanzas cierto nivel, de ahí solo puedes bajar.» Estuvo en La Salle cuatro años y terminó con más de dos mil puntos, pero una meningitis en su último año lo perjudicó y jamás volvió a igualar la productividad de su primera temporada. En el *draft* de la NBA de 2000, ningún equipo lo seleccionó. Se fue al extranjero, jugó en Francia y en Turquía, y su suerte empeoró: cirugía de espolones óseos, rotura del menisco derecho, rotura del menisco izquierdo y rotura del tendón rotuliano. Al cumplir los veinticinco, Donnie Carr —que en algún momento se había considerado a sí mismo (justificadamente) igual o mejor que Kobe Bryant— había perdido cualquier esperanza de poder jugar al baloncesto en la NBA.

Fue saltando de un trabajo a otro, siendo contratado y despedido como supervisor de servicios medioambientales; engordó hasta alcanzar los ciento treinta kilos y cayó en una depresión, antes de que un amigo le ofreciera un puesto como entrenador voluntario en un instituto. Se fue abriendo camino y La Salle lo contrató en 2017. Sigue estando en plantilla como asistente de otra amiga de la infancia de Kobe, Ashley Howard. El paso del tiempo lo ha ayudado a recuperarse, ha hecho de bálsamo para la herida de su espíritu. El pasado y sus posibilidades frustradas, así como la constante yuxtaposición con Kobe, ya no escuecen tanto.

«Tardé años en superarlo. Lo curioso del tema es que, cuando la gente venía y me decía: "Oh, Don, tío, tú y Kobe lo dabais todo", creía que me ayudaba, que ayudaba a mi moral. Sin embargo, me destrozaba. Me devolvía a ese momento. Yo estaba allí con él, pero él llegó a ser el mejor jugador del mundo y yo no pude alcanzar mi mayor sueño», contaba.

Aquel fue, según dijo Kobe posteriormente, el «*alley oop* más descarado del siglo». Dan Pangrazio estaba cerca entre la línea de triple y la de tiro libre, lanzó la pelota hacia el aro, Kobe salió de la esquina derecha y corrió hacia la zona, subiendo, subiendo y subiendo. Veía la pelota y, en un principio, pensó que podía atraparla con su mano izquierda y hacer una bandeja, pero luego la metió bajando la mano, acercándola al aro, cerrando los ojos...

«Y luego —dijo— todo el mundo se volvió loco.»

Creaba al menos una de estas jugadas en cada partido, generaba por lo menos un momento que, aunque no hubiera hecho nada más destacable aquella noche, validaba su reputación y el murmullo que lo acompañó durante las primeras tres rondas del torneo estatal. Esta vez fue nada más y nada menos que en Coatesville, durante el segundo cuarto del partido en primera ronda contra el Cedar Cliff. La canasta les puso a dos puntos después de haber estado perdiendo de nueve. Lo fácil sería decir que Kobe se lo sacaba todo de la manga sobre la marcha, pero no era así. Él no era así. Dejaba su capacidad de improvisación para aquellos pequeños momentos en los que podía convertir una jugada fantástica en una jugada deslumbrante, añadiéndole la cantidad justa de teatralidad para que todos los presentes fueran conscientes de que le habían visto hacer algo que un estudiante de instituto debería ser incapaz de hacer. Justo después de aquel mate, volvió a subir al ataque y estudió al defensor que tenía delante. «Quiero volver a hacer un mate, pero también podría intentar hacer quedar a este tío como un idiota.» Dribló hacia la derecha, giró a la izquierda, completó el giro de trescientos sesenta grados, miró de nuevo hacia canasta, hizo un *finger roll* con la mano izquierda y empató el partido. Y ahí terminó la frivolidad, en mitad del camino hacia una victoria por 74-62, porque, para Kobe, todo esto eran asuntos muy serios. En el trayecto de cien kilómetros en autocar hacia el Liberty High School de Bethlehem para jugar el partido de segunda ronda contra el Scranton, reflexionó sobre qué actitud tendrían los jugadores del Scranton. Se había informado sobre los Knights. Venían con un balance de quince victorias y diez derrotas, y era un equipo joven que había desmontado en primera ronda al Williamsport, el finalista estatal del año anterior. El resultado fue tan sorprendente que los entrenadores del Scranton no se habían molestado en estudiar al Lower Merion porque no pensaron que su equipo fuera capaz de derrotar al Williamsport. Los jugadores del Scranton, pensaba Kobe, estarían emocionados por haber ganado un partido tan importante, tal vez un poco demasiado satisfechos consigo mismos. «Llegar y enfrentarse a un equipo como nosotros es algo que puede intimidar», dijo después. Al llegar el autobús, el resto de los Aces entraron en el gimnasio por delante de él. Kobe les seguía, flanqueado por dos guardas de seguridad. El Liberty había sido el lugar donde habían perdido en los *playoffs* estatales contra el Hazelton el año anterior, con lo que cada experiencia sensorial —la panorámica del edificio del colegio o el olor a humedad del gimnasio— sacudía su memoria y le recordaba aquella noche. Les regaló una sonrisa burlona a los jugadores del Scranton.

«Cuando entré —explicaba—, un tío de su zona me trajo un bonito artículo. En él salía su jugador estrella hablando de cómo soñaba con el día en que pudiera marcarme y salir a jugar contra mí. Decía que era un sueño hecho realidad. "Lo admiro de verdad. Sé que no puedo detenerle." Pequeñas cosas así. Yo dije: "Oh, por Dios. Ya te tengo". Dije: "Como un tiburón: cuando huele la sangre irá a por ella. Irá a atacar". Sabía que él estaría intimidado, que me admiraba hasta ese punto. Salí a por él.»

Durante las primeras cuatro posesiones del Scranton, Kobe puso un tapón, dificultó dos otros lanzamientos y robó una pelota. Hizo cinco mates y consiguió veinticinco puntos y doce rebotes. Lower Merion anotó los primeros veintidós puntos del partido y ganó por 79-39. Los Knights se mostraron más deferentes que intimidados. Se sentían honrados solo por pisar la misma pista que Kobe. «Evidentemente —dijo John Lyons, su entrenador—, es el mejor equipo de instituto y el mejor jugador de instituto que he visto jamás.» Tras el partido, todos los jugadores del Scranton pidieron y consiguieron un autógrafo de Kobe, una petición que le halagaba y desconcertaba a la vez: «Dios mío, ¿no acabamos de daros una paliza? Deberíais estar enfadados», pensó Kobe. «Pero ellos sonreían y yo firmaba. Estuvo bien. Lo disfruté», contaba después.

Hubo una victoria más (71-54 contra el Stroudsburg, con treinta y seis puntos de Kobe) que pareció más bien una formalidad. La emoción de verdad vino luego, en el vestuario, después de que Downer y el equipo técnico recibieran la noticia de que el Chester también había ganado su partido de cuartos de final. Ambos equipos se enfrentarían de nuevo en una noche de miércoles en la Palestra, un último obstáculo antes de llegar a la final estatal en juego. Sus compañeros de equipo gritaban y vociferaban ante la noticia, mientras que Kobe quedó en silencio, primero en una esquina del vestuario y luego en el viaje en autobús de vuelta a casa. Los artículos en el periódico tras el primer partido contra el Chester y las declaraciones de los Clippers habían aplacado la ilusión por haber ganado el campeonato del distrito, haciéndolo parecer un logro inane. ¿Qué importancia tendría aquella victoria, qué significado tendría si perdía esta vez? «Derrotar a Chester. Derrotar a Chester. Tengo que hacerlo. Debo hacerlo.» Esto era todo lo que pasaba por su cabeza mientras el autobús atravesaba la noche.

El lunes 18 de marzo tuvo lugar el primer entrenamiento de los Aces antes de enfrentarse a Chester. Kobe, a pesar de tener aquella noche una cita inexcusable (una cita que, para cualquier otra persona de su edad, seguramente hubiera sido una distracción), se sentía como si él fuera el único jugador totalmente comprometido con el entrenamiento. Era posible planificar, preparar y ganar un campeonato estatal, pensaba él, si él y sus compañeros de equipo lo hacían todo como debían hacerlo, si nadie se desviaba del camino, si todo el mundo se centraba en el «ahora». Lo habían hecho la mayor parte de la temporada, pero no lo estaban haciendo en aquella sesión de entrenamiento, no a su nivel. «Actuábamos por inercia, sin concentrarnos, sin pasar con dureza los bloqueos», explicó. A él y a Downer les molestó la falta de esfuerzo, de modo que, durante un ejercicio, «intenté espolear al equipo». Llevó la pelota hacia media pista y, mientras Leo Stacy se ponía en posición para defender, analizó cuál sería la ruta más rápida hacia canasta para hacer un mate despiadado.

Kobe avanzó sin prisa, botando lenta y reflexivamente la pelota, se echó hacia atrás e intentó pasar rápido por delante de Stacy con un cambio de mano. Stacy se abalanzó para intentar quitarle la pelota de las manos de un golpe, la parte superior de su cabeza chocó con la nariz de Kobe y lo tiró al suelo.

Downer sintió escalofríos al instante. Hacía tiempo que tenía miedo de que Kobe sufriera algún daño durante un entrenamiento, pero, durante meses, sus jugadores se habían enorgullecido de su entrega y se enseñaban los unos a los otros las quemaduras que se habían hecho contra el suelo como si fueran heridas de guerra. ¿Cómo podía decirles ahora que se lo tomaran con calma? Aturdido y con los ojos humedecidos, Kobe pensó: «Bueno, vale, me he dado un golpe en la nariz. Me voy a levantar, jugaré un poco más». Intentó levantarse. La sangre le salía a chorro de la cara.

Shorty llegó corriendo a la pista con una bolsa de hielo envuelta en una toalla. Kobe se aguantaba la toalla sobre la nariz (rota, parecía claro) con la mano derecha. El equipo entero lo miraba horrorizado, preguntándose si estaría suficientemente recuperado para poder jugar al cabo de cuarenta y ocho horas. Dio un paso hacia la sala de preparación física y luego se detuvo.

—Pelota —dijo.

Alguien le lanzó un pase picado. Atrapó el balón con su mano izquierda a un metro y medio de la línea de triple. Se giró hacia Treatman, que estaba de pie a su lado.

—Jeremy, te apuesto cinco dólares a que puedo lanzar este triple con la mano izquierda —dijo Kobe—. Apuesto a que lo meto.

Treatman aceptó la apuesta. Con una sola mano, sin preparación, Kobe lanzó la pelota hacia canasta.

Canasta limpia.

Siguió caminando hacia la sala de preparación física.

«Los demás nos quedamos ahí —recordaba Robbie Schwartz—, en plan: "¿Qué demonios está pasando?".»

Kobe le dijo a Shorty que quería volver a salir para entrenar un poco más. No había empezado con su tiro en suspensión cuando la cabeza de Stacy lo golpeó. Le molestaba no poder trabajar en su juego y que Leo, ¡Leo Stacy! («de metro y medio, y cuarenta y cinco kilos», en palabras de Kobe), hubiera sido quien le había roto la nariz. Pero Shorty y los entrenadores fueron inflexibles: no le dejarían volver a la pista. Además, tenía otro sitio al que ir.

Aquella noche, Kobe pasaría el rato con viejos amigos. Se encontraría con sus colegas de baloncesto callejero del verano, Jerry Stackhouse y Vernon Maxwell, en el vestuario local del Spectrum, un par de horas antes del partido entre los Sixers y los Chicago Bulls. John Lucas había invitado a Kobe al partido para mejorar y reforzar su relación, ahora que el *draft* de la NBA, a tres meses vista, se acercaba. En un momento dado, Lucas interrumpió su conversación con Stackhouse y Maxwell con una oferta que Kobe no podía rechazar.

«Vayamos a conocer a Michael.»

Lucas llevó a Kobe al vestuario visitante. Una horda de periodistas rodeaba a Jordan. Kobe se acercó todo lo que pudo y se apoyó en una pared cercana.

—Kobe —dijo Jordan—, ¿qué hay?

Kobe miró a su alrededor: «¿Hay otro Kobe aquí? Sé que no está hablando conmigo».

Jordan le tendió la mano.

—¡Hola! —dijo—. Encantado de conocerte, chico.

Kobe no sabía que Jordan supiera de su existencia. ¿Se acordaba de la breve interacción que tuvieron cuando Kobe estaba en octavo? ¿Le había dicho algo Lucas? ¿Jordan había leído u oído hablar sobre él? Kobe alargó la mano y estrechó la de Jordan. «Tiene una mano tan… fuerte…» Kobe no estaba nervioso. Aquella persona que tenía enfrente, a la que el mundo adoraba, era un ser humano, igual que todos los demás. Un simple jugador de baloncesto, como Kobe.

A diferencia de su encuentro anterior, esta vez Jordan habló con él durante un buen rato. «Disfruta del juego —le dijo—. Con toda la presión y el revuelo que hay, es fácil distraerse y el juego no será divertido. No dejes que te hagan eso. Mantente fiel a ti mismo. Pásatelo bien en la pista y todo saldrá bien.» El último consejo que le dio Jordan fue: «Tío, si dependiera de mí, te diría que fueras a Carolina del Norte. Ve a Carolina del Norte». Lo dijo tres o cuatro veces sin tener ni idea, por supuesto, de que Kobe ya había tomado su decisión respecto a la NBA, que ya le había dicho a Jeanne Mastriano: «La ventana se está cerrando. No tendré la oportunidad de jugar contra Michael si no voy ahora».

Las arenas del poder y la popularidad dentro de una institución pueden empezar a cambiar sin que nadie se dé cuenta. Los Bulls ganaron a los Sixers por 98-94 en su camino hacia un final de temporada con setenta y dos victorias, y el cuarto de sus seis títulos con Jordan. La presentación de Kobe a Jordan no mereció más que una frase de pasada en un artículo del *Philadelphia Inquirer* un par de días después. «También hubo una audiencia con Michael Jordan el lunes…» Inventarse un vínculo más fuerte entre ambos en aquel momento, entre el deportista más famoso y admirado del mundo y un aspirante de diecisiete años, hubiera sido absurdo. Y, aun así, recuerden: solo dos años separaron el último título de la NBA de Jordan y el primero de Kobe. La transición del uno al otro fue más rápida de lo que nadie se podía haber imaginado en 1996. Y, en 2020, Jordan sintió la suficiente necesidad de reafirmar su estatus en el deporte, de volver a recordar a todo el mundo su magnitud, que se asoció con la NBA para hacer el documental de la ESPN de diez capítulos *The last dance.* «Lo que ves en mí es suyo —dice Kobe en la serie—. Yo no hubiera conseguido cinco campeonatos sin él.» En la entrevista hay un detalle sutil pero revelador: en el instante en el que Kobe pronuncia esas palabras, mueve la mano derecha como si rechazara al entrevistador o la pregunta, como si dijera: «Calma. No te olvides. Michael llegó primero». El recordatorio resulta necesario, no solo porque Kobe superara a Jordan como jugador, sino porque lo había superado con su historia. Había recorrido el giro narrativo de la redención: tras arruinar su buen nombre y casi su matrimonio y haber dejado a una desconocida asustada en una habitación de hotel en Eagle, Colorado; tras haber destruido sus relaciones con quién sabe cuántos entrenadores, jugadores y colegas antes de poder repararlas; pudo, de algún modo, limpiar toda aquella suciedad y resurgir para que se le percibiera como alguien que ha madurado, que ha encontrado el difícil equilibrio entre la paz y la ambición; pudo convencer a la gente de que la arrogancia y las decisiones y acciones atroces de su pasado ya no tenían tanta importancia; se forjó una nueva identidad como referente emocional y psicológico, como poseedor de una mentalidad que todos deberían admirar, emular y adoptar. Fue un truco más espectacular que cualquiera de las cosas que Michael Jordan se había sacado de la manga jamás.

«Puedo recordar una discusión con uno de los profesores de la escuela, un profesor sustituto. Ocurrió cuando yo estaba en mi primer año. Él se metía con nosotros. Acabábamos de perder contra el Chester y dijo: "Nunca vais a ganar un campeonato estatal. ¿Creéis de verdad que podéis ganar un campeonato estatal?". Y yo contesté: "Sí". Y él dijo: "Puedes creer todo lo que quieras. Jamás ganaréis un campeonato estatal. Hay demasiados buenos jugadores ahí afuera, demasiados buenos equipos. Nunca, jamás, ganaréix"». Yo le miré: "Tío, te equivocas. Ya lo verás".»

Kobe Bryant

17

La final

Los tres días anteriores a las semifinales, Kobe podría haber pasado el tiempo saboreando la gratificante noticia del que quizás era su mayor éxito individual hasta la fecha: había ganado el Premio Naismith al mejor jugador universitario del año. Sin embargo, su cabeza era un auténtico torbellino de ansiedad y excitación, de posibles consecuencias dichosas o insufribles. Como si estuviera de nuevo en Italia, miraba y revisaba otra vez los partidos grabados de Magic Johnson sentado a los pies de su padre. Todas las cintas tenían algo en común. Cada una de ellas contenía una de las cuatro finales de la NBA que había disputado Johnson en su carrera. Pero, esta vez, Kobe no se fijaba en sus pases sin mirar o por detrás de la espalda ni en su capacidad para saber dónde estaban o estarían todos sus compañeros. No, esta vez Kobe se concentró en otra cosa: ¿cómo gestionaba la presión? ¿Dejaba que el juego siguiera su curso o iba a por él? ¿Cómo lideraba a su equipo hacia la victoria? Luego Kobe se centró en sí mismo: ¿qué pasaría si sus tiros no entraban? ¿Y si sus compañeros no estaban afortunados? ¿Cómo soportaría el griterío del público de la Palestra? ¿Cómo reaccionarían cuando Chester tomara la iniciativa? ¿Cómo se enfrentarían a las adversidades? «Estaba muy nervioso —confesó más tarde—, y al mismo tiempo excitado porque sabía que era la oportunidad de mi vida. Sabía que podíamos derrotarlos. No tenía ninguna duda de que podíamos vencer. Solo teníamos que jugar nuestro partido.»

Gregg Downer no estaba tan seguro. Durante el entrenamiento del martes, un día después del choque entre Kobe Bryant y Leo Stacy, es decir, un día antes del partido contra Chester, Kobe llevaba una máscara protectora y Downer había colocado a Lynne Freehand en la puerta exterior del gimnasio para que vigilara que ningún medio de comunicación, estudiante o curioso vieran el parecido que guardaba Kobe con el Fantasma de la Ópera. Kobe pretendía llevar la máscara durante el partido. Era lo mejor, ¿no? Pero ¿eso no lo convertiría en un blanco fácil? Los entrenadores y jugadores de Chester no sabían nada de la lesión. Nadie de fuera del equipo lo sabía, y revelar que tenía la nariz rota podía fomentar que, durante el partido, algún codo impactara en su rostro de forma poco fortuita. De todos modos, a Kobe no le gustaba llevar la máscara, pero si no la usaba se exponía a sufrir una lesión más grave.

Kobe solventó cualquier incógnita minutos antes del comienzo del partido. «Chicos, vamos a la guerra —dijo—. No voy a llevar esta cosa.» Se arrancó la máscara y la tiró contra la pared.

Ahora Kobe estaba sin máscara y, al parecer, también sin piernas. Durante la presentación del equipo, apenas podía sentirlas. Le fallaban, estaban flácidas. Intentó estirarlas y relajarse para recuperar la elasticidad y la potencia de salto. Nada. La rebeldía de arrojar la máscara contra la pared del vestuario había sido dramática, pero cualquier tipo de inspiración o inyección de adrenalina que los Aces habían capitalizado de ella se desvaneció como un azucarillo. Kobe falló diez de sus catorce tiros en la primera parte. Tenía que esforzarse mucho para entrar en el partido. Cada salto que daba se quedaba corto. Tras el partido, Kobe diría a la prensa unas palabras tan coloridas y nostálgicas que tenía que estar pensando en su padre cuando las pronunció: «Estaba haciendo demasiados movimientos. Había demasiada mermelada en mi gelatina», dijo en referencia al apodo de su padre Jellybean y la canción de Glen Miller. Estaba exhausto como un perro, y aunque Pangrazio encestó dos triples y anotó nueve puntos, John Linehan, con sus cinco robos, parecía dispuesto a arruinar el ataque de

Lower Merion. Chester se fue al descanso con dos puntos de ventaja, pero la diferencia parecía mucho mayor.

Kobe debía tomar una decisión y poner fin a un dilema. Si se mantenía en el perímetro, reduciría el riesgo de que un codo o un antebrazo perdido impactara contra su nariz rota y lo echara del partido. Pero si seguía lanzando como lo estaba haciendo, es decir, con todos los tiros rozando o rebotando en la parte frontal del aro, los Aces no tendrían la más mínima oportunidad de remontar. «En el descanso, intenté recomponerme —declaró más tarde—. Me dije: "He trabajado mucho para estar en forma. No voy a perder porque esté cansado. Puede que esté cansado, pero tengo que atacar el aro".»

No pudo imponer su voluntad en el juego hasta el final del tercer cuarto. Condujo hacia canasta y encestó para dar una ventaja de dos puntos a los Aces: 41-39. Kobe solo había anotado cuatro de sus diez últimos tiros, pero el partido estaba en otra parte. El juego era muy físico, con mucho contacto: cuanto más se acercara Kobe a la canasta, más probable era que pudiera forzar puntos fáciles desde la línea de tiros libres. Los tiros en suspensión dejaron de ser una prioridad, y sus incansables embestidas al aro atrajeron la atención de la defensa de Chester, que dejó abiertas las opciones de tiro de sus compañeros. Kobe anotó doce puntos en el último cuarto; cuando Emory Dabney logró un triple a falta de 1.19 para el final del partido, Lower Merion ganaba por 61 a 56.

Entonces empezó el descalabro. Linehan anotó un tiro libre. En la siguiente jugada, Kobe pasó el balón a Pangrazio, que cometió una falta sobre Linehan en la disputa del balón. Linehan anotó los dos tiros libres. La ventaja se había reducido a dos puntos. Dabney recibió el saque de banda y, como si tuviera algún problema con el balón, lanzó un pase para Pangrazio que acabó en la zona donde estaba la prensa de Chester. Balón perdido. Cuando un jugador de los Clippers falló un tiro en suspensión, Pangrazio, en el otro lado de la cancha, dio dos pasos hacia atrás, anticipando que los Aces podrían conseguir el rebote. El balón salió disparado de las manos de Kobe, y en su segundo paso, Pangrazio puso su pie izquierdo sobre la zapatilla de un jugador de Chester. Su tobillo giró y Pangrazio se desplomó en el suelo como un saco de patatas. Un espectador gritó: «¿Se ha roto?». No estaba roto. Pero era un esguince grave.

En el forcejeo que se desató debajo de la canasta, alguien propinó un codazo en la nariz de Kobe, que empezó a sangrar de nuevo. Mientras se apretaba la nariz para detener la hemorragia, se dio la vuelta y se encontró a Pangrazio tirado en el suelo, retorciéndose de dolor y agarrándose la pierna. «Oh, por Dios —pensó Kobe—, acabamos de perder a nuestro mejor tirador.» Cuatro asistentes salieron del banquillo para atender a Pangrazio y dejaron a Treatman solo, mientras Kobe y los otros tres jugadores de Lower Merrion que estaban en la pista regresaban como zombis al banquillo. El personal del pabellón se llevó a Pangrazio en una camilla.

Treatman no encontraba palabras de ánimo para sus jugadores; de hecho, aunque las hubiera encontrado, no habría cambiado nada. En la siguiente posesión, el escolta de Chester, Tahir Lowrie, anotó un lanzamiento y empató el partido a falta de veintisiete segundos para el final. El pánico empezaba a apoderarse de los Aces, particularmente de un jugador. Dabney cogió el balón para sacar desde la banda izquierda y lanzó otro pase a ciegas al centro de la cancha. Garrett McCormick, de Chester, interceptó la bola y erró el lanzamiento al tablero. Kobe no pudo capturar el rebote. Los Clippers tendrían la última posesión y una buena oportunidad para llevarse el partido. Pidieron tiempo muerto.

Dabney estaba perdiendo la cabeza. Estaba al borde del llanto, y los vítores y los gemidos de nueve mil personas en el interior de la Palestra se cernían sobre él. Kobe podía imaginar lo que estaba pensando: «Dios, la temporada está aquí, y estoy rifando el balón». Pero antes de que Kobe o cualquier otro del equipo pudiera consolar a Dabney, Drew Downer corrió hacia él y, por encima del ruido, le dijo a gritos: «¡AHORA NO! NO VAMOS A CAER ASÍ. ¡NO TE RINDAS! ¡NO TE RINDAS AHORA! SOLO ES UNA JUGADA MÁS. ¡NO TE RINDAS!».

Si Kobe o cualquier otro entrenador le hubiera gritado de ese modo, Dabney nunca se habría recuperado. Pero Drew podía animar a Dabney, sabía tranquilizarlo y motivarlo como nadie más. Cuando Dabney se perdió esos tres partidos a principios de la temporada, fue Drew quien lo sacó de su bache. «Tuvo que apartarme y decirme: "Emory, ¿qué pasa? Algunos chicos tienen problemas y deben luchar para seguir adelante. Pero tú no tienes esos problemas. Tú solo eres una mierda". Y tuve que decirme a mí mismo: "¿Sabes qué? Tiene razón"», recuerda Dabney.

Al salir del tiempo muerto, Chester se pasó el balón por la parte alta de la zona hasta que la bola llegó a las manos de Linehan, que se encontraba en el lado derecho de la cancha. Fred Pickett había preparado esa jugada, pero Kobe había retrocedido hasta el carril central para proteger el aro y defender el rebote. Linehan, al percatarse de que su defensor era Dabney, decidió abortar la jugada. Como pensaba que era un oponente frágil, quiso ganar el partido por sí mismo.

Botó hacia la izquierda y luego cambió de sentido, hacia la derecha. Dabney se mantuvo pegado a su cadera como un *walkie-talkie* en el cinturón de un policía. Cuando Linehan llego a la línea de tiros libres lanzó un tiro en suspensión. Dabney, más alto, saltó con él, levantó su mano izquierda y taponó el tiro. El balón cruzó la línea de media cancha y el reloj reglamentario indicó que no quedaba más tiempo.

Kobe regresó corriendo al banquillo con el puño derecho en alto: «No podemos perder este partido. De ninguna manera». Al reanudar el juego, en apenas dos minutos de prórroga, dejó atrás un dos contra uno y enfiló la zona para poner a Lower Merion por delante, 67-65. Luego encestó dos tiros libres para ampliar la ventaja a cuatro. Quedaban menos de veinte segundos y los Aces iban siete puntos por delante en el marcador. Linehan falló un triple, y Dabney recuperó el balón y se lo pasó a Kobe, que lo escondió debajo de su brazo derecho a unos metros de la línea de fondo. Podía esperar a que un jugador de Chester cometiera una falta para detener el reloj. Y si los Clippers estaban dispuestos a rendirse, podía perder el tiempo pasando el balón a un compañero o botándolo sin arriesgar. No hizo ninguna de esas cosas.

En ese momento, todas esas veces en las que Kobe había campado por la pista a sus anchas, todas esas veces en las que había tratado a los rivales como si fueran conos, todas esas veces que Gregg Downer le había advertido de que no debía humillar a los demás solo porque podía hacerlo, todos esos momentos de espectáculo y ostentación innecesaria, finalmente revelarían su propósito y su utilidad. Botó tres veces el balón y se plantó en la mitad de la cancha. Linehan buscó un último robo desesperado. Kobe lo superó. Dos jugadores de Chester salieron de la zona para intentar bloquear su camino hacia canasta, pero antes de que pudieran ganar la posición Kobe se escabulló entre ellos. Para Gregg Downer, esa jugada era el ejemplo perfecto que definía el juego de Kobe, con ese movimiento lateral, esa agilidad, ese deseo: «Ahí está el aro. Voy a ir allí. No me vas a parar».

Kobe se detuvo justo en la línea de tiros libres y no lo volvió a botar. Cuando saltó, la holgada camiseta blanca que llevaba debajo de la camiseta sin mangas ondeaba como el traje de vuelo de un paracaidista. Un jugador de Chester lo golpeó por detrás y, mientras Kobe lanzaba a canasta con su mano derecha, se oyó el silbato del árbitro. Acto seguido, levantó los brazos hacia arriba, y sus compañeros de equipo se abalanzaron sobre él. Luego, se dispersaron. Kobe se quedó solo, apretó los puños y se llevó la mano derecha a la oreja para incitar a la multitud. Gritó algo y miró al marcador: «El partido ha terminado». Para acabar, lanzó el tiro libre adicional.

De los treinta y nueve puntos que logró Kobe en la victoria de los Aces por 77-69, veinte los anotó en el último cuarto y en la prórroga. Había encestado solo doce de los veintinueve tiros de campo, pero había convertido cuatro de sus últimos cinco, y solo había fallado dos de los diecisiete tiros libres intentados. Más tarde dijo que, cuando acabó el partido, cuando se dio cuenta de que él y los Aces jugarían la final, «tenía una gran sonrisa en el rostro. Todos los periodistas de Chester se habían reído de mí, y ahora podía reírme yo en su cara». Tres días más tarde, el sábado a las ocho de la tarde, Kobe Bryant disputaría su último partido de baloncesto de la escuela secundaria. Lucharía por el último campeonato de instituto que le quedaba por ganar.

ϒ

Jimmy Kieserman guardaba un balón de baloncesto en su coche, por si surgía la oportunidad de conseguir un autógrafo de Kobe. Cierto día, después del entrenamiento, Kobe le pidió que lo llevara a casa, y el entrenador le preguntó si tenía un momento.

—¿Te importaría firmar esto para mi sobrino? —dijo Kieserman.

—Claro —dijo Kobe—. ¿Quieres que lo haga con mi número del instituto o mi número de la NBA?

Finalmente, escribió en el balón «KOBE BRYANT #27». Dijo que el 27 era su número favorito.

Joe Bryant y Sonny Vaccaro se mantuvieron en contacto durante marzo de 1996, principalmente a través de su intermediario, Gary Charles, un amigo de Vaccaro. Adidas estaba ahí. Adidas quería a Kobe, y si también tenía que pagar a su padre como parte del trato, Vaccaro y Charles podían conseguirlo. Pero a Joe no le importaba explorar otras opciones o mantener las puertas abiertas a otras propuestas. Convertirse en el entrenador de La Salle ya no era una posibilidad. *Speedy* Morris acababa de renovar su contrato; además, cuando los Aces acabaron la temporada, la relación de Joe con el cuerpo técnico también lo hizo.

Así pues, Joe habló con otros agentes, otros posibles patrocinadores y le dejó claro a Kobe que, si quería firmar con Nike o con Fila, lo estudiarían. Con la intención de que Kobe y su familia tuvieran el mayor control posible sobre su futuro, Joe y Pam habían creado lo que ellos llamaban el «Team Bryant», un equipo formado por ellos mismos, Sam Rines, su hijo y Ron Luber. Pero Kobe tenía su propia hoja de ruta. Fila ya había contratado a Grant Hill y a Jerry Stackhouse, y Kobe pensaba que Vaccaro era «el mejor…, estaba allí cuando Michael Jordan firmó con Nike. Estaba allí, con él. Estaba allí para reparar sus errores. Él sabe perfectamente lo que tengo que hacer para ir en la dirección correcta. Nike está en la cima. Pero no quiero ir con alguien que esté en la cima. Este es mi momento de llevar a Adidas a la cima». Joe se encargó del trabajo de campo. Joe reunió los contactos. Joe podía aconsejar a su hijo, tal vez incluso influir en él para que tomara una decisión, pero solo hasta cierto punto. Kobe, en todo momento, era el que ejercía el poder. Lo único que quedaba era negociar y acordar un precio.

En 1996, los ocho partidos del campeonato estatal de baloncesto de Pensilvania (tanto masculinos como femeninos) se celebraron en la misma ciudad y en el mismo edificio donde se había producido el mayor espectáculo ofensivo de la historia de este deporte. Hershey no solo era conocida por la fábrica de caramelos que fundó su homónimo, Milton Hershey, y el agradable olor que envolvía la ciudad y que hacía que los visitantes tuvieran antojo de chocolate. El 2 marzo de 1962, más de treinta años antes, Wilt Chamberlain había anotado cien puntos para los Philadelphia Warriors, en una victoria sobre los New York Knicks, en el Hershey Sports Arena. Era un récord que Kobe estaría más cerca de superar que cualquier otro jugador de la NBA cuando destrozó a los Toronto Raptors con ochenta y un puntos en enero de 2006 y, por aquel entonces, cuando se preparaba para jugar en Hershey por primera y única vez, confiaba tanto en sí mismo como para creer que podía anotar ciento un puntos si era necesario. En un evento del instituto para animar al equipo de baloncesto, Kobe se puso de pie delante de todos los estudiantes y dijo: «No vamos a perder este partido. Vamos a traer el título de vuelta. Os lo garantizo». Precisamente, esa semana hizo uno de los mejores entrenamientos de su carrera. «Simplemente iluminé el lugar —dijo—. No fallé ningún tiro. Estaba en racha. Nadie estaba nervioso. Nadie. Bueno, Downer, el entrenador, probablemente lo estaba.»

Sí. Downer estaba nervioso, como todos los integrantes del cuerpo técnico. El tobillo de Pangrazio estaba escayolado. Omar Hatcher lo sustituiría en el quinteto inicial, y aunque Hatcher aportaría más velocidad, una defensa más intensa y la peculiaridad de ser zurdo, la ausencia de Pangrazio y su efectividad en el tiro amenazaban con debilitar el rendimiento del equipo contra su rival. El Erie Cathedral Prep tenía un balance de 24-6 y era lo más parecido a una dinastía de baloncesto que el oeste de Pensilvania podía ofrecer. Los Ramblers habían ganado el campeonato de la clase AAAA en 1993, habían alcanzado la final estatal de 1994 y habían llegado a los cuartos de final en 1995. Su entrenador, Marcel Arribi, había impuesto una estrategia ofensiva cargada de paciencia, con un ritmo cansino que condenaba al estupor al equipo contrario hasta que aparecía un tiro en suspensión o una puerta atrás. Ellos controlarían el balón, y con una defensa hombre a hombre, tendrían preparado un plan para frenar a Kobe, negándole el balón o acosándolo una vez que lo tuviera. Sobre el papel, Kobe no debía entrar mucho en juego y tendría muy pocas oportunidades para anotar. Era improbable que la presión a todo el campo de los Aces pusiera en aprietos a Erie Cathedral Prep y los arrastrara a un partido de ida y vuelta. Para ganarles, tendrían que estar muy atentos y ser muy precisos.

Durante la comida, Kobe, al darse cuenta de la ansiedad de Downer, intentó tranquilizarlo. «Míster, no debes de preocuparte —dijo—. Lo tengo todo controlado. Voy a ganar este partido para ti. Después de todo lo que hemos pasado, es imposible que hayamos llegado tan lejos para perder.» Pero la precisión que necesitaban los Aces para llevarse el partido contra Erie Cathedral no podía inspirarse en su viaje del oeste de Wynnewood a Hershey, un viaje que debía incluir una parada para que el equipo cenara y pudiera relajarse y aliviar la presión mental y emocional de los jugadores antes del partido. Durante el viaje en autobús, Downer se sacó de la chistera sus trucos motivacionales: hizo que el equipo viera la película *Hoosiers*, la historia ficticia de los Hickory High School Huskers de Indiana, que ganaron el campeonato estatal de baloncesto de 1951 con un entrenador muy duro, un jugador estrella y unos compañeros de equipo excelentes. Kobe nunca había visto *Hoosiers*. «Realmente, era muy parecida a nuestra historia», dijo más tarde. Pero cuando el autobús tomó la rampa de salida hacia el restaurante, a pocos minutos del Hersheypark Arena, una extraña secuencia de acontecimientos rompió el ambiente relajado que Downer pretendía conseguir.

Esa mañana, Drew Downer se había levantado con gripe o algo parecido. Así que, en vez de viajar con el resto del equipo, Treatman y él siguieron el autobús por la autopista con su propio coche. Deshidratado y mareado, Drew empezó a quejarse mientras reclinaba el asiento de pasajeros. «¿Qué quieres que haga? —preguntó Treatman—. ¿Quieres que pare en el hospital?» Drew perdió el conocimiento antes de responder. Al llegar al restaurante, Treatman entró corriendo para decirle a Gregg que su hermano estaba enfermo; Gregg se dirigió a los demás comensales para preguntar en voz alta: «¿Hay algún médico en la sala?». No había ninguno, pero el Hershey Medical Center no estaba lejos del restaurante ni del estadio. Treatman dijo que llevaría a urgencias a Drew, y luego intentaría reunirse con el equipo antes o durante el partido. Kobe, que estaba sentado en una mesa bromeando con Jermaine Griffin, no se dio cuenta del contratiempo hasta que volvió a subir al autobús; al cabo de un rato, se preguntó por qué seguía estacionado en el aparcamiento. «¿Drew está enfermo? ¿Cómo que está enfermo? ¿Cómo demonios ha podido ponerse enfermo?»

En el hospital, las enfermeras le colocaron una vía intravenosa a Drew, y cuando los amigos de la familia Downer llegaron para hacerse cargo de él, Treatman volvió a subir a su coche y se dirigió al pabellón. Para honrar a su entrenador, Kobe y los otros jugadores habían escrito sus iniciales en las zapatillas, pero tampoco habría estado de más que hubieran añadido las iniciales de su hermano Gregg. Durante el calentamiento, después de la charla para preparar el partido, Treatman se dio cuenta de que el propio Gregg no estaba en la cancha. Entonces volvió al vestuario y se encontró a Downer allí, sentado en uno de los baños, con la cara desencajada.

—Jeremy, no puedo salir —dijo—. No vamos a ganar este partido.

—Te voy a decir una cosa —respondió Treatman—. Si te quedas aquí dentro, seguro que no vamos a ganar.

En realidad, durante el primer cuarto, la presencia de Downer en la cancha fue del todo irrelevante. Parecía que Kobe y el resto del equipo habían guardado su peor partido de la temporada para ese día. Con sus dos o tres contra uno contra Kobe, y la invitación para que anotaran los otros jugadores de los Aces, Erie Cathedral logró un parcial de 7-0 que no llegó a su fin hasta que Hatcher encestó un par de tiros libres a los tres minutos y medio de partido. Tras un robo de Hatcher, Kobe tuvo una oportunidad para anotar un triple desde la parte central. El balón rebotó en la parte delantera del aro, y mientras caía de nuevo en la pista, Kobe señaló hacia el banquillo y dijo gritando que el balón estaba húmedo. Otro imprevisto que amenazaba el ataque de los Aces. «Nosotros teníamos el balón, nos lo pasábamos entre las piernas, salíamos por detrás, cambiábamos de dirección, tirábamos en suspensión —dijo después—. Y esos chicos todo lo que hacían era botar el balón, botar el balón y pasarlo.» El primer cuarto terminó con otro fallo de Kobe. Con los Ramblers ganando 13-5. Con Kobe sin anotar un solo punto. Con los aficionados de Erie Prep coreando «¡sobrevalorado!». Y con un espectador eufórico diciéndole a Kobe que había «puesto demasiada gelatina en su mermelada».

Kobe, frustrado, continuó quejándose del balón a los árbitros, pidiéndoles que lo cambiaran por uno que tuviera más agarre. Los árbitros se ofrecieron a secar el balón con una toalla, pero se negaron a cambiarlo. «¿Queréis hacer trampas? Está bien. Perfecto», pensó Kobe. Acto seguido, cogió el pequeño aerosol adherente que la entrenadora Marcella Shorty llevaba consigo para aplicarlo en el tobillo de los jugadores antes de vendarlo. La sustancia pegajosa era una pequeña ayuda para que las vendas se mantuvieran sujetas a la piel durante más tiempo. Kobe se roció ambas manos.

En la primera posesión del segundo cuarto, Kobe se colocó en el carril derecho. Hatcher le pasó el balón y se le pegó en las manos sin tener que cerrarlas. Sin pensarlo, pegado a la línea de fondo, hizo un *fadeaway* a cinco metros del aro. Más tarde, Kobe botaba el balón a diez metros de la canasta, buscando alguna opción de pase, y tres defensores del Erie se pegaron a él como garrapatas. Encontró libre a Griffin, que encestó la única canasta de Lower Merion que Kobe no anotó en ese cuarto. Los Aces se fueron al descanso por detrás en el marcador: 21-15. Era una situación familiar, incómoda, pero conocida. No obstante, ir seis puntos por debajo con equipos como Chester, Coatesville o cualquier otro con puntuaciones elevadas no era lo mismo. La naturaleza de esos oponentes y el ritmo de esos partidos ofrecían muchas oportunidades para dar la vuelta al marcador. No obstante, ir por detrás de un equipo lento y cansino como los Ramblers era otra cosa. Si los Aces no iban con cuidado, si no recuperaban la diferencia en el tercer cuarto, el partido podía acabarse antes de lo pensado.

En un vestuario agitado, Kobe no podía concebir que Erie Cathedral siguiera insistiendo en la defensa hombre a hombre de su equipo. Era imposible que pudieran soportar su presión durante todo el partido. El director del equipo, Tom Pettit, tomando ejemplo de Kobe, roció las manos de todos los jugadores con el aerosol adherente. Downer, contrarrestando su agitación con el convencimiento de que los Aces todavía podían tomar las riendas del partido si empezaban la segunda con intensidad, envió a Treatman a la grada para que encontrara a la madre de Pangrazio, Dorothy, y le preguntara si lo dejaba jugar. «Lleva una escayola —dijo Dorothy—. No va a jugar.» Mientras Treatman llevaba a cabo la petición de Downer, este regresó al vestuario y, antes de dirigirse al equipo, sacó algo de su bolsa de viaje: un par de zapatillas Adidas blancas con rayas azules. Se quitó los zapatos y se las calzó. Los jugadores se quedaron estupefactos hasta que empezó a hablar.

—Quiero tener una buena tracción en los pies para celebrar a gusto el título. Cuando ganemos este partido, empezaré a correr como un loco por la cancha y para eso necesito mis Adidas.

«Eso mandó un mensaje —dijo Kobe más tarde—. Estamos jugando la final estatal. ¿Por qué estamos jugando así? Si queremos ganar, tenemos que empezar ahora.»

Los Aces recibieron otra inyección de ánimo cuando, justo antes de que comenzara la segunda parte, Drew Downer —que parecía regresar de una pelea callejera, con el pelo alborotado y la camisa desabrochada— apareció tambaleándose en el Hersheypark Arena y se dirigió al banquillo. Gregg lo empujó hacia el corro de jugadores entre vítores. «No sé qué les dije, pero casi me desmayo de nuevo», asegura Drew.

Sin embargo, si lo hubiera hecho, con toda seguridad, se habría arrepentido. Se habría perdido a Griffin convirtiendo dos pérdidas de balón de Erie Cathedral en canastas. Se habría perdido a Dabney encestando un triple, y luego liderando un contraataque y asistiendo a Kobe para que machacara el aro. Y a Brendan Pettit capturando dos balones sueltos y encestando dentro de la zona. El parcial de 11-0 puso a Lower Merion cinco puntos por delante en el marcador. Después de que Kobe sustentara al Lower Merion durante todas esas semanas y todos esos partidos, sus compañeros de equipo se echaban el equipo a la espalda. Después del tercer cuarto, los Aces ganaban 37-31. Estaban a ocho minutos de ser campeones.

Es algo maravilloso de la naturaleza humana: esa forma que tenemos de recordar las cosas, ese modo de verlas y moldearlas en nuestra cabeza, es la manera en la que a menudo desearíamos haberlas visto y plasmado en el momento. Es una especie de proyección retroactiva: «Cuando le toqué la mano, supe que me casaría con ella... Nada más verlo, sabía que sería el boleto ganador...».

«Yo sabía que cuando tomáramos cuatro puntos de ventaja, el partido estaría sentenciado», dijo Kobe recordando esa final.

Sin embargo, eso no fue lo que ocurrió. En el último cuarto, los de Lower Merion no anotaron una sola canasta durante los primeros cuatro minutos y medio; el equipo de Erie Cathedral, lentamente, como pretendía, dio la vuelta al marcador (41-39) con una jugada de equipo interpretada a la perfección. Después de esa canasta de los Ramblers, Dabney lideró el ataque de los Aces. Kobe se movió de una esquina a la otra con un jugador de Erie detrás de él; cuando cortó por la línea de tiro libre, un segundo jugador, el base Julian Blanks, se desplazó para cubrirlo. Kobe atrapó el pase de Dabney, y Blanks metió la mano. Falta personal. Dos tiros libres a falta de tres minutos y once segundos. Si anotaba los dos empataba el partido. Si anotaba el primero, la tensión seguiría en el aire, pero si lo fallaba..., el sueño se desvanecería casi seguro.

Kobe exhaló profundamente y lanzó su primer tiro libre. Si un director de cine hubiera coreografiado el vuelo y la trayectoria del balón para conseguir un efecto dramático, el público habría pensado que era demasiado exagerado. El balón golpeó la parte delantera del aro, se catapultó suavemente hacia atrás, rebotó cuatro veces más en la parte trasera del aro… y cayó dentro.

Kobe exhaló profundamente y lanzó su segundo tiro libre. ¡Adentro! 41-41.

Hatcher, que en Myrtle Beach había aprendido que el juego de un buen deportista tiene que adaptarse, es decir, ser excelso incluso en las situaciones más difíciles, capturó un rebote defensivo, recibió una falta y encestó los dos tiros libres cuando faltaban dos minutos y cuarenta y tres segundos para el final. Los Aces tomaron dos puntos de ventaja. Ambos equipos empezaron a alternar canastas. Cuando faltaba un minuto y veintidós segundos para acabar el partido y los de Lower Merion ganaban por 45-43, Keith Neis (el máximo anotador del partido de los Ramblers con doce puntos) hizo un tiro en suspensión desde la línea de fondo. Kobe, en medio de una maraña de cuerpos, capturó el rebote y dos jugadores de Erie Prep lo presionaron cerca de la canasta. No podía salir. Saltó y lanzó el balón hacia Dabney en la línea lateral…

… pero Blanks se echó rápidamente encima de Dabney, desvió el balón, se lanzó por el suelo hacia la fila de reporteros para evitar que saliera y se lo pasó a un compañero de equipo. Los Ramblers tenían una posesión para intentar igualar el marcador. Y todo por culpa de otra pérdida. Todo por culpa de Kobe Bryant. Todo por pensar que ya habían ganado el partido.

Los Ramblers movieron el balón alrededor del perímetro, esperando, tanteando la defensa para encontrar un buen tiro, el tiro ganador. Cuando quedaban treinta segundos para el final, Blanks avanzó y se jugó un triple a una mano. El balón golpeó el aro con fuerza y rebotó hacia la derecha. Kobe, el único jugador de Lower Merion que estaba en la pintura, rodeado por Banks y otros tres rivales, palmeó la bola hacia la esquina, se hizo con él y, antes de que pudieran acorralarlo, se marchó botando con su mano izquierda por la línea lateral hasta que llegó a la mitad de la cancha.

¿Y ahora qué iba a hacer? Contra el Chester, con la victoria asegurada, Kobe no había pasado el balón ni había compartido la gloria. Ahora, cuando faltaban veinte segundos para el final del partido y su equipo iba dos puntos por delante, casi ocho meses después de ceder a los deseos de Sam Rines Jr. y pasar el balón a un compañero en Las Vegas, casi tres meses después de la conversación que mantuvo con Gregg Downer en esa habitación de hotel («Tienes que respetar a tus compañeros de equipo y no puedes enfrentarte a todos los equipos tú solo»), ahora, en ese preciso momento, ¿qué iba a hacer?

Sin levantar la vista, sin ninguna indicación visible de que sabía que Hatcher estaba delante de él, lanzó un pase hacia delante, al carril izquierdo. Hatcher avanzó botando (al ser zurdo, le resultó mucho más fácil), tiró contra el tablero y el balón entró en el aro. «Kobe podría haber intentado deshacerse de ese dos contra uno —recuerda Hatcher—, pero ya confiaba en sus compañeros. Precisamente, aquello que nos había debilitado al principio acabó siendo nuestro punto fuerte.» Lower Merion ganaba por cuatro. El reloj seguía corriendo. Y Neis, que subía por la cancha para hacer un tiro rápido, cometió pasos. Dejó caer el balón de sus manos, y este llegó a Kobe, que lo acunó bajo el brazo mientras saltaba y aterrizaba en el suelo con los dos pies a la vez, como si estuviera pisoteando algo.

Tiempo muerto..., un saque de banda hacia Kobe... y una falta. Falló el primer tiro libre, encestó el segundo... Un tiro final de Erie... La bocina... El marcador mostrando el resultado: 48-43... El marcador mostrando los diecisiete puntos de Kobe, su segunda anotación más baja de la temporada, y Kobe, por una vez, sin preocuparse en lo más mínimo... Una docena de jugadores de baloncesto de la escuela secundaria en el centro de la cancha abrazándose... Gregg Downer cumpliendo su promesa y corriendo como un demente por la cancha... Kobe abrazándolo... Treatman, Egan, Drew Downer y Jimmy Kieserman celebrando la victoria... Pam Bryant y el resto de la familia de Kobe en las gradas... Kobe dándose la vuelta, intentando trepar por las cuerdas y cables de seguridad que rodean la cancha para llegar a su madre, sus hermanas, sus abuelos y…

«Lo que recuerdo es que mi padre estaba allí abajo», dijo Kobe.

Casi veinticinco años después, lo que mejor recuerda Mike Egan es la duración de ese abrazo. Por eso, la ruptura de Kobe con su familia fue tan desgarradora para Egan, Downer, Treatman y todos aquellos que los conocían entonces. «Tío, estoy orgulloso de ti», lee dijo Joe a Kobe. Y padre e hijo permanecieron abrazados durante diez segundos…, veinte… Egan juraría que fue un minuto entero, como si no quisieran separarse nunca más.

Wendell Holland, estrella del baloncesto de finales de los sesenta, juez, empresario, servidor público, padre, abuelo, el hombre que podría afirmar sin vergüenza que fue el predecesor de Kobe en Lower Merion, había visto el partido por televisión en su casa de Bryn Mawr. No fue hasta 2010, cuando presentó a Kobe en la ceremonia inaugural del gimnasio de la escuela, cuando Holland tuvo la oportunidad de decirle lo orgulloso que estaba de los éxitos que había logrado. Tal y como recuerda Holland:

—Gracias a Kobe, logramos lo que siempre soñé: un campeonato estatal. No tienes ni idea de lo mucho que eso significa para mí. Soy un viejo aficionado de Lower Merion. Estoy muy orgulloso de lo que otras culturas y ciudades han logrado, pero estoy muy muy muy orgulloso de mi escuela. Juntar todas esas pequeñas historias, por muy tontas que puedan sonar, sobre Vernon Young y Chester es maravilloso. Recopílelas todas. Estoy orgulloso de eso y de las ceremonias de la asociación de exalumnos y del Salón de la Fama. Hay tanta variedad de alumnos… Downer ganó los partidos con un abanico de jugadores multicultural. ¿No es así como debe ser?

»No tienes ni idea de cuánta gente se me acerca ahora y me habla sobre el equipo de baloncesto de Lower Merion. No tienes ni idea de cómo este número 33 se llenó de orgullo y dolor cuando Kobe murió, por lo que él y Downer hicieron juntos. Me dejó destrozado, porque él era la consumación de nuestro sueño. Para nosotros, Kobe era un sueño hecho realidad.

Y

El equipo llegó a Wynnewood a última hora de la noche, y los preparativos estaban a punto. Lynne Freeland se había puesto en contacto con el departamento de bomberos. El domingo habría un desfile por Ardmore para celebrar el campeonato con los estudiantes, los profesores y los residentes. Y Kobe miraría a la multitud y vería a ese profesor, ese mismo que le había dicho que nunca ganaría un campeonato estatal. Y ese profesor estaría de pie en una esquina, animando.

Como dijo Kobe más tarde:

—Esto es todo lo que siempre quise. Cuando llegué al instituto, sabía que era un jugador bastante bueno y que trabajaría duro para lograr todos esos objetivos individuales. Pero, después del primer año, me di cuenta de que odio perder. No quería volver a pasar un año así. Al año siguiente, mejoramos. Y al siguiente mejoramos todavía más. Durante todo ese tiempo, recuerdo haber pensado: «Quiero ser conocido como el mejor, pero no solo como el mejor jugador, sino como el mejor jugador en el mejor equipo». Eso significaba mucho para mí. Solo quería demostrarle a todo el mundo que podía llevar al equipo a ganar un campeonato estatal.

Pero toda aquella celebración llegaría el domingo por la tarde. Primero, él y sus compañeros tenían que asistir a una fiesta que se celebraba en casa de una animadora. Algunos jugadores, entre ellos Robbie Schwartz y Brendan Pettit, pasaron allí toda la noche y volvieron a casa a las siete de la mañana. Kobe Bryant, con la oportunidad de disfrutar de una de las últimas noches normales de su adolescencia, después de anotar 2883 puntos durante los últimos cuatro años y lograr todo lo que pretendía en Lower Merion, apenas se quedó una hora y regresó en coche a su casa.

«Nunca he querido ofender a nadie.
Nunca he sido así y nunca lo seré.
Intento ser lo más sincero posible.»

KOBE BRYANT

18

La velocidad de los cambios

Sábado, 30 de marzo de 1996

Tom Konchalski, el cazatalentos más respetado del baloncesto júnior, era tan devoto de la Iglesia católica como puede serlo un hombre que no es sacerdote. Con un metro ochenta de estatura, una complexión espigada y un carácter tranquilo y amable, creía en la santidad de la misa dominical y en el potencial de los deportes para formar el carácter de un niño o una niña. También creía en ellos con la misma fidelidad. En una ocasión, dijo que Dios había brindado los deportes a los niños para que estuvieran mejor preparados para el futuro. Para él, competir agitaba distintas partes del alma; algunas veces, esa agitación podía ser dolorosa, aunque siempre instructiva. Su papel en este asunto, a su modo de ver, era localizar y evaluar a los jóvenes atletas que eran dignos de recibir esta bendición. Durante casi dos décadas, había estado escribiendo para una revista de ojeadores, *High School Basketball Illustrated,* y finalmente se hizo cargo de la publicación, y enviaba sus informes a los suscriptores. Cientos de entrenadores universitarios de todo el país consideraban esenciales esas páginas para fichar a sus jugadores. Por eso, Konchalski asistía anualmente al McDonald's All-American Game, el partido de las estrellas de secundaria más prestigioso del país. Por eso, asistió al partido de 1996 (celebrado en el Civic Arena de Pittsburgh) y a la cena anual previa al partido, que se celebró la noche anterior. Y por eso, también, en la cena, se sentó a una mesa con Kobe Bryant y su familia.

Konchalski había seguido a Kobe desde que los Bryant habían vuelto de Italia. Precisamente, la primera vez que fue a comer a un Boston Market (pasaba tanto tiempo en la carretera que no sabía dónde estaba la cocina de su casa) había sido el 1 de diciembre de 1994, en un viaje a los suburbios de Filadelfia para ver a Kobe. «Tenía una voluntad de hierro —dijo Konchalski, que murió de cáncer en febrero de 2021 a los setenta y cuatro años—. Simplemente, trabajaba muy duro. Cuando ves a la gente como Kobe o Jordan, sabes que su voluntad es lo que marca la diferencia.» En realidad, a Konchalski no le gustaba ese torneo de McDonald's. Había demasiados jugadores buscando atención y ser el centro de los focos. (Kobe no sería distinto, anotó trece puntos en diecinueve minutos sin jugar especialmente bien.) Pero la comida siempre merecía la pena. John Wooden, el legendario entrenador de la UCLA, siempre era el orador invitado. Cada año recitaba sus discursos sin notas, citando a Emerson, Thoreau, Shakespeare. Todos los jugadores llevaban esmoquin para la ocasión. «Todos se quejaban por ello —dijo Konchalski—, pero ¿acaso a uno de los veinticuatro mejores atletas de Estados Unidos le sienta mal un esmoquin? Kobe tenía un aspecto majestuoso. Era un joven muy atractivo.»

Cuando la comida llegaba a su fin, los tenedores del postre tintineaban contra los platos, el café burbujeaba mientras los camareros lo vertían en las tazas y las luces de la sala se atenuaban, en una pantalla de proyección apareció el rostro de Michael Jordan. Era un mensaje de vídeo grabado para los jugadores: «Fue un gran honor ser un McDonald's All-American —les dijo Jordan—. Me dio confianza para seguir trabajando. Aprended cuanto podáis». Luego terminó: «Espero que todos lleguéis a la NBA. Y si lo hacéis, os estaré esperando». Y guiñó un ojo.

Después de la comida, Konchalski se quedó un rato más, posando para las fotos con Kobe, Joe, Pam, Sharia y Shaya. Cuando los padres y las hermanas de Kobe se alejaron, este se giró para hablar con Konchalski, que en ese momento todavía no sabía que Kobe pretendía saltarse la universidad.

—No puedo esperar más. Quiero jugar contra los mejores. Estaré preparado —dijo Kobe.

Y guiñó un ojo.

Sábado, 6 de abril de 1996

Otra ciudad, otro premio, otra cena. Estaba en Atlanta, en el Georgia World Congress Center, para recibir el Premio Naismith. También estaba Marcus Camby, el jugador universitario del año, de la Universidad de Massachusetts. Y John Calipari, el entrenador universitario del año, también de la Universidad de Massachusetts, que dos meses más tarde firmaría un contrato de cinco años y quince millones de dólares para convertirse en el vicepresidente ejecutivo de los New Jersey Nets.

Cuando un periodista le preguntó si pretendía seguir los pasos de Kevin Garnett y pasar directamente del instituto a la NBA, Kobe se encogió de hombros y respondió: «Todavía no lo he pensado». Una de las ventajas de ganar el Naismith era que podías invitar a cenar a un grupo de familiares o amigos por cortesía del Atlanta Tipoff Club, la empresa que patrocinaba el premio. Cuando regresaron a casa, Kobe hizo una reserva en un restaurante de carne en Manayunk para él, sus entrenadores y sus compañeros de equipo.

Del lunes 8 de abril al miércoles 24 de abril de 1996

El comunicado oficial de Kobe estaba cerca, y cada vez era más evidente cuál sería su decisión, así que Mike Krzyzewski llamó a Gregg Downer para ver si todavía tenía tiempo para convencer a Kobe de que ir a la Universidad de Duke era su mejor opción.

«Si tienes algún as en la manga, ahora es el momento de sacarlo», le dijo Downer.

Krzyzewski empezó a enumerar las razones por las que Kobe debía elegir Duke. «Voy a convertirlo en el próximo Grant Hill... Tengo mucha experiencia puliendo diamantes...» Durante cinco o diez minutos, Krzyzewski dio lo que fue para Downer una inspiradora charla que pretendía implicarlo emocionalmente. Pero, en realidad, Downer no era el verdadero objetivo de aquellas palabras. El verdadero asunto ya estaba decidido de antemano.

Más tarde, Kobe llamó personalmente a Krzyzewski para comunicarle su decisión. Krzyzewski le deseó suerte y se ofreció a darle algún consejo siempre que lo necesitara. «Sé perfectamente que todo te irá bien —le dijo—. Tu actitud es magnífica y amas este deporte.» En los Juegos Olímpicos de Pekín 2008 y Londres 2012, Krzyzewski finalmente tendría la oportunidad de entrenar a Kobe, y le dio la ocasión de establecer los criterios para la ética de trabajo y el sacrificio por el equipo que acabarían llevando al equipo olímpico a lograr dos medallas de oro. Es posible que «el sacrificio por el equipo» sea un concepto discordante en el juego de Kobe. Pero justo antes de las olimpiadas, en la sede del equipo olímpico, Kobe llamó a la puerta del despacho de Krzyzewski y le dijo que quería defender al mejor jugador del equipo contrario en cada entrenamiento y cada partido. Y se comprometió tanto con esa responsabilidad autoimpuesta de ayudar a su país a ganar el oro que Krzyzewski en una ocasión dijo irónicamente que él era el único entrenador que tenía que recordarle a Kobe que tirara a canasta.

Keith Morris era asesor financiero en Prudential Securities con veintiséis años, y el mayor admirador y confidente de su padre. Por eso no se sorprendió del todo cuando su asistente contestó el teléfono de la oficina un día a finales de abril y le dijo que Joe Bryant estaba al otro lado del aparato. Por supuesto, ni Keith ni *Speedy* Morris habían visto a Joe en el campus de La Salle durante muchas semanas. En realidad, nadie lo había visto.

—Hola.

—Keith, tengo un problema —dijo Joe—. Kobe quiere ir a la NBA.

—¿Y qué problema hay? —preguntó Keith.

—No sé cómo decírselo a tu padre —respondió Joe.

—Sé un hombre —dijo Keith— y llámalo.

Sin embargo, Keith no se molestó en esperar a saber si Joe lo llamaría. Colgó el teléfono y luego llamó a su padre.

Años más tarde, *Speedy* Morris diría: «Me alegré de que Kobe fuera a la NBA y no a Duke. Alguna vez recé a Dios para que jugara con nosotros. Y Dios siempre responde a las plegarias, pero algunas veces, simplemente, dice no».

Viernes, 26 de abril de 1996

«¡Por Dios! ¿Qué estoy haciendo aquí?» Es evidente que a Kobe se le pasó esta pregunta por la cabeza, con el estómago y quizás otras vísceras revueltas, mientras presenciaba la escena que ocurría a su alrededor un viernes por la noche en el Madison Square Garden durante los Premios Essence de 1996. Halle Berry, Naomi Campbell, Toni Braxton... Todos estaban ahí, como era de esperar. Pero ¿por qué estaban ahí Kobe y Sharia? ¿Por qué esa noche se revelaría una de las incógnitas y uno de los chismorreos más apremiantes y misteriosos del instituto Lower Merion? ¿Quién acompañaría a Kobe al baile de graduación?

Todo empezó con un desfile de moda de invierno en La Salle. Ese fue el inicio. Shaya participaba en el desfile, que se celebraba en un salón de baile del edificio de la asociación de estudiantes. Allí, escuchó a un par de tipos hablando de Kobe, y cuando les dijo que era su hermana, uno de ellos, Mike Harris, un director de *marketing*, le dijo: «Bueno, dile que los Boyz II Men quieren conocerlo». Harris podía hacer que ese contacto se produjera; entre sus clientes estaba el trío de R & B, cuyos integrantes habían nacido todos en Filadelfia. Semanas más tarde, Kobe conoció al propio Harris en un partido de baloncesto de Villanova. Ambos intercambiaron números de teléfono y entablaron amistad. Kobe confesó que estaba enamorado de la actriz y cantante Brandy Norwood, cuya comedia, *Moesha*, acababa de estrenarse en UPN. Harris pronto llamó a Kobe y lo invitó a los Premios Essence, un gesto que Kobe, todavía inexperto en todo aquello que fuera ajeno al baloncesto, podría haber pensado que era generoso, pero que tenía un propósito adicional para Harris: una oportunidad para introducirse en el mundo del baloncesto, para que Kobe se convirtiera en su cliente. Si Kobe era capaz de causar sensación en la escena social nacional...

Después de la ceremonia, Kobe subió a una limusina con Harris y dos integrantes de Boyz II Men, Mike McCary y Wanya Morris, para ir al Four Seasons. Harris y Morris le dijeron a Kobe que bajara a la suite de Morris. Cuando él y Kobe entraron, Harris empezó a reírse. «¿Qué demonios está pasando aquí?», pensó Kobe. Entonces miró hacia su izquierda. Allí, sentada en la cama de la habitación del hotel, estaba Brandy.

Kobe se quedó boquiabierto, y también se rio, pero de nervios. «¡Madre mía! ¿Cómo podéis hacerme esto, tíos?» «Hola», le dijo Brandy, y Kobe apenas pudo responder un breve «hola» ahogado por las carcajadas de los presentes. Finalmente, cuando se fue de la habitación, era incapaz de recordar lo que había dicho, pero estaba seguro de que había hecho el ridículo.

Una vez en su habitación, Mike Harris le preguntó a Kobe: «¿Quieres llevar a Brandy al baile de graduación?». Claro que quería. Esa era la parte fácil. Pero Harris ya había superado los demás obstáculos para su apuesta publicitaria. Wanya Morris tenía veintidós años, y Brandy, diecisiete, y durante un año habían mantenido una relación que era algo más que una amistad, pero menos que un romance. Brandy y sus asesores estaban demasiado preocupados por proteger su imagen como para permitirle revelar el secreto públicamente. Según *Showboat*, en una de las dos biografías de Kobe del autor Roland Lazenby, se cuenta que Harris había persuadido a Morris para que siguiera su plan, es decir, para que se subieran al carro de la expectación que generaría que Kobe y Brandy fueran al baile juntos. Así que Harris llamó a Brandy esa noche y le dijo: «Brandy, Brandy, Brandy, Kobe quiere invitarte a su baile de graduación. Significaría mucho para Kobe si fueras con él».

Brandy dijo que sí, pero tenía que hablarlo antes con su madre, Sonja Norwood, que también era su mánager. Así fue como Kobe logró una cita con una celebridad, sin tener que pedírselo él mismo.

Y

Más tarde, esa misma semana, Kobe, a petición de Boyz II Men, jugó en un partido benéfico de famosos en el Community College de Filadelfia. Brandy acompañó a Morris al partido, y después de que Kobe animara al público con un mate *tomahawk* la primera vez que tocó el balón, entabló una pequeña conversación con ella en el descanso. La encontró encantadora, ese tipo de chica con la que podía pasar el rato y hablar como si fuera una de sus amigas del instituto. Pam Bryant y Sonja Norwood hablaron más tarde, ocupándose de los detalles y asegurándose de que todo el mundo jugaba al mismo juego. Luego, Kobe y Brandy empezaron a charlar regularmente por teléfono.

«La admiraba por todo lo que estaba haciendo —dijo más tarde Kobe—. En esa época me di cuenta de que quería ir a la NBA. Quería ser el chico joven que estaba delante de los focos y las cámaras. Ella era joven. A los catorce años se puso delante de los focos y las cámaras. Gestionaba todo lo que le ocurría perfectamente, y la admiraba y la respetaba por ello, aparte de que me gustaban sus canciones.»

Ya no quedaba con Jocelyn Ebron. Todavía era amigo de Kristen Clement, le dijo a Treatman, aunque no habían hablado desde hacía mucho tiempo. Cuando la gente se enteró de la identidad de su acompañante, sus amigos reaccionaron con una sana incredulidad. Cuando Treatman se enteró de que Kobe iba a ir con Brandy, al principio pensó que era una de sus amigas de Cardenal O'Hara: Brandi Batch. Un día, en clase, Susan Freeland le preguntó a quién iba a llevar al baile.

—Brandy —dijo Kobe.

—¿Brandy qué más?

—Brandy Norwood.

—¿Quién te la ha presentado?

—Uno de los cantantes de Boyz II Men.

—¡Qué dices!

Freeland no podía creérselo. Brandy Norwood. Boyz II Men. Lo había dicho como si fuera lo más normal del mundo.

Lunes, 29 de abril de 1996

La idea de que Kobe celebrara una rueda de prensa para comunicar que se declaraba elegible para el *draft* de la NBA no fue suya. Su padre le preguntó si quería una.

—De acuerdo —dijo Kobe—. A mí no me importa.

Sin embargo, Kobe sabía que a Joe y Pam sí les importaba. Por mucho que un anuncio oficial diera validez y credibilidad a la decisión de Kobe, sus padres parecían obsesionados con lo que podría decir en ese escenario y cómo podría decirlo. Porque ¿acaso un acontecimiento como ese no era una revelación o un juicio instantáneo de cómo habían criado a su hijo prodigio? Durante una semana, después de que Joe hiciera algunas sugerencias, ambos presionaron a Kobe para asegurarse de que se comportara con madurez, compostura y humor. «Me burlaba de ellos porque estaban más nerviosos que yo —dijo Kobe después—. En realidad, no era un acontecimiento tan importante para mí.» A Kobe no le importaba dónde o cuándo se celebraría la rueda de prensa. Dejó que Joe lo decidiera, así que eligió un lunes por la tarde. Treatman se encargó de la mayoría de los detalles. Trabajó con Tom Mc Govern para preparar el gimnasio para la horda de periodistas y estudiantes que asistirían y para avisar a los medios de comunicación. A pesar de que los medios se lo preguntaran, nunca dijo ni una palabra sobre lo que Kobe había decidido. Tampoco hacía falta. ¿Acaso convocaría una rueda de prensa para comunicar que se iba a Duke o La Salle?

Durante toda la mañana, los compañeros de clase se acercaron a Kobe y lo presionaron para obtener alguna primicia. «Kobe, tengo un partido de *lacrosse* esta tarde. ¿Por qué no me lo dices ahora?» Kobe fue igual de ambiguo que con el baile de graduación y respondió que aún no lo sabía, que lo decidiría sobre la marcha. En su clase de joyería de metal, los otros estudiantes se agolparon a su alrededor y olvidaron momentáneamente las pulseras que se suponía que estaban fabricando. Hasta su profesor prestó atención a las respuestas vagas de Kobe. Su amiga Deirdre Bobb le preguntó:

—¿Qué vas a hacer?

—No lo sé —respondió Kobe—. ¿Tú qué harías?

—Sinceramente, Kobe —dijo Deirdre—, creo que deberías ir a la universidad. Te lo digo como amiga. Tu talento no va a desaparecer. Lo que tienes es un don de Dios, y sea cual sea la universidad a la que vayas, serás el mejor jugador de ese equipo. La NBA siempre estará ahí.

Lynne Freeland se lo encontró en otra clase y le preguntó si tenía un momento. Gregg Downer también asistiría a la conferencia de prensa, aunque sabía, sin que Kobe tuviera que decirlo, cuál sería la decisión. Sin embargo, Freeland le preguntó a Kobe si quería llamar a Downer para comunicarle personalmente la decisión. Kobe asintió, y Freeland se lo llevó a la oficina de orientación, le dio el número de Downer y les dijo a los orientadores y a las secretarias que Kobe necesitaba un momento de privacidad. Mientras cerraba la puerta detrás de ella, le oyó decir: «Voy a jugar con los grandes».

«Lo único que yo quería, y le decía esto cada vez que lo veía cuando era adulto, era que supiera que nos preocupábamos por él, no por el jugador, sino por la persona —dijo más tarde Downer—. Cuando se convirtió en el villano de la NBA, dejé de ir a los partidos de los Sixers porque tenía miedo de meterme en una pelea con alguien. Tampoco quiero colgarme ninguna medalla. Simplemente, intenté protegerlo. Intenté comportarme como un adulto. Construí una relación de confianza. Nunca le pedí nada. Nunca esperé nada a cambio.»

Cuando todavía no había terminado el horario lectivo, Kobe se saltó la clase de inglés y se fue a casa para prepararse. Pam le ayudó a elegir la ropa. Kobe eligió una camisa blanca, una corbata de seda marrón y un traje de seda beis que Ron Luber y su familia le habían regalado. «Era para desearle suerte en su nueva etapa», dijo Luber. (Cuando Luber compró el traje, que costaba más de quinientos dólares, el vendedor le preguntó: «¿Sabes que si sumas el ancho de espalda y la longitud de brazos este traje mide dos metros y medio?».) Para rematar el cuadro, Kobe se puso un par de gafas de sol de diseño, ovaladas y negras, en la frente. «Eso fue idea mía —dijo más tarde—. Siempre me han gustado las gafas de sol y pensé que podía probar algo nuevo.»

Los Bryant regresaron a la escuela. Llegaron antes de que acabaran las clases y aparcaron detrás del edificio. Las luces de las cámaras cegaron los ojos de Kobe tan pronto como entró en el gimnasio. Era un día cálido y húmedo de primavera, el termómetro marcaba veinticuatro grados en el exterior; sin embargo, por culpa del gentío, en el interior el ambiente todavía era más cálido y húmedo. Joe tenía un móvil pasado de moda en una mano y se secaba la frente con la otra. Kobe pidió a Matt Matkov que le pusiera al día sobre la clase de inglés que se había perdido. Su abuela, al ver todo aquel alboroto, dijo: «Bueno, ahora tendré que hacerle a mi niño una tarta de manzana». Y Kobe levantó la vista y dijo: «Oh, sí, abuela, tienes que hacerme un par al menos». En realidad, no sabía lo que le esperaba en el interior del edificio. El gimnasio estaba lleno, todos los que estaban ahí querían escuchar lo que diría, querían saber lo que Kobe Bryant pensaba que era lo mejor para Kobe Bryant. Todo el mundo ahí... para verlo..., fue «divertido». Fue tremendamente divertido.

El momento de la revelación es una maravilla digna de recordar. Las gradas marrones del gimnasio brindaban un fondo neutro que permitía encuadrarlo con cualquier cámara. Kobe se mostraba seguro delante del atril y de ese manojo de micrófonos en el pecho. Su familia, sus entrenadores, sus compañeros de equipo y sus compañeros de clase estaban sentados y de pie entre los medios de comunicación. Todos estaban esperando que hablara.

«Yo, Kobe Bryant...» Pausa. Mueve la cabeza como si tanteara a un defensor. «... He decidido ir...» Otra pausa. Pero esta vez finge indecisión o indiferencia, o una combinación entre ambas. Levanta la mano hasta la barbilla como si estuviera rumiando algo, como si disfrutara del momento y posara para las cámaras. Y, luego, muestra una gigante sonrisa. «No, he decidido saltarme la universidad e ir directamente a la NBA.» Apenas fueron diecinueve segundos, y no hubo ningún rugido final.

Y

En 1996, para una gran parte de la población, que un atleta de instituto celebrara una rueda de prensa para revelar su futuro no se consideró un acontecimiento importante, de interés periodístico, sino como una muestra de arrogancia tan obvia que era difícil aguantarla. Deirdre Bobb había llegado al gimnasio después de salir de clase. Su corazón se rompió un poco cuando escuchó que Kobe no iría a la universidad. «De acuerdo, Kobe: eres un engreído. Pero si eso es lo que quieres, te animaré y rezaré por ti», pensó. Neil Cooper, el rabino de una sinagoga del municipio, dio un sermón en el que criticó a Kobe, argumentando que su decisión enviaba un mensaje equivocado para los jóvenes porque socavaba el valor y la importancia de la educación superior. Bill Lyon, en *The Philadelphia Inquirer*, escribió: «Todo esto es entrañable y maravilloso. Pero tiene diecisiete años, y el padre que hay en mí solo tiene una posible reserva: espero que no haya renunciado a su juventud». Instantáneamente, Kobe se convirtió en un tema de debate en la radio deportiva, en una suerte de comida precocinada que se servía bien caliente por la mañana y por la tarde.

«Es probable que mucha gente creyera que esa rueda de prensa fue ridícula —dijo Gregg Downer—. Había gente que no era del mundo de los deportes que no lo podía entender. Había personas en este mismo edificio que no sabían lo que estaba ocurriendo. Pero yo sabía lo que estaba pasando. No se trataba de otro jugador de baloncesto. Era algo distinto.»

Miércoles, 21 de mayo de 1996

A las diez de la mañana, en una sala de exposiciones del SoHo de Manhattan, Kobe estaba por todas partes. Aparecía haciendo un mate en cuatro lugares distintos de una misma pared. Cuatro mates fotografiados a dos metros de altura, cuatro fotos que estaban dispuestas como enormes signos de exclamación. Un vídeo de lo más llamativo mostraba a Kobe encestando, encestando y encestando, con uno o dos saltos que rompían la monotonía. Adidas presentaba un nuevo logotipo: tres franjas de longitud creciente de izquierda a derecha.

Simbolizaban la progresión, la mejora, el futuro. Un periodista hizo un recuento: cincuenta y seis logotipos. Logotipos en las paredes. Logotipos en los balones de baloncesto. Logotipos en las sillas y los micrófonos. Y esos solo eran los que llegó a contar. Había más logotipos en las credenciales de prensa y en las camisas del personal, en cualquier superficie plana, por pequeña que fuera. La empresa no pretendía pasar desapercibida. Era la presentación de su nuevo cliente. La coronación del rey Kobe Bryant.

«Es el primero de una generación de atletas que, durante la próxima década, ayudará a transformar el deporte», dijo Steve Wynne, el presidente de Adidas.

El día después de la rueda de prensa, Kobe y sus compañeros de equipo habían ido a Harrisburg para conocer a Ed Rendell, el gobernador de Pensilvania, y habían viajado como lo hacían la mayoría de los campeones estatales de una escuela de secundaria: en un autobús escolar con goteras. Era una de esas situaciones a las que Kobe se había acostumbrado. Una de esas que podían disgustarlo, pero que no tendría que aguantar nunca más. En Lower Merion, solo había sido un jugador. Pero ahora era un auténtico «jugador», un abanderado de una empresa de zapatillas, un cohete que se salía de órbita, y era una locura pensar lo cerca que estaba de desmoronarse su estilo de vida anterior, incluida su larga relación con Sonny Vaccaro.

A petición de Joe y Pam, Ron Luber había solicitado la opinión legal de una firma de Nueva York que, en teoría, podría gestionar el contrato de las zapatillas de Kobe. Los Bryant, recordó Luber, debían tomar una decisión: podían seguir con Vaccaro y Adidas, o ir por su cuenta. La decisión se tomó prácticamente sola. En una reunión en Atlantic City, los miembros del «Team Bryant» propusieron elegir ellos mismos al agente de Kobe. En respuesta, Vaccaro expuso su ultimátum: el acuerdo de las zapatillas debía ser con Adidas, Arn Tellem sería el agente de Kobe en la NBA, y la Agencia William Morris representaría a Kobe en todos los patrocinios e intereses que no estaban relacionados con el baloncesto: actuaciones, música, o cualquier otra cosa que se le ocurriera a Kobe. Después de esto, Vaccaro se levantó y se fue. «¿Por qué iba a quedarse? —dijo Sam Rines Jr.—. No había nada más que decidir, él estaba al mando.» Con Vaccaro consciente de su poder e influencia, y los Bryant dispuestos a romper con el que era su mejor padrino, ambas partes acordaron una segunda reunión en Il Vagabondo, un restaurante italiano en el Upper East Side de Manhattan. Al acabar la cena, Joe y Pam dieron su beneplácito para contratar a Tellem, en lo que Rick Bradley, el representante de Kobe en William Morris, llamó «un gran contrato para Adidas». Kobe y la compañía llegaron a un acuerdo por valor de diez millones de dólares anuales, con un millón de dólares garantizado en el primer año. (En un momento dado, Kobe había preguntado a Vaccaro: «Si hubiera ido a Duke, ¿habría podido firmar mi propio contrato de zapatillas?». Cuando Vaccaro le dijo que no, que las normas de la NCAA no lo permitían, Kobe respondió: «Bueno, desde luego tomé la decisión correcta, ¿no?».) Además, en agosto empezaría una campaña en la televisión nacional para su nueva línea de zapatillas —con el eslogan: *Feet You Wear* (Los pies que usas)— que encumbraría a Kobe en lo más alto ese mismo otoño. En un contrato de tales dimensiones, Joe también tendría su propia bonificación por estampar su firma, es decir, por ceder a Kobe. Para Adidas, considerando la envergadura del contrato, no suponía ningún problema aportar otros ciento cincuenta mil dólares para Joe. Y así fue.

Así que allí estaban Joe, Pam, Sharia y Shaya, en la primera fila de la sala de exposiciones, apoyando a su hijo y hermano como siempre. Allí estaba Joe, diciendo a los periodistas que los Bryant se trasladarían a dondequiera que Kobe acabara, como si este fuera un hermoso globo aerostático y la familia se cobijara en la cesta debajo de él. Y ahí estaba Kobe, que, cuando le preguntaban por los peligros de jugar al baloncesto profesional siendo un adolescente, respondía: «Este es el último desafío. Tengo la oportunidad de aprender de los mejores. Cuando te machacan y te golpean, al mismo tiempo te están enseñando. Solo se pueden sacar cosas positivas de esta experiencia». Solo quedaba por saber qué equipo de la NBA lo ficharía al cabo de un mes.

«Preferimos los Lakers o los Knicks, Filadelfia, Chicago o un gran mercado central —dijo Bradley—. Pero, evidentemente, no tenemos ningún control sobre ello.»

Evidentemente. Sí, seguro.

Sábado, 25 de mayo de 1996

El baile de graduación podía esperar. Había baloncesto en la televisión. No solo baloncesto, sino los Chicago Bulls. No solo los Chicago Bulls, sino Michael Jordan. Kobe y Jermaine Griffin estuvieron toda la tarde viendo la pésima actuación de tiro de Jordan (cinco de catorce y diecisiete puntos), viendo a los Bulls pasar por encima de los Orlando Magic para ganar la primera ronda de los *playoffs*. El partido había empezado a las dos y media de la tarde, y solo después de escuchar la bocina final empezaron a arreglarse para el baile. ¿Acaso iban a celebrar el baile sin Kobe y Brandy?

Para Kobe, el partido de los Bulls fue el único momento de descanso en un fin de semana ajetreado. El «Team Bryant», en especial Sam Rines, se había encargado de todo: el viernes por la noche, Kobe y Brandy tenían entradas para un concierto de Barry White y un espectáculo de fuegos artificiales en Atlantic City, y el sábado regresarían a Filadelfia con la madre de Brandy. El baile de graduación se celebraba en uno de los lugares favoritos y más conocidos de Kobe para jugar al baloncesto: el hotel Bellevue, en el centro de la ciudad. En Broad Street, frente a la entrada del hotel, una nutrida brigada de policías y quince cámaras de televisión esperaban (y tendrían que esperar un buen rato) la llegada de «la pareja». Kobe dejó a Griffin en casa de su cita (Tarvia Lucas, la hija de John) y luego condujo a la ciudad para recoger a Brandy en el Marriott. Él llevaba un esmoquin negro y una camisa con cuello de banda negro, y ella un Moschino de color champán y dos trenzas que le colgaban hasta los hombros. «Tío, estaba radiante», dijo Kobe más tarde. Luego, volvieron para recoger a Griffin, Travia Lucas y Matt Matkov —la pareja de Matkov lo había dejado colgado en el último momento, así que, como siempre, sería el acompañante extra de Kobe—, antes de que una limusina blanca los recogiera a todos y los llevara al Bellevue, escoltados por un séquito de guardaespaldas y estilistas de Brandy.

Delante del Bellevue, los periodistas, mientras escudriñaban las calles en busca del coche de Kobe y Brandy, entrevistaron a otros alumnos de último curso para saber qué pensaban del revuelo que se había levantado: «No es el baile de Kobe; es el baile de Lower Merion», dijo una estudiante. Otra, haciéndose eco de sus palabras, añadió: «No somos la clase de Kobe. Somos la promoción de 1996». Para Susan Freeland, ese resentimiento estaba fuera de lugar. Por supuesto, el baile de graduación no era en honor de Kobe, pero «esa magia y la fuerza que demostramos como grupo fue gracias a él», dijo, y ninguno de esos guardias de seguridad, policías o periodistas estaban allí por otra persona.

«Eligió a Brandy por su imagen —dijo una vez el siempre fiel Matkov—, porque necesitaba a alguien que estuviera a su misma altura. Al final, no había ninguna chica que le gustase, pues él era Kobe Bryant. Y a ella le sucedía lo mismo. No había ningún chico que estuviera a su altura. En realidad, no se necesitaban. Y eso es lo que tenían en común. No estaban hechos el uno para el otro… Simplemente, Kobe sabía que no podía ir al baile con una chica de instituto cualquiera.»

Finalmente, tres horas después de que el baile empezara, aquella limusina blanca se detuvo frente al Bellevue. Los cámaras se apresuraron a entrar. Los policías y la seguridad crearon un cordón de seguridad alrededor de Kobe y Brandy. Y alguien le preguntó a ella si iba a cantar en el baile.

—Solo estoy aquí para pasarlo bien —respondió.

La pareja de diecisiete años subió las escaleras de mármol del hotel hasta el segundo piso, y la reacción de los otros asistentes disgustó a Kobe. «Todos los compañeros no paraban de criticar —dijo después—. Y cuando llegamos, nos preguntaban sin cesar si podían hacerse una foto con nosotros. Yo les decía que se apartaran de mi vista. Se podían escuchar toda clase de comentarios. Estaban celosos, supongo. Pero no me importaba. No eran mis amigos, de todos modos. Mis amigos son la gente que está a mi lado, el equipo de baloncesto. Ellos son unos falsos: eso es lo que son.» Sonja Norwood estaba de acuerdo con Kobe: «Todo el mundo le pedía autógrafos o fotos. Parecía que estaba trabajando». Sin embargo, aparentemente, no entendieron la ironía de aquella noche: se estaban quejando de la atención que recibían dos jóvenes estrellas, cuando todo ese falso cortejo había sido organizado para atraer toda aquella atención.

De todas formas, Norwood se equivocaba. No todo el mundo estaba impresionado. Audrey Price, una amiga de Kobe, pidió una foto con la pareja, pero no un autógrafo. «No fue porque fuera una superestrella —recuerda Price—. Simplemente, me hice fotos con todos mis amigos. Era solo un recuerdo. Era para sellar ese recuerdo. Le dije a Brandy que su vestido era bonito, y ella me dijo que estaba nerviosa. No creo que todo ese alboroto interfiriera en el baile. Todo el mundo seguía a lo suyo. Seguía siendo un baile de promoción.» Después de su segunda noche en Atlantic City con Kobe, Brandy regresó a Los Ángeles. Una emisora de noticias de Filadelfia informó de que el baile con Kobe había sido su primera cita. Era un detalle de cuento de hadas. Un detalle que, seguramente, dejó boquiabierto a Wanya Morris.

Junio de 1996

Kobe Bryant pasó su último día oficial como estudiante de Lower Merion y su primera noche como exalumno de Lower Merion, precisamente, en el instituto Lower Merion. Después de la ceremonia de graduación, los estudiantes de último año se reunieron en la escuela, donde se encerrarían durante toda la noche: bailes, natación, carreras de obstáculos, etc. Así podrían celebrar la fiesta todos juntos y evitar que los menores tomaran alcohol, condujeran ebrios o se comportaran de forma imprudente. Un estudiante de último año llevaba una cámara de vídeo, realizaba entrevistas falsas a los recién graduados, y cuando la cámara enfocó a Kobe, este cantó cuatro líneas de una canción de rap que, aparentemente, se había inventado.

> Mi busca está sonando,
> así que déjame hacer una pausa rápida
> mientras cojo el micrófono
> para hablar con vosotros.

El gimnasio se había dividido por la mitad para crear una sala de baile con un DJ. Allí, Kobe se tiró al suelo, se enroscó como un lagarto y giró sobre su espalda, bailando al ritmo de Kool & the Gang con *Jungle boogie*. Se quitó la camiseta, su torso parecía una tableta de chocolate, y, con el micrófono en la mano, dobló en directo la canción *Doin' it*, de LL Cool J.

No doubt, I'm the playa that you're talkin' about…
Right, I'm in the zone.
One of a kind when it's time to do mine.

Luego, en la otra mitad del gimnasio, hizo algo que le resultaba más natural: jugar un tres contra tres a media cancha, sin camiseta y dos docenas de estudiantes observando desde la línea de banda con la boca abierta.

«Esa fue la primera vez que vi lo que se escondía debajo de la camiseta de Kobe, y para la mayoría de las chicas de mi instituto, esa fue la primera vez que vieron su cuerpo duro y esculpido —recuerda Price—. Aquella noche vimos una cara muy distinta de Kobe. Aquella noche fue divertidísimo. Ese no era él. Normalmente, era muy correcto. Nunca fue el tipo de hombre, incluso con abdominales y todo, que se paseaba sin camiseta. De repente, verlo soltarse así era algo fuera de lo común. Hizo la noche más divertida. Estaba empezando a salir de su caparazón, y era la última noche que lo vería.»

Junto a su foto del último año en la edición de 1996 del *Enchiridion*, el anuario de la escuela, Kobe escribió: «Gracias, mamá y papá, por darme la oportunidad de ir a la escuela aquí en los Estados Unidos. Por estar ahí en los buenos y los malos momentos, Sharia y Shaya. *Ti amo moltissimo*, Matt, siempre serás mi gran amigo… Gracias por estos cuatro grandes años. Os quiero a todos».

Ese año votaron a Kobe como el estudiante masculino «con más probabilidades de éxito» de la promoción del 96. En una foto del anuario, llevaba una chaqueta negra de cuero y rodeaba con su brazo derecho a la otra ganadora, Antje Herlyn, que se convirtió en anestesista. Como era una votación tan desigual para sus compañeros, no lo eligieron mejor deportista masculino. Esa distinción fue para Sean Furber, un joven que destacaba en el fútbol, la lucha y el *lacrosse*. Al fin y al cabo, Kobe solo había jugado al baloncesto.

«Lo más importante es ponerse en forma. Por lo que he oído, es una temporada muy larga, hay muchos partidos, muchos golpes. Tengo que prepararme físicamente para estar en forma y no agotar las piernas. Muchos novatos tienden a chocar con un muro a mitad de temporada. Muchos de los grandes jugadores del pasado —Magic, Michael— no se encontraron con ese muro. No quiero chocar con ese muro. Si trabajo tanto como puedo este verano, y todavía choco con ese muro, entonces, voy a tener que trabajar todavía más duro.»

KOBE BRYANT

19

Ahora soy un Laker

La amistad de los dos hombres que conspiraron más que nadie para organizar el traslado de Kobe Bryant de Wynnewood a la Costa Oeste floreció en uno de los lugares más insólitos: en un curso de paternidad. Arn Tellem y Jerry West habían sido contemporáneos y compañeros en la NBA, West como director general de los Lakers, y Tellem como influyente agente de jugadores. Pero no fue hasta que sus esposas dieron a luz a finales de la década de los ochenta —Karen West a Jonnie West, y Nancy Tellem a Matty Tellem—, y empezaron a juntarse para que los niños jugaran con pintura y bloques de construcción, cuando West y Tellem se convirtieron en algo más que simples negociadores sentados en lados opuestos de una mesa. Sus familias veraneaban juntas en Greenbrier, un complejo de lujo en Virginia Occidental, cerca de la casa de la infancia de West. Jonnie y Matty se convirtieron en mejores amigos. La confianza que Tellem y West se tenían mutuamente sería el factor clave en la larga y arriesgada táctica que llevaron a cabo para que Kobe aterrizara en Los Ángeles, para iniciar la regeneración de la dinastía de los Lakers.

La entrada de Kobe en el *draft* de 1996 era toda una incógnita. Kobe había contratado a Joe Carbone para que fuera su entrenador personal a tiempo completo, y Joe Bryant le pidió a su amigo Tony DiLeo, exalumno de La Salle, exjugador profesional en Europa y director de *scouting* de los Sixers, si podía entrenar a Kobe antes de la preselección. Cada día, más o menos durante una hora, DiLeo le pedía a Kobe que realizara un ejercicio que consistía en hacer trescientos lanzamientos: tiros sin bote, tiros en movimiento, tiros desde detrás de la línea de tres puntos, etc. Si Kobe fallaba tres tiros seguidos desde cualquier punto, tenía que empezar el ejercicio de nuevo. «Fue entonces cuando vi ese impulso interior, esa atracción hacia la grandeza —recuerda DiLeo—. Fallaba, se frustraba, y quería intentarlo de nuevo. Era insaciable.»

Pero ¿qué pensaban realmente sobre Kobe y su potencial los equipos de la NBA? Tellem no estaba seguro. Rob Babcock, el director técnico de los Minnesota Timberwolves, comparó a Kobe con Kevin Garnett: «La superioridad de Kevin con sus dos metros y diez centímetros era tan abrumadora que se notaba de inmediato. Es un jugador muy especial. Kobe Bryant no es lo mismo. Su juego no desprende ese talento tan especial». John Outlaw, el director de *scouting* de los Denver Nuggets dijo rotundamente: «Kobe no está preparado». Los Sixers, después de lograr un balance de 18-64 en 1995-96, tenían el primer puesto de elección para el *draft*; la mayoría de los otros equipos que elegían primero eran franquicias con un mercado pequeño, y ni Kobe ni Adidas maximizarían su inversión si Kobe acababa en Vancouver, Indianápolis o Cleveland. «Los Lakers eran el equipo para el que quería jugar», dijo Kobe. Pero los Lakers estaban en el puesto veinticuatro en el orden del *draft*. Si ellos querían a Kobe tanto como Kobe a ellos, tendrían que encontrar una manera de adquirir un puesto de elección más alto.

Así que Tellem encontró una forma de usar la incertidumbre sobre el rendimiento de Kobe a su favor. «Tenemos que reorganizarnos —dijo—, porque es posible que tengamos una oportunidad única.» Joe Bryant le insistió a Tellem que Kobe estaba entre los mejores jugadores del *draft*. Para hacerse una idea de qué equipos podían elegir a Kobe, Tellem organizó algunos entrenamientos con los equipos que tenían los primeros puestos de elección..., pero no con todos. De este modo, al rechazar la oportunidad de entrenar con ciertos equipos, Tellem podía influir en el proceso, disminuyendo las probabilidades de que lo eligieran. Probablemente, en la NBA moderna, esta estrategia sería infructuosa porque los directores generales siempre eligen al mejor jugador disponible sin tener en cuenta la relación que tienen con su agente. Pero todavía no era la moderna NBA. Era 1996. Ciertos equipos se disgustaron ante la idea de que Tellem, a instancias de su joven cliente, pretendiera interferir en el proceso. ¿Quién se creía este chico?

Kobe solo entrenó con algunos equipos. Luego Tellem le pidió un favor a su amigo y organizó una sesión privada para Kobe con West.

«Quería saber la opinión de Jerry —dijo Tellem—. Le pregunté: "Quiero que esto sea confidencial. Necesito saber lo que piensas".»

El resultado fueron dos entrenamientos, en el YMCA de Inglewood, «en una calle lateral», recordó Kobe, que convencieron a West de que Kobe sería el mejor jugador de la NBA. En el primero, Kobe dominó de tal manera al recién retirado escolta de los Lakers Michael Cooper —que tenía cuarenta años, estaba en buena forma y había sido uno de los mejores defensores durante su carrera— que West detuvo el entrenamiento al cabo de quince minutos. «Pensé que seguramente Kobe era mejor que los jugadores que teníamos en la plantilla —escribió en su autobiografía *West by West*—. Nunca había visto un entrenamiento como ese. Cuando dije que era suficiente, realmente lo era.» Lo que más sorprendió a Cooper fue lo fuerte que era Kobe en el poste bajo. Era una clara muestra de lo mucho que había trabajado con Carbone. En el segundo entrenamiento, delante de West y del entrenador de los Lakers, Del Harris —el mismo que entrenó a Joe en los Houston Rockets—, Kobe abusó de Dontae Jones, un alero de dos metros que, como sénior, había llevado a Mississippi State a la Final Four en marzo. «Estoy machacando a un MVP del torneo de la NCAA —pensó Kobe—. Si hubiera ido a la universidad, lo habría reventado. Habría sido una máquina.»

Cuando regresó al hotel, Kobe llamó a Tellem.

—¿Cómo te fue? —preguntó Tellem con aparente nerviosismo.

—Me fue muy bien. Genial.

—¿De verdad? Te quiero, tío. Te quiero.

—Oye, Arn, tómate algo para tranquilizarte.

Los Lakers solo habían ganado una serie de los *playoffs* en los cinco años transcurridos desde que llegaron a las Finales de la NBA de 1991, donde perdieron ante Michael Jordan y los Bulls en cinco partidos. West le dijo a Tellem: «Estoy a punto de darle la vuelta al equipo este verano. Me gustaría tener a Kobe y construir un equipo alrededor de él y de ese otro jugador que tengo en el punto de mira». El «otro jugador» era Shaquille O'Neal, que era agente libre después de cuatro años con los Orlando Magic. Así que West finalmente llegó a un acuerdo con los Charlotte Hornets, que tenían el puesto de elección número trece. Si ninguno de los primeros doce equipos seleccionaba a Kobe, los Hornets lo elegirían, y luego lo cambiarían a los Lakers por el pívot Vlade Divac. Tellem, Sonny Vaccaro y los Bryant debían asegurarse de que Kobe siguiera disponible cuando llegara el ansiado número trece.

Kobe tenía sentimientos encontrados sobre la remota posibilidad de que los Sixers lo eligieran en primer lugar en el *draft*. El prestigio que suponía ser «el mejor jugador del *draft* era muy atractivo». Pero su benefactor, John Lucas, ya no estaba allí. Los Sixers habían despedido a Lucas en mayo y habían contratado un nuevo director técnico, Brad Greenberg, y un nuevo entrenador, Johnny Davis. Además, si Kobe era el primer jugador elegido, no podría guardarle rencor a ningún equipo. Si te eligen el primero, nadie te deja de lado. Si te eligen el primero, los otros equipos de la liga no te subestiman porque no tienen la oportunidad de elegir a otro. El número uno del *draft* no pude demostrar a nadie que está equivocado. «Quiero que la gente se arrepienta de no haberme elegido. Eso es lo que quiero», dijo poco después del *draft*.

Por su parte, los Sixers, aunque como el resto de los equipos creían que Allen Iverson era el mejor jugador del *draft*, también consideraron elegir a Kobe. Tanto DiLeo como Gene Shue (que ahora trabajaba como *scout* para los Sixers) presionaron a Greenberg para que considerara la posibilidad de elegir a Kobe hasta el punto de que llegaron a sugerir que intercambiaran a Jerry Stackhouse para adquirir otra elección de primera ronda que les permitiera reclutar a Iverson y a Kobe. «Yo sabía lo mucho que creían en él —recordó Greenberg—, y creo que, si Gene o Tony hubiesen tenido la oportunidad de elegir, podrían haber elegido a Kobe.» (Después del balance de victorias de la temporada 1996-97, los Sixers despidieron a Greenberg y Davis, y DiLeo, como director de operaciones, llamó un día a Mitch Kupchak, el subdirector general de los Lakers, y le preguntó si él y West estarían abiertos a intercambiar a Kobe. Kupchak no estuvo mucho tiempo al teléfono. «Sabían lo que tenían —dijo DiLeo—. Realmente no se rieron de mí, pero en el fondo lo hicieron.») Mike Egan incluso llamó a las oficinas de los Sixers el día antes del *draft*, diciendo a la recepcionista que era uno de los entrenadores de Kobe Bryant y que necesitaba hablar con Greenberg. Egan se quedó muy sorprendido cuando, más tarde, Greenberg le devolvió la llamada. Este dijo que no recordaba haber hablado con Egan, pero él describió en detalle su conversación:

Egan: Reconozco a un buen jugador. Es el mejor jugador del *draft*. Y, como aficionado de los Sixers, me arrepentiría si no te lo dijera.

Greenberg: ¿Qué te gusta de él?

Egan: Lo tiene todo. Es tan talentoso, tan agresivo, tan maduro, trabaja tan duro con toda esa habilidad innata…

Greenberg: No parecía muy maduro con esas gafas de sol en la cabeza.

Egan: Eso es probablemente lo peor que se puede decir de él.

Sin embargo, para Greenberg y muchos otros, Iverson era «el jugador más rápido e incluso el más duro del *draft*». La decisión era de Greenberg, y fue fácil: los Sixers elegirían a Iverson. Tellem había hecho su trabajo y sabía que solo dos equipos podían elegir a Kobe antes de que llegara el turno de los Hornets. El peor escenario era que lo eligieran los Milwaukee Bucks —que tenían el puesto de elección número cuatro y cuyo entrenador era un excompañero de Joe, Mike

Dunleavy— y lo exiliaran a Wisconsin. Pero Milwaukee eligió a Stephen Marbury, que, después de su primera temporada, había dejado Georgia Tech, cosa que lo convertía en una apuesta más segura a ojos de los *scouts* de la NBA. Más tarde, los Bucks traspasarían a Marbury a Minnesota por el jugador que los Bucks elegirían en el quinto lugar: el escolta de la Universidad de Connecticut, Ray Allen. «Brad Greenberg y Mike Dunleavy dijeron que, si hubieran tenido agallas, lo habrían elegido», recordó Tellem.

Eso dejaba el camino libre para los Nets, que tenían el octavo puesto de elección. Es decir, el fichaje de Kobe dependía de John Calipari y del nuevo director general del equipo, John Nash.

Los Washington Bullets no habían logrado tener un balance de victorias positivo durante los seis años de Nash como director general; en la primavera de 1996, dejó la franquicia con ese tipo de renuncia forzada que es común en todo el deporte profesional y que a menudo se anuncia públicamente con eufemismos: «Los Bullets rompen con Nash». Poco después, los Nets lo contrataron para que ayudara a Calipari, que nunca había trabajado en la NBA. Así pues, la cercanía de Nash con Kobe y su amistad con Joe Bryant concedían una pequeña ventaja a los Nets en el *draft*. Kobe fue a entrenar con ellos en tres ocasiones, y cada una fue más impresionante que la anterior. Willis Reed, vicepresidente de operaciones de los Nets y antiguo pívot de los Knicks, era un hombre de 2,09 con unas manos que cuando se abrían parecían un paraguas. Reed puso una de sus manos en el bíceps de Kobe, lo sacudió y dijo: «No eres tan pequeño». (Carbone se enorgullecía de ese cumplido.) En uno de esos entrenamientos, Kobe jugó un uno contra uno contra el exalero de la UCLA Ed O'Bannon, jugador de los Nets en 1995. Sin embargo, Calipari detuvo el duelo para probar el tiro de Kobe. Después de que Kobe encestara una serie de triples, Calipari le retó a lanzar desde más lejos.

—A ver qué eres capaz de hacer desde aquí detrás —le dijo.

Kobe lanzó cinco veces y las encestó todas.

—¡Qué demonios! —dijo Calipari—. ¿Cómo has hecho eso? Pensábamos que no sabías tirar bien.

Kobe negó con la cabeza: «Perfecto. Que la gente piense que no sé tirar. Mejor para mí».

Y también mejor para los Nets. West ya había llamado a Nash y le había ofrecido a Divac a cambio del octavo puesto de elección. Pero Nash había rechazado la oferta. Los Nets, le dijo a West, no estaban preparados para ganar inmediatamente. Querían construir un buen equipo con jugadores del *draft*. «Nos centramos en Kobe. Estábamos convencidos de que era nuestro hombre», dijo Nash.

El martes 25 de junio, la noche antes del *draft* de la NBA (que ese año se celebraría en el Continental Airlines Arena de East Rutherford, Nueva Jersey, el estadio de los Nets), Calipari y Nash invitaron a cenar a Joe y Pam Bryant y les comunicaron que los Nets elegirían a Kobe.

—Bueno —dijo Joe—, creo que Kobe en su segunda temporada ya será un All-Star.

Más tarde Nash declaró: «Cuando se fueron, ambos pensamos que era el típico padre con las expectativas demasiado altas. Sería increíble que lo lograra, pero tampoco esperábamos que lo hiciera».

Al día siguiente, poco después del mediodía, cuando faltaban más de siete horas para el *draft*, Kobe estaba en la cama del hotel donde se hospedaban todos los participantes. Tellem y Joe lo repasaron todo con él por última vez.

—Los Nets son nuestra opción más segura —le dijo Tellem—. ¿Todavía quieres ir a los Lakers? Aunque creo que lo tengo controlado, existe el riesgo de que algún equipo te elija. Si no te eligen los Nets, podrías acabar en un lugar que no te guste tanto como Nueva Jersey.

Kobe levantó la mano, agarró la camisa de Tellem y lo acercó hacia él.

—Para eso te contraté —dijo—. Y ya sabes lo que tienes que hacer.

Mientras tanto, Calipari y Nash estaban comiendo con Joe Taub, el hombre de confianza de los propietarios de los Nets, para informarle de sus planes para el *draft*. La idea de elegir a Kobe o a cualquier otro jugador de instituto no era del agrado de Taub, que prefería que escogieran al alero de Syracuse John Wallace. Es más, Taub creía que los Nets perderían tiempo y dinero con Kobe. El equipo solo había logrado dos temporadas con balance positivo en once años y estaba a la sombra de la otra franquicia de la NBA en Nueva York, así que Taub asumió que Kobe, de todos modos, se iría a la primera de cambio. «Los Nets tenían una desastrosa mentalidad de segunda clase por culpa de los Knicks. Pensaban que nunca los iban a superar», recuerda Nash.

Calipari y Nash regresaron a la oficina hacia las dos de la tarde. Entonces, Kobe llamó a Calipari, y Tellem llamó a Nash. Ambos transmitieron el mismo mensaje: Kobe apreciaba el interés de los Nets, pero no quería jugar para ellos. De hecho, si lo elegían, preferiría regresar a Europa y firmar con un equipo de allí, antes que conformarse a jugar en los pantanos de Jersey.

Tellem creía que, si surgía la posibilidad, Nash elegiría a Kobe. Calipari, en cambio, era más blando. Era un entrenador que quería agradar a los jefes, consciente de la cultura que esperaba crear en un nuevo equipo y por eso quería evitar el problema que suponía gestionar a un jugador que había dicho que no quería jugar para los Nets. Nash hizo su trabajo y se enteró del acuerdo entre los Lakers y los Hornets, pero a Tellem le echó una mano un sorprendente actor invitado: su principal rival, el agente David Falk. Falk representaba a Kerry Kittles y estaba trabajando para que los Nets lo eligieran en el octavo lugar. «Nos gustaba mucho Kerry Kittles —dijo Nash—, pero era nuestra segunda opción. Así que Falk llamó a Calipari y le aseguró que, si no lo elegíamos, nunca conseguiríamos uno de sus agentes libres.»

Nash creía que la amenaza de Falk era solo una estratagema del agente, pero para Calipari la presión cada vez era más insoportable. Mientras los dos hombres caminaban por las entrañas del estadio hacia el vestuario de los Nets, donde estaban cenando los miembros de la dirección del equipo, se cruzaron con Tellem, Falk y Vaccaro. Uno de los tres preguntó:

—¿Qué vas a hacer?

—Lo sabréis cuando elijamos —respondió Nash.

Aunque él tampoco lo sabía. De camino al vestuario, Nash intentó convencer a Calipari de que no hiciera caso a ninguna de esas amenazas y siguiera el plan, es decir, que eligiera a Kobe. «John, no te preocupes —le dijo Nash—, tienes un contrato de cinco años. Si fallamos en esta elección, no pasa nada. Nadie te va a despedir por eso.» Él tampoco supo cuál sería la decisión final hasta que, después de la cena, Calipari se levantó y dijo a los presentes: «Si Kerry Kittles está disponible, los Nets elegirían a Kerry Kittles. Si no lo está, elegiremos a Kobe Bryant».

«El viento dejó de soplar a mi favor», dijo Nash.

¿Kobe habría renunciado a los Nets para jugar en Europa? «No voy a responder a eso. Eso siempre quedará sin respuesta, dijo Tellem en 2020. Un movimiento así no habría sido inédito. Solo siete años antes, Danny Ferry, un jugador de Duke, número dos del *draft* en 1989, había firmado con un equipo italiano en lugar de fichar por los ridículos Clippers. No obstante, Ferry no tenía ni la publicidad ni un contrato tan suculento como Kobe.

«Kobe no hubiera rechazado ser el número ocho del *draft* para ir a Europa —dijo Vaccaro—. Es de sentido común. ¿Por qué no lo elegiste si era la mejor opción? ¿Acaso no te pagan para eso? ¿Quién se va a Italia en lugar de quedar octavo en el puto *draft* de la NBA? ¿Estás loco? ¿Qué iba a hacer en Italia? Esto es lo que pasa cuando una historia se basa en mentiras, que cada vez se hace más grande. Cuanto más grande eres como empresa, como individuo, como talento, más grande es la mentira. ¿Qué carajo? Kerry Kittles era un buen jugador. Era un buen profesional. Pero no digas que no elegiste a Kobe porque creías que se marcharía a Italia. Simplemente, hiciste lo que creías como profesional.»

Con unas telas gruesas y oscuras colocadas a lo largo del suelo de la cancha habilitaron una sala verde, donde los jugadores, vestidos con trajes demasiado grandes, se sentaron con sus familias y sus agentes a unas mesas al lado de un bufé. Nadie comía. Demasiados nervios. Sentados con Kobe estaban Joe, Pam, Sharia, Shaya, Chubby, John Cox, Sonny y Pam Vaccaro y Tellem. Gregg Downer y Mike Egan estaban en las gradas, mirando al comisario de la NBA, David Stern, cada vez que anunciaba una elección. Kobe podía escuchar a Stern a través de las cortinas, pero solo podía verlo en un televisor cercano. Joe y Pam se revolvieron y apretaron las manos de Kobe.

Iverson a los Sixers…

Marcus Camby a los Toronto Raptors…

Shareef Abdur-Rahim a los Vancouver Grizzlies…

«Si soy el número cuatro iré a Nueva Jersey, Sacramento o donde sea, pero no importa, soy el mejor.»

Antoine Walker a los Boston Celtics…

Lorenzen Wright a los Clippers como número siete…

«Si Calipari me elige, seré un gran jugador…»

Kerry Kittles a los Nets…

«Los Ángeles, ahí voy.»

Tod Fuller a los Golden State Warriors…

Vitaly Potapenko a los Cleveland Cavaliers como número doce…

«Venga, Kobe, ya falta poco.»

Cuando escucharon que Stern anunciaba que los Hornets habían elegido a Kobe, Downer e Egan respiraron complacidos. Charlotte no estaba lejos, podrían viajar por carretera a algunos de los partidos de Kobe. Joe tardó veinte minutos en librarse de las entrevistas posteriores y reunirse con todos los demás.

«Kobe, vas a ser un Laker», dijo.

Sin embargo, más tarde, resulta que no lo podría ser. Divac dijo que, antes que ir a los Hornets, prefería retirarse. Bob Bass, el director general, llamó a West para decirle que rompía el trato. «Bob, tenemos un trato, joder —le contestó West—. Vlade no se va a retirar. Confía en mí.» Tellem llamó a Bass y desató una lluvia de improperios que su asistente recordaría durante muchos años. Gritaba, daba patadas al suelo, tenía las venas del cuello a punto de reventar y echaba espuma por la boca. «Montó un auténtico escándalo», dijo Grabow, para obligar a Bass a cumplir con el acuerdo. Finalmente, después de que la esposa de Divac intercediera para que el jugador no se retirara, los Lakers y los Hornets cerraron el acuerdo el 1 de julio.

Para Kobe y Tellem, las consecuencias fueron duras y no se hicieron esperar. Uno era una *prima donna* de diecisiete años que dictaba sus condiciones a toda la NBA; el otro, el ideólogo de un plan que se prolongó durante todo el verano para que su cliente acabara en un destino favorable. Jerry Reynolds, director de personal de jugadores de los Sacramento Kings, dijo que «es deprimente que cualquier jugador que tiene la opción de entrar o no en el *draft* no respete las mismas normas que los demás». Timothy Dwyer, de *The Philadelphia Inquirer*, escribió que Kobe «no trabajó a su favor su juego de adolescente seguro que desanimó a muchos posibles compradores de sus zapatillas». El estrés de elegir a Kobe y fichar a O'Neal a mediados de julio sumió a West en un estado tan profundo de agotamiento y depresión que pasó varios días en el hospital. Kobe, sin embargo, había conseguido lo que quería, y no se sentía culpable por los medios que había utilizado ni cansado por el proceso.

«Ahora, soy un Laker —dijo a finales de verano—. Al principio estaba sorprendido. Pero, ahora, solo pienso en ganar el título. No voy a decir que espero tener una buena temporada como *rookie*, y que, si llegamos a la final de la Conferencia Oeste, ya está bien. No. No voy a decir eso. Quiero conseguir un campeonato. Quiero ganarlo ahora. Así va a ser todos los años. Si gano un campeonato el próximo año, el año siguiente diré: "Quiero conseguir otro campeonato. Shaq, vamos, hombre. Vamos. Vamos a conseguir otro. Michael consiguió cuatro. Consigamos cinco entonces. Consigamos cinco". Así es como va a ser a partir de ahora.»

Día de la Independencia, un concierto nocturno con Patti LaBelle y la Orquesta de Filadelfia, un espectáculo de fuegos artificiales en el Benjamin Franklin Parkway, a las puertas del Museo de Arte de Filadelfia, con una temperatura inferior a veinticinco grados y una brisa refrescante que limpia la noche después de una lluvia reciente. Ocho días desde el *draft* de la NBA, tres días desde que se hizo oficial el intercambio. Kobe, con una gorra de béisbol en la cabeza para que nadie lo reconozca, saliendo con su primo Sharif Butler.

Pero alguien lo reconoce.

No podía aguantarlo. Lo que la gente le decía era muy ridículo. Era tan estúpido cómo actuaban a su alrededor... Kobe había estado en una fiesta en el oeste de Filadelfia justo ese fin de semana, y mientras estaba en la puerta, una chica que no conocía se le acercó y le pidió que le prestara diez dólares para poder entrar en la fiesta. ¿Prestar? «No te preocupes —le dijo ella—. Te los devolveré. Enviaré el dinero por correo a los Lakers. Sé que tienes dinero.» ¿Te lo puedes creer? ¿Acaso era el banco nacional o algo parecido? «Lo siento —le dijo—. Solo llevo la tarjeta. Si aceptan Visa o Mastercard, no hay problema. Si no, ¿qué quieres hacer? ¿Romper la tarjeta por la mitad?» Pero era su actitud lo que lo enfurecía, su postura, como si tuviera que darle el dinero, como si tuviera derecho a pedírselo, aunque él no tenía ni idea de quién demonios era ella.

«No me fío de nadie», dijo después.

¿Confiar? Nunca más. La confianza ya no existe. La confianza estaba muerta. Una persona debería tener la inteligencia para ser discreta, para acercarse a él y susurrar: «¿Kobe Bryant? ¿Eres Kobe Bryant?». Eso habría sido lo más inteligente. Eso habría sido lo más educado. Pero no, ahí estaba con cientos de personas a su alrededor, y un tipo tuvo que girarse para mirarlo y gritar: «¡¿Kobe Bryant?!». Y ahora habían descubierto su tapadera, y había tanta gente que pedía, rogaba e insistía para lograr un autógrafo... «Firma esto para mí... Vamos, Kobe... Te vi ganar al Chester, hombre...», y no podía saber quién o qué podía saltar sobre él en cualquier momento. No había seguridad. Ni cacheos. Nada de eso. El tipo podía ponerse celoso y empezar una pelea. El tipo podía tener un arma...

—Tío —le dijo a Butler—, estoy incómodo. Esta es la última vez que salgo sin un guardaespaldas.

Se quedaron diez minutos más, media hora en total. Vieron los fuegos artificiales y se fueron. La gente lo había reconocido antes, pero ahora reaccionaban de forma distinta, esperaban algo de él, le pedían algo. Completos extraños con las manos extendidas. Y él no había reaccionado nunca como ahora, como si todos ellos fueran posibles criminales, como si cualquiera de ellos pudiera blandir algo terrible en sus manos. Ahora, esta era su vida.

El 27 de julio de 1996, Kobe, su amigo Kevin Sánchez y Anthony Bannister, los tres unidos por el amor al rap, conocieron a Charlie Mack, un guardaespaldas y promotor del actor y rapero Will Smith, en el Jewish Community Center, en Wynnewood. Kobe, Sánchez y Bannister formaban un grupo que se llamaba CHEIZAW, un acrónimo engorroso para un nombre engorroso: *Canon Homo Sapiens Eclectic Iconic Zaibatsu Abstract Worlds*. Mack había conocido a Kobe y a Joe Bryant gracias a las conexiones de los Bryant con la industria musical, y había accedido a escuchar algunas de las canciones del grupo. Durante tres o cuatro horas, sin contar el descanso de quince minutos que se tomaron Sánchez y Bannister para ir al McDonald's a por algo de comida, CHEIZAW rimó para Mack. Kobe se marchó sobre las seis de la tarde. Esa audición dejó un contrato de grabación para CHEIZAW un par de meses después, pero la carrera musical de Kobe apenas duró cuatro años. Sony lo despidió en el año 2000.

Esa misma tarde, un hombre enmascarado con una bolsa de pan asaltó un 7-Eleven en la City Avenue. Un testigo identificó a Sánchez, que tenía antecedentes penales, en una rueda de identificación donde se mostraron ocho retratos. Sánchez medía 1,80 y pesaba ochenta y cinco kilos. Sin embargo, el testigo dijo que el sospechoso medía 1,65 y pesaba setenta kilos. Aun así, tras dos días de juicio, en septiembre de 1998, Sánchez fue condenado por robo a mano armada y cumplió más de cinco años de prisión antes de salir libre en 2007. «No es culpa de Kobe que haya ido a la cárcel», dijo una vez. Había dado por sentado que no iba a perder el juicio. Por eso, no había insistido en que Kobe actuara como testigo a su favor. Así que Kobe nunca había testificado. Ahora eso también era su vida.

Iban pasando las semanas de aquel verano de 1996. Kobe estaba en Los Ángeles, en un gimnasio de la UCLA, estirando antes de correr un poco por la pista. Por la puerta entró alguien que aún no conocía.

«Tío, ese es Magic Johnson.»

Magic Johnson tenía treinta y siete años y había disputado treinta y dos partidos durante la temporada 1995-96. Los últimos treinta y dos partidos de su carrera en los Lakers. No era una antigua estrella. Ni siquiera era Michael Cooper, que hacía seis años que se había retirado.

—¿Cómo te va, hermano?

—Estoy entrenando —contestó Kobe.

Kobe enseguida se dio cuenta de cómo iba vestido Magic: pantalones cortos, una camiseta de tirantes y zapatillas.

«Voy a jugar contra Magic. Genial.»

Estuvieron en el mismo equipo durante los primeros partidos, trabajando por su cuenta o jugando el uno contra el otro. Luego se separaron. El equipo de Kobe ganó tres partidos. Magic, contrariado, volvió al día siguiente y ganó tres él mismo, las bromas volaban entre ellos como si fueran granos de maíz en una sartén.

«Recuerdo una vez que queríamos hacer un *pick and roll*, y le obligamos a salir. Así que estoy solo con Magic. Estoy mirando, sin prestar mucha atención y me digo: "Espera, tengo a Magic sobre mí. Voy a llevarlo al aro". Así que voy hacia canasta para hacer una bandeja desde el lateral, y él trata de hacerme una falta. Otro tipo viene y se levanta desde la línea de fondo, así que lo aguanto y la meto por el otro lado, sin tocar el tablero. Y me dice: "Buen movimiento, tío. Muy bueno"», dijo Kobe más tarde.

No hay público. No hay vítores. No hay un título en juego. Solo está Magic, el hombre con la sonrisa más famosa del mundo, con una pregunta que no verbaliza, la pregunta que más importa en cada cancha de baloncesto: ¿qué es eso que tienes? Sin envidias ni resentimiento. Sin quejas. Solo es Magic reconociendo a uno de su clase. «Buen movimiento, tío. Muy bueno.» Ahora, esa también era su vida.

«Mi sueño y mi objetivo siempre ha sido jugar al baloncesto en la NBA. Siempre me ha gustado el juego. Me encanta el olor del cuero, la madera dura, el parqué de la cancha, el ruido de la red. Simplemente, me encanta este juego. No sé de dónde viene. Siempre ha estado ahí.»

Kobe Bryant

20

Gimnasio abierto

En su casa de Marina del Rey, frente al Jerry's Famous Deli, Elissa Fisher Grabow se preguntaba qué le diría a Kobe Bryant cuando él la llamara, porque mientras él lanzaba un *air ball* tras otro en el Delta Center de Salt Lake City, ella sabía que en algún momento la llamaría.

Como asistente de Arn Tellem, Grabow cumplió una función vital en la temporada de *rookie* de Kobe con los Lakers: era la única persona normal en su vida que no tenía nada que ver con el baloncesto, que estaba allí para ayudarle a hacer la transición del instituto a la NBA. Ella no seguía el baloncesto, no veía un partido a menos que uno de los clientes de Tellem jugara, pero este sí lo vio por televisión: el quinto partido de las semifinales de la Conferencia Oeste. Los Jazz de Utah contra los Lakers. Kobe lanzando el tiro que podía darle la victoria al final del último cuarto... y fallándolo. Lanzando tres tiros más en la prórroga... que tampoco entraron. Los Lakers acababan su temporada de más de ochenta partidos con una derrota por 98-93.

Se podría decir que Grabow era una solucionadora de problemas, pero ese término no refleja del todo lo que hizo por Kobe. Él la llamaba «E», siempre «E». Antigua profesora de preescolar y apenas once años mayor que él, Grabow se consideraba de la misma generación que Kobe o, al menos, lo suficientemente cercana a ella como para poder comunicarse con él mejor de lo que a menudo lo hacía Tellem. Ella no necesitaba nada de él. Estaba allí solo para ayudarle, y supuso que en ese momento necesitaría su ayuda. Seguramente, estaría angustiado. «Maldita sea, ¿cómo voy a levantarle el ánimo?»

Y por fin la llamada telefónica. Kobe no se había molestado en esperar a que el avión del equipo de los Lakers aterrizara en Los Ángeles. Todavía estaba en el aire cuando la llamó.

—Que me abran el gimnasio de Palisades —le dijo—. Quiero ir a tirar.

El instituto Palisades estaba situado a menos de cinco kilómetros de la casa de Kobe. Aquella breve petición no pudo ser más clara para Grabow. Tenía que despertar a quien tuviera que despertar, llamar a quien tuviera que llamar, hacer lo que tuviera que hacer para que él pudiera acceder al gimnasio de la escuela esa noche. No estaba enfadado. Su voz no temblaba ni mostraba ningún indicio de sentirse avergonzado por su actuación. Eran más de las diez de la noche, hora de la Costa Oeste, un lunes de mayo. A la mañana siguiente había colegio.

—Asegúrate de que esté abierto —insistió Kobe.

Quizás esa terrible noche se veía venir desde hacía tiempo. Tal vez el bochorno de esos *air balls* fuera fruto del karma por una conversación que mantuvo con Tellem el verano anterior a su año de *rookie*, por esos once meses demostrando todas las cualidades que lo convertirían en un increíble jugador de baloncesto y que, en aquel momento, hacían pensar que podía ocurrirle lo mismo que a Ícaro. Kobe y Tellem discutían sobre todo tipo de temas —deportes, política, música, historia—, y cierto día Tellem le preguntó qué pensaba sobre la perspectiva de enfrentarse a John Stockton, el base de los Jazz.

—Bueno —dijo Kobe—, crecí jugando contra todos esos tíos de la Liga Católica. Jugué contra un montón de chicos así.

Tellem se quedó atónito. Comprendió de inmediato a qué tipo de chicos se refería Kobe: chicos que arañan y arañan y que juegan una defensa siempre agresiva y a menudo un poco sucia, chicos que son bajitos y peleones y blancos. «Este es el puto John Stockton», le recordó a Kobe. Ya sabes, John Stockton, miembro del Dream Team de Estados Unidos en los Juegos Olímpicos de 1992 en Barcelona. John Stockton, que había liderado la NBA en asistencias en cada una de las nueve temporadas anteriores, que llegaría a jugar en diez All-Star y a establecer los récords de la liga en cuanto a asistencias y robos, que entraría en el Salón de la Fama. John Stockton, a quien Kobe estaba reduciendo a un estereotipo cultural.

—No hay problema —dijo Kobe—. Sé quién es John Stockton.

Un periodista de ESPN le había preguntado: «¿Tienes algún partido marcado en el calendario?», y Kobe había dicho: «Por supuesto que no», lo cual era..., ¿cómo decirlo?..., mentira. «Sabéis muy bien que tengo ganas de ir a Charlotte —había dicho después—. Los 76ers, el 26 de noviembre, estoy esperándolo. Quiero una recompensa por Stackhouse.» Seguía librando las guerras de su padre, tal y como había aprendido a hacer en Italia, tal y como Anthony Gilbert había visto en aquellas canchas de barrio. «Se lo había oído decir a Joe: estaba adelantado a su tiempo. Nunca tuvo su oportunidad —dijo Tellem—. Un hijo absorbe y recoge estas cosas desde la infancia, y su familia estaba muy unida. Kobe lo asimiló todo, y le ayudó a dar forma a quién era.» Grabow siempre pensó que la arrogancia de Kobe era una fachada, un mecanismo utilizado por un adolescente ambicioso para llegar a donde quería. Para ella, ¿qué otra cosa podía ser? Tras finalizar su acuerdo con Adidas y el contrato de tres años y 3,65 millones de dólares que firmó con los Lakers, después de comprar una casa en lo alto de una colina en Pacific Palisades, Kobe había recibido allí a Grabow con Joe, Pam y Shaya, que se habían mudado con él, y con Sonny y Pam Vaccaro, que vivían a unas cuantas casas de distancia. La casa de Kobe era espectacular: un exterior totalmente blanco, vista panorámica del océano, suelos de mármol blanco en el interior, una escalera de caracol, sofás con almohadas gigantes y acogedoras, y aromas siempre presentes de azúcar de vainilla, de galletas calentándose en el horno, de pollo frito casero de Pam y de los macarrones con queso que tanto le gustaban a su pequeño; eran una madre y una familia que lo acogían, lo cuidaban, que alimentaban su alma.

«Para mí es muy sencillo —dijo Kobe antes de su primera temporada con los Lakers—. Crecí en Italia. No tenía a nadie en quien confiar más que en mis hermanas, mi madre y mi padre. A partir de ahí, construimos una relación fortísima, una gran amistad, y cuando volvimos aquí, la pusimos en práctica. Cuando veía que mis compañeros de clase no se llevaban bien con sus hermanos, y discutían y decían "la odio" o "no me gusta" o lo que fuera, yo, simplemente, no podía esperar a llegar a casa para ver a mi madre y a mi padre, para disfrutar del ambiente familiar que tengo, porque sé que no va a estar ahí para siempre. [...] Por eso es tan importante que mi madre y mi padre vengan a vivir conmigo, para que pueda disfrutar de su compañía. Luego, cuando llegue el momento de abandonar el nido, cambiará. Pero voy a disfrutar ahora mientras los tenga, porque nunca se sabe lo que puede pasar.»

Gregg Downer y Jeremy Treatman volaron a Los Ángeles para hacerle una visita, que coincidió con el inicio de la temporada regular de los Lakers; se encontraron a Sharia y Shaya sentadas en la cama de Kobe comiendo palomitas durante una noche de cine familiar. El armario de Kobe, del tamaño de un hangar de avión, estaba lleno de camisetas de los Lakers y ropa de Adidas y de diseño (Tommy Hilfiger, Perry Ellis, Guess, Polo) que las empresas le habían mandado. Era muy extraño, le dijo Kobe a Treatman. Pensó que tendría dinero para comprar las camisetas y las zapatillas que quisiera, pero resulta que los ricos no tenían que comprar cosas, porque todos querían que llevara su ropa y sus productos. Así que las empresas subían los precios a los pobres, pero a él le daban las cosas gratis. «Eso me hizo dudar.»

—Mostraba inocencia ante lo que le ocurría —dijo Downer—. Era ingenuo y desprendía cierta ternura.

Les enseñó la casa. La zona alrededor de su cama estaba vacía salvo por dos objetos: una cinta VHS de la temporada de Lower Merion, con un montaje de lo más destacado que Treatman había producido y ambientado con la canción *One shining moment*, la banda sonora de la cobertura de la CBS del torneo de baloncesto masculino de la NCAA, y su medalla de campeón estatal, que colgaba de uno de los postes de la cama.

—¿Dónde está todo lo demás? —preguntó Treatman.

—¡No necesito nada más! —dijo Kobe—. Esto es todo lo que necesito hasta que empiece a conseguir cosas en la NBA.

Era perfecto, quizá demasiado perfecto, era como si Kobe hubiera puesto ahí esos recuerdos a propósito, solo para que Downer y Treatman los vieran. No, dijeron, Kobe no haría eso. Kobe simplemente amaba Lower Merion.

Aquella inocencia no era una fachada, como creía entonces Grabow. La inocencia y la arrogancia podían arremolinarse en el interior de Kobe al mismo tiempo, y manifestarse en diferentes escenarios y de distintos modos. Tres semanas antes del campamento de entrenamiento, se había roto la muñeca durante un amistoso en Venice Beach. «No iba a impedirme hacer lo mío», dijo. No, pero Del Harris sí lo hizo. La muñeca de Kobe se curó a tiempo para que pudiera disputar un par de partidos de pretemporada, pero en uno de ellos, después de hacer un vistoso movimiento y fallar un tiro en suspensión, Kobe se acercó a la banda solo para que Harris le amonestara: ese tipo de cosas podían haber funcionado en el instituto, pero no funcionarían en la NBA. «Mierda —pensó Kobe—. Va a ser una temporada muy larga, joder.» Y desde su perspectiva, lo sería. El hecho de que Del Harris hubiera entrenado a Joe en Houston años antes no le concedía a Kobe ninguna ventaja especial con él, y a cambio Kobe tampoco se lo ponía nada fácil.

¿Qué hacía Harris dejando a Kobe en el banquillo durante dos partidos a finales de noviembre, haciéndole jugar menos de diez minutos en el United Center en diciembre, en su primer partido contra Michael y los Bulls, y haciéndole jugar solo tres minutos más en la revancha de los equipos en febrero? Claro, los Lakers habían ganado seis partidos. Claro, Shaquille O'Neal tomó a Kobe bajo su tutela, hasta el punto de que Kobe le invitaría a comer a casa y diría: «Shaq es como mi hermano mayor. Estamos unidos desde el primer día». Claro, Kobe había anotado treinta y un puntos en el partido de los *rookies* de la NBA. Pero se quedaría pensando en lo que no hizo, o en lo que Harris no le permitió hacer. No importaba que Kobe hubiera jugado setenta y un partidos en la temporada regular, con una media de 15,5 minutos y 7,6 puntos por partido, una gran carga de trabajo para un *rookie* de dieciocho años. No importaba que Harris no frenara en absoluto el ataque de Kobe, que promediara 13,8 tiros cada treinta y seis minutos, el segundo índice más alto de todo el equipo, por delante de los escoltas titulares Eddie Jones y Nick van Exel, y solo por detrás de O'Neal. No importaba que Kobe hubiera jugado veintiún minutos en su primer partido en Filadelfia, en una victoria sobre los Sixers, anotando doce puntos mientras sus entrenadores y amigos de Lower Merion le animaban. No importaba que Harris confiara en él lo suficiente como para hacerle jugar más de veintiocho minutos en el quinto partido contra los Jazz, y que con el partido empatado al final del último cuarto reuniera a los Lakers y ordenara una jugada para Kobe. Que el chico subiera el balón. Que se enfrentara a Bryon Russell, el mejor defensor de Utah. Que el jugador más joven de la NBA determinara el destino en la temporada de una de sus franquicias más condecoradas. Todo lo que Kobe vio fueron cadenas y grilletes. Todo lo que Kobe vio fue a Allen Iverson jugando cuarenta minutos y anotando veintitrés o veinticuatro puntos cada noche para los Sixers, a Kerry Kittles jugando treinta y seis minutos y anotando unos diecisiete puntos por partido para John Calipari y los Nets, y a un entrenador en Los Ángeles que le estaba frenando y enterrando en el banquillo por despecho.

«Está en contra de todo lo que estoy haciendo, viniendo a la liga en primer lugar —dijo después de la temporada, explicando su reacción a la dirección de Harris—. Solo se dedica a buscar cualquier excusa para machacarme durante toda la temporada. Es gracioso porque la gente no quiere ver lo que pasa o no sabe lo que pasa. Pero creo que es imposible no ver lo que está pasando. Shaq me había dicho un par de veces: "Entra ahí y haz lo tuyo. Juega tu juego. Deja que el juego venga a ti, pero sal ahí y haz lo tuyo. Si te saca, te saca. Lo hará de todos modos". Siempre busca un momento para sentarme e intentar que me frustre. Pero ni siquiera me importa. Que se joda.»

Estaba aislado —¿cómo no iba a estarlo?—, hambriento de independencia, pero poco acostumbrado a ella. Sus compañeros de equipo eran hombres. Él no lo era del todo. Cada vez más, a medida que avanzaba la temporada, no conducía de vuelta a Pacific Palisades inmediatamente después de los partidos, sino que llamaba a Grabow. «Quiero ir a tu casa.» No quería volver a casa, pero no tenía otro sitio al que ir. Ella tenía veintinueve años, como su otra hermana mayor. Le preparaba *brownies* y, a veces, veían durante horas episodios de *Mr. Bean*, comedia británica de la HBO. «Estaba obsesionado con *Mr. Bean*», dijo Grabow. Pero a veces, cuando ella organizaba una cena o su compañera de piso invitaba a sus amigos, él también iba por allí. Se sentaba en el sofá de Grabow en una habitación separada de todos los demás, con la televisión encendida, sin la seguridad suficiente para presentarse, incómodo, hasta que las reacciones de los asistentes a la fiesta pasaron de ser: «¡Es un Laker!» a «¿Qué hace este tío aquí otra vez?».

«No terminaba de entrar en mi círculo social —explicó Grabow más tarde—. Kobe no tenía grandes habilidades sociales; no se sentía cómodo hablando con extraños. Pero confiaba en mí, y confiaba en muy poca gente. Así que fue como "Vale, seguiré haciendo de niñera".»

«Le encantaba que le cuidaran. Pero vi un cambio, que era normal, de "ya no quiero estar con mis padres. Ya no quiero eso. Quiero ser un adulto". Estaba tan desesperado por demostrar que todo el mundo se equivocaba..., porque todo el mundo decía: "Eres un fraude". Parecía que tenía una visión en túnel: "Voy a conseguirlo".»

Excepto que ahora esa visión en túnel había propiciado ese insoportable tramo del partido contra los Jazz: un tiro desde los cuatro metros y tres triples en cinco minutos, y todos lejos del aro... ¿había algo comparable? Tal vez un cantante que se olvida de la letra del himno nacional o la desintegración del Hindenburg, un estrangulamiento o un colapso o una catástrofe tan explícita y pública que, si la estuvieras viendo, te sentirías obligado a extender la mano y ofrecer al pobre chico algo de ayuda..., y este chico diría: «No, no te necesito. Estoy bien.

Que te den por culo. Puedo hacerlo yo mismo. Asegúrate de que el gimnasio esté abierto».

Grabow colgó el teléfono. Kobe tenía un problema. Ella lo solucionaría. Llamó a los administradores y entrenadores del instituto Palisades. Irían a la escuela en mitad de la noche, abrirían las puertas y dejarían a Kobe todo el tiempo que necesitara. Una vez allí, se quedaría toda la noche, vería salir el sol, y luego haría que Joe Carbone le sometiera a otros tres días de entrenamientos, ejercicios, pesas, hasta que sus piernas y su salto volvieran a ser suyos. Pero primero el avión de los Lakers tenía que aterrizar. Lo hizo, a las 2.00 de la madrugada.

Desde el aeropuerto, condujo directamente a Palisades High, sin pasar por casa. Los periódicos no habían salido todavía, así que por supuesto no podía leerlos. No podía leer la historia que se avecinaba en *The New York Times*, que describiría sus cuatro *air balls* como «una escena sacada de Ripley's». O el columnista de San Bernardino, que escribiría desconcertado: «¿Cómo es que la pelota está en sus manos para el tiro final con el marcador empatado?». En el último partido de la temporada, los Lakers trataron a Kobe como si fuera Michael Jordan. En el vestuario, podría haber escuchado a Van Exel decir a *Los Angeles Times*: «Va a ser un gran jugador en esta liga, pero quizá la temporada le ha pasado factura en esos triples. Se quedó un poco corto». Tendrían que pasar algunos días más para que el alero de los Rockets Matt Bullard dijera: «A los dieciocho años, no había lanzado cuatro *air balls* en mi vida. Creo que eso refuerza la idea de que los chicos jóvenes no son capaces de tirar. No trabajan su tiro. Trabajan el juego a campo abierto y machacar a los rivales con mates». Se lo tragaba todo, le decía a todo el mundo que ninguna de esas críticas le molestaba, cuando en realidad cada desaire, cada duda, cada reserva sobre su futuro se infiltraba en su ser como un germen y ardía en su cerebro como si fuera fiebre. Chester. Utah. El *draft*. Del Harris. Lo leía todo. Siempre lo hizo.

Entró en el aparcamiento. Una medalla de campeón del estado en el poste de su cama. Colores púrpura y oro en su armario. Nada había cambiado. Y todo estaba cambiando. Tenía dieciocho años y estaba solo en el gimnasio de un instituto, con zapatillas de deporte en los pies y un balón de baloncesto en las manos. El mundo lo consideraba un fracasado. Eso estaba bien. Eso era lo ideal. La mayoría de la gente no lo veía de la forma en que él se veía a sí mismo. No veían lo que había hecho y lo que todavía estaba dispuesto a hacer para convertir sus sueños en algo duradero, en el núcleo y la piedra filosofal de una vida imposible de conseguir. No conocían su historia, no del todo, todavía no. Un niño que debía su nombre a un restaurante. Un niño que había unido a una comunidad. Un adolescente cuya juventud empezaba a adentrarse en la distancia y la oscuridad de su memoria. Se darían cuenta. Él se aseguraría de que lo hicieran. Tenía tiempo. Tenía mucho tiempo.

El primer tiro salió de la punta de sus dedos.

EPÍLOGO

Su historia y su voz

Jeremy Treatman estaba sentado en la sección 121 del Wachovia Center en Filadelfia del Sur. A su alrededor retumbaba el sonido de la pirotecnia que suele acompañar a las presentaciones de los jugadores antes de un partido de la NBA. Era una noche de sábado de finales de invierno, en marzo de 2007, y Treatman había asistido al estadio (ahora llamado Wells Fargo Center) para ver jugar a Kobe y a los Lakers contra los Sixers. Esa misma mañana, Treatman había estado con Kobe y había hablado con él durante su visita anual a Lower Merion. Habían estado charlando sobre la dinámica entre Kobe y los aficionados del equipo de Filadelfia. Sobre la reticencia de estos a acoger a ese hombre —que por aquel entonces era un joven de veintiocho años— cuyo comportamiento sugería que se consideraba superior a ellos. Kobe había disfrutado tanto con la victoria a cinco partidos de los Lakers sobre los Sixers en la final de la NBA en 2001 —había llegado a decir que deseaba «arrancar el corazón» de los Sixers y de sus seguidores— que muchos aficionados del equipo de Filadelfia todavía le guardaban rencor. Su personalidad podía parecer superficial. Kobe parecía carecer de autenticidad, y no hay un pecado mayor entre una población tan provinciana. Sin embargo, Treatman se mantenía fiel y creía que la gente llegaría a considerarlo mejor.

—Creo que ama Filadelfia —dijo Treatman—, que le gusta Filadelfia y aprecia la ciudad.

Había más de veinte mil personas, estaba lleno hasta la bandera. Hacía tiempo que los Sixers estaban de capa caída, y los

Lakers no estaban haciendo una gran temporada. Habían pasado tres años desde que llegaron por última vez a las Finales y cinco desde que ganaron el tercero de sus tres anillos consecutivos con Shaquille O'Neal y Kobe como pilares. Gran parte de la culpa de esa mediocridad se achacaba a Kobe. En septiembre de 2004, los cargos de agresión sexual contra él habían hecho aumentar el desprecio hacia su persona: si antes la gente creía que era vanidoso y desagradable, ahora también era un monstruo. Estaba inmerso en una lucha de poder con O'Neal para determinar quién sería finalmente la estrella de los Lakers, y esa batalla la ganaría el frío y calculador Kobe Bryant, no el campechano O'Neal. O'Neal fue traspasado a Miami al acabar la temporada 2004; los Lakers habían tenido problemas desde entonces; y Phil Jackson se había apresurado a señalar a Kobe como el principal problema, el responsable de la desaparición de la dinastía. Sin embargo, Treatman se mantuvo firme en creer que la redención estaba esperando a su viejo amigo.

«Cuando acabe su carrera aquí —dijo Treatman—, lo van a querer de verdad. Apuesto a que su último contrato será con los Sixers. Tengo un presentimiento.» No había habido ninguna insinuación aparente de que Kobe hubiera considerado terminar su carrera como jugador en Filadelfia, pero la sugerencia de Treatman tenía cierto peso, dada su historia y su relación. Después del partido, una derrota de los Lakers por 108-92, le pregunté a Kobe en el vestuario sobre la posibilidad de que jugara con los Sixers algún día: él se aclaró la garganta antes de responder, sopesando su respuesta: «Estaría bien jugar aquí. Cuando iba al instituto solo pensaba en eso».

Era la típica respuesta de Kobe. ¿Intentaba decir exactamente la frase apropiada para una audiencia en particular a pesar de que no fuera cierta? Su lavado de imagen estaba en su mente, y sus declaraciones parecían formar parte de un esfuerzo coordinado para limpiar su legado.

Esa multitud exhausta había reaccionado negativamente a todas y cada una de las acciones de una actuación de veintisiete tiros y treinta puntos. Habían abucheado a Kobe en la presentación, habían celebrado cada uno de los quince tiros errados, se habían mofado de él en cada una de sus cuatro faltas personales y habían emitido un gemido de respeto a regañadientes cada vez que había anotado un tiro en suspensión o se había retorcido, como un hombre de plástico, en torno a varios defensores para encestar una acrobática bandeja. Pero antes, durante el día, en Lower Merion, el tono había sido muy distinto. Los estudiantes solo veían a una superestrella dispuesta a pasar un tiempo con ellos. «Mucha gente no sabe que cuando vuelo me gusta regresar a mis lugares preferidos —dijo Kobe—. Mucha gente piensa que lo he olvidado todo. Pero no es así, y cuando más entienden eso, más parte de mí conocen.»

Otra típica respuesta críptica de Kobe. ¿Cuál es el verdadero Kobe Bryant? Cuando Kobe habló con los medios, Jeremy Treatman se había ido del Wachovia Center. Kobe ganaría dos campeonatos más de la NBA con los Lakers, en 2009 y 2010, y la idea de que los dejara por cualquier equipo, y mucho menos por los Sixers, siempre parecía ridícula. Pero Treatman salió del edificio esa noche creyendo que Kobe necesitaba volver a la zona de Filadelfia, donde había entrado por primera vez en contacto con el público, para cerrar adecuadamente su carrera. La ciudad de Los Ángeles llegaría a considerarse como el hogar de Kobe, pero él no había nacido allí, y solo aquellos que lo habían guiado y fueron sus amigos durante esos primeros años de vida eran capaces de apreciar lo mucho que ese tiempo lo había moldeado. Treatman creía que todo lo que uno necesita saber sobre Kobe hunde sus raíces en la época de Lower Merion. Fue allí donde se forjaron su personalidad y su carácter, donde se manifestaron por primera vez.

Conozco a Treatman desde 1996. Nos conocimos poco después de que Kobe terminara el instituto y se fuera a la NBA. Justo después de terminar un viaje, y antes de empezar otro. En 2009, Treatman había contactado conmigo para colaborar en un nuevo libro. Se centraría en el último año de Kobe en Lower Merion. A finales de la década de los noventa, Treatman había grabado unas entrevistas con Kobe para publicar unas memorias. No encontró las grabaciones, pero conservaba las transcripciones de muchas de ellas, y, además, todavía mantenía el contacto con Gregg Downer, Robbie Schwartz y muchos de los integrantes de los Aces de 1995-96. ¿Nos echaría una mano Kobe? Seguramente no. Pero tal vez podríamos robarle un par de minutos en el vestuario, después de un partido. Sería suficiente. Podíamos sacar adelante el proyecto.

Pero no pudimos. Al menos, en ese momento. Me ofrecieron un trabajo en Nueva York que no podía rechazar, tuve que mudarme y descartamos el proyecto.

No obstante, la muerte de Kobe y la veneración póstuma que suscitó resucitaron el proyecto con más intensidad. Como había estado escribiendo sobre él en mi columna, podía ser mucho más profundo. Había mucho material, pero parecía que ciertas anécdotas sobre él, que se habían repetido hasta la saciedad, se explicaran por sí solas. Además, por culpa de las controversias de su vida desde entonces, el camino hacia el título estatal en Lower Merion, a pesar de su dramatismo, se había pasado por alto en su biografía: un equipo de baloncesto de instituto, uno cualquiera, ganó un campeonato que no habría ganado de no ser por su figura. Era una historia que merecía ser contada con la mayor sinceridad y exactitud. Examinando el contexto del ascenso de Kobe descubrí que había mucha gente —Downer, John Cox, amigos de Kobe, entrenadores, compañeros de equipo, rivales— que estaba dispuesta a ayudarme a contar aquella historia. Estoy agradecido a todos ellos, particularmente a Treatman. Hablamos largo y tendido, y me facilitó las transcripciones de sus entrevistas, que fueron muy valiosas porque en ellas aparecía el pensamiento de Kobe sin filtros.

El 22 de diciembre, tres noches antes de Navidad, me llamó. Estaba a punto de mudarse de su casa de Manayunk a Boca Ratón. Había estado limpiando su garaje y cargando su coche para el viaje.

—He encontrado las grabaciones —me dijo.

Todavía no entiendo que no se me cayera el teléfono al suelo.

A la mañana siguiente, temprano, conduje durante cuarenta y cinco minutos desde mi casa a la suya. Ambos llevábamos la mascarilla para protegernos de la covid-19. Metió la mano en una caja de cartón de un estante y sacó una bolsa de plástico con veinte cintas de casete y una grabadora. Algunos de los casetes tenían escrito «KOBE». En uno ponía «JOE». No todos eran entrevistas con Kobe, pero la mayoría sí. En las cintas, había algunos destellos del hombre y del atleta en que se convirtió, especialmente en un fragmento en el que hablaba de cómo se enfrentaría a su carrera en la NBA.

—Tienes que darte cuenta de que, cada noche, un tipo puede salir y machacarte —dijo—. Tienes que estar preparado, y sé que voy a prepararme. Si un tipo sale y me machaca, no voy a quedarme sentado y dejar que lo haga. Voy a hacer todo lo que pueda para detenerlo, y si me pasa por encima, tendré que mirar la cinta de vídeo para ver lo que hizo para ganarme. Y la próxima vez que juegue contra él, voy a saber todos sus movimientos. Voy a saberlo todo.

Escuchar esas cintas, escuchar a Kobe a los dieciocho y diecinueve años, era como recibir un azote escalofriante, como si un espíritu triste y melancólico se hubiera colado en la habitación. Aunque me puse en contacto con Vanessa, Joe y Pam Bryant, y les pedí que hablaran conmigo para este libro (también se lo pedí a Sharia y Shaya, a través de sus padres), se negaron. Sería obsceno no entender y aceptar su reticencia. Mi esperanza es que algún día tengan la oportunidad de escuchar esas cintas y que la voz de Kobe les aporte algo más allá del dolor y la pena, tal vez algo más cercano a la alegría.

Agradecimientos

En el que fue, por muchos motivos y para muchas personas, uno de los peores años, tuve la fortuna de tener muchas razones para estar agradecido. Obviamente, la covid-19 generó obstáculos a la hora de investigar y de escribir sobre Kobe Bryant, pero gracias a la generosidad de desconocidos, de allegados y de amigos creo que pude superar la mayoría de las dificultades. O eso espero.

Durante la primavera y el verano de 2020, Gregg Downer y yo nos reuníamos una vez por semana en su casa para mantener una larga entrevista, respetando la distancia social. No pasó mucho tiempo hasta que esas conversaciones —ante la presencia de su hija— se convirtiesen en un estímulo vital durante la pandemia. Estoy en deuda con Gregg, Colleen y Brynn Downer. Y también, por supuesto, con Jeremy Treatman.

Mike Egan hizo más que compartir historias inéditas de Kobe. Apenas pude contener mi entusiasmo —estoy seguro de que cualquier periodista conoce bien esta sensación— cuando me entregó una caja repleta de notas, documentos y recortes de periódico de los dos años en los que estuvo entrenando a Kobe y me dijo: «Quédatela el tiempo que la necesites». También hay que decir que Mike tiene un gusto impecable para la prensa deportiva y la cerveza.

Danya Tolbert y Doug Young me ayudaron con dedicación a comprender la historia y la realidad de Lower Merion antes, durante y después de la llegada de Kobe. Están a la cabeza de una larga lista de personas que lo dieron todo y más a la hora de responder mis preguntas sobre temas que abarcaban desde los Bryant hasta el baloncesto en Filadelfia o la vida en Main

Line. Esa lista incluye, aunque no exclusivamente, a Amy Buckman, Joe Carbone, Donnie Carr, John Cox, Lynne Freeland, Susan Freeland Barber, Drew Downer, Anthony Gilbert, Elissa Fisher Grabow, Frank Hartwell, Wendell Holland, Ashley y Mo Howard, Phil Martelli, Evan Monsky, Keith y *Speedy* Morris, John Nash, Sam Rines Sr. y Jr., Robbie Schwartz, Sultan Shabazz, Guy Stewart y Julius Thompson.

Me hubiese encantado asistir a uno de esos cursos de inglés de secundaria que imparte Jeanne Mastriano.

Sean Hughes y Sara Stout me abrieron las puertas del instituto Lower Merion y de la escuela Bala Cynwid para poder andar por donde lo hizo Kobe y ver lo mismo que él vio.

Ted Goldsborough y Jerry Francis de la Lower Merion Historical Society me ofrecieron la oportunidad de viajar al pasado de la comunidad para adentrarme en el de Kobe.

Al Tielemans fue generoso y amable al proporcionarme varias excelentes fotografías de Kobe.

Regina Ventresca Creedon y Meghan Mueller Creedon dedicaron amablemente su tiempo a traducir y transcribir un libro entero, uno que estaba escrito en italiano, para enriquecer y mejorar mi conocimiento sobre los años en que los Bryant estuvieron viviendo en Europa.

El apoyo que me brindaron mis editores en el *The Philadelphia Inquirer* (Michael Huang, Pat McLoone, Gary Potosky, Shemar Woods) mientras escribía este libro fue tan férreo y tenaz como el que me ofrecen con el trabajo que realizo allí.

Varios de mis compañeros compartieron su conocimiento y me ayudaron a encontrar las palabras adecuadas para contar la historia de Kobe: Kevin Armstrong, Dan Barbarisi, Zach Berman, Jerry Brewer, Scott Cacciola, Dom Cosentino, Ray Didinger, Bob Ford, Dan Gelston, Mike Jensen, Abbott Kahler, Tyler Kepner, Rob Knox, Ian O'Connor, Keith Pompey, Mike Sager, Ben Shpigel, Mike Vaccaro, Seth Wickersham, Adrian Wojnarowski. Sus contribuciones han sido esenciales, tanto como su amistad.

Susan Canavan ha sido todo lo que puede pedirse en una agente literaria desde el momento en que le propuse ser mi representante. Ha luchado por este libro desde su concepción. Nunca podré agradecérselo lo suficiente.

Durante nuestra primera conversación de trabajo, Pete Wolverton me prometió que editaría rigurosamente este manuscrito y que, en consecuencia, el libro mejoraría sustancialmente. Estaba en lo cierto. Fue el mejor editor para este proyecto.

Mike y Lauren Triana me ofrecieron tantos buenos consejos que, de no ser por ellos, este libro seguramente no existiría.

Todo el esfuerzo que ha supuesto escribir este libro ha sido más llevadero gracias al apoyo que he recibido de mis amigos y familiares; el final del camino parecía estar más cerca a su lado. Gracias por bendecirme con vuestro buen humor y vuestra simpatía.

Soy afortunado por tener una familia repleta de amor, lealtad y carcajadas: Jessica, Martin, Regan y Patrick Cunningham; Bob y Pam Zilahy; Chuck y Ann Sielski. Mi esposa, Kate, y mis hijos, Evan y Gabe, me enorgullecen cada día. Mi corazón es suyo. Siempre lo será.

MIKE SIELSKI
Marzo de 2021

Notas y fuentes

Entre las entrevistas con Kobe Bryant que ya había transcrito y las cintas de radiocasete que todavía no, Jeremy Treatman me proporcionó más de treinta mil palabras sobre los pensamientos y las experiencias de Kobe durante su carrera en Lower Merion y a lo largo de su primera temporada con los Lakers. Treatman también le hizo una entrevista a Joe Bryant, que descubrí entre las cintas. Al citar esas fuentes, he designado el material sacado de ellas como «Transcripciones de Kobe Bryant» y «Cintas de Kobe Bryant», en función de si Treatman transcribió las palabras de Kobe o si lo hice yo. Todas las citas de Kobe que sirven de puente entre los capítulos proceden de esas transcripciones y entrevistas.

En los meses posteriores a la muerte de Kobe, escribí varias columnas para *The Philadelphia Inquirer* sobre él, incluido un artículo en coautoría con Gregg Downer. Obtuve permiso por escrito de *The Inquirer* para reproducir extractos de esas columnas o reutilizar su material aquí.

Entrevisté —en persona, por teléfono y por correo electrónico— a más de un centenar de personas para este libro y me puse en contacto con muchas más que se negaron a hablar conmigo. Algunas de las entrevistas que realicé fueron simplemente para ahondar en los antecedentes, en el contexto y para comprobar algunos hechos. Todas ellas fueron muy valiosas.

La digitalización de los archivos de periódicos y documentos me permitió encerrarme en mi oficina durante la pandemia y seguir avanzando en la investigación. Me basé especialmente en Ancestry.com, Newspapers.com, el *Philadelphia Daily News, The Philadelphia Inquirer* y *The Philadelphia*

Tribune. La extraordinaria gente de Basketball-Reference.com creó una página con el registro de partidos de toda la carrera de Kobe en el instituto, que fue un punto de referencia esencial que tener a mano. La Sociedad Histórica de Lower Merion guardaba el *Enchiridion* de 1996 y varios archivos repletos de artículos periodísticos sobre Kobe. Sus ejemplares atrasados de *The Merionite* eran una mina de oro. Mike Egan tenía un montón de material excelente que me habría costado mucho encontrar de otro modo. Durante una jornada en la biblioteca Charles de la Universidad de Temple, hojeé cuidadosamente su archivo de artículos de *The Philadelphia Bulletin*, que me ayudó a recopilar detalles sobre Joe Bryant y su carrera baloncestística. Los recortes eran tan delicados que me tuve que ir con cuidado para que no se desintegraran por mi torpeza.

Todas las citas directas proceden de transcripciones de entrevistas que yo realicé, de entrevistas que Treatman hizo a Kobe, de relatos publicados o directamente de quienes dijeron o escucharon la cita. En los casos en los que se daban diferentes versiones sobre lo que alguien dijo (la redacción exacta del discurso de Downer «El cáncer del yo», por ejemplo), he destacado las palabras comunes a todas las fuentes. En los casos en que los recuerdos de un acontecimiento o anécdota difieren, he intentado mostrar esas diferencias presentando los distintos puntos de vista. Cuando he utilizado la atribución «él pensaba» o «ella pensó» y/o he destacado las frases para reflejar lo que alguien creía, lo he hecho porque esa persona me dijo lo que estaba pensando en ese momento exacto o porque mis informes e investigaciones lo revelaron con total claridad. Esa norma se mantuvo incluso con Kobe: a menudo, en las transcripciones y las cintas, hizo sus pensamientos tan evidentes que nadie podía dudar de ellos. En YouTube y Facebook, vi los partidos de Lower Merion de 1992 a 1996, los mejores momentos de Kobe, las entrevistas de Kobe y la conferencia «*take-my-talent*» de Kobe, su baile de graduación y la fiesta posterior a su graduación.

En la medida de lo posible, me basé en testigos y observaciones de primera mano para narrar y reconstruir las escenas. Asistí a la rueda de prensa que Gregg Downer y Doug Young ofrecieron dos días después de la muerte de Kobe. En el Día del Trabajo de 2020, mientras yo le hacía preguntas y ella respondía con todo detalle, Kate Bayer me acompañó en un recorrido por el 1224 de Remington Road. En otoño, una mañana temprano, antes de que saliera el sol, conduje desde esa casa hasta el instituto Lower Merion, y elegí una de las rutas que Kobe habría tomado.

Prólogo. Lo que está por venir

Entrevistas: Gregg Downer, Bob McIlvaine, Helen McIlvaine, Jeff McIlvaine, Ben Relles, Jeremy Treatman.

El día después de la muerte de Kobe Bryant: Mike Sielski, «How Kobe Bryant's Death Brought Bobby McIlvaine-an Athlete, a Scholar, the Friend I Should Have Known Better-Back to Life», *Philadelphia Inquirer*, 9 de abril de 2020.

«¿Recuerdan este nombre?»: Jeremy Treatman, «Injuries and Departures Will Take Toll on Aces», *Philadelphia Inquirer*, 7 de diciembre de 1992.

Gregg enseñó tantas cosas a Kobe como las que aprendió de él: Sielski, «Bryant Finally Feels the Love in Hometown», *Philadelphia Inquirer*, 2 de diciembre de 2015.

Capítulo 1. Después del incendio

Entrevistas: Amy Buckman, Gregg Downer, Elissa Fisher Grabow, Sean Hughes, Phil Mellet, Jeremy Treatman, Doug Young.

Cuarenta y ocho horas antes: Marie Moler, Performance Study and Specialist Report, National Transportation Safety Board, 26 de enero de 2020. Dave Philipps, Tim Arango, y Louis Keene, «Flying into Patchy Fog, Kobe Bryant's Pilot Had a Decision to Make», *New York Times*, 27 de enero de 2020.

Un aficionado de los Lakers de sesenta y cuatro años: Jere Longman y Sarah Mervosh, «Kobe Bryant, Philly Guy», *New York Times*, 28 de enero de 2020.

el gimnasio: John P. Martin, «School Gym to Be Named after Kobe Bryant», *Philadelphia Inquirer*, 20 de octubre de 2010.

la relación de Kobe con sus padres: The Associated Press, «Kobe Bryant: Mom Can't Have My Stuff», 9 de mayo de 2013.

Un mes más tarde: Gregg Downer and Sielski, «"My Beloved Kobe"», *Philadelphia Inquirer*, 20 de marzo de 2020.

Empezó a anotar pensamientos, ideas al azar o aforismos: *ibid.*

Capítulo 2. Un lugar seguro

Entrevistas: Christ Dhimitri, Sonny Hill, Mo Howard, Vontez Simpson, Julius Thompson, Littel Vaughn.

el Lankenau Hospital estuvo dentro de los límites de Filadelfia: *The First 300*, 214.

Un día más tarde de su alumbramiento: «Peoplenotes», *Philadelphia Inquirer*, 24 de agosto de 1978. «Sports of All Sorts», *Philadelphia Daily News*, 24 de agosto de 1978.

Cuando en 1998 Joe explicó a Sports Illustrated*:* Ian Thomsen, «Show Time!», *Sports Illustrated*, 27 de abril de 1998.

En un momento dado: The Great Migration: A City Transformed, Historical Overview, https://greatmigrationphl.org/node/24.

como a tantos otros cientos de miles de negros que emigraron desde el sur a Filadelfia: Donald Hunt, «Bryant Family Keeps Close Ties», *Philadelphia Tribune*, 16 de mayo de 2000.

Durante los años sesenta, Filadelfia era un paraíso: Menika Dirkson, «Safe Streets, Inc.: The "Hustle" to End Black Gang Violence in Philadelphia, 1969-1976», Arlen Specter Centerfor Public Service Research Fellowship, 2019.

En una ocasión, él y varios de sus amigos: Alan Richman, «Bryant Has Bigger Worries Than Game», *Philadelphia Bulletin*, 26 de diciembre 1973.

Allí mismo, en la 58 con Willows: *ibid*.

después de que su familia asistiera: John Rhodes, «Joe Bryant, the Best Freshman Forward», *Philadelphia Tribune*, 17 de abril de 1976.

En su última temporada, promedió 27,4 puntos: Julius Thompson, «Bryant Picks La Salle: "Only Forty Cents Away"», *Philadelphia Bulletin*, 25 de mayo de 1972.

«Engullo medio kilo de gominolas al día»: *ibid*.

Jack Farrell le dijo a un periodista: Bob Savatt, «Bryant Bomb Bartram's Big Basket», *Philadelphia Bulletin*, 16 de febrero de 1972.

Capítulo 3. Ángeles y demonios

Entrevistas: Aleta Arthurs, John Cox, Gregg Downer, Steve Mix, Vontez Simpson, Julius Thompson, Sonny Vaccaro, Littel Vaughn, Paul Westhead, Pat Williams.

fundada en 1983: Lou Baldwin, «Through Ups and Downs of 125 Years, St. Ignatius Parish's Faith Endures» CatholicPhilly.com, 6 de julio de 2018.

Uno de sus primeros feligreses: Rev. M. R. Jordan, S. J., «St. Ignatius Parish: 50 Years of Progress», *Philadelphia Tribune*, 7 de julio de 1973. «Three Catholics Admitted to Knights of Columbus», *Philadelphia Tribune*, 21 de febrero de 1956.

Las dos líneas de parentesco: Howard Jones, «Under the Hoop», *Philadelphia Tribune*, 18 de febrero de 1950.

Se alistó en el ejército: «Cox-Williams Ceremony at St. Ignatius Church», *Philadelphia Tribune*, 18 de agosto de 1953.

La pareja: City of Philadelphia records, https://www.phila.gov/2018–02–15-black-history-month-8-things-to-know-about-the-fire-department/.

Terminó su carrera: «COX, JOHN, A.», *Philadelphia Inquirer*, 1 de octubre de 2001.

En Pam: Nita Lelyveld, «Bryant: A Wonder of Nurture», *Philadelphia Inquirer*, 31 de marzo, 1996.

empleados de Wanamaker: «O. H. S. Girls Chosen for Wanamaker Teen Board», *Philadelphia Tribune*, 1 de febrero de 1969.

sus abuelos: Lelyveld, «Bryant: A Wonder of Nurture».

redujeron la lista de posibles destinos: Thompson, «Bryant Picks La Salle».

«No quería echarlos de menos»: *ibid.*

En su primer partido: Allen Lewis, «La Salle Rips Lehigh, 87-37», *Philadelphia Inquirer*, 2 de diciembre de 1973.

tan simple como una conversación de los teleñecos: Lelyveld, «Bryant: A Wonder of Nurture».

Linda Salter, su antigua novia: Lazenby, *Showboat*, 14.

como dijo un escritor: Chris Ballard, «Where Does Greatness Come From?», *Sports Illustrated*, 14 de mayo de 2012.

Como estudiante de segundo año: https://www.sports-reference.com/cbb/players/joe-bryant-1.html.

Al principio: Jim Barniak, «Proper Offer Could Lure JB», *Philadelphia Bulletin*, 27 de marzo de 1975.

Por supuesto, la última palabra era de Joe: Frank Brady, «Bryant Hardship Case? Coach Isn't Rushing Him», *Philadelphia Bulletin*, 13 de febrero de 1975.

Después del partido: Frank Bilovsky, «Bryant Paces Explorer Win», *Philadelphia Bulletin*, 2 de marzo de 1974.

La NCAA los había prohibido en 1967: Frank Fitzpatrick, «When College Basketball Outlawed the Dunk», *Philadelphia Inquirer*, 23 de marzo de 2014.

Todo el mundo conocía la norma, incluso Joe: Bill Livingston, «Taylor Clicks for 32 as Explorers Rally», *Philadelphia Inquirer*, 9 de marzo de 1975.

Podía hacer que incluso un partido como ese: Livingston, «Syracuse Defeats Explorers in OT», *Philadelphia Inquirer*, 16 de marzo de 1975.

Una por una: Brady, «Bryant Hardship Case?».

Pam tenía sus dudas: *ibid.*

«Sé dónde estoy»: *ibid.*

No hemos recibido ningún contrato de los Warriors: Williams y Lyon, *We Owed You One!*, 33.

Williams escribió una vez: *ibid.*, 34.

«Es increíble»: Herm Rogul, «JB (Sr.) Glad It's Over», *Philadelphia Bulletin*, 11 de septiembre de 1975.

«Solo bromeaba»: Mark Heisler, «76ers Top Kings as Bryant Excels», *Philadelphia Bulletin*, 7 de diciembre de 1975.

Joe tenía todo el verano por delante: Montgomery County, PA, property records.

A las 11.37 del miércoles: John B. Rhodes, «Drug, Auto Charges against

76ers' Joe Bryant Are Dismissed», *Philadelphia Tribune*, 12 de junio de 1976. Bill Livingston, «76er Is Arrested on Cocaine Charge», *Philadelphia Inquirer*, 8 de mayo de 1976.

Uno de los agentes: *ibid.*

«Lo agarré»: *ibid.*

Cuando registraron su vehículo: Livingston, «76er Is Arrested».

En el juicio: Phil Jasner, «Bryant: I Hope It Makes Me a Better Man», *Philadelphia Daily News*, 11 de junio de 1976.

Joe llevaba un traje oscuro: «76ers Bryant in Clear», *United Press International*, 11 de junio de 1976.

Joe volvió: Jasner, «Bryant».

Una noche de septiembre de 1979: Brady, «Bryant: A Legend in His Own Mind», *Philadelphia Bulletin*, 8 de octubre de 1979.

Joe estaba satisfecho: *ibid.*

Capítulo 4. Un chico de mundo

Entrevistas: Donnie Carr, Tamika Catchings, John Cox, Leon Douglas, Ashley Howard, Mo Howard, Mike Sager.

Ese precioso niño de tres años: Herm Rogul, «Bryant's Son—Dunking at Three?», *Philadelphia Tribune*, 18 de junio de 1982.

A lo largo de su adolescencia: Mike Sager, *podcast*, 22 de mayo de 2020.

Antes de que los Sixers: Leroy Samuels, «Joe Bryant: He's Sizzling Hot», *Philadelphia Bulletin*, 17 de agosto de 1980.

«Anoche, el equipo de mi padre ganó»: «Bryant Due for Surgery», *Philadelphia Bulletin*, 30 de marzo de 1981.

«Los más jóvenes hubieran»: Elmer Smith, «Jellybean for Ombudsman?», *Philadelphia Daily News*, 29 de octubre de 1982.

debería haber considerado: «Joe Bryant Eyes Big 5 Job», *Philadelphia Bulletin*.

Ese niño tan guapo de cuatro años: Lee Jenkins, «Reflections on a Cold-Blooded Career», *Sports Illustrated*, 21 de octubre de 2013.

En Kansas City: Norm Frauenheim, «NBA Players' Strike? Dr. J Would Rather Play», *Arizona Republic*, 20 de marzo de 1983.

Pam bromeó: Lazenby, *Showboat*, 78.

Sonny Hill le ofreció una: Barocci, 18.

El cuñado de Joe: Mark Palmquist, «This is NOT a Story about L.A. Lakers Star Kobe Bryant», *SF Weekly*, 27 de febrero de 2002.

Joe condujo su Mercedes: Herm Rogul, «Joe Bryant "The Show" in Football in Italy», *Philadelphia Tribune*, 5 de abril de 1985.

una inmersión similar: *ibid.*

«En Italia la gente trata a los otros como a sus iguales»: Lelyveld, «Bryant: A Wonder of Nurture».

Ahora jugaba al baloncesto: Robert McGill Thomas Jr. y Peter Alfano, «At Home in Italy», *New York Times*, 18 de marzo de 1985.

«Miraba esos partidos como si fueran una película»: Thomsen, «Show Time!».

Entonces empezó a enrollar los calcetines: Kobe Bryant, «Dear Basketball», *The Players Tribune*, 29 de noviembre de 2015.

Cuando su madre lo perdía de vista: Barocci, 33.

lo fichó: *ibid*., 37.

«El viaje los ayudó a conocer gente y lugares distintos»: Helene Elliott, «Kobe Bryant Humbly Begins His Jump from Preps to Pros», *Los Angeles Times*, 15 de octubre de 1996.

A veces, cuando Pam salía a correr por las mañanas: Barocci, 63.

sin romper el ritmo de su carrera, le respondía: *ibid*., 43.

Pam también mantenía el catolicismo en el primer plano de sus vidas: Corriere TV, https://video.corrierefiorentino.corriere.it/pistoia-l-infanzia-kobe-bryant-ricordi-un-mica/3456842a-40f4–11ea-ac4b-cc121ffa8ffd.

con algunas caras conocidas del pasado: Pearlman, 116.

«Concebíamos la vida»: Barocci, 48.

Unos años más tarde: Lazenby, *Showboat*, 89.

después de ver el primer tiempo: *ibid*., 93.

lo colgaron de la parte superior de un garaje: Barocci, 88.

Era él mismo, jugaba como quería jugar: transcripciones de Kobe Bryant.

Su entrenador en la liga: Barocci, 59.

Kobe le gritaba: *ibid*., 60.

Kobe recibía la pelota, ya no la soltaba: Margherita Stancati, «Before Mamba, a Panther: Italy Mourns Bryant, Who Learned Basketball There», *Wall Street Journal*, 27 de enero de 2020.

Joe llevó a Kobe al entrenamiento: Barocci, p. 66.

Hay una foto de esa época que es especialmente reveladora: Emiliano Carchia, https://twitter.com/Carchia/status/1221563958714339336.

En verano: Ted Silary, «When He Was One of Us», *Philadelphia Daily News*, 12 de septiembre de 2000.

Aunque después tendría que pasar la misma cantidad de tiempo: Palmquist, «This Is Not a Story».

En veinticinco partidos: Pearlman, 18.

«Para mí, fue un punto de inflexión»: Sielski, «Bryant Finally Feels the Love».

a Magic Johnson le habían diagnosticado VIH: Thomsen, «The Evolution of Kobe Bryant», *Sports Illustrated*, 4 de junio de 2008.

Siempre decía que esos años: John Smallwood, «Bryants Want What's Best for Kobe», *Philadelphia Daily News*, 30 de abril de 1996. Rogul, «Joe Bryant 'The Show" in Football in Italy».

Capítulo 5. Ángeles al amanecer

Entrevistas: Kate Bayer, Gregg Downer, Wendell Holland, Sean Hughes, Evan Monsky, Arn Tellem, Dayna Tolbert.

Bordeada por un marco dorado rectangular, la imagen mostraba a dos ángeles de la guarda: https://www.blackartdepot.com/products/guardian-angel-by-shahidah.

«Más que ninguna otra persona o entidad»: *The First 300*, 72.
Hoy en día: Shelly Hagan y Wei Lu, «This Is America's Richest Zip Code» Bloomberg, 10 de abril de 2018.
«La vida en la época dorada»: David Schmidt, The Lower Merion Historical Society, http://www.lowermerionhistory.org/texts/schmidtd/mansions.html.
Incluso las cocheras de los trenes: *The First 300*, 240.
Solo el nueve por ciento de los alumnos: Kristen E. Holmes, «Marking a 1963 Equality Moment», *Philadelphia Inquirer*, 12 de septiembre de 2013. Linda Stein, «1963: The Moment of Integration for the Lower Merion School District Remembered» MainLineMediaNews.com, 7 de junio de 2013
Bajo la presión: Stein, «1963».
Lower Merion votó: https://AcesHoops.com/history.
En 2004: Debra J. Dickerson, «What If Bill Cosby Is Right?», *Philadelphia Magazine*, septiembre de 2004.

Capítulo 6. Murciélagos y ratones y el viaje de una vida

Entrevistas: Donnie Carr, Drew Downer, Gregg Downer, John Dzik, Mike Dzik, Lynne Freeland, Susan Freeland Barber, Ashley Howard, Tom McGovern, Keith Morris, Speedy Morris, Dave Rosenberg, Allen Rubin, Sultan Shabazz, George Smith, Matt Snider, Guy Stewart, Jay Wright, Doug Young.
cuando Mike Manning dejó su puesto de entrenador: https://AcesHoops.com/history.
En los vestuarios del colegio: Marcia C. Smith, «Chapter One», *Orange County Register*, 10 de junio de 2001.
«Decían: "A ver, ahora no es tan bueno"»: cintas de Kobe Bryant.
«Todo el mundo empezó a reírse»: *ibid.*
¿Cerrar con llave una taquilla con sus objetos de valor durante la jornada escolar?: Elliott, «Kobe Bryant Humbly Begins».
Y lo hizo: transcripciones de Kobe Bryant.
Su apodo le llegó a los doce años: M. G. Missanelli, «Making It: The Morris Story», *Philadelphia Inquirer*, 1 de marzo de 1989.
Era, como dijo un escritor: Bill Lyon, «It's La Salle's Turn to Be Loyal to Morris», *Philadelphia Inquirer*, 13 de febrero de 1996.

Capítulo 7. Perdiendo

Entrevistas: Corella Berry Moten, Sterling Carroll, Katrina Christmas, Gregg Downer, Frank Hartwell, Tim Legler, Jack Maher, Tom McGovern, Evan Monsky, Speedy Morris, Audrey Price Gornish, Sam Rines Jr., Sam Rines Sr., Allen Rubin, Matt Snider, Guy Stewart, Dayna Tolbert, Jeremy Treatman, Sonny Vaccaro, Doug Young.
Los alumnos más veteranos: Dan Ackerman, «Administration to Prevent Freshman Day Massacre», *Merionite*, 9 de diciembre de 1994.

En 2007: John N. Mitchell, «Memo: Lower Merion District Hindered Blacks», *Philadelphia Tribune*, 6 de septiembre de 2011.

Un tribunal federal de apelación: Mark Walsh, «Appeals Court Rejects Suit Alleging Race Bias in Special Education Placements», *Education Week*, 15 de septiembre de 2004.

solo veintisiete: Dickerson, «What If Bill Cosby Is Right?».

«Es débil en los fundamentos»: Chuck Newman, «Ex-Sixer's Daughters Go Their Own Way at L. Merion», *Philadelphia Inquirer*, 14 de diciembre de 1992.

Desde el sexto al duodécimo curso: Pete Schnatz, «Jelly Bean Devoting Time to Coaching Career», *Philadelphia Inquirer*, 20 de enero de 1993.

«Mi objetivo es divertirme y competir»: Jeremy Treatman, «Akiba Picks Bryant as Basketball Coach», *Philadelphia Inquirer*, 27 de octubre de 1992.

En diciembre de 1992: Jessie Torrisi, «Bryant Brings NBA Experience and a Big Smile to LM», *Merionite*, 19 de diciembre de 1992.

«Había muchos celos»: Bill Doherty, «Dixon Happy He Stayed with Aces», *Philadelphia Inquirer*, 20 de diciembre de 1993.

Capítulo 8. Fanfarrón

Entrevistas: Gregg Downer, Mike Egan, Jeanne Mastriano, Evan Monsky, Audrey Price Gornish, Matt Snider, Guy Stewart, Jeremy Treatman, Doug Young.

«Cada vez que salgo a la cancha»: Transcripciones de Kobe Bryant.

Uno de los partidos: David T. Shaw, «L. Merion about to Begin Work on Turnaround Season», *Philadelphia Inquirer*, 9 de diciembre de 1993.

En una ocasión, Mastriano: Mark Medina, «How Kobe Bryant's Forgotten Homework Assignment Sparked His Post-NBACareer», *USA Today*, 23 de enero de 2020.

«Era muy buena y ponía mucha pasión en lo que enseñaba»: *ibid.*

«La llamada a la aventura»: Campbell, 48.

La de Kobe se titulaba: Karen Abbott, «Paging Kobe Bryant, 1998», Medium.com, 28 de enero de 2020.

Había tenido una infancia dura: Nancy V. Greene, «Just a Slam-Dunk from Queens to Lower Merion», *Main Line Times*, 2 de mayo de 1996. Chris Morkides, «For Griffin, New Chance to Test Himself», *Philadelphia Inquirer*, 14 de mayo de 1995.

«Jermaine fue el salvador»: Cintas de Kobe Bryant.

Sin embargo, The Inquirer: Doherty, «Dixon Happy».

En Williamsport: Eric Hunt, «Bryant Shut Down in His 1993 Trip to the Magic Dome», *Williamsport Sun-Gazette*, 28 de enero de 2020.

Fue Kobe de quien Brad Sharp, el entrenador de Pennsbury, dijo: Frank Bertucci, «L. Merion Sophomore Hits Pennsbury Hard in First Round», *Philadelphia Inquirer*, 28 de febrero de 1994.

Y fue Kobe quien anotó: Bertucci, «Colonials Make the Most of Free-Throw Chances, Beat Aces», *Philadelphia Inquirer*, 28 de febrero de 1994.

Capítulo 9. ***Se Dio vuole***

Entrevistas: Donnie Carr, Gregg Downer, Anthony Gilbert, Keith Morris, Speedy Morris, Sam Rines Jr., Sam Rines Sr., Dave Rosenberg, Allen Rubin, Guy Stewart, Jeremy Treatman, Sonny Vaccaro.

Vaccaro tenía su propia historia: Nocera y Strauss, 35.

Había visto a Jordan: Wetzel y Yaeger, 10-11.

«Tal y como yo lo veo»: Mike Biglin, «Vacation Eluding Basketball Standout at Lower Merion», *Philadelphia Inquirer*, 2 de agosto de 1994.

Lo irónico fue que aquel primer día: Tom Cobourn, «Like His Dad, Bryant Can Fill It Up», *Wilmington News-Journal*, 9 de abril de 1995.

una auténtica celebridad: https://www.youtube.com/watch?v=sZVDqmrl9sM, https://www.youtube.com/watch?v=wDSAmdgFswQ.

En la Liga Narberth: Biglin, «Vacation Eluding».

Había ciento cincuenta y siete chicos: Lenn Robbins, «July Madness Hits College Recruiting» *Record*, 8 de julio de 1994.

Capítulo 10. Ok, a jugar

Entrevistas: Deirdre Bobb, Sterling Carroll, Katrina Christmas, John Cox, Gregg Downer, Mike Egan, Susan Freeland Barber, Anthony Gilbert, Dan Gross, Rick Hicks, Bob Hurley, Ross Kershey, Rob Knox, Jack Maher, Evan Monsky, Keith Morris, Speedy Morris, Brendan Pettit, Dave Rosenberg, Jim *Scoogie* Smith, Guy Stewart, Dayna Tolbert, Jeremy Treatman.

Era un portero de fútbol de los mejores de su edad: Dave Ruden, «Boy Shoots to the Top in Basketball», *New York Times*, 9 de abril de 1989.

Hubo una chica: Allison Samuels, «Kobe Off the Court», *Newsweek*, 12 de octubre de 2003.

«Miro a los demás equipos»: Stacy Moscotti, «Bryant Burns Up Basketball Court with Professional Fire», *Merionite*, 9 de diciembre de 1994.

con ese partido se produjo: Samuel Davis, «Kobe Bryant Developing Ahead of Jellybean's Pace», *Philadelphia Tribune*, 3 de enero de 1995.

Fue Shaya: *ibid.*

En los primeros minutos del partido: Doherty, «L. Merion's Bryant Burns Malvern», *Philadelphia Inquirer*, 3 de diciembre de 1994.

«Por eso será diferente a su padre»: Davis, «Kobe Bryant».

Si se mantiene a Kobe en quince puntos: Tom McGrath, «The NBA Kid», *Fan*, enero de 1996.

«Dan me dijo que»: Rob Knox, «Aces Top Ridley in Central Battle», *Philadelphia Inquirer*, 9 de enero de 1995.

«Algún día»: Morkides, «Aces Storm to Win over Strath Haven», *Philadelphia Inquirer*, 13 de enero de 1995.

un rebote defensivo y conectó con Kobe: Steve Wartenberg, «Bryant's Shot in Last 2 Seconds Aces the Raiders», *Philadelphia Inquirer*, 16 de enero de 1995.

Más tarde, en casa, Hamilton reprodujo el partido en su cabeza: All the Smoke *podcast*, https://www.youtube.com/watch?v=mVyd47lOaSo.

En febrero de 1995: Abrell Camron, «February's Voice», *Merionite*, 10 de febrero de 1995.

«Sentíamos que ese era nuestro año»: Morkides, «Lower Merion Drops Ridley to Clinch Central», *Philadelphia Inquirer*, 7 de febrero de 1995.

Capítulo 11. El hoyo

Entrevistas: Dana Barros, Gregg Downer, Mike Egan, Jim Fenerty, Bob Ford, Rob Knox, John Linehan, Evan Monsky, Brendan Pettit, Sam Rines Jr., Guy Stewart, Jeremy Treatman.

«Por fin he visto a un jugador»: Bob Ford, «How Kobe Almost Landed with the Philadelphia 76ers Early On», *Philadelphia Inquirer*, 30 de noviembre de 2015.

La noche antes del partido: Sally Pollak, «Gratz Was There Again, but Where Was FLC?», *Philadelphia Inquirer*, 2 de marzo de 1995.

«Sabía que Lower Merion era el lugar adecuado para mí»: cintas de Kobe Bryant.

Joe había dejado el frío de finales del invierno a las puertas de la Palestra: Jason McGahan, «Kobe's Friends, Teammates, Coaches, and Rivals Reflect on the Rise of a Legend», *L. A. Magazine*, 28 de febrero de 2020.

Al final: Morkides, «Lower Merion Tops Coatesville, Gains Final», *Philadelphia Inquirer*, 2 de marzo de 1995.

De ser una ciudad próspera: Registro del Censo de Estados Unidos.

Era la ciudad más pobre de Pensilvania: Mele, 4.

Sus bloques de viviendas: *ibid.*, 121.

«Nos sentimos heridos, pero no estábamos preparados»: Morkides, «Watkins Gets It Right as Chester Takes Title», *Philadelphia Inquirer*, 6 de marzo de 1995.

El partido: Morkides, «Aces Ousted in OT», *Philadelphia Inquirer*, 16 de marzo de 1995.

Los Aces no anotaron ningún punto en los cinco minutos de la prórroga: https://www.youtube.com/watch?v=1C3YgxoLbvM.

Capítulo 12. Realidad y mito

Entrevistas: Joe Carbone, Donnie Carr, John Cox, Emory Dabney, Drew Downer, Gregg Downer, Bob Ford, Paul Hewitt, Mo Howard, Bob Hurley, Bobby Johnson, John Kunzier, Ron Luber, Phil Martelli, Keith Morris, Speedy Morris, John Nash, Sam Rines Jr., Sam Rines Sr., Arn Tellem, Jeremy Treatman, Sonny Vaccaro, Michael Weil.

El año que Shaya Bryant pasó en La Salle: boletín académico de la Universidad de La Salle, 1995-96.

El hecho de que la universidad: transcripciones de Kobe Bryant.

Cuando jugaban en Hayman: *ibid.*

A partir de sus contactos: *ibid.*

Speedy Morris... ¿sería ese tipo de entrenador para Kobe?: cintas de Kobe Bryant.

«El baloncesto universitario no está preparado»: *ibid.*
Stackhouse no lo era: The Woj Pod, 8 de abril 2020.
John Lucas pensó: Ford, «How Kobe Almost Landed».
Willie Burton: Shaun Powell, «Ready or Not, Here He Comes», *Newsday*, 17 de diciembre de 1995.
Después de los entrenamientos de los Sixers: Ford, «How Kobe Almost Landed».
Kobe jugó un partido de P-I-G: Melanie Amato, «You Can't Touch This», *Merionite*, 4 de diciembre de 1995.
Kobe recogió a Emory Dabney una mañana de agosto: https://twitter.com/IanOConnor/status/1221984129543286785.
«¿Te imaginas lo que sería que un chico»: The Woj Pod.
En octubre de 1994: Feinstein, 366-70.
Tommy Amaker: declaración de Tommy Amaker de la Universidad de Harvard, 9 de julio de 2020.
Sin embargo, Kobe habló con Krzyzewski: transcripciones de Kobe Bryant.
«No te imaginas cuánta gente me ha comentado que disfrutaba viéndole jugar»: Michael Amsel, «Bryant Drawing Attention as an Elite Hoop Prospect», *Central Jersey Home News*, 12 de julio de 1995.
«En este momento, estoy tratando de evitar la conversación de la universidad»: *ibid.*
«Si John dice algo»: David Aldridge, «Bullets Ready to Name Nash General Manager», *Washington Post*, 18 de junio de 1990.
Cuando Kobe culminó el torneo anotando: «Philly File», *Philadelphia Daily News*, 7 de agosto de 1995.
«Es imposible que vaya a La Salle»: transcripciones de Kobe Bryant.

Capítulo 13. Secretos y tiburones

Entevistas: Donnie Carr, Katrina Christmas, Drew Downer, Gregg Downer, Mike Egan, Lynne Freeland, Susan Freeland Barber, Anthony Gilbert, Frank Hartwell, Jimmy Kieserman, Tom McGovern, Keith Morris, Speedy Morris, Brendan Pettit, Lauren Rodrick Nevin, Robbie Schwartz, Jeremy Treatman, Sonny Vaccaro.
las obras en la escuela: Scott Tillman, «Parking Situation Worsens, Becoming Costly and Unfair», *Merionite*, 5 de octubre de 1995.
Cuando un vagabundo: Abbott, «Paging Kobe».
Matkov se metió en una pelea: *ibid.*
Una noche: *ibid.*
En la clase de inglés, durante un análisis del relato: *ibid.*
En la escuela circulaba el rumor: Amato, «You Can't Touch This».
En marzo de 1995: David Rosenberg, «Sexual Harassment Policy Unveiled», *Merionite*, 5 de octubre de 1995.
«Realmente no tenían ni idea»: cintas de Kobe Bryant.
«Jermaine»: *ibid.*
En cada entrenamiento: Bryant, *The Mamba Mentality*, 155.

Así que cuando él y Pangrazio: Ian O'Connor, «Kobe Drove Merion First», *Asbury Park Press*, 10 de junio de 2001.
Sorprendentemente: Josh Egerman, «Lower Merion HS Teammate Learned of Kobe Bryant's Competitiveness the Hard Way», *New York Post*, 9 de enero de 2020.
«Por mucho que la gente piense que Kobe se pasaba de la raya»: O'Connor, «Kobe Drove Merion First».
«Me lo preguntaba como reclutador»: cintas de Kobe Bryant.
Cuando el Philadelphia Daily News: *ibid.*
Kobe jamás hizo una visita de reclutamiento oficial: cintas de Kobe Bryant.
Una de sus compañeras de clase y vecina suya: Elliott, «Kobe Bryant Humbly Begins».
Las probabilidades de que cambiara de opinión: cintas de Kobe Bryant.
Kobe había recibido: Peter Vecsey, «Kobe Shunned, Bypassed by Several Teams Heading into 96 Draft», *New York Post*, 12 de febrero de 2012.
«Estaba intentando sacar adelante la temporada en el instituto»: cintas de Kobe Bryant.
«No quería llegar como Shaquille O'Neal»: *ibid.*
De los mil quinientos espectadores: Ted Silary, «Bryant's Not the Only Star», *Philadelphia Daily News*, 12 de diciembre de 1995.
¿Era posible que Kobe y Carr terminaran en La Salle juntos?: Silary, «What If Both Bryant, Carr Played for La Salle?», *Philadelphia Daily News*, 12 de diciembre de 1995.
Bajo el titular: John Smallwood, «Bryant Isn't Ready for the NBA Yet», *Philadelphia Daily News*, 12 de diciembre de 1995.
Kobe le quitó importancia al artículo: cintas de Kobe Bryant.
Su madre no reaccionó: Smallwood, «Prop 48's Stigma Worth Considering», *Philadelphia Daily News*, 19 de diciembre de 1995.

Capítulo 14. El cáncer del yo

Entrevistas: Emory Dabney, Drew Downer, Gregg Downer, Mike Egan, Jarid Gibson, Wesley Gibson, Omar Hatcher, Bob Hurley, Jimmy Kieserman, Evan Monsky, Brendan Pettit, Tom Pettit, Dave Rosenberg, Jeremy Treatman.
Abrazando aguas atlánticas en la orilla sur de Myrtle Beach: fotografía de Dave Rosenberg.
Solo el año anterior: Associated Press, «Convention Center Expansion Pays Off», *Charlotte Observer*, 12 de octubre de 1995.
Kobe anotó cuarenta y tres puntos: «Boys Basketball», *Philadelphia Inquirer*, 29 de diciembre de 1995.
para la semifinal de los Aces contra Jenks High School (Oklahoma): https://www.schooldigger.com/go/OK/schools/1572000739/school.aspx?t=tbStudents#aDetail.
Había jugado treinta minutos: «Boys Basketball», *Philadelphia Inquirer*, 30 de diciembre de 1995.

Falló varios tiros libres: *ibid.*
Al llegar el tercer partido de Lower Merion en el Classic: https://www.youtube.com/watch?v=KPw7MCAXHBk.
pasó gran parte de su tiempo escuchando: cintas de Kobe Bryant.
Con su camiseta blanca de Lower Merion: *ibid.*
Meses después: https://www.youtube.com/watch?v=5zr6Xm5IjPM.
Querido Kobe: *ibid.*

Capítulo 15. Tranquilos, yo me encargo

Entrevistas: James Crawford, Katrina Christmas, Drew Downer, Gregg Downer, Mike Egan, Omar Hatcher, Jimmy Kieserman, Jeanne Mastriano, Jack McGlone, Phil Mellet, Keith Morris, Speedy Morris, Brendan Pettit, Tom Pettit, Dave Rosenberg, Robbie Schwartz, Jeremy Treatman.
«Yo intentaba decirles»: cintas de Kobe Bryant.
Cuando quedaba más de una hora antes del partido contra Villanova: Lyon, «It's La Salle's Turn».
«Ahora se da por hecho que el futuro»: *ibid.*
Durante una de las tareas: https://www.youtube.com/watch?v=XWTIY21JKf0.
«Solo queríamos mandar un mensaje a todo el mundo»: cintas de Kobe Bryant.
Kobe reservó su único partido malo: *ibid.*
Tendrían que enfrentarse al Coatesville: *ibid.*
«Y seguimos»: Ira Berkow, «Basketball: A High School Star Ponders His Future», *New York Times*, 27 de febrero de 1996.
El 27 de febrero: Joe Juliano, «Morris' New Deal Answers One Question», *Philadelphia Inquirer*, 28 de febrero de 1996.

Capítulo 16. El túnel

Entrevistas: Donnie Carr, Emory Dabney, Drew Downer, Gregg Downer, Mike Egan, Lynne Freeland, Omar Hatcher, John Linehan, Tom McGovern, Brendan Pettit, Dave Rosenberg, Robbie Schwartz, Dayna Tolbert, Terry Toohey, Jeremy Treatman.
hacer temblar las paredes del gimnasio: Morkides, «Bryant Lifts L. Merion to District Final», *Philadelphia Inquirer*, 28 de febrero de 1996.
«Era algo así como un duelo personal con Hamilton»: cintas de Kobe Bryant.
«No hay nada como la Palestra»: Morkides, «Bryant Lifts L. Merion to District Final».
¿Cómo es que cada vez que juego contra ti pierdo?: cintas de Kobe Bryant.
Tendrían que pasar ocho años: James Herbert, «Q&A: Rip Hamilton on Kobe Bryant, His High School Friend and Rival», CBSSports.com, 8 de abril de 2016.
El entrenador de Chester, Fred Pickett: Morkides, «P-W Can't Catch Top-Seed Chester, Falling by 65–45», *Philadelphia Inquirer*, 28 de febrero de 1996.

El alero de Chester Greg Hollman: Terry Toohey, «Kobe Hype Doesn't Bug Chester? Pickett Doesn't Think So», *Delaware County Daily Times*, 1 de marzo de 1996.
Y el base de Chester, Brahin Pharr: *ibid.*
Su objetivo era: Csikszentmihalyi.
Los Aces: Timothy Dwyer, «For Kobe Bryant, No Letting Up», *Philadelphia Inquirer*, 1 de marzo de 1996.
«No lo pongáis en práctica y lo olvidéis enseguida»: *ibid.*
«Drew era el hermano mayor de todos»: cintas de Kobe Bryant.
Cinta amarilla como la de la escena de un crimen: Neil Wimmer y Mike DiPasquale, «Chester: Only Hurdle on Road to States», *Merionite*, 8 de abril de 1996.
Los seguidores de Chester: *ibid.*
Downer hizo un ajuste táctico: *ibid.*
En los últimos dos minutos y cuarenta segundos: Jack McCaffery, «Chester Will Tend to Affairs of State», *Delaware County Daily Times*, 2 de marzo de 1996.
Los jugadores de los Clippers: *ibid.*
«Los hemos visto»: *ibid.*
El 8 de marzo de 1996: Sam Carchidi, «Roman Reigns Again Over Catholic League», *Philadelphia Inquirer*, 9 de marzo de 1996.
«Charlamos»: cintas de Kobe Bryant.
*el «*alley oop *más descarado del siglo»*: *ibid.*
«Y luego»: *ibid.*
Esta vez fue nada más y nada menos que en Coatesville: L. D. Kerstetter, «Colts Show Plenty of Heart in Loss to Bryant's Aces», *Carlisle Sentinel*, 10 de marzo de 1996.
«Quiero volver a hacer un mate»: cintas de Kobe Bryant.
Durante el viaje de autobús: *ibid.*
«Llegar y enfrentarse a un equipo como nosotros»: *ibid.*
Kobe los seguía: Marty Myers, «Scranton Star Recalls Lessons from 1996 Matchup Against Kobe Bryant», Accessnepa.com, 27 de enero de 2020.
«Cuando entré»: cintas de Kobe Bryant.
Durante las primeras cuatro posesiones del Scranton: Myers, «Bryant Just Too Much for Knights», *Times-Tribune*, 14 de marzo de 1996.
«Dios mío»: cintas de Kobe Bryant.
Derrotar a Chester: *ibid.*
«Actuábamos por inercia, sin concentrarnos»: *ibid.*
Aturdido y con los ojos humedecidos: *ibid.*
Jeremy, te apuesto cinco dólares: *ibid.*
Le molestaba no poder trabajar en su juego: *ibid.*
Aquella noche, Kobe pasaría el rato con viejos amigos: *ibid.*

Capítulo 17. La final

Entrevistas: Emory Dabney, Drew Downer, Gregg Downer, Mike Egan, Bill

Flanagan, Lynne Freeland, Susan Freeland Barber, Wendell Holland, Jimmy Kieserman, John Linehan, Ron Luber, Brendan Pettit, Tom Pettit, Sam Rines Jr., Sam Rines Sr., Jeremy Treatman, Sonny Vaccaro.

Estaba muy nervioso: cintas de Kobe Bryant.

Ahora Kobe estaba sin máscara y, al parecer, también sin piernas: *ibid.*

Tras el partido: Morkides, «L. Merion Needs OT to Oust Chester», *Philadelphia Inquirer*, 21 de marzo de 1996.

En el descanso, intenté recomponerme»: cintas de Kobe Bryant.

Entonces empezó el descalabro: https://www.youtube.com/watch?v=HbE9yYPnI-4.

«Oh, por Dios»: cintas de Kobe Bryant.

Kobe podía imaginar lo que estaba pensando: *ibid.*

«No podemos perder este partido»: *ibid.*

dejó atrás un dos contra uno: https://www.youtube.com/watch?v=HbE9yYPnI-4.

«Tenía una gran sonrisa en el rostro»: cintas de Kobe Bryant.

Fila ya había contratado a Grant Hill: *ibid.*

los arrastrara a un partido de ida y vuelta: *ibid.*

Durante la comida: *ibid.*

Kobe nunca había visto Hoosiers: *ibid.*

«¿Drew está enfermo?»: *ibid.*

durante el primer cuarto: https://www.youtube.com/watch?v=npyUwyq3J9Y.

«Nosotros teníamos el balón»: cintas de Kobe Bryant.

Y con un espectador eufórico: Morkides, «Kobe Bryant an Easy Choice for Boys' Player of the Year», *Philadelphia Inquirer*, 29 de marzo de 1996.

Kobe, frustrado: cintas de Kobe Bryant.

Era imposible que pudieran soportar su presión durante todo el partido: *ibid.*

«Eso mandó un mensaje»: *ibid.*

«Yo sabía que»: *ibid.*

Kobe exhaló profundamente: https://www.youtube.com/watch?v=npyUwyq3J9Y.

«Lo que recuerdo es que mi padre estaba allí abajo»: cintas de Kobe Bryant.

Kobe y Jermaine Griffin estuvieron toda la tarde viendo: Eric Mencher, «A Victory Parade for State Champions», *Philadelphia Inquirer*, 25 de marzo de 1996.

Esto es todo lo que siempre quise: cintas de Kobe Bryant.

Capítulo 18. La velocidad de los cambios

Entrevistas: Deirdre Bobb, Drew Downer, Gregg Downer, Mike Egan, Susan Freeland Barber, Omar Hatcher, Tom Konchalski, Ron Luber, Tom McGovern, Keith Morris, Speedy Morris, Audrey Price Gornish, Sam Rines Jr., Sam Rines Sr., Robbie Schwartz, Jeremy Treatman, Sonny Vaccaro.

Con un metro ochenta de estatura: William Doino Jr., «Tom Konchalski's Quiet Witness», *First Things*, 15 de abril de 2013.
Konchalski había seguido a Kobe: Corey Kilgannon, «Basketball Prospector», *New York Times*, 1 de febrero de 2013.
Otra ciudad, otro premio, otra cena: Wendy Parker, «Award Puts Cap on Roundtree's Career», *Atlanta Journal-Constitution*, 7 de abril de 1996.
«Todavía no lo he pensado»: *ibid.*
Más tarde, Kobe llamó personalmente a Krzyzewski: transcripciones de Kobe Bryant.
En los Juegos Olímpicos de Pekín 2008: The Old Man and the Three Podcast, 15 de octubre de 2020. Jonathan Abrams, «How Kobe Bryant Led the Rebirth of USA Basketball», *Bleacher Report*, 11 de septiembre de 2018. Jace Evans, «Former USA Basketball Coach Mike Krzyzewski Remembers Olympic Leader Kobe Bryant» *USA Today*, 29 de enero de 2020.
«¡Por Dios! ¿Qué estoy haciendo aquí?»: transcripciones de Kobe Bryant.
una oportunidad para introducirse en el mundo del baloncesto: Lazenby, *Showboat*, 208.
«¿Cómo podéis hacerme esto, tíos?»: transcripciones de Kobe Bryant y cintas.
Kobe se quedó boquiabierto: *ibid.*
Wanya Morris tenía veintidós años: VH1, «Brandy: Behind the Music», https://vimeo.com/452766467.
Así que Harris llamó a Brandy esa noche: transcripciones de Kobe Bryant.
«La admiraba por todo lo que estaba haciendo»: cintas de Kobe Bryant.
La idea: *ibid.*
«Me burlaba de ellos»: *ibid.*
«Kobe, tengo un partido de lacrosse*»*: *ibid.*
Kobe eligió una camisa blanca: https://www.youtube.com/watch?v=8WH2L0oTxng.
«Eso fue idea mía»: cintas de Kobe Bryant.
Los Bryant regresaron a la escuela: Michael Bamberger, «School's Out», *Sports Illustrated*, 6 de mayo de 1996.
«Yo, Kobe Bryant…»: https://www.youtube.com/watch?v=8WH2L0oTxng.
Neil Cooper: Neil Cooper, «Kobe Bryant Was a Neighbor and a Light to Lower Merion», *Philadelphia Inquirer*, 27 de enero de 2020.
Bill Lyon: Lyon, «Will It Be Big Money Now and Regrets Later?», *Philadelphia Inquirer*, 30 de abril de 1996.
A las diez de la mañana: Rich Hofmann, «Feet First: Selling of Kobe Bryant Begins as He Signs with Adidas, William Morris Agency», 22 de mayo de 1996.
«Es el primero de una generación de atletas»: *ibid.*
Al acabar la cena: *ibid.*
Kobe y la compañía: Dustin Dow, «Vaccaro Built the Empire», *Cincinnati Enquirer*, 2 de julio de 2006.

Así que allí estaban Joe, Pam: Hofmann, «Feet First».
Y ahí estaba Kobe: *ibid.*
«Preferimos los Lakers»: *ibid.*
El baile de graduación podía esperar: cintas de Kobe Bryant.
En Broad Street: Jennifer Weiner, «NBA Hopeful, Pop Star Put Cameras in Overdrive at L. Merion Prom», *Philadelphia Inquirer*, 26 de mayo de 1996. https://www.facebook.com/100011548841224/videos/934991770229109/?fref=gs&dti=110990665587523&hc_location=group.
«Tío, estaba radiante»: cintas de Kobe Bryant.
«No es el baile de Kobe; es el baile de Lower Merion»: https://www.facebook.com/100011548841224/videos/934991770229109/?fref=gs&dti=110990665587523&hclocation=group.
«Eligió a Brandy por su imagen: Abbott, «Paging Kobe».
Solo estoy aquí para pasarlo bien: https://www.facebook.com/100011548841224/videos/934991770229109/?fref=gs&dti=110990665587523&hclocation=group.
Todo el mundo le pedía autógrafos o fotos: cintas de Kobe Bryant.
Sonja Norwood estaba de acuerdo con Kobe: Weiner, «NBA Hopeful».
Una emisora de noticias de Filadelfia informó de que el baile con Kobe: https://www.facebook.com/100011548841224/videos/934991770229109/?fref=gs&dti=110990665587523&hclocation=group.
Kobe Bryant pasó su último día oficial como estudiante de Lower Merion: *ibid.*

Capítulo 19. Ahora soy un Laker

Entrevistas: Joe Carbone, Tony DiLeo, Gregg Downer, Mike Egan, Elissa Fisher Grabow, Brad Greenberg, John Nash, Arn Tellem, Jeremy Treatman, Sonny Vaccaro.
Rob Babcock: Raad Cawthon, «Scouts Wonder If Bryant's Ready», *Philadelphia Inquirer*, 30 de abril de 1996.
John Outlaw: *ibid.*
«Los Lakers»: Transcripciones de Kobe Bryant.
«Estoy machacando a un MVP del torneo de la NCAA»: *ibid.*
¿Cómo te fue?: cintas de Kobe Bryant.
«Quiero que la gente se arrepienta»: *ibid.*
A ver qué eres capaz de hacer desde aquí detrás: transcripciones de Kobe Bryant.
«Si soy el número cuatro iré a Nueva Jersey»: *ibid.*
«Si Calipari me elige, seré un gran jugador…»: *ibid.*
«Bob, tenemos un trato, joder»: West y Coleman, 170-171.
Jerry Reynolds: Stephen A. Smith, «Kobe Criticized after Arranging Trade to Lakers», *Knight-Ridder News Service*, 2 de julio de 1996.
Timothy Dwyer: Dwyer, «OK, Kid, Let's See If You Can Cut It in that Big Playpen», *Philadelphia Inquirer*, 3 de julio de 1996.
El estrés: West y Coleman, 169.

«Ahora, soy un Laker»: cintas de Kobe Bryant.
Día de la Independencia: «Sweet Sounds of Liberty Concert and Fireworks», *Philadelphia Inquirer*, 4 de julio de 1996.
Kobe había estado en una fiesta: cintas de Kobe Bryant.
El 27 de julio de 1996: Thomas Golianopoulos, «The Secret History of Kobe Bryant's Rap Career», Grantland.com, 12 de abril de 2013. Nicole Weisensee, «Convict's Full-Court Press for Justice», *Philadelphia Daily News*, 7 de septiembre de 1999.
Iban pasando las semanas: cintas de Kobe Bryant.
«Recuerdo una vez»: *ibid.*

Capítulo 20. Gimnasio abierto

Entrevistas: Joe Carbone, Gregg Downer, Elissa Fisher Grabow, Arn Tellem, Jeremy Treatman.
Ella no seguía el baloncesto: https://www.youtube.com/watch?v=bi6fftt43xo.
«Sabéis muy bien que tengo ganas de ir a Charlotte»: cintas de Kobe Bryant.
Tras finalizar: Earl Bloom, «Bryant Is Wealthy Teenager», *Orange County Register*, 25 de julio de 1996.
«Para mí es muy sencillo»: cintas de Kobe Bryant.
Pensó que tendría dinero para comprar las camisetas: *ibid.*
«No iba a impedirme hacer lo mío»: *ibid.*
Claro, Shaquille O'Neal: *ibid.*
«Está en contra de todo lo que estoy haciendo»: *ibid.*
no podía leerlos: Tom Friend, «Lakers' O'Neal Is Willing to Accept Some of the Blame», *New York Times*, 14 de mayo de 1997.
O el columnista de San Bernardino: Paul Oberjuerge, «Kobe Not Ready for Prime Time», *San Bernardino County Sun*, 13 de mayo de 1997.
En el vestuario: Tim Kawakami, «Van Exel, Who Thought He Should Have Taken Last Shot in Regulation, Says He Can't Co-Exist with Harris», *Los Angeles Times*, 13 de mayo de 1997.
Nada había cambiado: *Daily Herald*, 15 de mayo de 1997.

Epílogo. Su historia y su voz

Jeremy Treatman estaba sentado: Sielski, «Kobe Bryant Once Said He Might Join the Sixers to End His Career. What If He Had?», *Philadelphia Inquirer*, 31 de enero de 2020.

Bibliografía

Abrams, Jonathan. *Boys Among Men: How the Prep-to-Pro Generation Redefined the NBA and Sparked a Basketball Revolution*. Nueva York: Crown Archetype, 2016.

Barocci, Andrea. *An Italian Named Kobe: Our Friend Bryant, the Untold Story*. Roma: Absolutely Free, 2015.

Bryant, Kobe. *The Mamba Mentality: How I Play*. Nueva York: MCD Books, 2018.

Campbell, Joseph. *The Hero with a Thousand Faces*. Novato, CA: New World Library, 1949, 2008.

Croatto, Pete. *From Hang Time to Prime Time: Business, Entertainment, and the Birth of the Modern-Day NBA*. Nueva York: Atria Books, 2020.

Csikszentmihalyi, Mihali. *Flow: The Psychology of Optimal Experience*. Nueva York: HarperCollins,1990.

Deveney, Sean, *Remembering Kobe Bryant: Players, Coaches, and Broadcasters Recall the Greatest Basketball Player of His Generation*. Nueva York: Sports Publishing, 2016, 2020.

Lazenby, Roland. *Mad Game: The NBA Education of Kobe Bryant*. Chicago: Masters Press, 2000.

—*Showboat: The Life of Kobe Bryant*. Nueva York: Little, Brown, 2016.

The Lower Merion Historical Society. *Lower Merion and Narberth*. Charleston, SC: Arcadia Publishing, 2010.

—*The First 300: The Amazing and Rich History of Lower Merion*. Collingsdale, PA: Diane Publishing, 2000.

Lyons, Robert S. *Palestra Pandemonium: A History of the Big Five*. Filadelfia: Temple University Press, 2002.

Mele, Christopher. *Race and the Politics of Deception: The Making of an American City*. Nueva York: New York University Press, 2017.

Meyers, Mary Ann. *Art, Education, & African-American Culture: Albert Barnes and the Science of Philanthropy*. New Brunswick, NJ: Transaction Publishers, 2004.

Miller, Alice. *The Drama of the Gifted Child: The Search for the True Self*. Nueva York: Basic Books, 1997.

Nocera, Joe, y Ben Strauss. *Indentured: The Inside Story of the Rebellion Against the NCAA*. Nueva York: Penguin, 2016.

Pearlman, *Jeff. Three-Ring Circus: Kobe, Shaq, Phil, and the Crazy Years of the Lakers Dynasty*. Boston/Nueva York: Houghton Mifflin Harcourt, 2020.

Purcell, Kevin. *Philly War Zone: Growing Up in a Racial Battleground*. Xlibris, 2012.

Sernett, Milton C. *Bound for the Promised Land: African American Religion and the Great Migration*. Durham, NC: Duke University Press, 1997.

The Staff of the Philadelphia Daily News. *Philly Hoops: The Magic of Philadelphia Basketball*. Filadelfia: Camino Books, 2003.

Weigley, Russell F. *Philadelphia: A 300-Year History*. Nueva York: W. W. Norton, 1982.

West, Jerry, y Jonathan Coleman. *West by West: My Charmed, Tormented Life*. Nueva York: Back Bay Books, 2011.

Wetzel, Dan, y Don Yaeger. *Sole Influence: Basketball, Corporate Greed, and the Corruption of America's Youth*. Nueva York: Warner Books, 2000.

Wilkerson, Isabel. *The Warmth of Other Suns: The Epic Story of America's Great Migration*. Nueva York: Vintage Books, 2010.

Williams, Pat, y Bill Lyon. *We Owed You One! The Uphill Struggle of the Philadelphia 76ers*. Wilmington, DE: TriMark Publishing, 1983.

Este libro utiliza el tipo Aldus, que toma su nombre
del vanguardista impresor del Renacimiento
italiano, Aldus Manutius. Hermann Zapf
diseñó el tipo Aldus para la imprenta
Stempel en 1954, como una réplica
más ligera y elegante del
popular tipo
Palatino

El ascenso
se acabó de imprimir
un día de invierno de 2022,
en los talleres gráficos de Egedsa
Roís de Corella 12-16, nave 1
Sabadell (Barcelona)